趙少咸文集

趙少咸 著
趙呂甫 整理

故宮博物院王仁昫切韻校記

上

中華書局

圖書在版編目(CIP)數據

故宫博物院王仁昫切韵校記/趙少咸著. —北京:中華書局,
2016.4
(趙少咸文集)
ISBN 978-7-101-11587-1

Ⅰ.故…　Ⅱ.趙…　Ⅲ.《切韵》-校勘-研究　Ⅳ.H113.1

中國版本圖書館CIP數據核字(2016)第037272號

趙少咸文集
故宫博物院王仁昫切韵校記
(全二册)
趙少咸 著
趙吕甫 整理
*
中華書局出版發行
(北京市豐臺區太平橋西里38號　100073)
http://www.zhbc.com.cn
E-mail:zhbc@zhbc.com.cn
北京市白帆印務有限公司印刷
*
700×1000毫米 1/16 · 86½印張 · 4插頁
2016年4月北京第1版　2016年4月北京第1次印刷
印數:1-800册　定價:300.00元

ISBN 978-7-101-11587-1

出版説明

趙少咸（一八八四——一九六六），字世忠，我國傑出的語言學家。

趙少咸先生雖然著述豐富，但因爲戰亂和「文革」，其公開發表的作品並不多。上世紀八十年代，趙先生家屬和學生開始搜集、整理其遺稿，得《廣韵疏證》《經典釋文集説附箋殘卷》《詩韵譜》《手批古書疑義舉例》《增修互注禮部韵略校記》《唐寫本切韵殘卷校記》《唐寫本王仁昫刊謬補缺切韵校記》《敦煌掇瑣本切韵校記》《故宫博物院王仁昫切韵校記》《唐寫本唐韵校記》《趙少咸論文集》等。我們則自行訪得《古今切語表》的刊本。

這些書稿有的爲先生及學生手稿，有的爲先生哲嗣趙吕甫整理稿，水平不一，除論文集進行了加工整理外，其他的我們采取影印的辦法，將趙先生的作品共十一種一次推出，《廣韵疏證》前不久已由巴蜀書社出版，此次不納入文集。

此次出版，得趙振鐸、趙振錕先生的大力支持，在此謹致以誠摯的謝意！

中華書局編輯部
二〇一五年十二月

目録

序

成都趙少咸先生者，近世小學之大師也。一九三五年秋，中央大學教授蘄春黄季剛卒于位，吴汪公旭初方主中國語言文學系，夙知先生殫精潛研，妙達神旨，以爲繼黄公而以音韵文字訓詁之學授諸生者，惟先生其選，遂禮聘焉。清寂翁詩云：「趙君别我東南行，南雍博士來相迎。垂帷著述不炫世，蜀學沈冥人自惊。」即詠其事也。

余與先生女夫郫殷石臞同門相友善，及先生至金陵，因肅謁。中日戰起，先生返鄉。余亦轉徙數年後流寓成都，以先生紹介，得承乏四川大學講席。蜀中名德勝流，以其遠來，每樂與接，而先生尤善遇之，所以飲食教誨之者甚至。犹憶余偶舉揚子《方言》代語之義，質其所疑。先生爲反復陳説，娓娓數百言；犹恐其未了也，翌日别作箋諭之。蓋其誨人不倦，出自天性有如是者。抗戰云終，余出峽東歸，其後屢經世變，踪迹漸疏，然數十年前侍坐請益之樂，固時往來于胸臆。

先生平時著述凡數百萬言，于《經典释文》《廣韵》二書，用力尤劬，詳校博考，各爲疏證，下逮段懋堂，周春兮之纂述，亦皆辯以公心，評其得失。蓋自乾嘉以來三百年中，爲斯學既精且專，先生一人而已。

先生既返道山，哲嗣幼文、吕甫及文孫振鐸諸君，护持遺著，兢兢恐有失墜，故中歷浩劫而大體完好。今者將次第印行。吕甫來告，命序其端。余于小學懵无所知，虽間讀先生之書，而如翹首以瞻石廪祝融，但嗟峻極，不敢贊辞。然亦幸先生之學，由子姓門人整齊傳布，終得光大于天下後世。因略陳所懷，以復于君，殊不敢言爲先生遺著序也。

一九九〇年六月，門下士程千帆敬題

趙少咸生平簡介

趙先生諱少咸（一八八四——一九六六），字世忠，成都人，祖籍安徽休寧。先生四歲發蒙，習《孝經》《爾雅》等，八歲入私塾習四書五經，後就學于成都名儒祝念和。

祝念和是貴州獨山莫友芝的學生，具反清復明思想。在祝念和的指導下，先生「閱讀的書籍由四書五經逐漸轉移到明末的遺民文學作品」（先生語（一））。

一九〇四年，先生考入四川高等學堂就讀。期間，隨着社會接觸面的增大，接受了當時的新思想，尤其是「孫中山、章炳麟的革命理論」，「于是初步對于滿清王朝有了一些認識，同時也開始培養起反清復漢的狹隘民族主義的思想」（先生語）。

一九〇五年，先生與謝慧生、盧師諦、張培爵、黄復生、徐可亭、饒炎、蕭參、祝同曾、李植、許先甲、劉泳闓等人組成「乙辛社」，「以推倒滿清政府爲目的」，外人謂之「小團體」。先生在成都會府東街的住宅也成爲了團體成員集會的地點。该團體後成爲孫中山先生領導的同盟會的一部分。

「一九一一年十月初二，重慶獨立，即由張培爵等號召成立軍政府。當時川東、川南軍政内外大小職務用團體内的人爲多」（先生語）。

袁世凱篡位後，先生等乙辛社成員旋即加入討袁的鬥爭中。一九一三年，討袁軍敗，團體成員多亡命上

（一）文中所引先生語皆摘自上世紀五十年代初先生寫于四川大學中文系的《自傳》中。

海、南洋諸地，先生留于成都家中。一九一四年，團體成員薛仁珊從上海返回重慶，爲軍警逮捕，軍警在其日記裏發現先生在成都的住處。是年中秋，成都將軍胡文瀾下令逮捕先生。是日，先生被捕并被关押于陸軍監獄。兩个多月後，終因灌罪無據加之街鄰親友具保而獲釋。

先生早年受章太炎學術思想影響很深，在獄中時，朝夕僅得《説文解字》一書，默誦心識，暫忘痛苦。「我早年便很敬佩章太炎的學問文章和革命精神，平時也就喜歡翻閱他的著述，到了此時，便開始文字音韵學的專研了」。這是先生從一个民主革命者轉向語言文字學者、教育工作者之始。

一九一八年，先生在成都聯合中學、省立第一師範教授《説文解字》。繼而又執教于第一女子師範、華陽縣中學、成都縣中學、省立第一中學。一九二二年，執教于成都高等師範。一九二八年，執教于公立四川大學。一九三七年，執教于中央大學。一九四三年，執教于四川大學，兼任中文系主任、文科研究所導師。解放後，繼續執教于四川大學直至去世。

先生教書育人，作爲一个教育工作者，他把自己一生的心血都傾注在學生身上，殷切希望更多的學生能爲傳播祖國文化而打下堅實的基礎。先生的學生余行達生前曾回憶道：「一九四三年先生兼四川大學中文系主任時，我是他指導的研究生兼助教，常常要我通知中文系同學，把他規定閱讀的四史帶來系主任辦公室，親自檢查斷句情況，解析疑難。至于他指導的研究生，必須按月交呈作业，連寒暑假也不例外。」先生尤其注重培養英才，從上世紀二十年代起，李一氓、徐仁甫、殷孟倫、殷煥先、李孝定、周法高、余行達、易雲秋等都深受先生教導和器重。據殷孟倫、余行達等生前回憶：先生曾在自己住宅裏專闢一間小教室，備有黑板、桌几，開办免費講習班，經常利用星期天在此對他们專施教誨。這一批人以後都成爲了漢語言文字學界的佼佼者。時爲四川大學講師的余行達、易雲秋二人，因曾參加过國民党三青團，解放後被開除公職遣返回原籍。先生因愛其才，惜其才無用武之地，甘願冒着一定的政治風險，于一九五三、一九五四年分别將二人邀至家中協助他編撰《廣韵疏證》《經典釋文集説附箋》二書，直至一九六二年二書編撰完成。并每月從自己的工資中拿出七十餘元付與二人作爲他们的生活費，時間长達二年之久，爾後改由四川大學支付二人工資。

先生治學勤奮，數十年如一日。及至垂暮之年，尚未有絲毫懈怠。他在上世紀五十年代所作的《如何讀〈經典釋文〉》一文中寫道：「我以垂暮餘年，精力智慧，素不如人，今更衰退，還想整理經籍舊音，會粹前人所説，審别其是非，似近輕妄。昔賢曾説『一息尚存，此志不容少懈』。我敢不竭盡自己一點淺薄技能，寫出素來積蓄，請教于當代治斯學者，得到批評，實所至願。」《廣韵疏證》《經典釋文集説附箋》這兩部各近三百萬字的巨著即先生經數十年的潛心研究，而在耄耋之年編撰完成的。

先生生平著述甚多，除上述《廣韵疏證》《經典釋文集説附箋》兩部代表作外，尚有著述近二十餘种。然一九六六年「文革」開始，十月，先生的家被紅衛兵所抄，所有書籍、手稿被洗劫盡淨，頓時「玄亭論字淪牛鬼，廣韵成疏没草蕪」〔一〕。十二月二十日，先生飲恨辭世。

「文革」結束後，先生的書籍、手稿得以部分退還，但皆殘破不堪，少有完整者。若《廣韵疏證》《經典釋文

〔一〕引自先生學生鍾樹梁《過將軍街趙少咸師故宅》詩：「趙公故宅盡泥塗，來弔先生立巷隅。道上競馳公子馬，牆頭不見丈人烏。玄亭論字淪牛鬼，廣韵成疏没草蕪。手捧雪冰當酒醴，高天厚地胡爲乎。」

集説附箋》，原一爲二十八本，一爲三十本，而幸存者各不及十本。其他如《説文解字集注》、四十卷《校刻荀子附考證》《校刻四聲切韵表》等手稿則已全部遺失（後二种爲自刻本）。

爲避免先生的畢生心血付之東流，上世紀八十年代末，學生余行達、易雲秋、趙呂甫等人著手整理先生遺著。費時數年，整理完成《廣韵疏證》。先生嗣子趙呂甫更以十載之力，整理完成《趙少咸論文集》。遺憾的是，先生的另一巨著《經典釋文集説附箋》終未能整理復原。

此次蒙中華書局厚愛，《趙少咸文集》得以出版，了却了先生的遺願，先生的在天之靈聊得以告慰。

趙振錕　趙振鋭

二〇一三年十月

故宮博物院王仁昫切韻校記

敘

一左 序，內府本作并序旁注 謂正訛謬。內府本作謂正訛謬 謂加字。內府本無謂字。六万三百七十六字。舊三万三千九百二十二言新二万六千四百五十三言 內府本在第四行，作凡六万四千四百廿三言舊二万千七百廿三言。新加二万八千九百言。減按本書小字相加則七十六當作七十五。內府本小字相加則應作五万一千六百廿三。然實計各卷所記共為四万八千一百七十字。

二　字德温新撰定。内府本全行在第一行下。此六字但作撰。本行則作前德州司户条軍長孫訥言注。承奉郎行江夏縣主簿裴務齊正字。第三行作右四聲五卷。大韻總有一百九十五，小韻三千六百七十一二千一百廿韻清一千五百五十一韻濁已上都加二百六十五韻

内府本四行有●凡六万四千四百廿三言舊新二万二千七百廿三言加二万八千九百言

三　大唐上，内府本有王仁昫序　江東道内府本作江東南道。按舊唐書地志貞觀元年分為十道，八曰

江南道。開元二十一年分天下為十五道，江南東道，理蘇州。若以此書為神龍二年撰，則此時為江南道也。

四　即持斧理輪。內府本無即字，理輪誤理輔。

五　朐秪務守職。內府本秪誤⿰馬氐。

六　目悅。內府本作自悅。

七　然若字少。內府本同。若疑當作苦。

九　救俗切清。內府本清作韵。韻以部居。內府本部誤韻。

十一　豈過斯甚。內府本豈作莫。　沐承高義。故宮本議作旨。 區析。内府本析誤折。

十二 仍於韻目具數云爾。内府本夾行寫。又按，所有加字並朱書。其訓即用墨書。或未有正體及通俗者，皆於本字下朱書。若有數字同所從者，唯於通字下注其正及通一字。餘類所從皆准此。其正通等既非韻數，並不入韻之限也。 咸按：内府本無此注文。

十三 陸詞字法言撰切韻序以下十六行，内府本並無，而有長孫序八行，字樣十七行。

十五 同詣法言宿。切二及廣韻宿上有門字。 古今聲調。廣韵古作以，切二作以古。

十六 吳楚則傷輕淺，廣韵傷上有時字。

十七 共為不韻，廣韵不作一。

右一 一 夏侯該 同廣韵。按隋志、唐志該並作詠。

四 後博問辯。廣韵作博問英辯。

五 涉餘學。廣韵涉上有更字。 凡訓諸弟有文藻。廣韵作私訓諸弟子，凡有文藻。

十二 刊謬補缺切韵卷第一 平聲五十四韻 內府本作切韻平聲一

十三 右卷一万二千六十三字二千九百八舊韻四千九百七十，訓一十六，或廿四文。古一文，俗一千一百廿二，補舊訓三百卌二，或卌四，正卌七，通俗二文。內府本無。

十四　一東德紅反　內府本作一德紅東。以下仿此，每行七目或六目。

十五　五支六脂。內府本作五陽六唐七支八脂九之十微。旨夷反呂夏侯與之微大亂雜今依陽、李杜　內府本無之字。雜作雑。缺杜字。

十六　九魚。內府本作十一語居魚。十虞。內府本作十二虞。十一模。內府本作十三模。十二齊。內府本作十四齊。

十七　十三佳古膎反　內府本無此韻目。十四皆古諧反，呂陽与齊同，夏侯、杜別。今依夏侯、杜。內府本作十五皆，無呂陽以下諸字。十五灰，夏侯、陽、杜与咍同，呂別。今依呂。內府本無此注。十六咍，呼來反。內府本作十七來後臺。十七真，今依夏侯、陽、杜。內府本作十八真，無杜字。十八臻，夏侯別。今依夏侯。內府本作十九臻，無二侯字。十九文，內府本作廿文。廿 廿殷，於斤反，陽、杜与文同，夏侯与臻同，今並別。內府本作廿一折舉斤，無注。下有廿二勝都登一目。

廿一元。陽、夏侯、杜与魂同，呂别。今依呂。内府本無目及注。 廿二魂。呂、陽、夏侯与痕同，今别。内府本作廿四魂，無注。 廿三痕。内府本作廿五痕。 廿四寒。内府本作廿三寒。

廿五删以下至五十四凡。内府本並缺。

東韵

東德紅反木方二。内府本作宋。說文、春主東方也。萬物生動也。從木從日。又云日在木中。德紅反二。加二。咸按:廣韻、春方也。集韻、說文从木官溥說,从日在木中。

凍凌水。從冫音冰。内府本作水也。咸按:二水字當冰誤。篆隸名義、凍都洞反,冰。

𣝉内府本多貢反。下有𤘤獸,似羊角在耳後。又徒弄、直隣二反。咸按:篆隸名義、𤘤都弄反,如羊,一角一目在耳後。今本玉篇、𤘤都弄切,泰山有獸狀如羊(原誤生)一角。廣韻,又音陳,音棟。

内府本涷，瀧涷水名。咸按：廣韻，瀧涷沾漬。說文曰，水出發鳩山，入於河。同，徒紅反，二十一。咸按：内府本作和也。徒紅反。十六加六。陽曰，天火同人也。童古作僮，今為童子，非。内府本無非字，有未冠之稱也。案說文，童子從辛，此當丘山反辛從干。古者干字頭上曲而亂，辛非辛字也。男子有罪曰奴，奴曰童，女子曰妾，從辛重省聲也。咸按：注文多誤，廣韻謂岳為愆之古文，去乾切，此誤。又集韻：說文男有罪曰奴，奴曰童，女曰妾。韻會：僮下有从辛重省聲。

僮，古作童子，今為僕失。咸按：失，內府本作也。韻會：今文僮幼字作童，童僕字作僮，相承失也。

銅，赤金。咸按：篆隸名義：銅，徒東反，赤金。今本玉篇同。內府本有也。說文青鐵也，六字。集韻引說文赤金也。

桐，榮木。咸按：篆隸名義：榮，為明反，桐。今本玉篇：桐，徒東切，木名。榮，桐木也。集韻：桐，木名。說文榮也。又姓。內府本作木名，又姓。

峒，崆：內府本下有山名，在北地郡，又徒弄反。

狪，出秦山。或從豸作貆。咸按：內府本秦作泰，無或下五字。今本玉篇豕部：狪，徒公切，似豕，出泰山。豸部：狪，他公切，獸名。廣韻亦作泰山。

筒，竹名。咸按：內府本下有案又筒簫。又徒弄反。篆隸名義：筒，徒揀反，簫。今本玉篇作筒音洞，簫無底也。又音同。廣韻：竹名，射筒。引吳都賦。集韻同本書。

瞳，目。咸按：廣韻同。集韻作目瞳子，內府本漏瞳字。

罿，從网。咸按：內府本無。

潼。内府本注末有案潼關在華陰東句。咸按：衛繪：今關名。通典云本名衝關，言河自龍門南向而流，衝激華山之東，後因關西一里有潼水，遂以名關。

箭，竹。内府本注末有案竹名，長丈餘，無節，可以為射箭，因名之。出交趾。咸按：吳都賦注射筒竹細小通長，長丈餘，亦節節可以為射筒。

犝，牛。内府本注末有案今無角牛句。咸按：集韻：說文無角牛也。篆隸名義：犝，徒東反，無角牛。今本玉篇同，並有亦作䮵、童。

橦，木名，花可為布。廣韵、集韵同，廣韵並云出字書。内府本作案木名，其柔毳可績為布，出永昌。内府本又有犝，無角羊，一條。

衕，通街。咸按：篆隸名義、今本玉篇、廣韵、集韵俱同。内府本注末有又徒弄反，同玉篇。

烔，烔烔旱氣皃。咸按：篆隸名義作熱皃，旱氣。内府本注作烔烔熱皃。又云星氣，星當旱誤。又詩漢漢釋文：蟲蟲，韓詩作烔，音徒冬反。冬，段校作東，是。篆隸名義、今本玉篇並作徒東反。

⿰革童，被。内府本誤鼓。咸按：篆隸名義：被具飾。集韵車被具飾。廣韻、鞁具飾也。今本玉篇、鞁具飾。鞁誤鞍。箭室。說文、鞁車駕具也。鞁為被之後出字。

中景正。四咸按、韻會、書日中星火、其景正。又內府本作三加一。和也、當也。篆隸名義、中、致隆反、和。今本玉篇、廣韻並作和也。集韻、說文、和也。

衷、裏。內府本作按、說文、衷、褻衣。又陟仲反。咸按、說文、衷、裏褻衣也。二書俱漏。

忠、識言。內府本注作貞也、誠也。

芇、草。咸按、篆隸名義同。內府本作草名、見尒疋。今本玉篇、廣韻並作草名。

蟲，蝎類。五。減按：象隷名義：蟲，有足虫。內府本作三加四。有足曰蟲。作虫非。集韻：俗作虫，非是。

盅，器虛。減按：象隷名義、今本玉篇、廣韻俱同。內府本注作老子曰，道盅而用之，盅虛器也。今按集韻：說文，器虛也。引老子道盅而用之。

螫，鼓聲。見內府本。集韻同。

忡，忡心憂。見內府本。集韻：忡，憂也。

終，畢。十一。內府本作十加二。綵，綵卒也。今為終始字。減按：韻會引增韻，又畢也。又碎也。

洤。內府本注末有又力中反，蓋衍。

螽，秋蟲。内府本作案皇螽，蟲名。

鼨，豹文鼠。咸按：篆隸名義：鼨（原誤鼷），之弓反，豹文鼠。説文、玉篇、廣韻俱同。

蔠，蔠葵，蘩露。咸按：今本玉篇、廣韻並同。内府本下有郭注，亦足云露草也。大莖小葉，花紫黄色也。咸按：集韻引爾雅同。郭注作承露也。

𪓰上内府本有鼨，虎文一字，下有臭，古文。○突也一字。咸按：臭，集韻云：古作臭，突或卒之誤。若依前注云其正通等既非韵數，並不入韵數之限，則此字不當入數内，云十加二者非也。内府本每加異體於紐末，則入字數。
眾，多。韻會眾下云：乇氏韻增，廣韻無訓，殆後來依乇氏韻增此，則誤加多字。咸按：篆隸名義似鄉：象渠冀反，多。今本玉篇同。韻會說誤。
盅，器虛。內府本作虛器，誤。又直隆反。
夢，草澤。咸按：廣韻、玉篇無此訓。集韻：瞢，澤名，通作夢。韻會：一曰楚謂草中曰夢。又雲夢，澤名。
忡，忡忡之憂。內府本作憂也，同玉篇、手鑑、廣韻。咸按：集韻引詩憂心忡忡，本書蓋同集韻。
崇，敬。內府本作重也，高也，充也。案又作宗。咸按：

玉篇：崇，重也，尊也。宗，同上。廣韻：高也，敬也。尊，敬義同。集韻：一曰充也。

⿰崇刂，鍾屬。咸按：篆隸名義：⿰崇刂，仕中反，垂屬。今本玉篇作仕弓切，鍾屬。集韻引字林：垂屬。此鍾誤。

嵩，中嶽。内府本作高也。又山名。通俗作嵩。四咸按：崧，思隆反，山大高。嵩，同上。高。今本玉篇：崧，思融切，中岳也。嵩，同上。韻會：詩崧高維嶽。此云崧高皃。此則山高大者自名，不主中嶽而言。增韻：通作嵩，非。集韻：嵩，說文，中岳嵩高山。崧，爾雅，山大而高崧。郭璞曰：今中嶽嵩高山蓋依此名。本書俗字衍。

菘，菜〻。內府本作菜名，同玉篇、廣韻、集韻。又內府本下有崧，山名一字，已見上注。

芃〻葵。內府本〻〻作蜀，同廣韻。

弓，射具。內府本作湯曰〻弦木為弧，即弓也。咸按〻篆隸名義〻弓，居雄反，射。疑省具字。又韻會引湯曰句。

躬，身。咸按〻說文、篆隸名義、今本玉篇、廣韻俱同。又內府本作謹敬也。咸按〻廣韻躳，謹敬之皃。篆隸名義〻躬（原誤射），丘陸反，謹敬皃。今本玉篇〻躬，丘六切，又丘弓切，躬窮謹敬皃。蓋本廣雅釋訓：躬窮謹敬也。殷注鞠下云：聘禮鞠躬亦作鞠窮。史記魯世家作匔匑，上字丘弓切，亦丘六切。

涫，縣名，在酒泉。咸按：廣韻同。漢書地理志酒泉有樂涫縣，無涫縣。陶憲曾云：說文無涫字，涫下云从水官聲。酒泉有樂涫縣，則字从官甚明，殘本王韻涫下云：古亂、胡亂二反。漢書酒泉有樂涫縣。篆隸名義有涫，古亂反，無涫字。是顧氏原書亦作涫。今本王韻兩收之，涫古亂、胡亂二切，沸也。涫，居隆切，縣名。手鑑沿誤作涫，音官，縣名。

涫音貫，沸也。廣韻、集韻亦誤從之，方氏集韻考正云：涫乃涫之譌，前後漢志可證，此沿廣韻而失考也。

融，明，通俗作融。咸按：廣韻正文作融。融，上同。此作融誤。又內府本注作柔和也，長也。安案：當作說文炊氣上出也。今按：今本正編無和也，餘同。篆隸名義：融，長，朗，續廣韻：和也，朗也。字鑑虫部作知也，朗也。知當和誤。本書明亦朗誤。集韻：一曰和也。方言，宋、衞、荆、吳之間謂長為融。

肜，祭名。又勅林反。從舟，音職由反。咸按：祭名六

字同廣韻。内府本作彤。案：殷祭。臧按：集韻云：商
又祭名。李舟从肉。韻會云，本从肉，增韻作舟，非。
融注云，又長也。宋、衛、陳、吳謂長曰融，通作彤。又
按：尚書撰異：高宗彤日下云，玉篇、五經文字皆
云从舟，即丑林切之肜字。集韻引李舟切韻云
從肉。玉裁謂皆非也。从肉既無據，从舟亦音韻
絕遠。蓋即説文丹部之彤字。彤，徒冬切，疊韻又
為融、音，同部假借。臧謂彤者相尋不絕之意，自
為融，長也之借。汗簡即從李舟。
雄，壯。臧按：集韻：一曰壯也。此壯誤。内府本注作

雌雄。廣韻同。手鑑作雄雌也。

熊，獸，似羆而小。内府本欽獸名犬欽黑色，山居冬蟄。隇按：史記司馬相如傳：手熊羆。正義張曰：熊犬身人足，黑色。羆熊大於熊，黃白色。玉篇：羆，似熊，黃白色。手鑑：羆熊，彼眉反，似熊而大，黃色。

瞢三。内府本作三加二。

⿳艹罒色下，内府本有⿳艹罒民，寐言。集韻同。

⿳艹罒民下，内府本有⿰土夢，澤水。集韻水作名。

夢，草澤。隇按：周禮職方氏注：李軌一音忙雄反。又按釋文忙作亡。招魂，與王趨夢兮。注：楚名澤中為夢中。
穹，四。內府本作二加二。天也。又穹廬。咸按：篆隸
名義：穹，丘弓反，窮，天（原誤大）。集韻：爾雅，穹蒼，蒼
天。郭璞曰：天形穹隆然。
芎，芎藭，亦作营。內府本作䓖，䓖藭，藥名。司馬彪
云：似藁本。苗曰蘼蕪，根曰䓖藭。咸按：篆隸名義：
营（原誤萓），去弓反，藭，江蘺。芎、营字。蘪蕪。今本玉
篇：营，营藭，葉似江蘺也。芎，同上。手鑑：芎，芎藭，香
草也。根曰芎藭，苗曰蘪蕪也。营，或作。
蛩，又去龍反。咸按：同篆隸名義、今本玉篇、廣韻

並同。內府本去誤渠。

窮。內府本作竆，又作竆。咸按：玉篇：竆，渠躬切，竆，同上。集韻同。

馮五。內府本作三加一。人姓作姓也，邑也。咸按：馮从冫，音冰。內府本从水，非。

芃，草皃。內府本作草木盛皃。詩曰芃其麥也。咸按：篆隸名義作蒲聞反，茂盛。今本玉篇作步同切，聞誤。又云草茂盛皃。

漰、梵二字，內府本無。

豐，多。正作豐。內府本作豐，豆之滿者，俗作豊。咸按：篆隸名義：豐，又孚宮反。今本玉篇：豐，俗作豊。

酆，邑名。咸按：手鑑同，內府本在冬韻，作邑名，在長安西北，又在杜陵西南，周文王所封。今按：集韻引說文：周文王所都，在京兆杜陵西南。此云在長安西北，未詳。與下豐字俱云敷隆反，是為迻寫之誤。

豐，蕪菁。內府本作豐，蕪菁。又作葑。又敷容反。咸按：集韻，或作葑。詩：采葑采菲。徐邈讀。又按：俗風釋文葑，孚容反，徐音豐，須也。字書作豐，孚容反，草木疏云蔓菁也。

灃，水名，在咸陽。咸按：同廣韻、集韻。内府本注末有案：灃水在鄠縣南山豐□，漢書司馬相如傳注作灃谷。

麷，煑麥，芳風反。咸按：説文、手鑑、廣韻訓義並同。内府本訓同，無芳風反三字。篆隸名義：麷，芳風反，熬麥。今本玉篇：芳充、芳鳳二切，訓同。集韻謂為鄭衆説。周禮籩人釋文：又芳勇反。

風，氣。二。内府本作二加一。案説文，伏羲姓。咸按：韻會引廣韻：大塊之噫氣也。今廣韻無。莊子齊物論：大塊噫氣，其名為風。此或本之。

楓，木。亦作檒。内府本作木名，似白楊，葉員如岐，有脂而香，今楓即是也。咸按：爾雅郭注如作而，今下有之字，即作香。篆隸名義：楓，甫弓反，楓。

瘋，病。見内府本。咸按：集韻：頭病。頭疑顛誤。

⿱穴充，滿。五。咸按：篆隸名義：充，齒戎反，滿。本書正文或因充誤。内府本作充，三加二。

隆，高也。三。内府本作豐，大也，高也。三加一。咸按：說文：豐，大也。篆隸名義同。詩鑑、廣韻並作豐也，大也。今本玉篇作中央高也。此省。

⿸疒夅，亦作癃。内府本正文作癃。咸按：玉篇：癃，力中切，病也。⿸疒夅，同上。廣韻：癃，亦作⿸疒夅。集韻同。

湰　缺水。內府本在鼞下。集韻：湰，高下水。

空，虛。七。咸按：同廣韻、集韻。內府本無釋，作七加二。

崆，山名。咸按：佩觿：崆音空，崆峒，亦山名。內府本無山名二字。

硿，色。咸按：佩觿：硿音空，硿，青色也。廣韻同。沏二色作石。集韻：硿，枯公切，硿青，藥名，出會稽。

椌，椌稈。咸按：集韻：椌，博雅：秄椌，稻稾也。內府本作稻稈，同篆隸名義。今本汪篇、佩觿、廣韻。

鼞，鼓聲。內府本在埪下。咸按：集韻：鼞，鼓聲。

㤟，〻女見。內府本⿱鼓空字下。咸按：手鑑：㤟，音空。衣袂（原誤袟）也。集韻：㤟，袂謂之㤟，此當作㤟，衣袂。

公，九。內府本作八，加一。爵也，君也，正也。咸按：集韻：公，一曰封爵名。篆隸名義：公，君。今本玉篇：公，正也。廣韻同。

功，勳，力。內府本作勳也。案：王功曰勳，從力。咸按：篆隸名義力部：勳，詡軍反，王功曰勳。又本書缺從力二字。

工，工，巧。內府本下有善其事又四字。咸按：篆隸名義：工，古紅反，善事，官，巧，省其字。今本玉篇作官也。善其事。廣韻作官也。又工巧也。劉繪作善於其事，又下缺。

蚣，蜈〻，虫名。內府本但作蜈。咸按：集韻：蚣，蟲名。廣雅，蝍蛆，蜈蚣也。篆隸名義、今本玉篇並作蚣，蜈蚣。廣韻末有蟲字。

愩，憒〻。內府本注作憒。咸按：篆隸名義：愩，古公反，憒。廣韻同。集韻作悾憒皃。本書憒疑誤。

攻，擊。又作攻。咸按：廣韻：攻，攻擊。說文：攻擊也。又內府本有陷也，未詳。又劉繪：攻，說文从攴，隸作攵。

蒙，草密。又覆。十七。内府本作十一加五。女羅草。又玉女草，又菟絲草。咸按：蒙隸名義：蒙，莫公反，女羅。今本玉篇：唐蒙，女羅別名。手鑑：蘿，女蘿，松蘿。韵會：徐曰：即女蘿。詩注，一名兔絲。又玉、廣韵作玉。本書密與蒙隸名義：蒙，茂義近。又覆。廣韵同，見詩君子偕老傳。

濛，小雨。内府本注作水名。又　缺　記，日入處。又小雨，密雲之皃。咸按：□記當作濛汜。小雨，說文濛隸名義作微雨。今本玉篇末有皃字。

曚，々瞽。内府本瞽誤鼓。下有案有眸而不見曰矇。咸按：手鑑、廣韻並作矇，矇瞽。玉篇：矇，詩云矇瞍奏公。傳云有眸子而無見曰矇。

艨，戰船。內府本注誤戰也。咸按：篆隸名義、今本玉篇、手鑑、廣韻俱作艨，艨艟，戰船。

饛，盛食滿皃。咸按：同手鑑、廣韻。說文、玉篇作盛器滿皃。食當器誤。內府本作饛，盛色并誤。

䰒，驢子。內府本作䰒，馬垂䰒，同玉篇、手鑑。法䰒，廣韻、作䰒。集韻作鬠。又手鑑：⿰馬蒙，驢子⿰馬蒙也。廣韻說文並同，本書䰒，驢子誤合。

檬，似槐，黃色。內府本缺下二字。咸按：山海經棟山經：其葉如槐，華黃而不實。郝懿行云：玉篇，葉黃。葉蓋華字之譌。手鑑、廣韻均沿玉篇誤葉黃。

鸏，鳩。咸按：篆隸名義：鸏，莫公反，水鳥，鳩。今本玉篇作水鳥也，亦曰鸏鳩。集韻：鸏，說文，水鳥也。手鑑：鸏，鸏鶇，上音蒙，下音同。鸏鶇，水鳥也。廣韻鶇注云：鸏鶇，水鳥。黃喙，喙長尺餘，南人以為酒器。出劉欣期交州記。內府本作鸏，水鳥。荀子勸學篇：南方有鳥曰蒙鳩。楊倞注：蒙當為蔑，無言作鸏者，俟考。

𨣍，麴生衣皃。亦作𪍑。內府本無皃下四字，有細屑也。三字，咸按：玉篇：𩡳，莫公切，麴生衣也。細屑也。或作𪍴。麥部：𪍴，莫公切，有衣麴也。篆隸名義𩡳、𪍴二字並畧注麴。[手]鑑有𪍴，俗𪍴，正，莫紅反，廣韵作𩡳、𪍴，上同。二書訓義俱同本書。

冡或作冡。內府本無下三字。

醯，酒濁。咸按：篆隸名義、今本玉篇並作濁酒。內府本作醯，洵酒。集韵：醯、醲、醯，濁酒也。或作醓。伍音集韵：醯，或作醓，醓，俗作醯。內府本[洵當濁誤]。

幪，巾〻。內府本作幪，蓋衣。咸按：玉篇：幪，莫紅切，幪衣巾也，蓋衣也。篆隸名義作蓋衣。集韵：幪，說文，蓋衣也。一曰下刑墨幪，幪巾也。使刑者不得冠飾。或作幏。

懞，暗。見內府本幪字下。咸按：玉篇懞，莫公切，不明也。篆隸名義同。集韻懞或作懵。手鑑懵，惛也。惛，不明也。

⿱⿱宀夕皿，器。內府本無。咸按：玉篇⿱⿱宀夕皿，莫公切，豐滿也。

⿱留皿，同上。篆隸名義：⿱留皿，莫公反，豐滿。玉篇食部：饛，莫東切。說文曰：盛器滿皃。詩曰：有饛簋飧。手鑑、廣韻：器誤食。集韻：饛，或作⿱⿱宀夕皿、⿱留皿。本書注文有滿伏。

霥，零雨。内府本作霥，雨寒。咸按：並誤。韻會：濛引詩：零雨其濛。玉篇：霥亦作濛。集韻同。本書殆省。

籠，通俗作籠。十八。内府本作籠。十五加七。

礲，大谷。咸按：同手鑑、廣韻。内府本缺大字。篆隸名義、今本玉篇、集韻本說文作大長谷。

櫳，房。内府本作案說文房室。咸按：玉篇：櫳，房室之疏也。亦作櫳。廣韻、集韻引說文訓同。韻會：今房櫳字作櫳。二書減省過甚。

曨，日欲。見内府本。咸按：篆隸名義：曨，力東反，曈。曈，徒東反，曨，欲明。今本玉篇作日欲明兒。手鑑、廣韻作日欲出也。集韻作日出。

巃，巃巃嵸，山高皃。又力董反。咸按：篆隷名義：巃，力空反，高皃，嵤山字。今本玉篇作力孔、力空二切。切韻作盧紅、落董二反，廣韻作又音巃。內府本無又音。

龒，木未詳。櫳，檻也，養禽獸所。見內府本。咸按：玉篇：櫳，力東切，檻也，牢也。普曜經：龒，疏也。切韻：櫳檻，養獸所也。廣韻同。集韻本說文作所以養獸。內府本始衍誤。

瓏，玲瓏。咸按：內府本下有玉聲二字。玉篇、切韻、廣韻、集韻引埤倉俱同。

龓，馬頭。㨿按：內府本作馬龓頭。手鑑龍部：龓音籠，龓頭，與䪊同。革部：䪊音籠，䪊頭。玉篇革部：䪊，盧紅切，䪊頭也。廣韻沿手鑑。集韻：䪊、龓，馬被具。通作龓。

瀧，瀧凍。㨿按：手鑑同，廣韻凍作涷。

聾，耳閉。㨿按：閉，廣韻作聾。內府本作無聞，本說文。手鑑作無所聞。篆隸名義、今本玉篇並作不聞。

𧭕，內府本有又盧貢反四字。

襱，黍。內府本作黍黍。㨿按：玉篇、廣韻、集韻均作禾病。

蘢，草名。內府本有又音龍。咸按：鍾韻力鍾反有蘢。玉篇、廣韻亦有。

鸗，鳥名。見內府本在嚨下。手鑑、廣韻並同。篆隸名義：鸗，口恭反，野鳥。今本玉篇作梟也。集韻作鳧屬。

⿱龍瓦，瓦礰。內府本正文缺，注作瓦礫。咸按：篆隸名義：⿱龍瓦，力公反，瓦礲。集韻：瓦礲物。二本並誤。

襱，直隴反。咸按：內府本作音隴，誤。本書直隴反有襱字。

蠪ミ蛭。内府本作蟲名，水蛭。咸按：篆隸名義：蠪，力公反，如狐九尾虻。手鑑：蠪音龍，赤蛟如狐，九尾虎爪，音如小兒，食人。一名螭蠪。蛟，廣韻作蛭，餘同。此見山海經東山經鳧麗之山，尾下有九首二字。内府本下有蠬，無注，殆缺。依數實尚缺一字。

訌，謴，潰。咸按：同手鑑。篆隸名義、今本玉篇、廣韻、集韻俱依說文，無謴字。

紅，色。咸按：同玉篇、廣韻。内府本色上有茜字。

鴻，陽鳥。内府本作鸛，案，陽鳥。咸按：韻會作隨陽之鳥，本書傳云：隨陽之鳥，鴻雁之屬。又篆隸名義無鴻有鶴，河各反，大鳥。今本玉篇有鴻，鴻雁。無鶴。

葒，草名。㚢按：篆隸名義、今本玉篇有葒無葓。內府本葒誤蕻。廣韻葒、葓上同。集韻葓，或从紅。二本誤析。

⿰阝共，垬。㚢按：集韻：⿰阝共，博雅，坑也。篆隸名義、今本玉篇、廣韻俱同，垬誤，浮鑑誤坑。又內府本洪作案，從⿰阝共阬出銅，在雲南。集韻：⿰阝虫，從⿰阝虫，山名，在益州。或作⿰阝工。漢地理志益州郡來唯從⿰阝虫山出銅。內府本盖誤合。

洚，一曰降。下又江反。内府本作降下出說文，又户冬反。鹹按：廣韵：一曰下也。又户冬、下江二切，集韵：一曰下也。二本並誤。

叢，或作䕺，草木聚生。一。内府本二加一。眾也。古作菆、䕺，草聚生。鹹按：篆隸名義：䕺在公反，生，菆，原誤冣，草木。今本玉篇：菆，阻留切，草也（也衍）。叢生也。汗簡：䕺，俗叢，正，徂紅反，草木聚生也。廣韵、集韵並依說文：草叢生皃。集韵：叢，俗作䕺，非是。又云：或作菆。韵會：叢本作䕺，後人誤作菆，子外切非。本書敍末注云：其正通等，既非韻數，並不入韻數之限也。則內府本叢、藂別出，且作韻數，與本書乖異矣。

潨，水會。見內府本。咸按：集韻：潨，說文，小水入大水曰潨。詩傳，水會也。手鑑：潨音終，小水入大水也。又在公反，潨，會水也。當水會誤。

翁，老父。五。內府本，三加二。案，說文，鳥頸毛也。又尊老之稱。咸按：玉篇：翁，鳥頸下毛。又老稱。或作⿰翁頁。手鑑、廣韻並云：老稱也。亦鳥頸毛。集韻引說文作頸，本書頭誤。韻會引方言，周、晉、秦、隴謂父為翁。篆隸名義：翁，尊老。又韻會：頌，說文本作翁，今依禮韻別出。廣韻頌在紐末。

鰯，魚〻。咸按：內府本〻作名，同說文、字鑑、廣韻。

蓊〻鬱。咸按：內府本下有草木盛三字，省皃字。廣韻、集韻皆作蓊鬱，草木盛皃。字鑑漏木字。

忩，古作怱，速。十二。內府本作八加四。古作悤、正作怱。咸按：廣韻怱，怱速也。忩，俗。集韻：怱，古作悤，俗作忩，非是。內府本有誤。韻會：說文本作悤，从心，囪聲。隸作怱，俗作匆，非。

葱，辛菜。內府本作韭屬。咸按：玉篇：葱，葷菜也。葱，同上，俗。希麟音義引玉篇同。

棇，檧。內府本作棇檧。按，玉篇：檧，七紅切，尖頭檧也。手鑑：棇，正；檧，或作；公、総二音。尖頭檧也。廣韻同。集韻：檧，檧兩頭銳者也。二本俱誤。

聰，睿。內府本睿作明，同。篆隸名義、今本玉篇、廣韻：聰，聞也，明也，察也，聽也。手鑑：聰、聰，二正，聽聞，明察也。集韻：聰，古作聰。

鏓，大鑿中木，同。說文、手鑑，內府本無中木二字，同集韻。玉篇、廣韻作平木器，誤。平當作中，從段注校。集韻：一曰平木劃，亦誤。

熜，子孔反。咸按：今本玉篇、廣韵同。內府本子公反，篆隸名義青公反，並誤。

驄，馬色。內府本同。咸按：玉篇：驄，青白雜毛色。廣韵作馬青白雜色。說文色作毛。二本並誤，手鑑：驄，馬色也，亦誤。

廳，屋中會，同今本玉篇、手鑑、廣韵。內府本作廈階中會也，出說文，同篆隸名義、集韵。又子孔反，咸按：二本作孔反，俱有廳，則內府本落。

通，徹。四四。內府本作達，但作四。咸按：篆隸名義：通，敕東反，達，徹。今本玉篇作達也。廣韵同，並依說文。又此本衍四字。

侗，大。内府本有壯也，謹也。未詳。

蓌，子紅反，木細枝。廣韻同。今本玉篇子公切，訓同。減按：内府本末有案，充莫語。方言二：木細枝謂之杪，青齊兗冀之間謂之蓌。故傳曰：慈母之怒子也，雖折蓌笞之，其惠存焉。說文：蓌，青齊兗冀謂木細枝曰蓌。篆隸名義：蓌，子公反，木細枝，慈母怒子。畧據方言。内府本誤。又十九，内府本作十四加六。

緵，緵〻。内府本〻作案。一曰江東呼為魚網曰緵。咸按：緵訓見今本玉篇、手鑑、廣韻。爾雅釋器：緵罟謂之九罭。九罭，魚罔也。注：今江東謂之緵。集韻：緵，尒雅，緵罟謂之九罭。郭璞曰，今百囊罟。篆隸名義：緵，百原誤白囊網，手鑑：緵，縷也。又作弄反，小魚罟也。魚紉當魚網誤。又按史記景帝紀正義：緵，八十縷也。手鑑、廣韻沿玉篇漏。

騘，馬鬣。下有髮毛，內府本作馬。又騘下有鬉髮乱。又髮。咸按：玉篇髟部：鬉，子紅切，馬鬣。又作孔切。鬉，子公切，毛亂也。鬆，亂髮皃。鬆同上。馮鄉駿，馬鬣也。說文、禮部韻略、集韻同。手鑑：騘音總，馬鬆，馬鬆。鬉，毛乱也。廣韻：鬉，馬鬣鬆，上同。鬉，毛亂。集韻：鬉，馬鬣也。鬉，髮亂。鬆，鬆髮總曰頭鬆。二本并誤。

崚，九崚山名。咸按：篆隸名義、今本玉篇但作山名，洋鏇無名字。内府本名作在馮翊。集韻作在馮翊谷口。廣韻同本書。

豵，豕生三子。咸按：同玉篇（依鄭說。）内府本下有案，毛萇云豕一歲也。鄭云，豕生三曰也。又作豵字。咸按：詩七月傳，豕一歲曰豵，同篆隸名義，依毛說。集韻：或作豵。

堫，種。咸按：同說文、篆隸名義、今本玉篇、手鑑、廣韻。集韻：一曰不耕而種，禮部韻畧同。

鯼，石首魚。咸按：同玉篇、手鑑、廣韻。内府本下有頭有石也。篆隸名義作鯼，子公反，頭中有石，同集韻。

磫，石。見内府本，同玉篇、集韻作石名。

捘，〻滅。内府本作捘，〻誠。咸按：集韻：捘，字統：捘，搣，俗謂之捉頭。

嵏，吴人音，未詳。内府本無。咸按：釋鳥釋文：鵔，子工反，字林作嵏，音子弄反。此不以爲一字，同廣𨻧。

𦩷、作孔反。咸按：當有又字。內府本漏。廣韻有。

𩿨、蝀翄上下。咸按：篆隸名義同。內府本蝀上有𣳟、𤎜、鳥飛五字。今本玉篇作蝀翄飛也。亦作𣳟。

蠑、𧍧：內府本無。

稯、十筥。咸按：集韻：一曰十筥曰稯。禮部韻略：周禮注、聘禮、四秉曰筥、十筥曰稯。內府本筥誤莒。

蓬、根草反。咸按：未詳。內府本作蓬、無根下三字。

五作四，加四。

𧒂，蟲名。咸按〻手鑑〻蠭，或作蜂，今[蠭]正。飛蟲之惣名也。廣韻〻蠭，螫人飛蟲也。蜂，上同。蠭，古文。集韻〻蜂，倉頡篇蠭蜂，蟲名。或从蓬。

芃，舩〻　缺　蓋舩。內府本作蓬，織竹編若菜以覆蓋舩車。咸按〻廣韻〻蓬，織竹夾箬覆舟也。玉篇〻篷，舩連帳也。集韻〻艂，織竹編箬以覆船。或作芃。若當箬誤。

韸，舩車帳。亦作芃。內府本夆車〻。韸，鼓聲。咸按〻方言九：車枸簍（即車弓也，音縷）南楚之外謂之篷（今亦通呼蓬）。集韻〻或省作夆。手鑑〻夆，通；夆，正。

車篷也。玉篇作蓬，亦篷也。本書誤。芃亦芃誤。又玉篇：韸，鼓聲也。手鑑、廣韻並同。芃，草名。又扶風反。見內府本。咸按：手鑑芃音蓬，芃芃，草盛皃。又音馮，草名。廣韻無草名二字。豫隸名義：芃，蒲閒反，茂盛。今本玉篇：芃，扶戎、步同二切，草茂盛皃。

秚，草名，見尒疋。咸按：手鑑：秚，薄紅反，尒疋云，桻也。廣韻：秚，爾雅曰：困，桻，秚。釋草釋文：搎，蒲空反。廣韻及內府本所依。五音集韻亦無秚字。禾旁當衣旁誤。

烘。内府本二下有火皃二字。咸按：手鑑：烘，呼東反，火皃。廣韻同。

檧蘇公反，小籠。又先孔反。内府本韻末有新加二字。咸按：方言五：箸筩，自關而西謂之桶檧。注：今俗亦通呼小籠為桶檧。篆隸名義：檧，先孔反，著筩。此誤同廣韻。

冬韻

冬時。内府本作終四時也。反二。咸按：篆隸名義：冬，終，四時將盡。今本玉篇：冬，終也。廣韻四時之末。又云冬，終也。集韻引說文：冬，四時盡也。内府本誤，此亦落漏。

彤，亦從丹音。十五內府本無亦下四字。五加十一。咸按篆隸名義、今本玉篇丹部彤，徒宗反，赤。蚺，同上。集韻：彤或作蚺。此音或虫誤。

鴆，鳥名。咸按西山經：松果之山有鳥名鴆渠。廣韻：鴆，鳥名，鴆渠，狀如山雞，黑身赤足，出山海經也。是鴆渠為鳥全名。但篆隸名義：鴆，徒冬反，如小雞，身黑，足赤。今本玉篇作鴆，鳥，如雞赤足。本書蹈沿二書漏誤。內府本同。

爞，憂。內府本下有皃見尓足四字。咸按集韻：爞，博雅：爞，爞爞，憂也。見釋訓。曹音彤。內府本誤。又玉篇：

𢥞、𢥞𢥞、憂也。出楚辭。廣韻依之。手鑑省書證。𢘉、惶。內府本作恇也。又𢘉、惶遽也。咸按：手鑑、廣韻並云惶也。廣韻釋詁二：恇、𢘉、懼也。疏證：玉篇、恇、𢘉、惶遽也。內府本也又二字或衍。篆隸名義：𢘉、惶遽。又恇、惶遽（原誤劇）。独、刺矛。咸按：同玉篇、手鑑、廣韻。篆隸名義省矛字作刺。內府本但作矛誤。𣪍、擊宮聲。咸按：集韻引說文作擊空聲。手鑑文部：𣪍、徒冬反，同。此宮當空誤。內府本但作擊。又按：篆隸名義：殹、烏梯反，擊中聲。𣪍、同上。今本玉篇、手鑑改字訓俱同。內府本脫。
爞，旱熱。咸按：篆隸名義、廣韻並同。又內府本作
宷：從足爞，爞：重也。咸按：今本玉篇作熏也。集韻
作薰也。重字誤。
鼨，黑虎也。見內府本。咸按：今本玉篇：鼨，徒登切，
黑虎。亦作䶂。又音彤。篆隸名義：手鑑、廣韻俱作
鼨。集韻同玉篇。諸書皆訓黑虎。
𧹞，赤。亦作⿰虫赤。內府本作赨，赤色。咸按：篆隸名義：
赨，徒冬屌誤吟反，赤。今本玉篇：赨，徒冬、與弓二
切，赤色。𧹞，同上。手鑑：𧹞，色赤也。廣韻赤色。集韻

赨引說文同，或从冬作⿰赤冬。

⿰冬黽，黽。咸按：篆隸名義⿰冬黽，之融反，黽。今本玉篇作之戎、徒冬二切，⿰冬黽黽。廣韵作黽名。又音終。又内府本下有見字書三字。咸按：集韵引說文

賨，西戎。七。内府本作五加三。西戎稅也。又賨。咸按：手鑑、廣韵並作戎稅。篆隸名義但作稅。集韵引說文，南蠻賦。亦書作賨。玉篇省作蠻賦也。稅也。

慒，又似冬反。咸按：篆隸名義反語同。玉篇作徂冬切，昨宗切。又音因。廣韵作似由切。

鬞，鬡髻高皃。臧按：玉篇、廣韻、集韻作高髻。篆隸名義作大高皃。禮記檀弓：爾毋從從爾。注：從從，謂大高。内府本同。汗鑑作高大。

農，業田。正作𨑃。亦作辳。四。内府本作三加一𨑃同。業田也。俗作農。臧按：廣韻：農，說文作𨑃、辳、𦦖文。内府本衍同字。

膿，血。臧按：篆隸名義：膿，癰疽潰血。汗鑑作癰潰腫血也。此有省漏。

儂，我，乃公。漢高祖猶有此稱。内府本無乃下九字。玉篇作吳人稱我是也。集韻：儂，我也。吳語。

䙚，亦濃〻多露。內府本但作露多。咸按〻集韵〻䙚
博雅，露多也。或作濃。篆隸名義〻䙚露多。水部〻濃，
露多。玉篇水部〻濃，乃東、女容二切，露多也。亦作
䙚。廣韵〻露多。多露亦應作露多。又按韵會〻濃，露
多皃。玉篇〻䙚、䙚䙚，露濃皃。手鑑〻䙚，奴冬、女容二
反，露重皃也。增韵，本作䙚。案詩注濃字，奴同切。
托氏將正舊音之失，謂合收入凍韵是矣。不知
凍與冬本同一音。又謂凍韵者是濃字，冬韵是
䙚字。不知濃、䙚本同一字。據此，本書或依博雅、
原本玉篇。

恭，恪。六。内府本作恭。四加三。案字從心作恭。咸按：廣韵：恭，説文本作恭。玉篇：恭，恪也。本作恭。

龔，姓。内府本作案，人姓，又給也。與恭同。咸按：手鑑：龔，九容反，人姓。集韵：龔，説文，給也。亦姓。此但云姓，同廣韵。

供，祇命。内府本作具也，奉也，給也。又居用反。咸按：篆隸名義：供，居庸反，授，設，給，奉，進。今本玉篇作祭也，設也，具也。又居用切。廣韵作奉也，具也，設也，給也，進也。又居用切。此本訓義未詳。

珙，又居勇反。内府本缺居字。咸按：手鑑：珙，恭、拱二音，璧，廣韻又音拱。哄，㖫。咸按：篆隸名義、今本玉篇、手鑑、廣韻俱同。内府本作嗊哄。集韻：㖫倉，哄㖫，悲哄也。玉篇：㖫，九陸切，悲哄也。手鑑：㖫，訓同。内府本漏。𠬞。又渠龍反。内府本作又渠容、居勇二反。古作舟。咸按：篆隸名義收原誤收，俱龍反，竦手。今本玉篇引說文訓同。集韻：廾，或作𢍏，疑𢍏之誤。蜙，亦作蚣。四。咸按：篆隸名義、今本玉篇、手鑑、廣韻、集韻俱同。内府本作二加三。又螸。咸按：集韻，蜙，或省作蚣，亦書作螸。

凇，凍落。咸按：同篆隸名義、今本玉篇、廣韻、集韻落作洛，是本字林。避韻同。

倯，轉語。内府本：々恭法也。見方言。咸按：方言三：庸謂之倯，轉語也。今本玉篇同。此本所出集韻引方言倯，罵也。郭璞曰：羸小可憎之名。一曰嬾也。此條罵也，見卷七。嬾也，見卷三。及篆隸名義、廣韻：々倯，倯恭怯皃。見玉篇：倯，息恭反，倯恭怯皃也。内府本恭法當恭怯誤。

鬆：々鬔，髮亂皃。見内府本。咸按：玉篇：鬆，亂髮皃。鬆，同鬔，髮亂皃。玉篇：鬆，鬔鬆也。鬔鬔鬆，髮乱也。

廣韻：鬆，鬆髮亂皃。亦作鬆。鬆當鬆誤。

樅，松葉栢身曰：樅。四。內府本作二加二。栢葉松身。咸按：松葉栢身同篆隸名義、今本玉篇、浮鑯、廣韻。此本涎衍樅字。內府本誤。又按：此及內府本皆以恭、蚣、樅三紐列此，但恭，駒冬反，蚣，錄恭反、樅，七容反。恭雖用冬而樅用容，仍非本韻字。廣韻恭下云：陸以恭、蚣、縱等入冬韻，非也。本書改列緣於此。

鏦，亦作錄。內府本作，宩又楚江反。咸按：篆隸名義、今本玉篇、集韻並：鏦，錄，同上。錄誤。

從，〻容，緩步皃。內府本作〻容，動也。又徐容反。㦀接〻，集韻〻從，步緩也。從，從容，休燕也。韻會引增韻，和緩皃。是本書訓解同，於集韻從容與緩步是當為二義二字。

樅，撞也。又楚江反。見內府本。㦀接〻篆隸名義注、灊並同。集韻〻樅，搏雅，撞也。廣韻又音窗。

攻，伐。二。內府本作一加二。

釭，燈。㦀接〻手鑿〻釭，又音江，燈也。集韻〻釭，古雙切，鐙也。韻會云釭音公，轂鐵也。音杠，燈也。已見集韻注。增韻於此重增釭字。又以集韻者為轂鐵，以佟韻者為燈，愈誤。

㓚，剜。見內府本。咸按：篆隸名義㓚，古紅反，釭，剜（原誤列）手鑑、㓚音功，削也。剜，刻削也。又廣雅釋器：鋥謂之㓚。玉篇，鋥也。廣韻東韻古紅切，㓚，鋑，鑊也。

⿰石宮，在石聲。二。內府本作硿，一加二。硿䃧，石落聲。咸按：篆隸名義䃧，力冬反，石聲，降石。⿰石宮原誤⿰石官，口冬反，同上。今本玉篇䃧，力中切，䃧⿰石宮，石聲。又力冬切。⿰石宮，丘中切，䃧⿰石宮。又戶冬切。手鑑：⿰石宮，⿰石宮䃧，石落。漏聲字。䃧，力冬反，⿰石宮䃧。又力中反。廣韻亦沿漏。本書在當落誤。內府本二椌字應為硿。玉篇沿名義漏落字。

⿰口動，哥。咸按：篆隸名義：⿰口動，胡弄反，歌，哥，聲。集韻：⿰口動，呼公切，歌聲。內府本缺注。

洚，缺注，見內府本。咸按：廣韻：洚，說文曰：水不遵道。玉篇：洚，胡公、胡江二切，水不遵其道。篆隸名義作逆行水。字鑑作洚，户公反，水道也。始有漏佚。

夅，缺注。見內府本。咸按：篆隸名義：夅，胡蓋反，害，相遮要害。今本玉篇音訓同。

鍾韻

䃧，⿰石宮䃧二。內府本作一加二。硿䃧，石落聲。咸按：實惟兩字，則云加二，誤。又硿當⿰石宮誤。

宗，尊。內府本下有大也二字。咸按：篆隸名義：宗，子彤反，尊，王，衆，寂，本。廣韻作衆也，本也，尊也。集韻：一曰尊也，本也。大或本誤。

銎，曲恭反，二。矛骹。骹，矛刃之下穴處受之所也。咸按：玉篇：銎，斤斧空也。廣韻作斤斧柄孔也。方言九：矛骹謂之銎。注，即矛刃下口。此蓋誤析，且銎又見鍾韻末，此蓋衍。

鍾。十。內府本作九加二。實共十一字。

籦，案籦籠，竹名，疎節柔弱。咸按：集韻：籠籦，竹名。

鍾韻：籦，籦籠，竹名，任作笛。廣韻作籠籦，誤。

蝩、螺〻。咸按：集韻：蝗也。

鐘，樂器。內府本漏。

蚣，虫動。內府本作蟲。案即蚣蝑也。又古紅反。咸

按：篆隸名義：蝑，蚣蝑。今本玉篇作蜙，蜙蝑。蝑，蚣

蝑。手鑑、廣韻並作蜙蝑。集韻亦無虫動之義。

衳，小褌。咸按：集韻：衳，説文，㡓也。玉篇：衳，小褌。內

府本褌誤揮。

橦，今作木〻。又內府本作木〻。咸按：手鑑：橦音

童，木名，花可為布。又鍾、憧二音，木名也。廣韻：字樣云本音同，今借為木橦字。此本又下或為徒紅反歟。

龍，龗。通俗作龍。四。內府本作四加四。鱗蟲。又八尺馬也。咸按：玉篇龗龍，力丁切，龍也。龗同上。廣韻：鱗蟲之長也。篆隸名義：龍，馬八尺。韻會：馬八尺以上為龍。又曰俗作龍（原誤龍），非。

⿱龍巫，巫見博促。見內府本。咸按：手鑑：⿱龍巫，巫也。廣韻同。集韻同本書。

瓏。內府本下有案說文，以禱旱。咸按：篆隸名義：

瓏，力恭反。玉有龍文。今本玉篇作禱旱之玉，爲龍文也。集韻：說文禱旱玉龍文。

躘，躘〻踵，小行皃。內府本小下有兒字。箴按：篆隸名義同此本。今本玉篇、浮鑑同內府本。集韻但作行皃。

蘢，草名，見尒疋。內府本在蘢下。箴按：玉篇：爾雅，曰紅蘢古。廣韻作蘢古草。

竜，古文。箴按：玉篇：竜，力鍾切。浮鑑立部：竜，古文龍字。集韻：龍，古作竜。

舂，杵擣。六。內府本無訓，作五加二。

⿰鳥舂，鳥名。內府本無。咸按：玉篇：⿱舂鳥，式容切，鳥名。廣韻作鸀⿰鳥舂。集韻：⿰鳥舂，鸀⿰鳥舂，鳥名，布穀也。通作舂。蝽：蝽蝑。咸按：玉篇：蝽，蝽黍，蜙蝑。廣韻同。內府本作虫名。集韻同。

⿰鼠從。案⿰鼠從鼩，鼠名。咸按：玉篇作⿰鼠從，即容切，鼠。集韻：將容、七恭二切，有⿰鼠從，本紐無，此殆誤列。

惷，丑江反，亦。內府本丑上有又字。咸按：玉篇作丑江、尸容二切。手鑑作丑用、丑龍、丑江、書容四反，廣韻作丑江切，又丑龍切，又抽用切。集韻：或作憧。此亦下當為憧字。

松，梓道，亦作榕。三。咸按：四部叢刊本手鑑：榕，[illegible]
衜音松，梓通，是高麗本亦誤，道同此。篆隸名義
松，寀，榕字，寀，松字。今本玉篇：松，寀，古文。又內府
本作二加二。木名寀見紐末。
訟，爭獄。咸按：同廣韻，內府本作諍訟，玉篇作爭
訟也，諍誤。
觸。八。內府本作五加四。通道也。又衝。咸按：廣韻衝
引說文曰通道也。衝，上同。
罿，內府本有又徒紅反。咸按：手鑑：罿，衝、童二音。
廣韻，又音童。

䡴，陷陣車。咸按：手鑑、廣韻並同。內府本漏陣字。」

艟，艟單。內府作戰「咸按：手鑑、廣韻並作戰船」單誤。」

⿰童刂，刺也，兵器。咸按：篆隸名義：⿰童刂，充庸反，刺。今本

玉篇：⿰童刂，尺庸切，刺也。亦作⿰童刂。廣韻同。無兵器之

訓。又手鑑：⿰童刂，尺容反，短矛也。兵器當指此。

⿰矛童，短矛。亦。咸按：篆隸名義、今本玉篇並作⿰矛童，短

矛。手鑑作⿰矛童，俗，⿰矛童，正，矛也。集韻：⿰矛童或从重，此亦

下殆為⿰矛童字。

容，形。十九。內府本作十四加八。寬也，皃也，受也。

咸按：篆隸名義：頌，与恭反，容，容盛，受。今本玉篇：

頌，形容也。集韻：頌，說文，皃也，通作容。韻會：前漢紀，頌繫。師古曰：与容同，謂寬容不桎梏。

滽，內府本注有又水溝，見山海經。咸按：中山經，宜蘇之山，滽滽之水出焉。郊特牲注：水庸，溝也。此誤。

庸，內府本注首有中也。未詳。

墉，亦作⿰阝庸。咸按：篆隸名義：墉，餘鍾反，牆。𨸏部：⿰阝庸，餘鍾反，城，牆。今本玉篇：⿰阝庸，弋龍切，城牆也。或作墉。集韻：墉，或作⿰阝庸。內府本無此三字。

⿰牛庸，似牛，領有肉，同。廣韻：⿰犭庸，猛獸。內府本作⿰犭庸，案猛獸名，今犎牛也。出郊州。又貗。犏，牛胅。咸按：篆隸名義：犏，与恭反，猛獸。蜀郡：貗，与恭反，似熊。又今本玉篇：犏，弋恭切，猛獸也。或作貗。手鑑貗獸名也。廣韵貗，獸似牛，領有肉也。犏、犏並上同。集韵：貗，說文，猛獸也。或从犬。犏，牛名，領有隆肉。集韵犏，牛名，領有隆肉。貗，說文，猛獸也。或从犬。文選上林賦郭注，犏似牛，領肉堆也。漢書顏注，即今之犎牛也。爾雅郭注，即犎牛也。領上肉爆起，高二尺許，狀如橐駝，肉鞍一邊。今交州合浦徐聞縣出此牛。

鎔，鑄。咸按：同手鑑、廣韵。內府本注有案器之範皆曰鎔。咸按：漢書董仲舒傳師古云：鎔謂鑄之模範也。篆隸名義作錢模，錢當鑄誤。

鄘，國名。內府本注有見毛詩。案殷紂封畿內之地名，自城而北曰邶，南曰鄘，東曰衛也。咸按：手鑑、廣韵並作國名。玉篇：邶，紂城，東曰衛，南曰鄘，北曰邶。背，同上。商會詩注，紂都朝歌，畿內國名。東衛，南鄘，北邶。

鷛。內府本注有案鷛鳥似鷺而黑，尖口，雞足。顏師古：今之水鳥也。咸按：漢書郭注，庸渠似鳧，灰色而雞脚。師古曰，今之水雞也。內府本誤。

䆗[illegible]。內府本下有屬字。

鱅，魚名。又蜀容反。內府本又音上有鰫字。咸按：廣韻同此本。又集韻：鱅，魚名，如彘牛音。山海經東山經，鱅鱅之魚，其狀如犂牛，其音如彘鳴。又鰫，說文，魚也。似鰱而黑。玉篇作魚似鰱。本非一物，內府本誤。

頌，形容。又似用反，讚。咸按：玉篇：形容也。又似用切。內府本形誤刑，無容字讚字。

槦，箭。內府本作樢榕木。容。咸按：篆隸名義：槦，中箭笴。今本玉篇：槦，木名。樢、樢槦，木中箭笴。廣韻同。手鑑作槦，箭笴也。二本并誤。

𧪄，古文。見内府本。咸按：廣韻庸下有𧪄，古文。此本之説文𧪄，用也。从言从自，自知臭香所食也。讀若庸。庸，容不安。許君蓋謂漢人通用庸本異義，後人誤并之。

封，壇土。内府本作大也，土也，封閉也。又方用反。咸按：廣韻：積土增山曰封。此本漢書霍去病傳注。此本及内府本俱漏誤。

犎，野牛。咸按：篆隸名義、今本玉篇、手鑑、廣韻俱同。内府本下有出西域，見山海經七字。
𡋲，古文。咸按：玉篇：𡋲，古文封，或作𡋲。集韵：封，古
作𡋲。此衍一横筆。
胷，胷肙。咸按：篆隸名義：胷，肝恭反，匈膺。玉篇：胷，膺
也。亦作匈。手鑑：胷，膺，胷也。廣韵：胷，膺也。亦作匈、
肖。訓本說文，内府本注作心上。
凶，不吉。咸按：韵會引增韵：不吉也。内府本作禍
也，咎也。咸按：玉篇：凶，咎也。手鑑同。廣韵：凶，凶禍。
銎，柄孔。内府本銎作鋬，注同。咸按：手鑑、廣韵：柄
上並有斤斧二字。說文云：斤斧穿也。玉篇作斤

斧空。

洶，水勢。内府本同。咸按：手鑑洶音凶，水勢也。禮部韻略作水皃。釋按：文選，水勢洶洶。廣韻同此。

兇，惡。咸按：篆隸名義凶、咎，惡。今本玉篇、手鑑、廣韻皆同。内府本惡下衍徒字。

顒，大。魚容反，大皃。咸按：内府本無大字，此衍。又内府本作大也，頭皃，也字衍。本書落頭字。篆隸名義顒，大頭，省皃字。又内府本有顒顒，君德也。見尔疋。咸按：今本玉篇作爾雅曰，顒顒卬卬，君之德也。說文云，頭大也。廣韻作大頭也。手鑑同内府本有之字。說文：顒，大頭也。詩，其大有顒。注，大皃。

鰅，魚名。箴按：同玉篇、手鑑、廣韻。内府本下有案：張揖云：鰅，魚狀如犛牛，其音如彘鳴。又案：荆南異物志以為牛魚，方員三丈，兩脾延席，尾長五尺，皮膚或黃或白，班駮有文章。郭璞云：鱅魚文采也。箴按：篆隸名義：鰅，娛恭反；鱅，力恭反。手鑑：鱅，慵，容二音，魚名，似牛，音如豕也。内府本注或為張揖上林賦注中語。犛，東山經作犂。注，牛似虎文者。山海經圖讚：魚號鱅，鱅如牛虎駮。初學。

卷三十南越記，三丈，下有眼，大如斗，口在臂下，露齒無脣，兩肉角如臂。兩翼長六尺。此兩脾延疑為兩翼延廣。皮庸當為皮膚。郭注上林賦云，鰅魚有文彩。內府本誤合鯆于鰅。

邕，和。咸按：廣韻：雍，和也。與邕略同。集韻：雍、和也。通作邕。內府本和下有也。又鳥聲。集韻：噰，或作嗈，通作邕。

雍，睦。內府本作姓也，睦也，又於用反。咸按：廣韻有亦姓，又於用切。

噰，鳥鳴。內府本同。手鑑、廣韻鳴作聲。集韻：爾雅，聲也。郭璞引詩，肅雝和鳴。

灉，又以佳反。咸按：王韻：灉，紆用切，澭灉水自河出為灉。澭、灉，並同上。廣韻引增韻亦作澭。周禮作雝。職方氏，兗州其浸盧維。維音於恭反。增韻蓋以維讀雍，非以雍讀維。本書灘下亦無此。

廱，辟廱。內府本作廱，是。咸按：下有又天子之學名。又廱。手鑑：廱，於容反，辟廱，天子學宮也。廣韻作天子教宮。篆隸名義、今本玉篇並以廱、雝同字異體。

鶅，鶅鶅渠鳥。內府本下有名。案雀禽也。謂即領者，青色，飛則鳴，行則搖。咸按：爾雅注禽作屬，即領作鴒領。玉篇：鷑子席切，鷑鴒，雝鷚，鸗同上。鴒，力丁切，鷑鴒。鷚，雝鷚。亦作渠。手鑑：鷛、鷛渠，水鳥也。鷚，音渠，雝鷚，鳥也。又常棣疏引陸璣疏青色作青灰色。

饔，熟食。咸按：篆隸名義、今本玉篇、手鑑、廣韻俱同。內府本下有按說文又饔。咸按：手鑑：饔，正饔，今韻會說文本作饔。

癰，疽〻。內府本〻作又癰。咸按：篆隸名義：癰，癰字。疽癰。今本玉篇：癰，癰同上。疽，癰疽也。手鑑：癰，俗。癰，正。瘇，癰瘇也。

壅，又於隴反。內府本又上有塞字。咸按：篆隸名義：壅、廱同上。廱，誤，當為壅。今本玉篇：壅，塞也。壅，同上。手鑑、廣韻並云：塞也。

襛，花皃。內府本花下多字。咸按：玉篇作花木盛。手鑑、廣韻並作花木厚。集韻襛部韻略同內府本，此本漏誤。

襛，衆林厚衣。又而容反。見內府本。咸按：廣韻：襛，衣厚皃。又而容切。本說文。篆隸名義作衣原，誤大厚。今本玉篇作厚衣，則內府本林字衍，厚衣依玉篇。

重。内府本五作三。又直朧反，又直用反。咸按：玉篇作直朧切，又直龍切。廣韻：又直勇、直用二切。

種，晚熟。咸按：說文、玉篇、手鑑、廣韻：先種後熟曰種。内府本作種。下有案前種後熟又之朧之用二反。集韻：種，或作種。

鶇，鸗二鳥。咸按：玉篇、手鑑、廣韻、集韻俱作鶇鸗。

種，複。亦作緟。咸按：篆隸名義：緟，複。無種字。今本玉篇：緟，複也。或作褈。今作重。種，複也。廣韻分為二字。集韻依玉篇，内府本有種無緟。

蝩，蠽〻。咸按：內府本無。王篇、廣韵並作⿱㚘蚰晚生者，此蓋脫落。

鏦，案，方言；桂林謂鷄也。見內府本。咸按：篆隸名義：鏦，才恭反。今本王篇：鏦，雜也。手鑑：鏦，或作。從隹，正。音從。南楚人言雜也。廣韵同。

𠔉，古文。見內府本。咸按：廣韵：从，古文。集韵：从，古作𠔉，隸作從。

蹱，蹤蹱，行。咸按：廣韵無行字，同內府本。禮部韵畧作行皃，篆隸名義同此本，漏皃字。王篇、手鑑並作小兒行皃。集韵無皃字。

傭，內府本作牗，注牗作傭。咸按：篆隸名義：傭，恥恭反，均，直。今本玉篇：傭，恥恭切，均也，直也。肉部：牗，丑容切，均也。手鑑肉部：牗，丑凶反，直也，均也。

[illegible]，不行。內府本缺。咸按：篆隸名義作駐，不行。今本玉篇作不行也。禮部韻畧同。廣韻作馬不行也。集韻也作皃。

逢，遇。俗作夆，音降。五。內府本無俗作以下六字。五作三。咸按：篆隸名義：逢，扶恭反，遇。今本玉篇、集韻引說文均同。

漨，水澤。內府本作案水漨池在滎陽開封縣。或曰洡之滏深（深當池誤。），咸按：篆隸名義：滏，扶龍反，池名。今本玉篇作池也，澤也。集韻：一曰漢滏池，在開封縣。晉志：滎陽郡開封，宋滏池在東北，或曰蓬澤。

縫辮矛，咸按：同廣韻、手鑑。篆隸名義：縫，矛。縫，同上。今本玉篇：縫，縫辮矛，有二柄。縫，同上。內府本矛誤予。

峯，山尖。咸按：玉篇作高尖山。內府本作巖也。篆隸名義：巖，峯，原誤巻。玉篇：巖，峯也。

鋒，刃頬，亦作鏠。內府本誤鋒，兵刃端。咸按：手鑑：鋒，兵刃端也。鏠，俗。篆隸名義：鋒，孚恭反，刃鋒，同上。今本玉篇作刀刃也。禮部韻略釋云戈戟刃芒端。本書類或誤。

丰，丰丰茸。內府本下有草木盛皃。咸按，廣韻作丰茸，美好。說文草盛丰丰也。本書又伏風反同手鑑。

妦，好。亦作烽。咸按，篆隸名義、今本玉篇並作妦容，好皃。手鑑、廣韻但作好皃。又內府本下三字作案燕代之間語也。咸按，方言一：凡好而輕者，趙魏燕代之間曰妦，或作烽。

蜂，毒蠭。內府本無毒字，有又蠭。咸按，篆隸名義，

[逢蚰]，蠭，同上。今本玉篇[逢蚰]，亦作蜂、蠭，古文。

蘴，菜。內府本下有又作葑。咸按：廣韻：菜名。手鑑：葑，菜名。玉篇：葑，蕪菁也。蘴，蕪菁苗也。集韻：或作葑。

桻，木上。咸按：同玉篇、廣韻。又內府本注首為木名一曰蓋衍。

夆，甹夆掣曳。咸按：同今本玉篇引爾雅。又內府本曳下有符容反，見手鑑：夆，符容反，掣（原誤制）反二字。又敷容反。

烽，烽火。咸按：手鑑、廣韻並作熢，熢火。內府本正文作熢，無注，有又作烽。

𢓜，使。咸按：同篆隸名義、玉篇、手鑑、廣韻。內府本無。

縱，子用反。咸按：同廣韻。內府本子作即，正文作從，從横反，下有三加二，又縱。集韻從或从糸作縱，則作從誤。

䡮，亦䡮。咸按：篆隸名義：䡮，原誤轂車跡。今本玉篇：䡮，䡮同上。集韻䡮或作䡮。內府本正文作䡮，同玉篇、手鑑、廣韻。

磫，磫礲。咸按：篆隸名義：磫，礦石，礲磫。今本玉篇磫，磫礲，礪石。礲，磫礲。廣韻同。集韻引廣韻亦同。

内府本無。

⿱從毛，㲪。咸按：廣韻：⿱從毛，毲㲪也。手鑑：㲪音登，毲㲪也。毛席類。⿱從毛，蜀屬。篆隸名義：㲪，毲。毲，毛席。今本玉篇：㲪，毲㲪也。毲，毲㲪席。此缺。内府本作氍蜀。咸按：集韻：博雅，⿱從毛，氍蜀也。玉篇同。篆隸名義作製蜀。手鑑作蜀屬。

樅，木名。見内府本。咸按：同廣韻、集韻。篆隸名義、今本玉篇、手鑑俱作松葉柏身。

茸，草生皃。咸按：同手鑑、廣韻。玉篇作草生也。内府本作丑加二。丰茸，草木盛。

䩸，毳飾。臧按：《手鑑》䩸、䩸，二俗；䩸，正，毳飾也。《篆隸名義》作䩸。今本《玉篇》作䩸，或作𦆯，毧，同上。並訓毳飾。內府本注有「又馬韋飾」四字，《集韻》作韋毳飾。

䯳，髮多。臧按：內府本作䯳髮多亂皃，同《手鑑》、《廣韻》。《集韻》引《說文》作亂髮也，同《玉篇》。《篆隸名義》作亂髮皃。此本注文有刪省。

䇯，竹頭有文。臧按：同《篆隸名義》、《手鑑》、《廣韻》。今本《玉篇》作竹也，頭有文。內府本注有「又云竹名」四字。《集韻》云：文竹也。

穠，花皃。咸按：內府本有又女容反，手鑑、廣韻同。

搆，搆〻。咸按：廣韻〻作也。手鑑作推搆皃也。集韻作推搆也。內府本作推而搆，同篆隸名義、今本玉篇。

⿰犭冓，⿰犭逢〻。咸按：手鑑、廣韻並作⿰犭夆⿰犭冓，弟也。內府本但作弟也。篆隸名義：⿰犭夆，弟。⿰犭逢，同上。今本玉篇作⿰犭夆⿰犭冓，弟有二柄。集韻作弟屬。

襛，厚〻。內府本無此字。

蛩，蛩蟬。咸按：篆隸名義：蛩，蟬蛻。今本玉篇：蛩，巨蛩也，又蟬蛻也。廣韻、集韻皆引說文：一曰秦謂蟬蜺曰蛩。內府本作張揖云：蛩蛩青獸，狀如馬，前足鹿，後足兔，前高不得食而善走，距虛似蠃而小。孫炎云：蛩蛩即距虛也，負蟨鼠而走也，咸按：揖說見漢書司馬相如傳注。今本祇有狀如馬似蠃而小二語。前足鹿下三語，是釋地釋文引孫炎說。蛩蛩即距虛乃漢書注引郭璞說，負蟨鼠而走，釋文孫炎云：蟨前足鼠，後足兔，善求食，走則倒，故齧甘草則仰食，邛邛距虛，邛邛距虛負以走。此蓋本引漢書注及釋文，人逐寫時妄爲刪減耳。

邛，臨邛縣。咸按：內府本下有名字。名下有从卩非三字。劉會引乇氏曰从邑从工，俗作邛，非。篆隸名義、今本玉篇、手鑑、廣韵俱作邛。

䑼，小舩。咸按：篆隸名義：䑼，小艇。䑼，同上。內府本注有案艇小而深曰䑼。又作䑼。咸按：方言九：南楚江湘凡船小而深者謂之樑。集韵湘作湖。玉篇作䑼，小船也。樑，同上。手鑑：樑，俗。䑼、䑼，船也。

䯫，亂髮。內府本無此字。咸按：玉篇：䯫，髮亂。手鑑同。

枊，柜石。內府本石作枊。咸按：篆隸名義、今本玉𤅢並作柳，柜柳，手鑑作柳，柜柳。廣韻作柳，柳柳。
𤅢柜字，則此本涉石誤。
𥓂，水島石。咸按：同廣韻、集韻作水石之島。篆隸
名義、今本玉篇、手鑑俱依説文水邊石。則諸書
并誤。
𤦎，稽。又渠隴反。咸按：同手鑑、廣韻。篆隸名義、今
本玉篇並同此訓。内府本無此字。又内府本此
紐次第爲蛩、邛、舼、笻、𨋩、𥓂、𤦎、𦪷、蛩、柳、拱，此本缺
𦪷、拱，增𤦎、鬃。咸按：拱，集韻作栱；𦪷作𦪸。
𨈧，駒冬反。餘殘。内府本無此字。本書每紐下音

在訓前，此音在末，疑后增。
㦟懶，亦嬾。内府本無懶亦二字，咸按：王篇、手鑑同。廣韵：嬾也。集韵作懶。篆隸名義：懶，㦟字。
[illegible]，二船。咸按：篆隸名義、廣韵俱無。廣韵有𦨮，通俗文云，牽乾也。集韵：𦨮，引船淺水中。段校小學鉤沉作牽船，是。内府本無此字。
鏞，不廉。見内府本咸按：王篇：鏞，饞鏞也。饞，不嫌也。集韵作不廉，同此。王篇有誤。
銎，丑凶反，鑿也。又曲恭反。見内府本。咸按：廣韵末有此，注云斤斧受柄處也。曲恭切，又許容切

江韵

丑癹切，當删。

江，水港。内府本作瀆之一水。又作洦。咸按：水港義無見，當為誤字。瀆之落四字。洦或浤誤。

扛，對舉。咸按：同篆隸名義。内府本作横關對舉。依説文。今本玉篇。内府本有又舡。此本蓋删。匡謬正俗六：扛字或作舡。舡為舡誤

杠，旌旗飾。一曰牀頭横木。咸按：手鑑、廣韵並同，惟漏木字。玉篇、篆隸名義亦漏。此依説文。又内府本作旍旗飾竿。一曰牀頭横木。案聚石水中横渡彴謂之石杠也。咸按：集韵：矼，聚石水中，以為步渡彴，

通作杠。玉篇：杠，石杠，今之石橋。石部：矼，石橋也。篆隸名義：杠，石橋。

茳，茳蘺。內府本下有安張揖云：茳蘺草，藥對之蘼蕪。郭璞云，似水薺。張㲉吳錄云，茳蘺出臨海水中，正青，似亂髮也。咸按：安當案誤。又漢書司馬相如傳注，張揖曰，江蘺，香草也。此落香字。藥對之作而藥對曰，在水薺下。張㲉作張勃。又海下有縣字。

釭，燈。咸按：同廣韻。內府本下有又車轂口鐵。咸按：字鑑：釭，車釭，轂口上鐵也。又音江，燈也。篆隸名義：釭，車中轂鐵。集韻作一曰轂鐵。韻會引毛氏云監本舊注轂鐵在此，誤。

舩，舉角。咸按：玉篇、廣韻並同。字鑑：舩，俗。舡，正。舉角也。集韻引說文訓同。内府本無。

庬，十。内府本作六加五，在反字下。

狵，犬。内府本下有名字。咸按：篆隷名義：尨，莫江反，狗。狵，同上。

哤，語雜亂曰：。咸按：同字鑑、廣韻。内府本作語雜。篆隷名義、集韻並作雜語，本說文。

牻，牛黑白雜。咸按：内府本及字鑑、廣韻俱作牛白黑雜。集韻：說文，牛白黑雜毛。

㛪，神女名。咸按：內府本及篆隸名義並省名字。

玉篇、集韻並引揮搶，女神名。手鑑、廣韻作女神名，當亦本揮搶。

⿰山虒，案：巫⿰山虒山在蜀。參差也。見內府本。咸按：廣韻、集韻山下並有名字。又俱無參差也義。

⿰黑虒，暗。咸按：篆隸名義：⿰黑虒，暗，私。今本玉篇：冥暗，故曰陰私也。手鑑、廣韻並作陰私事也。集韻：⿰黑虒，方

𪓌：黮⿰黑虒，私也。郭璞曰，皆冥暗，故曰陰私。內府本作深黑。本書暗義，或取于原本玉篇，深黑之義待

考。

蛖，蛖蟍。咸按：篆隸名義：蛖，蟍。内府本作案，爾雅，蛖，蟲名，似蟍蛄。咸按：玉篇作蛖蟍，蟍蛄類。廣韻同。集韻：蛖，蟲名。爾雅，蝶蛖蟍。郭注云：蟍蛄類。内府本有脫漏。

鸗，桀鸗鴟鳥，似鷹而白。又武項反。見内府本咸按：玉篇：鸗，鴟也。鶇，鶩鶇鴟。集韻：鳥名，茅鴟也，似鷹而白。此依爾雅釋鳥注，今鸗鴟也，似鷹而白。

𦗅，耳中聲。咸按：篆隸名義：𦗅，耳中聲。今本玉篇引埤蒼云：耳中聲也。手鑑、廣韻同。内府本誤膿，中字缺。集韻亦缺。

毷，髮多。鬤，亂髮。咸按：毷，注同玉篇、手鑑、廣韻。內府本作髮亂。又鬤注，玉篇：毛多也。毷，亦作鬤。手鑑：鬤，髮多也。廣韻鬤注同本書。集韻引埤蒼同。並云或从毛。

饟，強食。咸按：篆隸名義、廣韻及內府本並同。殘本玉篇引字書、今本玉篇、手鑑、集韻俱作饟，䭔，饟，強食也。前者為單詞，而後者乃聯語，其訓義一也。

窗，向。正作窻，亦作牕。四。咸按：篆隸名義：窗，楚江反，向明白。䆫字。今本玉篇：䆫，窓，俗。又內府本作三加二。窻，窗牖也。又窻、窓、䆫同。咸按：手鑑：囱、窻二古。窗、窓二正。集韻：囱，或作窗、牕、窻，古作四，俗作窓，非是。內府本窻疑窻誤。

稯，二種。又楚降反。亦作𡑼。內府本作稄，種。無亦作𡑼三字。咸按：篆隸名義：稯，穚，種。穚，種。土部：𡑼，子公反，種。今本玉篇：稯，種也。土部：𡑼，子公、楚雙二切，說文云：種也。手鑑：𡑼，種也。廣韻：稯，種也。𡑼，上同。集韻：𡑼，種也。內府本作稄，誤。

樅，打鐘鼓。咸按：樅當摐誤。內府作摐是。手鑑、廣韻並作摐，打

鍾鼓也。漢書司馬相如傳，摐金鼓。注，金鼓謂鉦

也。

𥎊，矛。亦作鏦。咸按：篆隸名義：𥎊，鏦。金部：鏦，矛。今

本王編：鏦，矛也，撞也。錄，同上。內府本正文作鏦，

案撞也。又七恭反。廣韻：鏦，短矛也。𥎊上同。集韻：

鏦，方言，矛，吳楚之間謂之鏦。廣韻：摐，撞也。通作

鏦。漢書東越使人鏦殺吳王。注，謂撞之也。

邦，國。一。咸按：篆隸名義：邦，國，界。內府本作二。大

曰邦，小曰國。咸按：今本王編：邦，周禮大宰六典

以佐王治邦國。鄭玄云：大曰邦，小曰國。亦界也。

廣韻集韻訓同。

栙雙，咸按：篆隸名義、今本玉篇引說文並作雙，廣韻作栙雙，帆未張。篆隸名義竹部雙，栙，玉篇同。手鑑手部：栙，栙雙，帆。廣韻雙，帆也。內府本作雙。

降，又苦巷反，亦作夅。咸按：內府本苦作古，無亦作夅三字。玉篇作古巷切，亦作夅。

洚，消，內府本同。咸按：玉篇洚，潰也。消或潰誤。

胮，栢江反，胮脹。又彭江反，或作痒。二。內府本栢作匹。二加一。胮脹。又薄江反。咸按：廣韻胮，痒，上同。集韻：胮，或作痒。又篆隸名義、今本玉篇並作蒲江反。

雙，䨇四。咸按：玉篇、廣韻：偶也。又内府本作四加一。手持二隹，从又者手也。亦䨇非。咸按：集韻引說文隹二枚也。又持之。韻會：說文雙从隹二枚，从又。又右手字。右手持二隹也。復古編云：別作䨇非。

艭，帆。咸按：内府本及廣韻並同。類傳引字書云：㭃艭，帆上木也。諸書蓋删省。

䉶，豆。咸按：同廣韻。内府本作𨿽䉶，同篆隸名義、今本玉篇、手鑑。集韻：𨿽䉶，豆名。手鑑作胡豆也。

愯，左傳曰駟氏愯。咸按：内府本同。汗簡、廣韻左上有懼也二字。篆隸名義愯：懼。今本玉篇愯：說文曰懼也。愯同上。又所江切。兩書並漏。

艭，舽艭，吳舟。見内府本。咸按：汗簡、廣韻作船名。玉篇作舽，吳船也。艭，舽艭也。集韻作舟名。

龐，人姓。咸按：廣韻：姓也。内府本作高屋也，姓也。咸按：篆隸名義：高屋。今本玉篇：高屋也，縣名。縣當姓誤。集韻：高屋也，亦姓。

胮，胮肛，大脹皃。内府本同。咸按：玉篇、廣韻並作脹大皃。汗簡：肛，胮肛，脹也。漏大字。兩本誤。

肛，大。二。内府本作一加一。胮肛，脹皃。咸按：集韵：引埤倉：胮肛，腹脹也。内府本漏腹字。

舽，舡。舽船。咸按：篆隷名義：舽，舡，船。船下省也字。廣韵：舽舡，船皃。廣雅釋水：舽舡，舟也。廣韵也誤皃。本書亦誤。

啌嗽。咸按：集韵：一曰嗽也。見内府本。

控，内府本作打也。又苦貢反。同廣韵、集韵。

悾，信皃。内府本同。咸按：手鑑：悾，信也，誠也，慤也。廣韵：信也，慤也。玉篇作慤也。集韵作信慤皃。疑两本俱落慤字。

跫，蹋地聲。咸按：同手鑑、廣韻。内府本無。集韻作履地聲。玉篇作蹋聲。

崆，高皃。又苦紅反。咸按：篆隸名義、今本玉篇並作山皃。廣韻：崆，崆㟅，山皃。集韻：㟅，崆㟅，山皃。又崆，崆㟅，山高峻皃。

橦，突。咸按：内府本及廣韻、手鑑並同。

橦，又徒東反，花可為布。咸按：内府本又音在花可為布句下，是。手鑑：橦，音童，木名，花可為布，又鐘、幢二音，木名也。廣韻：橦，苦江切，又音鐘、童。又此字在橦下，同廣韻。本書同集韻。

支韵

惷，丑龍、丑用三音。咸按：內府本丑龍作書容，三音作二、反。廣韵作又丑龍切。

覾，目不明。又丑巷反。咸按：內府本不誤，下無又音。說文、玉篇、廣韵並作視不明。篆隸名義作見不明。手鑑作直視目不明也。視下漏也字。又丑巷見玉篇、廣韵。

支，計十五。內府本作十一加八。持也，勝也，舉也，又計也。說文云，去竹之持，又持半竹。無點。咸按：篆隸名義：支，舉，載（原誤戴）充。今本玉篇作持也，舉也，載充也。手鑑作支，持也。支，度也。說文云，無點。集韻作説文，去竹之枝也。从手从半竹。内府本引説文亦誤。

卮，酒器。臧按：同篆隸名義、廣韻。内府本作圜酒器，以玉為之，受二升，狀如雞頭。一名觛，所以節飲也。出説文。臧按：禮部韻略：圜器也。一名觛，所以節飲食。韻會注：前高紀：奉玉卮為太上皇壽。應劭注：古作觗，飲酒以角作，受四升。集韻四作三。也當作食。

枝，條。臧按：篆隸名義：枝，之移反，㯓。㯓，枝。今本氏篠：㯓，徒彫切，亦作條。條，小枝也。内府本條作柯，同廣韻。

疷，病。箴按：篆隸名義、今本玉篇、集韻及內府本俱同。

秖，又渠脂反。內府本作秖，从禾。箴按：篆隸名義、今本玉篇、廣韻又巨支切，俱从木。手鑑作秖，渠支反。集韻：或从禾。

衼，衹衼胡衣。箴按：玉篇同。內府本無胡衣二字。廣韻作尼法衣。集韻：一曰袈裟謂之衹衼。

胑，體：內府本：作又胑。箴按：玉篇：胑，體。四胑手足也。手鑑：胑，古。肢，今。四肢也。廣韻並作肢體。

本書蓋衍。

禔，福。咸按：篆隸名義、今本玉篇、手鑑並同。内府本有氏支反，廣韻氏作是。

榹，〻子，林蘭。内府本林誤木，下有桊桑樹，半有椹半無椹，亦謂之榹。咸按：韻會注，一曰薝蔔，一名林蘭。集韻注，爾雅，桑辦有葚，榹。一曰桑半有葚，半無，名榹。

菭，亦藍作。内府本無此三字。咸按：篆隸名義作藍，或藍字。今本玉篇作菧，蓿也。菧、藍同上。集韻：菧，揄莢也。或作菭。又藍，博雅，蓿也。本書誤合為一。

楮，柱。箋按：柱，篆隸名義、今本玉篇、手鑑、廣韻及內府本俱作柱，此誤。

雄，〻鵲，鸛名。內府本作鵃。案鵃，鳥名，漢有鵃鵲觀。箋按：廣韻：鵃，鳥名，漢武帝造鵃鵲觀在雲陽甘泉宮外。雄、上同。集韻：雄，說文，鳥也。漢有鵃鵲觀，在雲陽甘泉。

⿰女毛，雞。內府本無。箋按：篆隸名義：⿰女毛，⿰亲毛，罽（原誤罽）。今本玉篇：⿰女毛，⿰亲毛⿰女毛也。⿰亲毛，⿰亲毛⿰女毛，罽。手鑑：⿰亲毛（原誤⿰亲毛）⿰女毛，罽也。集韻引博雅訓同。此雞當⿰亲毛誤，下落⿰女毛字。

多〻。又得何反。咸按、篆隸名義、𤼵多。今本玉篇、字鑑、廣韻、集韻引廣雅俱同本書正文、當𤼵誤。七

只、語云。又諸氏反。見内府本。咸按、篆隸名義、只、詞、語。今本玉篇引説文、只、語已辭也。从口象氣下引之形。

觶、本音寘、今作奉觶字。見内府本。咸按、篆隸名義、觶、之豉反、酌觴。觗、同上。觝、同上。今本玉篇作洒觴也。此同廣韻。

疧、痛也。漢書音義云、以杖毆擊人、見内府本文則其皮膚起青黑無瘡者、律謂之疧痏。咸按、薛宣傳注、杖下

有手字。歐作毆。則作剝。起上有腫字。無上有而字。瘡作創。瘢為瘡誤。謂下衍之字。又篆隸名義：疻，痏。擊人膚青黑無瘢。痏，毆傷疻痏。

⿰女氏，方言，南楚謂妻之父母為⿰女氏姼。見内府本。咸按：廣韻、集韻本紐俱無此字。集韻常支切下有姼⿰女氏，方言：南楚謂婦妣曰母，婦父曰父姼。或作⿰女氏。玉篇：姼，是支切，姼，母也。又音侈。⿰女氏，同上。廣韻是支切亦有姼，則此衍誤。應移是支反下。

移廿五。内府本作十加十六。說文：遷也，禾名也。又作迻。咸按：篆隸名義：迻，遷，移字。今本玉篇作遷也。今作移。韻會：移，說文遷也，從也。本作迻，从辵多聲。今借作移。集韻，移，說文一曰禾名。

暆。東暆縣。內府本縣下有名字。

⿰犭多，似犬，見則有兵。按：內府本似誤，餘同。玉篇作獸名。廣韻，出則大兵。山海經中山經：鮮山有獸焉。其狀如膜大，赤喙赤目，白尾，見則其邑有火，名曰⿰犭多即。又按：圖讚云：梁渠致兵，⿰犭多即起災。則諸書並誤，箋疏大當為犬。

移，扶移。內府本及字鑑、廣韻同。玉篇：移，棠棣也。藝文類聚八十九引三家詩作夫移。釋木：唐棣校。注江東呼夫校。釋文夫音符。夫作扶或誤。

擨，〻歈，手相弄。内府本歈誤擨，無歈字以周反五字。咸按廣韻、五音集韵弄下並有人字。

酏，酒。咸按内府本作酒汁，汁當作也。

匜，杯匜，似稀。咸按内府本匜誤㐌，稀作㭠，廣韵同。手鑑稀，許宜反，杓稀也。

椸，衣架。内府本注首有案說文三字，下有又箷二字。咸按說文新附椸，衣架也。手鑑同。篆隸名義箷，衣架。椸，今本玉篇椸，衣架。竹部箷，衣架。廣韵箷，衣架。椸，上同。又内府本紐末尚有箷，似杖一字其義無所見，當衍。

栘，加，文離。咸按：內府本栘作拸，是。文作又，亦是。篆隸名義：拸，與支反，加，離。今本玉篇：拸，與紙、與支二切，加也。手鑑：拸，音移，加也。又弋紙反。廣韵紙韵：扡，加也，又離也。弋支切。或作拸。集韵引博雅：拸，加也。栘當拸誤。

袘，袖。咸按：集韵（廣韵）引博雅：褫，袖也。或作袘。內府本作衣袖，同。玉篇、篆隸名義：袘，褫。史記司馬相如傳集解同。

蛇，詩云委蛇，古云噫蛇，是畏。音乘遮反。二。內府本作虵。案蜲虵似虵，大如車轂。又作蛇。誠按：集韻：委蛇，委曲自得皃。此本鄭箋。或即本書所謂詩云。又廣韻：蛇，蜲虵，莊子所謂紫衣而朱冠。王鑑：虵，弋支反，逶虵也。莊子云紫衣朱冠也。復按：達生篇：皇子曰，委蛇，其大如轂，其長如轅，紫衣而朱冠。玉篇：虵，食遮切，正作蛇。王鑑：蛇，古虵，正，食遮反。集韻：蛇，或作虵、迤。內府本云似虵，殆誤。」

庋，庋。亦作庀。內府本缺此字。誠按：篆隸名義：㢒，餘冉反，㢒（原誤琰）。庋，渠立反，牡户鍵。今本玉篇：庋，余之切，㢒庋。庀，同上。庋，渠立切，户牡（原誤也。扊，余染切，扊扅，户牡（原誤壯）。手鑑：扊、扊扅，户牡也。扅音扅，户鍵也。集韻：扅，門關謂之扊扅。或作扂。

熪熑。內府本又作煍。字書：熑熪，火不絶（音廉）。咸按：訓同篆隸名義。今本玉篇、廣韻、集韻俱依手鑑絶下增皃字。此漏。

怟，愛。又渠支反。內府本同。咸按：篆隸名義：怟，上支反，愛。今本玉篇：怟，渠支、是支二切，敬也，亦愛也。廣韻、集韻本紐俱無。手鑑：怟，巨支反，祢從云：怟怟，惕。怟，愛也。又是支反。高麗本愛誤憂。

⿰忄虒，不憂事。内府本憂誤責。咸按：汪𥫗：⿰忄虒，余氏、余支二切，不憂事。篆隸名義正文作⿰忄虎，訓同，餘枳反。集韻作⿰忄虒，不憂其事曰⿰忄虒。手鑑、廣韻並依說文作忯⿰忄虒，不憂事也。

訑，淺意。内府本作言白。又淺意也。咸按：殘本汪𥫗言部：毛詩傳：訑訑，淺意也。篆隸名義同。今本汪𥫗：訑，訑訑，自得也。手鑑作訑，音移，自得之皃。又淺意也。廣韻作詑詑，自得皃。又淺意也。集韻作詑詑，自得也。或作訑、訑。韻會引孟子訑訑之聲音顔色，泆自足其智，不嗜善言之皃。又按：隋隨音義：訑訑。丁云字作詑者音怡，今諸本皆作訑，即不合注意。當借讀爲詑，音怡。曾晛士曰、微波榭本字作訑者音怡。訑訑自足，借讀爲訑。四訑字皆作詑。今考大書訑訑二字當作詑詑。注中云諸本皆作訑訑，當作詑耳。繼李按：通志堂本、黄本借讀爲訑，亦作詑。咸按：内府本之言白，或即訑訑自得兒之殘。

傂，〻揄。亦作歈。内府本作傂，傂偷。咸按：汪篇手部、擨，余遮弋之二切，擨揄，輕笑兒。欠部、歋，以離切，人相笑也。歋，歈也。歋同上。廣韵：傂歋，傂歋，澌歋。歋，笑歈。集韻：歋，歋愉，動皃。通作歋。歋，說文，人相笑相歋瘉。或作擨。亦省。此本及內府本擨、傂分居始依玉篇、廣韻、五音集韻亦然。

簃，閣連邊小屋。內府本無連字。減按：篆隸名義：簃，連，樓閣邊小屋。今本玉篇作樓閣邊小屋。爾雅云：連謂之簃。是連為簃異名，本書誤移其於閣字下。廣韻、集韻俱同內府本。鐵本斷附亦如此。

䕭，萎。二。內府本作棄。說文，萎，䕭草。減按：棄末三字與汗簡、廣韻同。篆隸名義、今本玉篇、集韻俱作草萎葰。
爲作。通俗作為。橤偽反。二。內府本施也。二加二。
又薳偽反。俗作為。咸按：施也，見廣雅釋詁三、篆
隸名義爪部。
為，又君偽反。內府本無此四字，出作在。咸按：諸
韵書俱作在。
鰞，大魚。見內府本。咸按：篆隸名義、今本玉篇、廣
韵、集韵俱同。
隝，鄭地坂。見內府本。咸按：玉篇作鄭地，阪名。厈
鄔同。廣韵：阪名，在鄭。

嬀，君爲反。姓。二。内府本君作居。二作一加一。咸按：玉篇、手鑑、廣韻並居爲反。

潙，水，出新陽。咸按：廣韻作水名，在新陽。玉篇、手鑑並作音爲，水名。集韻略同。

鄬，地名。見内府本同廣韻。玉篇：鄬，爲彼切，地名。春秋曰：會于鄬。杜預云：鄭地。亦作隝。集韻作說文地名。一曰阪名。是又以鄬爲隝之或體。

麾，指。五。内府本作揮也。三。咸按：廣韻說文曰旌旗所以指摩也。亦作麾。手鑑作麾，以旌旗指象也。玉篇麻部：麾，指麾也。亦作摩。洪武正韻：麾，又手指撝。揮下云，指揮也。亦作麾。

撝，謙。一曰手指。內府本謙下有案說文，裂也。一曰手指。咸按：廣韻說文、曰，裂也。湯曰，撝謙。注謂指撝皆謙也。則撝訓謙，殊為割裂。又按釋文：撝，指撝也，義與麾同。則湯實借撝為麾。又玉篇：撝，一曰手指也。

䧦鰞，二字，內府本俱無，鄬地。一。一字衍。

逶，八。內府本作五，加五。逶迤，又作蟡。咸按：集韻逶，或从虫為。手鑑：蜲，蜲虵也。則虫為當作虫委，集韻有誤。

萎蔫，菸。内府本作說文牛馬食。又草木萎。又一賜反。咸按：希麟音義四心地觀經三：萎悴，上於偽反，韻英：萎，蔫也。玉篇：蔫，菸也。篆隸名義：蔫，菸。廣韻：萎，蔫也。手鑑：蔫，萎蔫，物不鮮也。萎，蔫也。又說文：萎，食牛也。則云牛馬食亦誤。又集韻作草木枯死。

棲，細器。内府本細作田。咸按：同篆隸名義、廣韻、集韻，此誤。

䴧，䝲。内府本同。咸按：篆隸名義：䴧原誤錗，於皮反，鹿䝲。今本玉篇作䝲䴧也。禮部韻略作䝲鹿，韻會及正韻同。二書漏鹿字。

蠵，水精名。內府本同。咸按：篆隸名義：蠵，涸原誤迵水精，一頭兩耳，如蛇，八尺。今本玉篇作於為切，形似蛇。又音詭。浮鑑作於為反，涸水精，一身兩頭，似蛇，可取魚鼈也。廣韻蛇下有以名呼之句。又管子水地篇作一頭而兩身。韻會作水精也。亦落涸字。

倭，愼皃。又烏和反。內府本四字作詩曰周道倭遲。咸按：浮鑑：倭，於為反，愼皃也。廣韻同。說文作順皃。段注云：倭與委義略同。委，隨也。隨，從也。廣韻作慎皃，乃梁時避諱所改耳。王、集韻並依說文訓，且引詩句。

糜粥。亦作糜、䊳。五。内府本作糜，四加五。糜粥。又作䊳。咸按：手鑑广部：糜，美為反，糜粥也。廣韻同。集韻糜，或作[illegible]、[illegible]。本書正文糜，注䊳俱誤。

縻，〻爵。亦作䋿，或牛轡。内府本作縻爵。案說文牛轡。又作䋿。咸按：廣韻縻，又縻爵。集韻說文，牛轡也。或作䋿。

[illegible]，乘輿金耳。又文彼反，[illegible]，乘輿金耳。上是〻爛。内府本[illegible][illegible]爛。[illegible]，乘輿金耳。又誤交。咸按：上是

ゝ爛者，謂上文爢是爢爛之爢也。篆隸名義火部：爢，明皮反，爛。熟。今本玉篇、廣韻並同。內府本正文、注文俱誤爢。又篆隸名義耳部：䴢，乘輿金耳。今本玉篇引說文云：䴢，乘輿金馬耳也。廣韻同名義。集韻作金飾馬耳謂之䴢。

蘼，薔蘼。案：本草云天門冬也。一名滿冬。秦名羊韭，齊名爰韭，楚名馬韭，越名羊蓍，見山海經也。見內府本。咸按：釋草釋文虋冬下山海經云：條谷山其草多芍藥、虋冬。郭云：本草一名滿冬。案本草，天門冬一名顛勒，麥門冬秦名羊韭，齊名葽韭，蘧名馬韭，蘧名羊蓍，一名禹葭，一名禹餘糧。葉如韭，冬夏生。篆隸名義作蘪蘴冬。今本王滿作薔蘼，虋冬。手鑑：蘼，薔蘼藥名也。廣韻同王滿。

醿，酴醿，酒名。見内府本。咸按：王滿作醿，酴醿酒。廣韻同。集韻：醾，酴醾，酒名。或作醿。醾，此本作醿誤。

隳，毁。許隨反。六。内府本作毁也。許規反。三加三。又隓。咸按：〔篆隸名義〕隓許規反，毁。今本王滿隓，許規切，毁也。亦作墮。廣韻：隓，隳，俗。手鑑：隳，今隓，正。集韻：亦作隳，非是。禮部韻畧正文作隳。

眭，〻盱，健皃。臧按：内府本同手鑑、廣韻。盱為盱俗字。

觿，角錐，童子佩之。又胡圭反。内府本觿，角錐，童子所佩。案以象骨為之，用以解結也。臧按：觿（篆萬隸名義）喜規反。解結如錐。作骨。今本注作形如錐，以象骨為之，以解結也。手鑑作許規、户圭二反。角錐，童子佩之。又銳端可以解結也。廣韻：角錐，童子佩之。又户圭切。禮部韻畧觿，詩：童子佩之。解結之器。記内則：大觿小觿。注：皃如錐，以象骨為之。

隤，相毀。内府本同。咸按：集韻：隤，說文，相毀也。廣韻作相毀之言。

蘳，果實見兒。内府本見作之。咸按：玉篇草部：蘳，呼規切，果實見兒。集韻同。

睢，又許葵反。内府本葵作癸，是。

鬌，三。内府本作二加一。又鬊。咸按：手鑑：鬊，俗鬌，正。都果反，小兒剪髮為鬌也。五音集韻亦以鬊同上一字。

錘，八銖。内府本銖作兩。反下有又秤錘字。咸按：諸書從說文俱作銖，則内府本誤。又手鑑：錘，直追反，枰錘也。集韻：縛維，錘謂之權。禮部韻畧引漢律歷志：錘，稱之權也。玉篇：錘，稱錘也。靡，分也。湯曰：我爵吾與汝靡之（或以分。）見內府本靡字下。咸按：篆隸名義麻部：靡，美皮反，散。廣韻同。攠，碎。見內府本靡字下。咸按：篆隸名義、今本玉篇、廣韻並同。

垂，下。七。內府本作三加四。邊也。傍無點。咸按：韻會、增韻：又自上縋下也。正韻：直以自上縋下也爲首。又廣韻、集韻俱引說文，遠邊也，無獨訓邊者，內府本亦省。

陲，邊。內府本下有也又危三字。咸按：廣韵、邊也。說文，危也。韵會：陲，遠邊也。篆隸名義、今本玉篇、增韵俱云危也。

倕，重。內府本下有又神農時巧人名。咸按：篆隸名義、今本玉篇、手鑑、廣韵俱云重也。又手鑑作神農，玉篇、廣韵、集韵俱作黃帝。

垂。內府本作錘。咸按：篆隸名義缶部：垂，是規反，小口罌。垂古文，錘，亦垂。今本玉篇：垂，罌，古文。廣韵、集韵及此二書所本。

雖，雅。內府本同。咸按：手鑑、廣韵、五音集韵亦俱誤雅，篆隸名義、集韻作鵝，本說文。今本玉篇作子雖，巂也。巂即布穀也。手鑑以下並誤。

篅笓，亦圜。内府本笓誤筐。箴按：篆隸名義篅，篅笓，圓竹器，笓篅盛穀。今本玉篇作笓也。說文曰：以判竹圜以盛穀。手鑑篅正，篅，今倉篅也。廣韻篅，盛穀圓笓。篅上同。集韻亦作篅，此誤。

竽，草木葉懸。内府本作垂。箴按：廣韻作𠂹，草木葉縣。集韻作𠂹，說文草木華葉𠂹。二書蓋同廣韻。

羸，瘦劣。内府本劣作也。箴按：篆隸名義羸，瘦，疲。

今本玉篇疲作劳。手鑑羸部作瘦也，劳也。禮部韻畧同。

吹，無訓。内府本同。咸按：説文、廣韻、集韻俱云嘘也。玉篇引聲類曰：出氣急曰吹，緩曰嘘。當補。

炊，火氣。内府本爨也。古作龡。咸按：篆隸名義、今本玉篇、廣韻作炊，爨也。本書誤。又説文、玉篇、五音集韻俱無古文，此三字當在吹下。

龡，習管。咸按：同廣韻。又内府本作説文龡，理管之樂。咸按：説文龡，音律管壎之樂也。内府本妄改。

鈹，戟。八。内府本五加三。大鍼也。一曰劒而刀裒也。咸按：玉篇：鈹，大針也。又劒如刀裝者。廣韻同。手鑑：説文大針也。玉篇：刀也。韻會引廣韻，刃戈也。今本無。集韻引方言，錟謂之鈹。郭注，今江東呼大矛爲鈹。玉篇：錟，長矛也。

帔，巾。内府本作衣不帶。又巾也。咸按：集韻：帔，一曰巾也。又廣雅：褶被不帶。玉篇：褶，披衣不帶。内府本蓋誤合。又芳髮反，内府本髮作髲，同廣韻。

鮍，魚二。内府本同。咸按：同廣韻。手鑑、集韻、五音集韻作魚名，是。

披散衣曰〻。内府本作開也。又撿。咸按〻篆隷名義〻披，散，開。今本玉篇〻敷羈切，開也。廣韵〻披又作翍，開也，散也。又撿當被譌。又韵會〻苛衣曰被。苛蓋散誤。

畈，耕外奮場。亦作𦓤。内府本作耕。咸按〻篆隷名義〻耒部〻𦓤，畈字。今本玉篇〻畈，耕外地。又作𦓤。𦓤，亦作畈。耕也。廣韵、集韵引埤雅同。

旇，旗。内府本同。咸按〻説文，旇，旗披靡也。韵會同。篆〻隷名義、今本玉篇、手鑑、廣韵、五音集韵、正韵俱作旗靡。此二書並落靡字。

岥，器破。又皮美反。內府本美作義。咸按：集韻：岥，方言，南楚之間器破而未離謂之岥。或从皮。又按：玉篇：岥音披，器破。廣韻：岥，器破而未離。又皮美切。同書旨韻符鄙切紐有岥，又芳鄙切、匹鄙切亦有岥，則作義誤。

秛，水租。內府本同。咸按：玉篇、手鑑、廣韻並作禾租，二書水字誤。又篆隷名義作止皮反，租省禾字。集韻引廣雅：稅也。

陂，塘。或作坡。七。內府本作四加五。地不平。咸按：手鑑：塘音唐，陂塘也。集韻：一曰池也。或作波。本書坡字誤。又按〻釋地〻阪者曰阪。注〻阪陀，不平傳。
鑯阺陀，不平皃。然諸韻書此讀俱無此義。內府
本之地疑為陀之誤。

誠，辯辭。內府本作辭治。咸按〻廣韻同本書。

碑，行記。內府本作銘立石為碑，古人之迹。咸按〻
釋名釋典藝〻碑本葬時所樹，臣子追述君父之
功美，書其上也。希麟音義十別傳上、廣韻引釋
名並同。篆隸名義作臣子追述君父功。禮部韻
略〻立石也，紀功德也，本葬時所設，臣子追述君
父之功，以書其上。又行記二字俟考。

羆，猳〻。內府本作案似熊而長，黃色頭高脚，猛憨多力，能拔樹木，關西謂之猳羆。咸按〻釋獸郭璞注〻似熊而長頭，高脚，猛憨多力，能拔樹木，關西呼曰猳羆。韻會引郭注頭下有似馬有髦句，末無關西呼曰猳羆六字。又篆隸名義作羆熊，似熊黃白。今本玉篇白下有色字。廣韻作黃白文。集韻引說文同。

䥯，柗屬。內府本作枱。咸按〻篆隸名義〻䥯，柗。今本玉篇〻柗，耒端木也。亦作鉛。名義同。內府本誤。

犤，牛名。見內府本䥯字上。咸按〻同玉篇、廣韻。

襬，關西記：裙也。見內府本。咸按：玉篇、廣韻並云：關東人呼裙也。集韻：方言帬，自關而東謂之襬。或从罷从皮。內府本誤。手鑑：䙡，俗。襬，正。音罷帬也。

⿱婆金，鋸，鉏。內府本作⿱陂金鋸。咸按：篆隸名義：⿱婆金，方皮反，鈹，鉏。鈹，普及反，鉏。手鑑：⿱陂金，彼為反，鋸，鉏也。同廣韻。集韻：⿱陂金，埤倉：鐲、⿱陂金，鉏也。或作⿱婆金。本書洪鈹疑鋸誤。

隨，從。二。內府本遂也。一加三。俗作隨。咸按：隨，遂也，見廣雅釋詁三，諸韻書未引。又按：韻會：俗作随，非。

隋，國名。内府本案左傳，漢東之國，隋為大也。咸按：字鑑：隋音隨，國名，亦州名。廣韻：隋，國名。左傳曰漢東之國隨為大。隋文帝去辵。禮部韻略：隋與隨，國名。史、漢多用此隋字，當於隨字。下亦作隋。

隋。案碎肉。見内府本。咸按：玉篇：隋，他果切，說文曰，裂肉也。又徒果切。集韻：隋，順裂肉也。此或誤。

珛，琟。見内府本。咸按：集韻：珛，珛琟，玉名。玉篇：琟弋隹切，石似玉。

虧，損。通俗作虧。一。内府本作一加一。氣損也。咸按：篆隸名義：虧，去為反，損。今本玉篇引說文，气損也。則二書所依不同。又汗簡：虧，俗；虧，正。廣韵俗作虧。

墮，案聲類，又毀也。又許宜反。咸按：集韵：墮，毀也。或作隳、墮、隓，通作墮。篆隸名義：墮，毀。今本玉篇墮，毀也。隳，郤隓切，亦作墮，毀也。汗簡：隳，毀也。諸書俱不言本於聲類。

闚，無訓。内府本有案闚闞也四字。咸按：篆隸名義：闚，立規反，視。窺字。穴部：窺，立垂反，闚字。並省小字。今本玉篇：闚與窺同。闚，窺也。手鑑：闚，大視反，小視也。闚羊朱反，窺闚，小視也。廣韻同。

奇，通俗作奇。九。內府本六加五。咸按：篆隸名義作奇，今本玉篇作奇。廣韻：奇，說文作奇，韻會引毛氏云：从大从可，俗作奇。

騎，乘馬。內府本作騎。又渠寄反。咸按：篆隸名義：騎，渠知反，乘馬。今本玉篇、手鑑並作乘也。廣韻、集韻俱從說文作騎馬。

鵸，似烏三首六尾。內府本末有可以禦凶四字。咸按：篆隸名義：鵸，居奇反，如烏，三首六尾。今本玉篇：鵸，奇、輢二音，鳥名也。廣韻首有鵸鵌鳥三字，集韻同，似未可減省。又可以禦凶見山海經西山經。

鬾，小兒鬼。內府本兒作皃。咸按：玉篇、廣韻同，此本皃誤。

岐，山名，亦作𡸣。咸按：玉篇：𡸣，山名。古郊字。岐，同上。篆隸名義：𡸣，郊字。字鑑：岐，山名。集韻：郊，地名。或作岐𡸣，古書作䏂。又內府本𡸣，古文，與岐同。

錡，釜三足。內府本無三足二字。咸按：玉篇同此本。韻會：釜屬。江淮之間謂釜曰錡，三足釜也。近灊亦作三足釜。字鑑、廣韻、集韻俱作釜屬。內府本釜下當為屬字，而塗去者。

弱，強。見內府本。咸按：篆隸名義弱部：弱，渠良反，強，彊。今本玉篇作彊也。又巨兩切。字鑑作巨支反，強弱也。又其兩反，弓有力也。廣韻：居宜切，強也。又其丈切。集韻，弓彊皃

𢻱，木別生。咸按：內府本及廣韻同。集韻：𢻱，橫首枝也。𣏐，字林：橫首枝也。一曰木別生。或作枝。玉篇攴部：𢻱，巨宜切，杈也。木部：杈，枝也。則𢻱蓋枝之依篆體者也。

蝵，虫行。見內府本。咸按：手鑑蚑，巨支反，虫行皃也。集韻：蚑，蟲行。玉篇：蚑，去豉切，蚑行喙息，麕鹿之類行也。廣韻：蚑，蚑蚑，蟲行皃。蝵或蚑之俗。

祇，從示。十五。內府本十加九。地神也，大也，從示。咸按：篆隸名義：祇，渠支反，大也。今本玉篇作地之神也。湯曰，無祇悔。韓康伯云，祇，大也。周禮亦作示。廣韻作地祇神也。集韻：古作示。禮部韻畧亦作示，則二書從字誤。

衹，衹衹。內府本作衹衼。咸按：玉篇：衼，章移切，衹衼，胡衣也。手鑑作僧衹支，尼服也。廣韻作衹衼，尼法衣。本書譌。

郊，邑。內府本作邑名，在扶風。周太王所居。咸按：廣韻：郊，邑名，在扶風。集韻：說文，周文王所封。內府本居字訛。

岐，山路，合從山，從止，非。內府本無合下六字。咸按：玉篇：岐，翹移切，岐路也。手鑑、廣韻並同。禮部韻略：岐，通作岐。韻會：岐或作岐。本書或與增韻同。

駁，勁。內府本同。咸按：玉篇：駁，巨支切，勁也。廣韻作勁皃。手鑑作馬勁動也。

疧，俾我疧兮。内府本落兮字。咸按：本書同玉篇、廣韻。

軝靭下五字有軝，長轂。内府本兩字相接連，注作：案朝楚車輪，詩曰，約軝錯衡，長轂之軝。咸按：篆隸名義：軝，渠支反，約轂飾。連鄉：軝，渠支反，長轂。轂，同上。今本玉篇：軝，轂飾。亦作軝。連鄉：軝，轂飾。亦作轂。轂，同上。說文：軝，軝，从革。今軝訓靭，不審所出。又方言九：輪，韓楚之間謂之軝。内府本誤漏。又廣韻：軝，說文長轂之軝，以朱約之。詩曰，約軝錯衡。軝，上同。集韻同。

蚔，蟗。亦作蚳蝥。內府本作毒蟲。咸按：集韵：蚔，說文蟗也。或作䘌，亦書作蚳。篆隸名義：蚔，蝥，同上。䖵鄉：䘌，蚔。又今本玉篇：蚔，土蟲也。手鑑、廣韵作蟲也。

忯，又弋支反。內府本衍一弋字。

跂，行皃。又墟豉反，亦作趆。內府本宋行謂足跟不著地。咸按：廣韵：跂，行皃。又音企。趆行皃。篆隸名義：走鄉：趆，行。又按：玉篇：跂，躧豉切，有跂踵國，其人行腳跟不著地。徒鄉：趆，行皃也。今按：山海經海外北經：跂踵國注：跂音企，其人行，腳跟不著地也。

是跂乃企借，說文，企舉踵也。而企又無此音。內府本實誤。又內府本間一字有：越，說文，緣木。一曰行皃。王篇、廣韵、集韵所引及鉉本、鍇本木上俱有大字，內府本漏。

鴟，雞。內府本缺。咸按：廣韵同。王篇：鴟，巨支反，雉別名。隹部：雉，野雞也。集韵：鴟，方言：雞，陳、楚、宋、魏之間謂之鴟鴟。或从隹。篆隸名義鳥部：鴟，渠支反。與鶪、鷂、鶅同類，亦見王篇。則此雞應為野雞之省作。

攕，十二。內府本作八加六。

觛，角上。見内府本。咸按：篆隸名義、今本玉篇、廣韻俱作角匕。此同集韻，並誤。

羲，帝号。内府本帝上有氣也又三字。咸按：説文：羲，气也。正韻：太昊氏。又曰：包犧、庖犧、炮犧。又按：宋濂正韻序云：註釋則一依毛晃父子之舊，則正韻所存乃增韻之文也。

吹，吹吹，貪者見食皃。内府本作啖。咸按：手鑑：啖，許羈反，啖吹，貪者欲食皃也。廣韻、集韻、五音集韻俱同。此及内府本當誤。

巇，險巇。咸按：殘本玉篇引楚辭王逸曰：險巇猶

危也。今本玉篇：巇，許奇切，崄巇，巔危也。篆隸名
義巇，危。手鑑同玉篇。廣韻作巇崄。
莑，地名，在魏。咸按：同廣韻。玉篇但作地名。內府
本正文誤莑。魏下有郡字。說文：莑，魏郡有莑陽
鄉。則廣韻及此，並漏。
䖒，器。見內府本。咸按：說文、玉篇、廣韻、集韻並作古陶
器也。篆隸名義作陶器。原誤黑。本書有刪省。
㩨，擊。內府本作㩨。咸按：玉篇：㩨，擊也。手鑑作㩨，
擊也。集韻引埤雅：㩨，擊也。則此本㩨誤。
吹，欶。內府本炊誤欶。咸按：篆隸名義：吹，欶。吹，欶，

欥，久欬。今本玉篇〻欥，欬欥。欬欬欬，氣逆也。集韻
同。手鑑作氣逆病也。
曦，赫〻。內府本漏〻字。咸按〻手鑑、廣韻並訓日
光也。集韻〻赫曦，日光。
[木戲]，蠡。內府本作蠘。咸按〻篆隸名義〻[木戲]，虛奇反，蠡
今本玉篇〻[木戲]，蠡為[木戲]也。䖵部〻蠡，瓢也。手鑑〻蠡，瓠
瓢也。集韻〻[木戲]，或作蠘。此本蠡誤。
[危支]，或[器支]，不正〻八。內府本作四加七。不正。又敧
〻手鑑〻[危支]，不正。[器支]古。
字。咸按〻集韻〻[危支]，或作[器支]、敧。廣韻〻不正也。正韻云〻
敧，不正。亦作[危支]，與敧不同。敧，於宜切，又欠伸之

欠。此同增韵。

犄，武牙。内府本作犄，是。咸按：篆隷名義牙部：犄，丘奇反，武牙。手鑑同。今本玉篇、廣韵並作虎牙。依說文。此本犄譌。

䣀，地名。見内府本。咸按：集韵：䣀，邑名。

㥓，減。内府本減作惐。咸按：玉篇：㥓，惐㥓，儉急。又儉意也。手鑑、廣韵並云：儉急。篆隷名義、集韵並取儉意之訓。内府本蓋誤删。此本則譌作減。

徛，石橋。咸按：同篆隷名義、集韵：碕，聚石為彴，通作徛。

⿰虫奇，案長⿰虫奇，蜘蛛長脚者。見内府本。咸按：廣韻：⿰虫奇，長脚鼅鼄。集韻作蜘蛛長脚者。

攱，〻器。内府本作敧。咸按：玉篇：攱，丘奇切，禮器也。手鑑、廣韻並云：宗廟宥座之器。手鑑又云：敧，亦作攱字。又攴部：敧，正作攲。韻會：敧，俗作攲，非是。

宜，當〻。五。内府本作宜。五加一。當也，善也，便也，祭社也。又作宜。咸按：玉篇：宜，當也。今作宜。廣韻俗作宜。篆隸名義：宜，當，善。又韻會引增韻：又祭名。王制：宜于社。

儀，容。内府本作容也，義也，匹也。咸按：篆隸名義ニ
儀，義容（原誤空），正續作儀儀容，又義也，正也。
韵會、正韵並云匹也。詳下蟻字校記。
鸃，鵔ニ。内府本鵔誤鵕，下有案許慎云鷩雉也。
顔師古云似鷄而小，五色鮮也。咸按：説文鵔鵔
鸃，鷩也。又漢書司馬相如傳注鵔鸃，鷩鳥也。似
山雞而小。冠背毛黄，腹下赤，項緑色，其尾毛紅
赤，光采鮮明。内府本減省而訓解不明。
轙，車上環。内府本車上繫轡所貫。又作钀。咸按：
篆隸名ニ義轙，在軛上，轡所貫者也。手鑑作車

上環纞所貫車也。廣韵同。集韵:轙,說文,車衡載纞者。或作钀。篆隸名義金部:钀,馬纞旁鐵。字鑑作馬勒旁鐵也。

嶬,古文,見內府本。咸按:篆隸名義:嶬,儀字,善,四義,正,宜,今本。玉篇作古儀字。字鑑:嶬,正也。足證儀或嶬實有正、匹二義。

皮,膚。五。內府本作三,加二。革也,膚也。咸按:廣韵,皮,皮膚也。釋名曰,皮,被也。被覆體也。又集韵說文,剝取獸革者謂之皮。玉篇略同。篆隸名義作獸革。韵會引說文徐曰:生曰皮,理之曰革。內府本誤。

疲，乏。内府本乏作倦。咸按：玉篇、廣韻並云：乏也。篆隸名義、手鑑並作倦也。增韻，又倦也。

郫，～氏縣，在蜀。内府本縣下有名字。咸按：廣韻、集韻並作縣名，在蜀。

棹，上木交。内府本作木下交。咸按：手鑑：棹，音皮，木下交兒。廣韻同。廣韻：府移切，棹，木枝下也。篆隸名義、五音集韻並作木下支兒。廣雅釋木：木下支謂之棹椸。集韻引博雅同。王引之云：支與枝同。玉篇：棹椸，木下枝也。據是，則諸書俱有誤，犤牛。又蒲佳反。咸按：内府本無。玉篇作平為、平媯二切，牛名。又音陂。廣韻訓同，又音皮。篆隸名義作蒲馳反。

㿹，古文。見内府本。咸按：玉篇㿹，古文皮。皮部：㿹，古文。集韻：皮，古作㿹。

提，飛，又弟泥八。内府本泥下有反字，八作六加六。飛作飛也。又作翅字。咸按：廣韻：提，群飛皃。又弟泥切。翅，上同。手鑑作群飛也。又翨、𦐃二字並見篆隸名義，今本玉篇二本並漏誤。

㔸，大匕。内府本無大字，是。咸按：玉篇、廣韻並作匕也。

堤，堤封。内府本下有頃畝二字。咸按：廣韻：堤，堤封頃畝。顏師古曰，提封者，大舉其封疆也。集韻引博雅：隄封，都凡也。或从土，通作提。

眡，〻役目。内府本作眡目。咸按：篆隸名義、今本玉篇並作眡，上支反，視也。玉篇、五音集韻：⿱役目，視也。本書誤析⿱役目為二字。⿱役目與眡為互訓，二本並誤。

⿱艹是，藥名。内府本注作草安也。咸按：手鑑：⿱艹是，⿱艹是母即知母草也。廣韻作⿱艹是母即知母草，出字林。篆隸名義作知母藥草。玉篇作[illegible]母草，即知母也。並此書所本。又按：內府本注作草安也。切二作草按也，出說文。並誤。當云草也，出說文。

芪，藥草。見內府本眂上。咸按：玉篇：芪，芪母也。集韻：芪，說文芪母也。一曰知母。篆隸名義作芪，母。莓。疑上省知字。

柢，名。內府本作柢，碓衡。抵，挑。咸按：篆隸名義：柢，挑，碓衡。集韻：柢，字林碓衡。一曰挑也。五音集韻亦無抵。則本書之名字當為碓衡之渺誤。又挑亦應為挑。

兒，俗作兒反。内府本作兒，俗兒。咸按：兒，説文云，从儿，象小兒頭囟未合。集韻：兒，古作兒。二本皆誤。

離，別。廿六。内府本作十四加十四。分別也。咸按：廣韻以下俱不云分別。

籬，呂移反。柵。内府本作藩籬，院。咸按：優婆塞戒經卷六、毗尼母律卷八、明了論引通俗文：柴垣曰籬。韻會引通俗文：柴垣曰杝，木垣曰柵。四分律卷二、佛本行集經卷四七引通俗文：木垣曰柵。篆隸名義：柵，編豎木。杝，落。草部：落，籬。今本玉篇：籬，藩籬。廣韻引郭璞云：謂藩籬也。又院，玉篇：

周垣也。本書反語衍。

羅、心憂。内府本心下衍羅字。

儷、陣。内府本陣作陳。咸按々同廣韻。集韻、儷、魚麗陣名。通作麗。

鸝、々、黃鳥。或作鵹。内府本作䴍、又鵹。咸按々浮籤々鵹、俗。䴍鵹、鸝、三正。音離、黃鳥也。篆隷名義々鸝、玄鳥。鵹、同上。又鵹、姓鳥。䴍、同上。玉篇同。是二書已別出。又集韻々離、說文離黃倉庚也。或作鸝、鵹。廣韻々鸝、鸝鸝黃。鵹、上同。䴍、上同。韻會云々集韻或作鵹䴍。又云々案說文、集韻上有離字、或作鸝。今韻書並鸍字别出。實則名義、玉篇已别出，集韵亦云：蘺，鵗蘺，鳥名，自為牝牡。或作鷍。則韵[illegible]未考。

縭，婦人香纓，摋瑣本同。内府本下有以以采介履一句。咸按：廣韵：縭，婦人香纓。集韵：縭，絲介履。首落一以字。内府本則衍一以字。采當絲誤。

蘺，茳〻。内府本同。咸按：玉篇：茳，茳蘺，香草。同廣韵、集韵。摋瑣本作江。集韵：通作江。

蘼，草木附地生皃。内府本、摋瑣本並同。咸按：廣韵皃作也。

穲，黍稷行皃。内府本作黍生。摋瑣本作人〇黍

○咸按：手鑑：穲音離，穲黍行列也。廣韻：穲，穲穲，黍稷行列。則三本都誤。

蠬，蚰蜒。咸按：玉篇：蠬，蚰蜒也。廣韻倒誤作蜒蚰。（⿰虫長，蚰蜒也。）手鑑：蚰蜒，江南大者蜈蚣，小者蚰蜒也。又按：集韻：⿰虫長蠬，蚰蜒。方言十一：蚰蜒，自關而東或謂之⿰虫長蠬。篆隸名義：蠬，細長螺。⿰虫長同上。廣韻：蠬，蚰蜒別名。沿方言、玉篇也。

䅻，二把。內府本作禾二把。咸按：篆隸名義：䅻，二把。長沙。今本玉篇：長沙云禾把也。把上漏二字。廣韻：䅻，長沙人謂禾二把為䅻。集韻同。二本刪省欠當。

𠩺，又力脂反。𠩺引。又力脂反。內府本作𠩺引。又力脂反。咸按：廣韻本紐俱無之，韻里之切有𠩺字，字統云：微畫也。𠩺，引也。篆隸名義：𠩺，力詩反，微畫文。又鄰：𠩺，力支反，引。今本玉篇𠩺，力詩切。

𠩺，力尸切。五音集韻以二字入呂支切離紐下。

惴，多端。內府本同。咸按：篆隸名義、今本玉篇、廣韻俱同。集韻作支惴，多端也。

謧，弄言。又言泥反。內府本作欺謗之言。咸按：本書同集韻。廣韻沿手鑑作弄語。方言十：㦟忚，欺謾之語也。注：亦中國相輕易蚩弄之言也。集韻譪、或作㦛。篆隸名義：譪，欺謾之語。今本玉篇作欺慢之言也。二本各有所依。又言泥之言當從齊韻作落。

劉，分劃。三本同。咸按：篆隸名義、今本玉篇並同，手鑑作分破，廣韻本之。

鵹，鳼。三本同。咸按：篆隸名義：鳼，雉鳥。鵹，同上。今本玉篇：鵹，鳼鵹。鳼，鳼離鳥，自爲牝牡。手鑑：鳼。鳼離鳥也。廣韻、集韻並從玉篇，三書同。手鑑省鳥字。

禞、袩。內府本無，綴續本正文作禞。咸按：篆隸名義、今本王編、廣韻、集韻俱同，綴續本是，本書作禞誤。

禞，婦人內衣。見內府本䕤下。咸按：王編：禞，衣帶也。孫、鄭：縞，帶也。廣韻作衣帶也。集韻：濔稚，婦人之襌也，即今香纓。通作縞。釋名釋衣服：婦人上服曰袿。王編訓同。漢書班倢伃傳注：褵，袿衣之帶也。王編之說殆即依是。內府本文有譌落。

䴡，勾麗，東夷。見內府本䕤字下。咸按：集韻：麗，一曰高句麗，東夷國名。廣韻但作東夷國名。

孋，孋姬，晉獻公妃。見内府本欐字下。咸按〻玉篇、廣韻並作孋姬。本亦作驪。汗簡作孋姬，晉公之妻。漏獻字。集韻孋，孋姬，晉獻公伐孋戎所獲女。

灕，淋灕，秋雨。咸按〻廣韻如是。汗簡作林灕，秋水也。

羅，羃〻。内府本缺〻。

疧，病也。掇瑣本同，缺字數。内府本作三加七病也。咸按〻同說文、玉篇。

骴，殘骨。内府本上有鳥獸二字。咸按〻廣韻同本本書。集韻同内府本。

鴜，水鳥。内府本作烏名。咸按：篆隸名義、玉篇、集韻同本書。今本玉篇作鴜，䳵鴜鳥。䳵，䳵鴜，水鳥，似魚虎而黑色。廣韻：黑上有蒼字。集韻：七支切，鴜鳥名。說文：䳵鴜也。玉篇：鍼、䳵音針，䳵鴜，水鳥名也。則作鴜者，應補䳵鴜二字，以明其為複名之省。

餈，嗛。或作疵。内府本作嗛食。咸按：篆隸名義：餈，嗛。疵字。玉篇、廣韻並作嗛食兒。集韻：餈，紐餈字注作嗛食也。或作⿰口疵。齊紐下餈，歉食也。或作呲、⿰口疵。

胔，人子腸。内府本落子字。咸按：篆隸名義、玉篇、廣韻、集韻俱同，本書是。

枇、榆。内府本作批揄。誠按：篆隸名義：柢、榆，榆，似豫章木。集韻：柢，木名。郭璞曰：梗屬，似豫章。或作柢、枇。通作疷。今本玉篇枇，無枇木。柢，同上。手鑑、廣韻並同，末有一名榆三字。玉篇、手鑑別出榆，木名。内府本誤。

茈。見内府本飺字下。誠按：篆隸名義：茈，自貲反，生田，似龍鬚，細根如指頭，黑，可食。今本玉篇作自移切，爾雅曰：芍，鳧茈。郭璞云：生下田，苗似龍須而細，根如指頭，可食。廣韻：茈，藨茈草。此漏。

娑，娑姕，不媚。見內府本。咸按：集韻雌紐：娑，娑姕，婦人不媚皃。

呰，古文。見內府本𦙶字下。咸按：玉篇：呰，祖爾切，口毀也。篆隸名義：呰，子尒反，苛，口毀。呰，集韻：呰苛也，瑕也。或从吅。此本無呰字，則呰無所附。

貲，貲財。十四。內府本作七加九，貲財也，布也。咸按：篆隸名義、今本玉篇、手鑑、廣韻俱作財也，則二本注中衍貲字。

𩭦，口上毛。三本同。咸按：玉篇：𩭦，口上須。本作頾。手鑑：頾，俗。相俞反。廣韻：說文：頾，口上須。俗作𩭦。

韵會：本作頿，今文作髭。

⿱此鼠鈇注。掇瑣本作鼠似雞。內府、本作䖪，䖪鼠狀如雞而鼠尾。出山海經。咸按：說文：⿱此鼠，⿱此鼠鼠，似雞鼠尾。篆隸名義：⿱此鼠，如雞鼠尾。今本玉篇尾作毛。末句為見則大旱。廣韵作鼠名似雞。集韵：⿱此鼠，通作䖪，或書作⿰鼠此。

訾，思。咸按：掇瑣本及篆隸名義、廣韵俱同。內府本有又訾城在河南偃師。

鄑，鄑城縣在北海。內府本作鄑城在北海。掇瑣本城上有鄑字。咸按：玉篇：鄑，北海都昌縣西有鄑城。手鑑鄑，鄑城名。鄣邑。廣韵誤海北。左傳莊元杜注作北海。本書縣當名誤。

姕，婦人皃。又且紫反。內府本無又音。咸按：篆隸名義：姕，且紫、子兒二反。今本玉篇作且貲切。手鑑作婦人好皃。廣韵作婦人皃。

觜，星名。內府本作西方宿名。咸按：玉篇作星名。廣韵、集韵並同。

呰，歐。內府本作呰，歐。咸按：篆隸名義、今本玉篇、手鑑、廣韵、集韵俱同本書。

鍫，斧。又千支反。內府本斧作釜。咸按：篆隸名義、今本玉篇、手鑑、廣韻俱作鋆，鉀斧，本説文。二本俱删誤。

帉，細布。内府本作巾。咸按：篆隸名義作布，疑者名字。手鑑、廣韻並作布名。集韻引埤倉：布名。或作帉。今本玉篇作帉布也。急就篇十注：綸帉，緆布之尤精者也。本書細布之義或由於是。説文：綸，綸貲布也。

𨛜，谷名，在西縣。内府本同。咸按：篆隸名義：𨛜，且孫反。今本玉篇作子移切，谷口。廣韻作谷名。集韻：谷名，在西海，亦縣名。或作鄑。

婮，明星。撥瓉本同。內府本作星明。咸按：篆隸名義：婮，太白號。今本玉篇作甘氏星經曰，太白上公妻号女婮，居南斗。廣韻引說文云：甘氏星經曰太白上公妻曰女婮，居南斗，食厲。天下祭之曰明星。

䮕駱頭。七。內府本作馬駱。咸按：說文、玉篇並作馬駱頭，撥瓉本同。廣韻同內府本，與本書皆誤。

敠，〻取物。撥瓉本同。內府本作敠。咸按：手鑑作筋取物也。廣韻作箸取物。玄應音義十五、僧祇律三十引通俗文以箸取物曰敠。集韻、五音集韻並同。諸書並誤。

奇，不偶。內府本下有又渠羈反。咸按，廣韻如是。

琦，弃。又丘知反。九，紙二反。內府本作婍，婍姿。咸按，篆隸名義，琦，棄。今本玉篇，琦，丘知切，說文曰，棄也。手鑑，作弃也。廣韻，棄也。又丘奇切。妓，妓姿，態皃。集韻，妓，妓姿，女容。據此，內府本蓋誤合。本書衍一反字。

卑，府移反，下。八。內府本作必移反，六加五，下小也。咸按，廣韻，府移切，下也。今更音和切卑，必移切。又諸書無小訓，則小字衍。

鵋，々居鳥。內府本作鵋，鵋鶀，鳥名。咸按：手鑑、廣韻並作鵋，鵋鶀鳥。集韻作鳥名。玉篇：鶀音匹，鶀鶀，亦名鶀鳥也。又音畢。篆隸名義：鶀，俾亦反，腹下白。

椑，木名。似柿。內府本無似柿二字。咸按：手鑑、廣韻並同本書。集韻作木名，實似柿而青。

箄，取魚。內府本作取魚具。咸按：手鑑、廣韻並作取魚竹器。則本書漏。集韻作捕魚器。

裨，益。內府本作衣褊，益。綴韻本裨益，亦作裨。咸按：說文：裨，接，益也。玉篇作接也，益也。本書盖當益誤。又廣韻：裨，補也。本國語晉語注，則內府本衣褊當補也誤。其益下亦當有也字。又按：韻會：頻彌切細裨注云：歐陽氏謂从示不从衣，非是。今本玉篇、手鑑、示部、集韻俱無裨，瀫瑱本或采歐陽氏所非之本。

犤，牛犤，縣名。瀫瑱本、內府本俱無名字。咸按：廣韻與二書同。手鑑作牪犤又縣名。集韻則云牪犤，蜀縣名。

顊，顊頰。瀫瑱本作顊美。內府本作須髮半白。咸按：篆隸名義須部：顊，方支反，髮半白。漏須字。今本玉篇作須髮半白。聲類云，䫇皃。廣韻、集韻俱作須髮半白。則本書之頩，撥頊本之顙，皆為䫇之誤。篆隸名義、玉篇並云䫇，如廉反，頰須也。類與美俟考。

鞞，又普啼反。撥頊本同。內府本作銔也。鹹按：篆隸名義作鞞，普歸反，鞴三膍。又玉篇、手鑑、廣韻俱依說文作鑿斧，內府本誤。

蜱，蜱蛸，螳蠰卵也。庳，安牝鷄曰庳。草，按草薢草名。見內府本箪下。鹹按：廣韻三字俱無。玉篇：螵，螵蛸，螳蜋子也。蜱，同上。蛸，蜱蛸也。篆隸名義：螳，

蜋。蜋，螵蛸卵。蛸，蜋子。集韻〻蜱，蜱蛸，蟷蠰卵。又云〻
庳，一曰鵯牝名。又云〻萆，萆薢，藥草。庳下安當案
之誤。
陴。六。內府本首裨字云五加二。撥瑣本作亓作
鞞。訣字數。咸按〻廣韻有鞞，籀文。集韻、陴鞞云籀
作鞞。
脾，心〻。內府本下有水藏二字。咸按〻手鑑〻脾，心
脾也。篆隷名義作木藏。木當水誤。廣韻、集韻並
引說文土藏也。玉篇同。
麫，麯餅。麫〻。內府本作麪餅。咸按〻集韻〻方言、[illegible]

䜩謂麴曰麪。篆隷名義但作麴，同方言。今本玉篇作細餅麴，玉鑑同內府本。依此則細餅與麴各為一義。本書麴當麴誤，餅及＝並衍。

埤，附。或作裨。內府本作又音婢。咸按：篆隷名義、今本玉篇、廣韻俱作埤，附也。名義、玉篇土部亦云：埤，附也。廣韻又音婢。

裨，副將也，助也。見內府本細首。咸按：漢書項籍傳：籍為裨將。師古云：裨，助也。相附助也。裨音頻移反。玉鑑、裨，附支反，副將也。廣韻同。

䴰，䴰＝麥麯。內府本作䴰，䴰，移麥麯。咸按：集韻引博雅〻䴵麰謂麯。篆隸名義〻䴵，裨之反，麰麯。今本玉篇〻䴵，䴵麰麯。廣韻麯誤麵。手鑑〻䴵麰，麥餅也可證。本書麰下落麥字，麱當作麯。內府本䴵，䴵移當為䴵，䴵麰。

蜱，蛸。或作蠯、蜱。內府本無。咸按〻手鑑〻蠯，或作。蜱，正。蛸蟷也。集韻〻蜱，蠯，或从蚰。

絁。繒似布。五。內府本作三加三。掇瑣本但存五字。咸按〻手鑑、廣韻並有絁，繒似布也。

施，為。亦作攱。掇瑣本攱作𢻱。內府本布也，張也。咸按〻篆隸名義〻𢻱，原誤𨓄，攱字。今本玉篇〻𢻱，亦施字。𢼊鄉〻施，張也。集韻〻攺，或作𢻲，通作施。
葹，草名。咸按〻王篇、廣韻、集韻草上俱有卷葹二
字，諸本皆漏。
䚩，誘。亦面柔。𢷎𩔳本同，內府本亦作又。咸按〻仔
鑑〻䚩，式支反，誘䚩也。廣韻同。集韻〻覘，或作䚩。又
今本王篇〻覘，槻覘。槻，槻覘，面柔也。廣韻、集韻並
同。篆隸名義〻槻，面柔。此蓋合二義為一字。
䵷，蟾蠩。𢷎𩔳本同，內府本作說文，𪓰，蟾蠩也。𪓿
曰，得此𪓰𪓿，言其行𪓿𪓿。咸按〻今本王篇〻𪔂𪓰𪔂，
蟾蠩，似蝦蟇也。篆隸名義〻䵷，蟾諸。𪔂，誤𪔂，似蟆，

居陸。廣韵注作䵷𪓿蟾蜍別名。集韵注作說文，
𪓰𪓿，詹諸也。引詩得此𪓰𪓿，言其行𪓰𪓿。則內
府本譌落。

鳼，案鳧也，似鴨而小。見爾雅。見內府本絻字上。
咸按：浮鷘：鳼，鳥名，一名沉鳧，似鴨而小也。集韵
引爾雅同。篆隸名義作似鴨小尾長。今本玉篇
作鳥似鴨而小，背上有文。

㐌，古文。見內府本絻字下。咸按：集韵：施，古作㐌。

斯，此。廿二。撥頓本同。內府本作十二加十三。案，
說文，此也，㭊也。咸按：說文，析也。篆隸名義作此。

今本玉篇作析也，又此也。

磃館名。亦作虒。內府本但作館名。咸按：手鑑、廣韻與內府本同。集韻：漢有上林磃氏館。咸按漢書郊祀志：是時上求神君，舍之上林中磃氏館。又篆隸名義：磃，宮原誤宜名。虒原誤虖字。今本玉篇作宮名。或作虒。集韻亦云磃，俗作虒，非是。本書誤合。

虒，似虎有角，能入水行。內府本同。咸按：廣韻作能行水中。玉篇作委虒，虎之有角者。

榹，桃。內府本下有案榹桃，似桃而小，不解核。咸按〻篆隷名義〻榹，山桃。今本玉篇〻山桃也，似桃而小。字鑑〻榹音斯，榹桃，山桃也。廣韻同。内府本訓見爾雅釋木郭注。

㴲，涯。内府本有又小出趙。咸按〻集韻〻說文，水出趙國襄國，東入湡。一曰水厓。玉篇作遞水出襄國縣。廣韻作涯也。又水名，出趙國。

𤺊，〻養也。内府本作廝。咸按〻字鑑〻廝音斯，養也。廣韻同。集韻作析薪養馬者。𤺊，噎也。本書𤺊誤。

𤸸，疼病痛。又斯齊反。内府本疼病痛作瘦𤸸疼痛。咸按〻篆隷名義〻𤸸，瘦。瘦，疼心酸。今本玉篇〻𤸸，痠⿸疒虒也。痠疼痠。則心酸為別義。手鑑：⿸疒虒痠⿸疒虒疼痛也。同廣韻。

虒〻祁，地名，在平陽。㩧頊本、內府本及切三並同。咸按：廣韻：在絳西。用杜預注。又按：方輿紀要山西三：曲沃縣有絳城有虒祁宮。平陽府下云：三國魏始置平陽郡。晉因之。後魏太和中罷。後周曰晉州。隋初改平陽曰平河。旋廢，而州如故。唐天寶初亦曰平陽郡。乾元初復故。宋仍為晉州。政和六年升為平陽府。金因之。疑本書平陽殆依時制而云也。

⿰糸壐，經緯不同。又尺移反。亦作⿰糸爾。掇瑣本同。內府本無末句。咸按：玉篇作始移切，又思移切，手鑑作又尺支反，廣韻作又式支切，則尺乃尸誤。又玉篇：⿰糸壐、⿰糸爾、絁，並同上。手鑑：⿰糸爾，俗。⿰糸壐、⿰糸爾，二正。集韻本紐首⿰糸爾云，或作⿰糸壐。施紐⿰糸壐，或作⿰糸爾。

鼶，鼠。掇瑣本同。內府本作⿱穴木鼠穴居。咸按：玉篇作鼠名。廣韻同。手鑑作鼶鼠。又說文繫傳引爾雅注：夏小正曰：鼶鼬。則穴或依此耶？

⿰虒頁，鸗〻字子庭反。掇瑣本作〻⿰龍頁。內府本⿰龍頁誤⿰龍頁。咸按：玉篇：⿰虒頁、⿰虒頁，⿰龍頁原誤靚，頭不正也。⿰龍頁，子庭切，⿰虒頁⿰靑頁。廣韻同。本書鶄誤。集韻誤親。

謕，謜。內府本謜作諒。咸按：廣韻、集韻俱作諒也。

⿱斯瓦，甕破聲。內府本作器破。咸按：集韻引字林：罋。七

破。廣韻同。⿱斯瓦作音西，凡物器破聲也。則內府本漏聲字。

螔，守宮。內府本案方言，海岱虵為螔⿰虫矦。咸按：字鑑、廣韻並云：守宮別名。集韻：方言，守宮在澤者，海岱之間謂之螔⿰虫矦。郭璞曰，似蜇易而大，有鱗。今通言蛇醫。篆隸名義作螔，螔⿰虫矦原誤⿰虫進，虵醫。⿰虫矦原誤⿰虫進螔。今本玉篇作螔，螔⿰虫矦，似蜥蜴。

蟴，蚣蝑。内府本作郭璞云：青州呼蛓為蟴。孫叔敫云：八角蟴蟲。又蟖云：案蟖，蚣蟖。咸按：篆隷名義：蟴，蚣蝑。蟖，同上。今本玉篇：蛅，爾雅曰，螺，蛅蟴，蛓屬也。蟴，蛅蟴。蟖，同上。蛓，毛蟲也。汗簡：蝑，蜙蝑也。蝑，蜙蝑也。蜙，蜙蝑，虫名也。廣韻：蜇，爾雅曰，蜇螽，蜙蝑。郭璞云，蜙蝬也。俗呼蝽蟓。蟴，爾雅曰，螺，蛅蟴。郭璞曰，蛓屬也。今青州人呼蛓為蛅蟴。集韻：蜇通作斯。又按爾雅釋文，蜇又作蟴。爾雅注為下有蛅字，教作然，蟴蟲作𧒂蟲。據此，本書誤合蟴蜇為一。内府本又誤蜇為蟖。

菥，草生水中，花可食。內府本正文作蘄，草作菜名，生作出。鍼按〔篆隸名義〕：菥生水中，華可食，蘄字。今本王篇：蘄，草生水中，其花可食。字鑑、廣韻並同。集韻作草名。又內府本經下有菥，案草木。張揖云：似燕麥。徐廣云：草生水，花可食。今本王篇：菥，息移切，葴菥草，似燕麥。子虛賦曰：高燥則生葴菥。廣韻：菥，葴菥草，似燕麥。集韻：菥，葴菥，草名，生水中，可食。或作析。司馬相如賦。張揖曰：析似燕麥。史記作蘄，漢書作斯。則本書但取菥首義，內府本則分為二。

鋖，平木器。見内府本㢪字下。咸按：玉篇：鋖，平木器。鐁，同上。手鑑：鐁，平木器，名。廣韻、集韻並有鐁字。五音集韻依玉篇。

褫。案福字見内府本薪字下。咸按：説文、爾雅、玉篇、廣韻：褫，福也。本書正文誤。

磃，摩。掇瑣本、内府本作磨。咸按：廣韻、集韻並作磨，此誤。

差，不齊。掇瑣本同。内府本缺。下有又楚佳反，楚皆、楚解三反。咸按：玉篇：差，楚宜切，參差，不齊也。又楚佳切。篆隸名義但作楚佳反。廣韻，又楚佳、楚懈二切。又按廣韻楚皆切有差，内府本佳下反字當刪。

樆，布七。掇瑣本同。内府本作五加二。文也，舒也。咸按：韻會：增韻，文布也。集韻摛紐：樆，布木也。又集韻：摛，說文，舒也。玉篇：摛，舒也。廣韻同。則樆、摛形音義俱異，非一字之異體。

螭，〻龍。掇瑣本同。内府本作螭，無角龍。咸按：同手鑑。玉篇、廣韻作無角如龍而黃。篆隸名義作龍無角。

魑，〻魅。内府本同。掇瑣本下有亦作殃魅。咸按：

廣韻：魑，魑魅。又玉篇：魅，魑彫之類也。亦作殊。五音集韻：魅，尹利切，亦作殊。此殆誤作殃也。魅則誤作魅也。

黐，所以黏鳥。內府本同。咸按：廣韻如是，手鑑作所以捕鳥也。

离，猛獸。內府本作案。許慎云：山神也。咸按：廣韻：离，猛獸。說文作离，山神獸也。篆隸名義：离，獸形，山神。今本玉篇作山神也，猛獸也。集韻：歐陽喬說离，猛獸也。獸形當猛獸誤。

弥，甚。十。內府本作彌。八加二，益也。又弥。咸按：與手鑑、廣韻合。又諸字書韻書無訓甚者，吕氏春秋遺注篇：其虧彌甚者也。訓甚之誤殆據此。

檷，檷拘，山名。內府本作擟拘。咸按：廣韻作擟拘。集韻作檷枸。又按集韻考正云：案山海經中山經作句檷。句，鄒音絡椐之椐，此與類篇同。廣韻从手作擟拘尤誤。擟拘、檷枸並句檷之誤。

麊，縣名，在交阯。內府本、敦煌本、及切三並同。咸按：亦同廣韻。篆隸名義作⿸耂米漬，原誤漬来。今本玉篇：⿸耂米，漬米也。交阯有⿸耂米泠縣。又音彌。亦作麊。集韻同。説文段注云：麊者⿸耂米之誤。

罙深，入。餘
本同切 三無入字。咸按〻廣韻作罙，入也。集韻〻一
曰深也。又詩殷武傳〻罙，深。則集韻是。㓞三依此。
釋文作罙入，，此廣韻誤引。
鍪鐮，青州云。鏺䦆本同。内府本作青州〻云。咸
按〻玉篇〻鏩鍪，青州人呼鐮也。亦作鍪。洋鏺同。廣韻
呼作云。内府本之〻殆人誤。又篆隸名義正文
同，此。集韻〻青州謂鐮為鏩鍪。
瓕工。鏺䦆本作璽，内府本作瓕。咸按〻篆隸名義誤
瓕王。玉篇、廣韻、集韻並作璽，三本俱誤。
麑，麑兒。見内府本婺字下。咸按〻篆隸名義麑彌莫

雞反，子省鹿字。玉篇作亡雞切，鹿子也。手鑑作
音迷，鹿兒也。集韻緜批切。下麛，鹿子也。或从兒。
默，民卑切，無是字，此誤。
耼，合肥。見内府本。咸按：篆隷名義作大篋反，安，
耳毛。今本玉篇作丁篋切，説文安也。埤蒼云耳
垂皃。手鑑作丁叶反，垂皃也。
⿳⺮皀旁，竹笢。從皀旁，亦作⿱籋𡈼。掇瑣本笢作器。内府本亦
作器。又籋。咸按：篆隷名義⿳⺮皀旁，亡支反，筡笢。今本
玉篇⿳⺮皀旁，亡支切，竹笢也。⿱籋𡈼，同上。筡，亦析竹。名義
省作析。説文：筡，析竹笢也。手鑑：筡，竹笢名也。集

韻〻篹，説文，棊也。棊，竹箕也。是本書及集韻沿手鑑。撰、纘，內府並誤器。集韻又云〻或作籫。

雌，牝。內府本作二加二。雄、雌，咸按〻廣韻〻牝也。正韻〻，禽鳥雌雄。手鑑〻雄，雄雌也。集韻〻一曰牝也。

胔，小腸。二本同。咸按〻篆隸名義、今本玉篇、廣韻、集韻俱作胔，人子腸。

鈭，〻錍。內府本無〻，有又子離反四字。咸按〻篆隸名義、今本玉篇、手鑑、廣韻、集韻俱從説文作錍斧也。又手鑑此移反，玉篇子移切，廣韻即移切。

姕，婦人皃。又子兒反。内府本缺。咸按：廣韻訓同。手鑑作婦人好皃。又篆隸名義、今本玉篇並有子兒反。

𦍩，羊蹄皮。内府本作蹄皮羊。咸按：説文、玉篇並作羊名。蹄皮可以割黍。廣韻同。二本並漏誤。篆隸名義省作羊蹄。

知，悉。四。掇瑣本同。陟誤涉。内府本無訓。二加二。咸按：字書、韻書俱無悉訓，俟考。

蜘，〻蛛，虫。掇瑣本作〻蛛，或作鼅鼄。内府本作蜘蛛。咸按：篆隸名義：蜘，蝥。蛛，鼄。䵹鄉〻鼅，蜘字。鼄。

今本玉篇：蜘，蜘蛛。亦作鼅。蛛，亦作鼄。黽部：鼅音
知，鼅鼄也。或作蜘。鼄音株，或作蛛。又說文：鼅鼄，
鼅鼄也。手鑑：鼅音知，鼅鼄。今作蜘蛛。鼄音誅，鼅鼄
也。本書虫或鼄誤。綴繢本下鼅字或鼅誤。
賰，質當。綴繢本同。內府本作貿，貿質。咸按：廣韻：
貿，質當也。亦作賰。篆隸名義、今本玉篇、手鑑俱
作賰，當也。集韻：貿，以財質也。
濆，水汶。八。綴繢本汶作名。內府本五加五。水波
文也。咸按：手鑑同內府本。廣韻作水文也。此本
誤。內府本衍文字。玉篇作波動皃。

猗，美。娺頊本、内府本同。咸按：手鑑：猗，歎也，美也。次部：欹，於支反，歎詞也。篆隷名義、今本玉篇並作歎辞。集韵：欹，歎美辭。通作猗。又説文繫傳臣鍇云：犗刑之也，借爲美也。韵會引之云：假借爲美也。

禕，美皃。内府本作褘，美。又王非反。咸按，手鑑：禕，珎美皃也。珎下落也字。又爾雅、篆隷名義、廣韵俱作禕，美也。内府本褘誤。韵會：禕从示，與褘字不同。褘从衣，舊韵浂又微韵，誤。

陭，陭氏縣在河東。内府本縣下有名字，東下有也字。咸按：手鑑、廣韻同，內府本有名字。
欹，歎詞。內府本作欹，吹難。咸按：手鑑、廣韻同。此
本篆隸名義作歎美詞，今本玉篇作欹，歟，歎辭。（集韻同）
內府本誤。
掎，長。內府本缺。咸按：手鑑：掎，長也。廣韻：掎，長也。
或作檹。篆隸名義：檹，於宜反。今本玉篇：檹，於宜
切，長皃。集韻以檹、掎同字異體，本書誤。
⿰禾奇，禾茂。見內府本倚字下。咸按：集韻：⿰禾奇，禾茂也。
或作椅。
⿸疒奇，身弱病。見內府本。咸按：集韻作身急弱病。手

䥥作身急也。廣韻作身急又弱也。內府本身下漏急字。

旖，旗舒。見內府本旖字下。咸按：廣韻：旖旎，旗舒皃。

馳，駈。十三。內府本作速也。六加六。咸按：說文作大驅也。廣韻作疾驅也。惟篆隸名義：驅，馳。又無訓速者。

池，畜水。綴瑣本同。內府本作小沼。咸按：玉篇作渟水。廣韻：停水曰池。廣雅曰沼也。內府本小字並衍。

篪，樂器。掇瑣本同。內府本篪，說文作䶵，樂管七孔。咸按：[illegible]篪七孔，原誤立空，遂䶵字。今本玉篇、篪管有七孔也。箎，同上。字鑑：篪、箎、䶵，三或作篪，正音池，樂器。以竹為之，長尺四寸，小者尺二寸。有七孔。廣韻同。本書及掇瑣本蓋取首二字。

褫，褥衣。掇瑣本作蓐，內府本作縟。咸按：字鑑：褫，蓐衣也。又曰氈。廣韻作蓐衣。又曰褫氈。玉篇：褥，氊褥。內府本縟誤。又五音集韻、正韻並作蓐。

齝，齗齒。掇瑣本同。內府本齗誤齘。咸按：字鑑、廣韻、集韻俱作齒齗。三本並誤。

誃，別。又舒紙反。亦作誃。掇瑣本、內府本但作離訣二字。咸按：篆隸名義：誃，直移反，離別。誃，誃字。今本玉篇：誃，舒紙切，又直移切，離也。誃，同上。手鑑：誃，別也。廣韻：誃，別也。亦作誃。集韻：誃，別也。或省。

𪛖，施。黃帝樂。內府本作古樂名。咸按：篆隸名義、今本玉篇、手鑑俱作黃帝樂名。廣韻、集韻並作咸𪛖，黃帝樂名。本書施當為咸𪛖二字之漏誤。

䶵，竹壎。亦作篪。咸按：手鑑：篪，俗；箎，正。音池，竹壎名。集韻：䶵，或作箎。手鑑誤分䶵、篪為二字。

䞈，佌傂。又除子反。内府本䞈輕薄傂，此。咸按：《篆隸名義》：䞈，隱，輕薄。今本《玉篇》：䞈，䞈隱，輕薄也。《手鑑》：䞈，輕薄兒也。《廣韻》無也字。《集韻》引《説文》同《玉篇》。又《玉篇》：傂，佌傂，參差也。《廣韻》、《集韻》並同。本書誤合䞈、傂為一。内府本佌傂亦誤此。又本書池介反紐傂佌二。又直知反。《玉篇》：又池爾、直離二切。

趍，《説文》：趍，趙久。《玉篇》為趨字，失，後人行之，大謬。不考趍從多聲，支聲，趨從芻聲。擬瑱本上缺，公孫《玉篇》為趨字，失，後行之。大從音支聲，趨从芻聲。

十九字。内府本但作走。咸按：篆隸名義：趍，趙久。今本玉篇作趙久。廣韻同。集韻亦誤趙久。又手鑑：趍，趍通。趨，正。七俞反，走也，疾行也。韻會：趍本音馳，今亦以為趨字。佩觿集曰，奔趍之趍直知翻為進趨七俱反，其順非有如此者。掇瑣本多誤公，當作久。趨當作趨。後下落人字。大從音弋聲，蓋即大謬不考從走多聲之論。本書弋聲蓋衍。

眭，姓，今作眭。又下圭反。掇瑣本同。内府本無下七字。咸按：篆隸名義：眭，下圭反。今本玉篇作人姓。又下圭切。

危，不安。三。撥續本同。內府本三加一。從人危。咸按：集韻：古从人在山上。韻會引說文，在高而懼也。从产人在厓上，自卩止之也。今按：銘本产下云，从人在厂上危。下云从产自卩止之。是內府本、集韻、韻會皆誤。

䣀，邑名。見內府本洈字下。咸按：集韻如是。

𡸣，古文。見內府本䣀字下。咸按：手鑑：𡸣，古。峗，今。

音危，三峗，山名。篆隸名義作𡸣，五虧反，峗字。今本玉篇作𡸣，人在山上。今作危。集韻：危、𡸣，古从人在山上。峗，通作危、𡸣。

訑，自多皃。一。內府本一加一。咸按：廣韻：詑，自多皃。俗作訑。玉篇作詑，俗作訑。手鑑：訑，通。詑，正。徒何反，欺也。訑，土禾反，欺也。誤分詑、訑為二字。

⿱吹火，⿱吹火⿱呴火，貪。咸按：手鑑：⿱吹火⿱吹火，欿，貪者欲食皃也。廣韻：⿱吹火欿，乞人見食皃。集韻：欲食也。內府本貪為貪者之省。

眕，目汁凝。二。內府本二作一。咸按：訓同手鑑、廣韻、集韻。

⿰糹璽，粗細。又息移反。亦作纚。內府本無。咸按：廣雅七：⿰糹⿱爾虫，紬也。手鑑：纚，俗。⿰糹璽纚，二正。音斯。經緯不同。

又尺支反，亦粗紬也。玉篇作粗細，經緯不同者。細當細誤，又漏也字。本書亦沿誤細，集韻引博雅亦細誤細。

釃。四。欽訓內府本二加三。下酒。綴頤本有亦作䍦。咸按：篆隸名義、今本玉篇、廣韻俱作下酒。又玉篇、集韻並云：或作䍦。

簁，下物。綴頤本、內府本同。咸按：廣韻作下物竹器。二本並漏。

撕，案析也。詩曰，斧以撕之。澌，流。見內府本簁字下。咸按：說文：斯，析也。詩：斧以斯之。玉篇：斯，析也。

集韻：或作撕。澌，說文：流冰也。內府本俱誤。

籭，遞。亦作簁。又所佳反。亦篩、簛。掇瑣本簁缺。內府本但作遞。咸按：篆隸名義：籭，竹器，篩。今本玉篇：籭，所街切，竹器也。可以除麤取細。簛，同上。篩，同上。手鑑：籭，遞也。遞音褫。廣韻訓同。集韻：籭或作簛、簁。又按：韻會：篩云：舊注竹器，亦作籭、簁，誤。又籭云：今文借作篩。案：云禮部韻略五支內籭，山宜切。六脂內籭，霜夷切。考之七音，俱審母貲韻，字同、義同、音同、韻同，即是舊韻重出之誤。托氏不敢明辨，於山宜切籭字注：亦作簁。簁字注：

亦作篩。霜夷切注、亦作籭簁。非惟不能正舊韻之失，又以一字前後互注，益滋學者之惑。此本師紐無篩，內府本有篩。名義、玉篇、手鑑、廣韻俱分立簁籭二字，玉篇獨增篩字，足證內府本實有所更易矣。

⿰虫麗，蚰蜒。又力支反。內府本缺。掇瑣本缺注。咸按：集韻引博雅：⿰虫長⿰虫麗，蚰蜒。又廣雅十：⿰虫長⿰虫麗，蚰蜒也。曹音力支切。同玉篇。又篆隸名義、玉篇訓並同。廣韻作蚰蜒別名。

痿，人垂反，於佳反，濕病。內府本於垂反，一加一。

溫病。又於佳反。咸按：篆隸名義：痿，於嬀反，痺。痺，濕病。今本玉篇、手鑑並同。廣韻：溼病。人垂反，又於佳反。內府本溫當溼誤。

䬐，案風緩皃。見內府本。咸按：廣韻作風緩之皃。集韻但作風緩。

厜，㕒，山巔狀。五。掇瑣本同。內府本作三加二。厜㕒，山峯頭狀。咸按：手鑑、廣韻同此本、掇瑣本。篆隸名義作峯頭，省山、狀二字。

觜，星。餘二本同。咸按：玉篇、廣韻並云星名。此亦當作觜觿，星名。

纗，細繩。綴頸本同。內府本細綏紉。咸按：廣韻作細。

惢，善。又垂果反。餘二本垂作桑。咸按：篆隸名義：惢，才規反，善。汗鑑、集韻並云善也。又今本玉篇作桑果切，此本誤。

嫢，盈姿。又衢癸反。內府本作嫢，無又音。咸按：集韻同本書。廣韻作盈姿皃。反語同篆隸名義、今本玉篇。又按：方言七：嫢，盈，怒也。燕之外郊、朝鮮冽水之間，凡言呵叱者謂之嫢盈。郭音羌箠反。此本嫢誤，槻，木可作牀弓。六。内府本作四加二。木名，堪作弓。咸按：玉篇作木名。手鑑、廣韻並作木名，堪作弓材。此木牀弓蓋弓材之誤。集韻作任作弓。

規，圓。内府本作圖，字從夫規，矩。咸按：篆隸名義：規，圓。廣韻：圓也。字統云，丈夫識用，必合規矩。故規從夫也。手鑑作圓器也。丈夫識用，必合規矩者也。則内府本殆節取字統而誤圓爲圖。

摫，裁。内府本作案方言，梁益間裂帛曰摫。咸按：篆隸名義、今本玉篇、手鑑俱作裁也。廣韻：摫，裁摫。方言曰，梁益間裂帛爲衣曰摫。集韻同。内府本漏爲衣二字。

覼，小頭。內府本誤䙮。咸按：手鑑⿰蘇頁、顡二或作擷，正。擷，小頭皃。玉篇：顡，說文云：小頭⿰蘇頁⿰蘇頁也。⿰蘇頁，同上。廣韻：⿰蘇頁，說文云云。擷，上同。集韻：⿰蘇頁，或書作擷。本書正文俱誤。手鑑作擷，亦誤。

劑，豢。又在細反。三。內府本作一加二，豢也。掇𧸔本作劵。咸按：廣韻：劵也。又在細切。

蕠，地荬。內府本荬下有星字。掇𧸔本荬誤名。咸按：玉篇：蕠，地荬。廣韻：地荬。集韻作蕠，地荬也。或作蕠。玉篇及集韻壯隨切，皆誤蕠。

臇，〻臛。又子兗反。㩎瓉本作〻臛。又子兗反。亦作熼𤏶。內府本作臇，臇擢。又兗反。咸按：篆隸名義：臇，臛。火部：熼，臛。𤏶，同上。今本玉篇：臇，子選、子遺二切，臛少汁也。亦作熼。火部：熼，亦作臇。𤏶，同上。手鑑作臇，臇，臛也。廣韻：臇，臇臛也。又子兗切，𤏶、熼，並上同。集韻：臇、臇，𤏶、熼，臛也。本書俱誤。

衰，減。㩎瓉本缺訓。內府本云煞也，降也，減也，姓也。咸按：廣韻作小也，減也，殺也。諸書無姓也之訓，則二字蓋衍。

腄，瘢眡也。二。內府本眡作胝。一加一。咸按：廣韻作瘕胝。此本誤。

㤝，匹卑反，一。惡性也。新加一字。見内府本此紐下。咸按：此見廣韻匹夷切末、集韻篇夷切下，作性之惡者。脂韻頻脂切作性惡也。

蠵，弋規反，二加一。觜蠵大如龜，甲有文，似瑇瑁。或从角。見内府本㤝字下。咸按：集韻勻規切，蠵，水蟲名。涪陵郡出，大龜，甲可以卜，緣中文似瑇瑁。或从角。又按：爾雅釋魚靈龜注，涪陵郡出大甲可以卜，緣中文似瑇瑁。即今觜蠵龜。郝懿行云：劉逵蜀都賦注引譙周異物志曰，其緣中又似瑇瑁。華陽國志亦云其緣可以叉。今郘注叉作文，字形之誤。内府本亦沿誤。

蓨，草名。見内府本𩞄字下。咸按：集韵：一曰地毛莎蓨也。又才規切，蓨，一曰莎也。

欈，檇欈木名。見内府本蓨字下。咸按：篆隸名義：欈（原誤欈），木名。檇，欈（誤同上）木實可食。今本玉篇、廣韵、集韵俱同。

䝐，弋垂反，一。豶也。出說文。新加。咸按：篆隸名義：䝐，豶。隊，同上。今本玉篇：䝐，豕，俗呼為豶豬也。隊，同上。廣韵：䝐，小豶也。䝐，上同。手鑑：䝐，豶名也。集

脂韵

⿰豸肯、⿰豸賁豕小者為⿰豸肯子。

騅，子垂反，一。馬小兒。又子累反。見內府本⿰豸肯字下。咸按：篆隸名義：騅，小兒。省馬字。今本玉篇作子垂、之累二切。廣韵作子垂切，又之壘切，並訓馬小兒。本書諸本之累反有騅，則子累誤。

脂，膏。正作脂。內府本作⿱宀米。說文：戴角曰脂，無角曰膏。咸按：篆隸名義：脂，膏。又廣韵、禮部韵畧引埤書同此。集韵亦同。

祗，正作祇。內府本祇，又作袛。咸按：篆隸名義：祗，敬也。今本玉篇：祇，俗作祗。手鑑：祗，俗。祗，通。祗，正。

廣韻：祗，敬也。俗從互，餘同。

胑，四胑。或作躯。內府本無。箋按：篆隸名義：胑，手足。今本玉篇：胑，體四胑，手足也。肢，同上。手鑑：肢，俗；胑，古。肢，今，四肢也。又名義：躯，四體。或胑。今本玉篇：躯，四躯體也。亦作肢、胑、躯，亦用為四躯字。集韻：支紐胑，說文，體四胑也。或作躯。

疻，積血腫。內府本無。箋按：廣韻瘇下有皃字。集韻皃作也。

栺，杇木。內府本無杇字。箋按：篆隸名義：栺，杒木。杒，木名。今本玉篇同。集韻：一曰木名。廣韻：栺，栭木名。盖衍楄字。此本朽殆杤誤。

泒，水。見内府本砙字下。咸按：篆隸名義：泒，小渚。今本玉篇：泜，小渚。俗作泒。廣韻作水名。集韻作水名，在常山。手鑑：泒、泜，水名也。又音脂，亦水名。

鴲，小青雀。見内府本泒字下。咸按：同廣韻。集韻作一曰青雀。

菧，菧苴。見内府本鴲字下。咸按：玉篇：菧，苴也。廣韻、手鑑同。集韻作苴也。或作⿱氐皿、⿱艹⿱氐皿。

⿰氵旨，水名。見内府本菧字下。咸按：廣韻、集韻並作⿰氵脂。

胝，古文。見内府本脂字下。咸按：集韻作胝。

姨，母之姊妹。正作姨。十五。内府本十四，加九。母族也。咸按：篆隸名義作姨，姊妹爲姨。廣韻同本書。

彝，彝倫。内府本下有祭常器，象形，糸綦也。𠬞持器中也。周礼有六彝，象彝、鳥彝、鷄彝、虎彝、黄彝、隹彝，以待祼祼爵之礼也。咸按：韻會：說文，宗廟常器也。从糸。糸，綦也。廾持米器中實也。从彑，象形，與爵相似。彑聲。又周礼，六彝，雞彝、鳥彝、黄彝、虎彝、蜼彝、斝彝，以待祼將之礼。此節當是增韻之文，韻會取之。內府本當同，而有行漏，如祭當作宗廟。象形二字衍。夘搏當作奴持。米中下漏寶字。象彝之象當作學。佳當蜼誤。称字衍。爵當作將。韻會、正韻俱引禮書彝倫攸叙，當本增韻，此有節取。

寅，〻卯。上通，正作寅。內府本作平旦。又以秦反。咸按：韻會：說文本作寅，今作寅。

夷，平。內府本下有也，傷也，說也，滅也。又東方人名字。從弓從大。咸按：玉篇：明也，平也，敬也，滅也，易也。彝夷也。正韻作傷也，等也，滅也，平也。說文，唯東夷从大从弓。

痍，瘢。內府本瘢誤瘢。

恞，悅樂。內府本同。咸按：篆隸名義、今本玉篇並作悅也，本爾雅。廣韻同本書。

荑，莖。內府本作莖荑。咸按：玉篇：荑，音夷，莁荑也。

莁，武俱切，莁荑，一名白蕢。咸按：篆隸名義：莁，武俱反，白蕢。手鑑：荑，音夷，莁荑，香草也。廣韻作莁荑。諸書俱依爾雅。

蛦，蠋〻。內府本同。咸按：集韻：蠋蛦，蟲名。篆隸名義無蛦有蠋，除陸反，馬蠋。今本玉篇：蠋，馬蚿也。

蚿，馬蚿也。手鑑：蚿音賢，馬蚿也。一曰百足。

胂，夾〻脊骨。內府本作夾肉。咸按：篆隸名義：胂，舒仁反，脊肉。今本玉篇：胂，夾脊肉。手鑑：胂，脢也。脢，脊側之肉也。廣韻作夾脊骨也，骨當肉誤。集韻訓同玉篇，則二本俱誤。

徙，移尸，內府本作移多尸。徙，行平易也。咸按：篆隸名義、今本玉篇、手鑑俱依說文：徙，行平易也。又集韻：徙，尸也。一曰徙之言移也。則內府本行多字。韻會：移尸曰夷于堂。

眱，孰視下言。又大奚反。內府本作竊視。咸按：手鑑、廣韻並作𤑔視，不言此本誤。又篆隸名義同內府本。

㯻，木。內府本作木名。咸按々篆隸名義集韻同此本。今本玉篇、廣韻作木名。手鑑々㯻、椇，木名。

洟，涕々。內府本作嚏鼻洟。咸按々廣韻々易曰，齎咨涕洟。亦此本所節取。又篆隸名義作鼻液。今本玉篇作鼻液也。古為𪖙。鼻部々𪖙，鼻𪖙。本作涕。手鑑々洟，鼻洟。涕，或作洟。內府本嚏字衍。

胵，胵豬。見內府本萬字下。咸按々篆隸名義、今本玉篇、手鑑俱同。廣韻、之韻々胵，豕息肉，今謂之豬胵。集韻之韻：陘，豕脾息肉。

跠，案時。見内府本胰字下。咸按：篆隸名義尸部：屖，踞。今本玉篇：跠，跠踞。尸部：屖，踞也。廣韻：屖，屖踞。跠，上同。

𡰥，古文。晉有潘𡰥。見内府本跠字下。咸按：玉篇：𡰥，古文夷字。又按：晉書潘岳傳作尼，廣韻：𡰥，本古文夷字。

咦，啞咦。見内府本洟字下。咸按：玉篇、集韻引説文，南陽謂大呼曰咦。此誤。

圯，橋。見内府本暁字下。咸按：玉篇：圯，東楚謂橋日圯。集韻同，本說文。手鑑：圯，与支反，土橋名也。廣韻之韻：圯，土橋名，在泗州。

相，楪，善没水器也。見內府本圯字下。咸按：篆隸名義作船戽。今本玉篇作船戽斗。手鑑作水器。一名戽斗。集韻引博雅：渫斗謂之相，所以抒水。本書有誤衍。

羝，羊名。見內府本相字下。咸按：篆隸名義作犍羊。今本玉篇、手鑑並同。廣韻引廣雅作健羊。集韻作騬羊。一曰野羊。玉篇騬作驜。

鎮，兵器。見內府本㯿字下。咸按：篆隸名義、今本

注：鑑、手鑑、集韵俱作戟無刃。廣韵作戟之無刃者，出方言。

師，可範。通作師。二。内府本缺訓。二加四。咸按：注：鑑、廣韵、集韵俱作範也，可字衍。

篩，蘿。見内府本師字下。咸按：手鑑：篩，篩籮也。籮，篩籮也。此本蘿誤。集韵：籭，竹器，可以除麤取細。或作簛，通作篩。韵會注云：舊注竹器。亦作籭、簁，誤。

䮑，野馬。見内府本䮑字下。咸按：集韵：䮑，野馬。或者。省作䮑。

鰤，鳥名。見内府本鰤字下。咸按：集韻：鰤、鰤，或省。鳥名。

獅，犬生三子。見内府本鰤字下。咸按：廣韻、集韻三作二，此誤。

𣬈，比。十六。内府本作毗。十四加七。和也，滿也，厚也，輔也。咸按：廣韻：𣬈，今作毗，通為𣬈輔之毗。集韻：𣬈，一曰明也，輔也，厚也。隸作毗。韻會：比聲。此本比下落聲字。又内府本之和明誤。滿疑作懣。

懣，方信十三。蚍，懣也。

比，相次。内府本又必履、婢四、扶必三反。近也。咸按〃篆隸名義〃比，俾以反，近。今本玉篇〃比，必以切，脾至切，近也。又步之、毗吉、必至三切。廣韻〃並也。又匕、鼻、必三音。集韻〃比，一曰相次也。

榌，楣。又方奚。咸按〃廣韻如是。此漏反字。又篆隸名義〃榌，裨低反，梠。今本玉篇作屋梠也。手鑑作楣末也。內府本方作邦，殆更音和者所改。

茈，蔡。茈，荊，蓄。咸按〃內府本及廣韻同。手鑑注無茈字，是。玉篇作蓄也。

泚，水名。內府本水作山。咸按〃篆隸名義〃泚，水名。今本玉篇〃泚，山名，在楚。廣韻作在楚南。水部〃泚音比，水名。廣韻：水名，在楚。此本誤合。

貔，獸。亦作豼。內府本作獸名，同廣韻。咸按：篆隸名義：貔，豼，同上。今本玉篇：貔，猛獸也。豼，同上。手鑑：貔，正。豼，或作，獸名也。廣韻無重文。

膍，亦作肶。內府本無重文。咸按：此本同手鑑、廣韻。

蚍，蚍蜉，虫。內府本無虫字。咸按：手鑑無虫字。

𣬈，腹臍。內府本同。咸按：廣韻：說文曰：人臍也。今作毗。二本析𣬈、毗形義為二。

⿱艹𣬈，蒿。內府本云，草名，似蒿。見爾雅。咸按：玉篇：⿱艹𣬈，

蒿，似蓍。浮鑑、廣韻同此本。內府本誤為爾雅。集
韻引說文：蒿也。
魮魚。內府本案，魚名。鳥頭魚尾，鳴如磬。咸按：浮
鑑：魚名，鳥首魚尾，音如磬，生珠玉也。廣韻作文
魮，魚名。狀如覆銚，鳥首而翼，魚尾，音如磬，生珠
玉。集韻無而翼、音如磬等字。山海經西山經：鳥
鼠同穴之山，濫水多鴽魮之魚。其狀如覆銚。鳥
首而魚翼，魚尾。音如磬石之聲。是生珠玉。郝懿
行云：玉篇引此無魚翼二字。咸按：玉篇僅魚也
音如磬聲六字。

皉篝笭。内府本作𦊅篝，咸按：玉篇：𦊅，篝笭。廣韻同。集韻：笓或作𦊅，取蝦具。博雅：篝笭謂之笓，或作𦊅，則二本及廣韻並誤。

䴽，麥。見内府本貔字下。咸按：篆隸名義：䴽，稷⿺麥西。稷當⿱𥝢麥誤。⿱𥝢麥，䴽⿱𥝢麥。今本玉篇作䴽，䴽⿱𥝢麥⿺麥西。⿱𥝢麥，䴽⿱𥝢麥也。集韻：⿺麥𦊅、䴽，⿺麥𦊅⿱𥝢麥⿺麥西也。諸書俱依廣雅釋器。則麥當⿱𥝢麥誤。

魾，案：魚名，似鮎。見内府本毗字下。咸按：篆隸名義：鱯，鮎大。魾，同上。今本玉篇作大鱯也。廣韻同。本說文。手鑑作大鱯魚。

鳽，案小異色鳥，以鳴相呼。見內府本鮏字下。咸按：爾雅釋鳥：鳽，⿰登鳥。注：小黑鳥，鳴自呼。此異當黑誤。相當自誤。色字以字並衍。集韻亦無以字。
咨，即夷反，十一。內府本作即脂反，八加二。
資，取也。內府本有用也。咸按：篆隸名義：資，用，取。今本王篇作取也，用也。集韻：一曰取也。
粢，祭餅、餅。或作粢。內府本祭飯。杜預曰：黍稷曰粢。郭璞云：江東呼粟為粢也。咸按：手鑑：粢，祭飰也。王篇：飯，餅、飰，並同上，俗。洣部：粢，稻餅。篆隸名義：粢，餈，稻餅。廣韻：粢，祭飯。又集韻正文作粢。注，或作粢。又云：餈，說文，稻餅也。或作粢。又郝說見釋草注。

𧝑，𧝑縗，凶服。亦作𧞤。內府本𧝑，緝也，縗也。咸按：手鑑：𧞤，或作𧝑。正音資。𧝑縗，喪服也。又篆隸名義：𧞤，緝，緶。𧝑縗上字。今本玉篇：緝也，緶也。說文緶也，作緶誤。集韻沿玉篇作裳下緝，誤。名義作裳下，是。禮部韻畧作裳緝也，亦誤。正韻亦沿誤。

諮，請問。內府本作諆。咸按：篆隸名義：諮，謀。咨字。口部：咨，謀。今本玉篇作問也，謀也。廣韻作諮謀。集韻：咨，或从言作諮。韻會：咨，或作諮。左傳：訪問於善為諮。此本請字或訪誤。

姿，儀。內府本作姿，儀也，態也。咸按，說文、篆隸名義、廣韻、集韻皆訓態也。手鑑，儀容媚態也，疑儀下媚下皆應各補一也字。儀也之訓，韻書俱無。

齍，黍稷在器。內府本下有与粢同。咸按，玉篇、廣韻同本書，皆鈔說文，黍稷在器以祀者之訓而成。篆隸名義省在字，則欠當。又韻會：粢，說文本作齋，稷也。其米為齋，在器曰盛。今文从米作粢。集韻：粢或作齋、粢。

澬，水名，在邵陵郡。內府本無郡字。咸按，廣韻如是。王篇、篆隸名義並作水名。

癀持。又子奚反。內府本作持也。餘同。咸按：王篇作持也。子兮切。廣韻同。

羙、齎。賷。內府本缺。咸按：篆隸名義、今本王篇、廣韻、集韻俱同此本。

[illegible]，兩聲。咸按：王篇、手鑑、廣韻、集韻皆同。內府本聲誤云。

飢，餓。二。內府本二加二。餓也。又作饑。咸按：篆隸名義：飢，餓。饑，麥禾不熟曰饑，五穀不升為飢。今本王篇：飢，餓也。饑，穀不熟也。手鑑、廣韻並同。集韻：飢或从幾。韻會：飢，說文餓也。韓詩外傳二：穀不升曰飢。元帝紀師古曰穀不熟爲飢。或作饑。禮韻於微韻重出饑字，舊注謂飢饑字不同，非是。

肌，膚，肉。內府本作肌，肌膚。咸按：同玉篇、廣韻。集韻從說文作肌肉。此本則膚與肉並舉。

虮，虫名。見內府本肌字下。咸按：玉篇虮，居脂切。依書例，應補虫名二字。集韻：虮，蟲名。爾雅，蜜虮，繼英。通作飢。廣韻作蜜虮，蟲名。

机，木，似榆。又音已。見內府本虮字下。咸按：同篆隸名義。廣韻、集韻並作木名似榆。此已疑已誤。
廣韻：又音几。
鴟，鳥。亦作鴟。五。内府本二加二。鳥名。亦作鵄。咸
按：篆隸名義：鵄，充尸反，鳶屬。鵄，華囊。同上。今本
玉篇無華囊二字，餘同。手鑑：鵄，昌脂反，与鴟同。
鴟、鴟、鵄，俗。鵄，通。鴟，正。昌脂反，一云鳶鳥。集韻：鳥
名。或作鵄。此本紐末有鵄，鵄夷，華囊一字。正韻
鴟上有穊，亦作鴟。鄒陽傳，子胥鴟夷。應劭曰：鴟
夷榼形。師古云：即今之盛酒鴟夷幐。
胵，膍胵。内府本作胵。咸按：篆隸名義：膍，胵，脾字。

手鑑、廣韵並作脛，膍脛，鳥藏。今本玉篇：膍，鳥膍脛，脛，鳥胃也。從說文。此本正文誤。

諸，怒。內府本作諸，怒。咸按：篆隸名義、廣韵並作諸，怒也。玉篇、集韵作諸，訶怒也。二本皆誤。

絺，細葛。三。內府本三加二。咸按：同篆隸名義、今本玉篇、手鑑、廣韵、集韵並從說文。

䡾，又勑展反。內府本又勑辰、勑忍二反。咸按：廣韵，又敕辰、抽敏二切。又莊子達生篇釋文：䡾，敕引反。除，敕一反，又敕私反。此本勑忍反有䡾，而真韵、獮韵無䡾，則此本展字、辰字並誤。

郗，人姓。內府本下有又地名三字。咸按：手鑑：郗，邑名也。又姓。廣韻：邑名，又姓，出高平。集韻：說文周邑也。在河內。亦姓。

瓻，瓶。見內府本瓻字下。咸按：同篆隸名義。今本玉篇作酒器。手鑑：古之酒器也。廣韻：酒器。大者一石，小者五斗。古之借書盛酒瓶。集韻，畜瓻瓶也。一曰盛酒器。古以借書。

誺，不知。見內府本瓻字下。咸按：篆隸名義、手鑑並作誺。今本玉篇、集韻作誺。義俱同。誺，俗。誺，譌。

鄿，縣名，在廣陵。六。內府本作鄿。三加三。咸按：玉篇：鄋，廣漢有鄋縣。集韻：縣名，在廣漢。廣韻作縣名，在梓州。本書廣陵誤。

趑：趄，行皃。內府本作趍，趑趄，遅。咸按：篆隸名義：趑，難行。手鑑：趑，俗。趑，正。趑趄，不進也。玉篇：趑，趑趄，行不進皃。廣韻作趍不進也。集韻引說文，行不進也。則二本並誤。禮部韻略作趍，不進也。

葷，却車抵階。又士諧、疾脂、士佳三反。內府本但作却車抵階。咸按：廣韻、集韻並作卻車抵堂，手鑑誤作却連柩堂。又廣韻：又士佳、疾資二切。此本士佳反無葷。又內府本作[illegible]，集韻同。玉篇亦依篆文聲而誤。

⿰朿見，盗視。内府本作覞，視。咸按：篆隸名義作覞，此咨反，盗視。今本玉篇：⿰朿見，盗視皃也。手鑑：覞，次視也。次當盗字之泐誤。正文同此本及廣韻、集韻。内府本漏盗字。

屚，此二。内府本作屚，比。咸按：篆隸名義：屚，此咨反，此。盗視。今本玉篇：屚，此咨切，屚，屨，盗視。与覞同。廣韻：屚，此也。集韻引蒼頡篇：屚，此也。此本正文誤衍二。照原本玉篇。内府本此誤比。

趚，食卒。内府本食作說文，倉。咸按：篆隸名義：趚，倉卒。手鑑：趚，取私反，倉卒也。廣韻、集韻並引説文云：倉卒也。此本誤，內府本漏卒字。

茨茅舍。十。內府本六加五。案茅覆屋。咸按：篆隸名義茨覆屋。今本玉篇作以茅覆屋也。集韻：説文，以茅葦蓋屋。名義有刪省。

薋，又蒺黎反。內府本蒺薋。詩曰，牆有薋。又草名。咸按：篆隸名義：薋，蒺蔾布地，蔓生，子有三角刺人。今本玉篇作蒺蔾也。三角刺人。手鑑作蒺梨也。廣韻蒺蔾。詩作茨，説文又作薺。此本又、反二字皆衍。韻會：薺下云：通作茨，今詩牆有茨。又集鬻：資，說文，州多皃。內府本名或多字誤。

餈，餅餅。亦作⿰食齊、粢。內府本無下四字。咸按：篆隸名義作稻餅，從說文。今本玉篇作餈餻也。廣韻作飯餅。手鑑作飾餅也，餻也。集韻餈或作粢、⿰食齊。名義：粢，餈，稻餅。手鑑：⿰食齊，或作餈。今集韻：餈或从齊。

垐，以土增道。又才即反。亦作⿱次缶、瓷。內府本垐，以水增道。瓷，瓦器在餈上。咸按：說文：以土增大道也，玉篇同。廣韻從手鑑省以字。內府本土更誤水。復按：手鑑：垐，又瓦器也。此為以瓷、⿱次缶與垐同

用之始。玉篇瓷亦作𦈻、缶部〻𦈻，亦作瓷。廣韻、集

篆隸名義〻瓷、瓷𦈻。缶部〻𦈻、瓷。

韻並以垐、瓷不相屬。

𧐖，〻螬。又在奚反。內府本無。又音 咸按〻篆隸名義〻𧐖，

在梨反，曹，虫。今本玉篇作才兮、在梨二切，𧐖螬

蟲。亦作蠐。手鑑作蠐。廣韻作又疾兮切。

絧，補。又同克反。內府本無又音。咸按〻篆隸名義〻

絧，齊洛反，今本玉篇才資切，並云補也。又按本

書德韻特紐無絧。內府本及廣韻並同。

輂，次。又連車。又士諧、士佳、取私三反。內府本〻次。

又士諧、士佳二反。咸按〻諸書無次訓。

資，久雨。曰潦資，或䨝。內府本作瀆，水名，在常山。咸按：廣韻山下有郡字。篆隸名義：瀆，水名，久雨。今本玉篇：瀆，潦瀆，久（原誤又）雨。又水名。雨部：䨝，或作瀆。又按：廣韻：䨝，潦䨝，久雨。手鑑：䨝，疾資反，潦䨝，久雨也。二本蓋分取其義。

蠀，蝎。內府本作蝎虫。咸按：篆隸名義：蠀，蝎。手鑑、廣韻、集韻並作蝎化也。又按：方言十一：蠀螬，梁、益之間或謂之蝎。集韻：津私切，蚩蟲名，蝎化也。或作蠀，才資切。蠀，蠀螬，蟲名。或作蠐，蠐，亦書作蠐。玉篇：蠀，蠀螬也。又別出蠐，蠐螬蟲，異音異訓，手鑑以次韵書踵相因襲，内府本亦同，俱誤。蓋蠙蠐本一字也。

尼，丘。四。内府本三加四。女也。咸按：集韵：屔，峎，山名。顏氏禱於屔丘，生孔子。或从丘，通作尼。此本蓋從通作之釋。又按：韵會：尼又女僧。内府本之也字或僧誤。

蚭，䖡蚭。内府本案方言，北燕謂蜓蚰為䖡蚭。咸按：字林云：北燕人謂蜓蚰為䖡蚭也。集韵引博雅：蚰蜒也。方言，北燕謂之䖡蚭。篆隸名義：蚭，䖡蚭。䖡，蚰蜒，斑蝥。今本玉篇同。

瞀，告。見内府本蚍字下。咸按：篆隸名義瞀，乃經反，告。今本玉篇、集韻同。又紐末有悬，古文。咸按：集韻恨，古書作悬。

墀，丹墀。十。内府本作墀。六加七。庭塗。咸按：玉篇：墀，漢書注曰：丹墀，赤地也。謂以丹漆地。汗簡：墀墀二俗。墀，正。天子丹墀也。韻會：說文，涂地也。除曰階上地也。

坻，小渚曰：亦作坛、坻。内府本小渚。說文，秦謂陵阜曰渚坻。咸按：篆隸名義坻，都礼反，坂。今本玉篇：水中可居曰坻。埤蒼云：坂也。俗作坻。坛，同上。手鑑：坘，玉篇云，小渚也。坛，正直尼切，切韻亦小渚也。又都礼反。坻，都礼反，隴坂也。實則坘、坛皆坻之異體，而誤析為二字。廣韻：坻，小渚。俗從互，餘同。集韻：坻，說文，小渚，引詩宛在水中坻。或作坵。又按：廣韻：阺，字統云秦謂陵、阪為阺也。集韻：阺，秦謂陵、阪曰阺。說文已云：阺，秦謂陵阪曰阺。丁礼切，則内府本稱說文誤矣。

泜，水名。陳餘死處。或作泒。内府本名下有在常山三字。餘誤徐。無末三字。咸按：廣韻：水名，在常山，陳餘死處也。又玉篇以泒、泜為音義皆異之二字，而與集韻謂泝為坻異體之說不同。

遲、緩。亦作迡。内府本徐也。無末三字。咸按：篆隸名義：遲，緩（原誤⿺辶爰）徐。迡，遲字。今本玉篇：遲，遟，遲，籀文。迡，同上。手鑑：遅，遲，徐也，緩也。廣韻同。集韻：或作迟。内府本紐末有𡰥，古文。此或迡之誤。又按：文選甘泉賦注：善曰：迟、迡即棲遲。漢書作迟。此本或从文選改異體。

蚳，蟻卵。内府本下有案周禮有蚳醬。咸按：玉篇、手鑑、廣韻並云：蚳，蟻卵。又集韻：說文：螘子，周禮有蚳醢。内府本誤。

袛，徊。又直連反。内府本作迴旋。咸按：篆隸名義、今本玉篇、手鑑、廣韻俱作袛，袛徊；猶徘徊。又集韻都黎切，袛，袛徊，疑不即進，無他讀（本行九字據洪氏補注）。五音集韻直連切亦無此字。又按：名義：袛，旋。

岻，丘名。内府本作山。咸按：篆隸名義、今本玉篇、手鑑、廣韻俱云：岻，山名。集韻作山名，在清州。此本誤。

貾，黄質白點。内府本茥上作貾，水介虫，一名只。見出爾雅。貾下有貾，黄質白點。咸按：篆隸名義、貾，除飢反，黄質白點，原誤黑。手鑑、廣韻並作貝之黄質有白點者。今本玉篇作餘貾貝。集韻、蟲名。爾雅，貝餘貾，黄質白文。通作蚳。又按釋魚作蚳。釋文云：字或作蚳，同內府本。只見或為餘貾之誤，貾即貾誤，當合二注為一。

荎，著菋。內府本作味。咸按：爾雅釋草：菋，荎藸。郭璞云：五味也。故內府本作味。

譯，語諄譯。內府本注上有案説文三字。咸按：篆隸名義、今本玉篇、廣韻俱同此本。集韻有説文二字。

私，不公。五。內府本二加三。邪也。咸按：玉篇、廣韻並云〻不公也。昵訓侯考。
鍭。平木器。内府本作鋖。咸按〻玉篇、廣韵、集韵俱
作鋖。
厶，姦。内府本同。咸按〻廣韵、集韵引説文〻姦衺也。
本書或落衺字。内府本有又与之反，按後与之
反無厶，此或衍。
⿱艹私，茅莠。内府本案説文茅莠。咸按〻篆隷名義、今
本玉篇並作茅秀，廣韵作茅莠，集韵引説文同。
二徐本皆作秀，是此本茅莠並誤。
尸，主。内府本作主，陳也。咸按〻篆隷名義〻尸，主，陳。

省二也字。今本玉篇：尸，主也。說文曰，陳也。象臥之形。廣韻作主也，陳也。內府本漏也字。

鳲，〻鳩。內府本鳲鳩，獲穀。咸按：韻會：詩鵲巢注，江東呼獲穀。此語本見釋鳥鳲鳩郭注。

屍，柩。內府本作死禮曰，在牀曰屍，在棺曰柩。咸按：手鑑：在床曰屍，在棺曰柩。廣韻有禮記曰三字。集韻，通作尸。內府本死或衍。

蓍，筮草。內府本蓍屬，可以筮。咸按：象隸名義：蓍，蓍屬。筴。手鑑作蓍屬，巫者以為筴。廣韻同。又名義竹部：筮，蓍。玉篇：筮，蓍曰筮。正韻：蓍屬，用之以迖。

鬐，馬項上。八。內府本作六加五。馬頭上鬐。咸按：手鑑、廣韻並作馬項上鬐。此本注末漏鬐字。集韻作馬項鬛。內府本頭字誤。

鰭，魚脊上骨。內府本脊誤背。咸按：手鑑、廣韻、集韻俱同此本。

鮨，鮓。內府本作鮓鮨。案說文，魚脂醬也。一曰魚名，見山海經。咸按：篆隸名義：鮨，鮓。廣韻同。今本注漏鮨，魚名。又鮓屬。集韻：鮨，鮓屬。又說文，魚脂醬也，出蜀中。一曰魚名鮪也。鮪字殷校作鮨，是。今本山海經無鮨。手鑑鮨，鮓魚也。又鮓，側下反，葅也。以盐醸魚為葅曰鮓。

麎，牝鹿。見內府本祁字下。咸按：篆隸名義：麎，時隣反，牝。省鹿字。今本玉篇作市真、市軫二切，牝鹿也。手鑑麎音辰，牝麋。又音諄。集韵忍紐有麎，麋牝曰麎。亦有祁。此本詩，吉日釋文，其祁，毛巨私反。又上校從殿之反，大也。鄭改作麎，音辰。阿上校從殿尸反。沈市尸反。是祁有二讀，而麎則無巨私之讀。此誤。

諸，訶怒。見內府本觀字下。咸按：廣雅、篆隸名義、集韻：怒也。集韻稱脂紐諸，訶怒也。
惜，思敬皃，見說文。見內府本觀字下。咸按：玉篇作敬也，順也。手鑑、廣韻、集韻俱作畏也，敬也。內府本蓋漏誤。
伊，是。四。內府本作三加一。誰也。發語辭。咸按：篆隸名義：伊，辭，因，惟，侯。廣韻作惟也，因也，侯也。今本玉篇：爾雅曰，伊，維也。注謂發語辭也。集韻：一曰伊，維，侯也。則內府本誰字乃維誤，本釋詁也。此本是字誤孝。
咿，喔。內府本喔咿，笑顏。咸按：玉篇：咿，楚辭云：吾將喔咿嚅呪以事婦人。喔咿嚅呪謂强笑也。手鑑：喔，喔咿，强顏皃也。篆隸名義：咿，强共處。集韻：喔咿，强笑。

黟，黑木。內府本下有又縣在丹陽。咸按：篆隸名義：黟，都咨反，黑木。今本玉篇：黟，都咨切，黑木也，丹陽有黟縣。手鑑作水黑，當黑木倒誤。集韻：縣名，在丹陽。

梨，果。十五。內府本七加九。菓也。

剓，直破。內府本作剺。咸按：玉篇剺，力之切，直破也。廣韻、集韻並同。手鑑剺，或作鑗，正。集韻同。內府本誤。
秜，稻來年死更生。內府本死在稻字下。咸按：同廣韻。集韻：說文，稻今年落，來年自生謂之秜。
蘪，蔟：：，刻草。內府本無刻草二字，同廣韻、玉篇、手鑑。
犂，牛，駮文。咸按：內府本及廣韻無文字。集韻云：牛駮文。
⿱黎心，悅。內府本⿱黎心案說文，恨也，一曰息。咸按：篆隸名義：⿱黎心，力之反，恨，息，和悅。今本玉篇：⿱黎心，恨也。一曰息也。手鑑：恝，悡，玉篇音离，悅也。廣韻引說文，訓同。玉篇、集韵：𢡗、悡，説文，恨也。一曰急也，悦也。
依名義，則諸書悦為和悦之省。
蟍，螏蟍，蝍蛆。内府本缺。咸按：篆隸名義：蟍，力尸
反，螏。螏，辞慄反，蝍蛆。今本玉篇蟍，螏蟍。螏，螏蟍，
蝍蛆，能食蛇。亦名蜈蚣。手鑑：蟍，螏蟍也。蟍同上。
蜈蚣，蝍蛆、蚰蜒類也。廣韵下有蜈蚣二字。
癹，微畫。内府本畫作盡。咸按：集韵作癹，小畫也。
説文作微畫也。鉉本里之切。廣韵亦在之韵，引
字説訓同。
癹，引。内府本同。咸按：集韵在此紐。鉉本里之切，

廣韻同。

鲞，比鲞。見內府本嫠字下。咸按：廣韻、集韻俱無，恐誤衍。

鯬，鯬魚名。見內府本黎婁上。咸按：廣韻：鯬，鯬魚名。

鵹，栗鴷，黃楚雀。又作鸝。又呂移反。見內府本犁字下。咸按：篆隸名義：鸝，玄鳥。鵹同上。今本玉篇鸝，鸝黃。又楚雀也。鵹同上。手鑑：鷙，俗；䴊、鵹、鸝三正。丨黃鳥也。集韻同。韻會引陸璣云同玉篇。又此注作鴷誤。

葵，正作芥。七。內府本三加四。咸按：玉篇：葵，菜名。

手鑑〻葵，蕪訓。芹音勤，水菜也。廣韵亦無重文。

鄈，〻丘。地名，在陳留。又地名，在河東，漢祭后土處。内府本作鄈丘地。在陳留。又在河東祭后土處。咸按〻玉篇〻鄈，河東臨汾地，即漢之所祭后土處。廣韵作鄈丘地在陳留，又在河東，漢祭后土處。内府本缺漢字。

楑，柊〻。咸按〻篆隸名義〻楑，木柊，椎。今本玉篇〻楑，柊楑〻柊〻，柊〻楑、椎也。廣韵同此本。内府本作揆柊，揆，从才誤。

朕，朡〻。咸按〻篆隸名義〻朕，醜皃。朡，醜皃。今本玉纗𦝰、臛𦝰。臛、臛𦝰、醜皃。廣韻作𦝰臛𦝰。內府本臛誤臞。

㤥、悚。又祇癸反。內府本悚作悖。咸按、方言十二、㤥、悖也。注、謂悚悖也。篆隸名義、㤥、悖悚。今本注、（祇癸反）纗作祇隹、祇癸二切、義同。

𪅆、鳩。內府本案秦漢謂小鳩𪅆為鳩。咸按、方言八、秦漢之間、其小者或謂之𪅆鳩。篆隸名義注作荊鳩。今本注纗作小鳩。手鑑廣韻並作𪅆鳩鳥。內府本𪅆為二字倒。

䨓、靁。出韓詩。內府本同。咸按、（同廣韻。）篆隸名義、今本注篇、手鑑、訓俱同。

嫉，疾悍。咸按：內府本及集韻並同。

龜，內肉外骨。正作龜，俗作龜。二。內府本二加二。案：說文，蠵也。又爾雅龜有十名，一曰神，二曰異，三曰攝，四曰寶，五曰文，六曰筮，七曰山，八曰謂，九曰水，十曰火。咸按：集韻龜，說文舊也，外骨內肉者也。韻會又爾雅，十龜，一神龜，二靈龜，三攝龜，四寶龜，五文龜，六筮龜，七山龜，八澤龜，九水龜，十火龜。則內府本異、謂二字並誤。

跰，腳曲。內府本同。咸按：玉篇、廣韻、集韻作跰，曲脛也。

篆隸名義作跱，脛內曲。手鑑作左脛曲。本書誤。

螝，案爾雅蠶蛹。見內府本蛢字下。咸按：篆隸名義、今本玉篇、手鑑並同。廣韻、爾雅云蠶蛹。

騩，馬淺黑色。見內府本螝字下。咸按：篆隸名義作淺黑。省馬、色二字。今本玉篇、廣韻、集韻同本書。

蕤，葳蕤。或作甤。五內府本三加四。律管名。案說文：草木華垂。咸按：手鑑：甤，玉；蕤，俗；蕤，正。草木花垂皃。又曰蕤賓，音律名。集韻同。甤當蕤誤。

緌，纓〻。內府本同。咸按：玉篇、手鑑並作繼冠纓。

篆隸名義首作綏字。廣韻作緌纓，本書疑倒。

桵，白〻木桵，木名。內府本棲，白棲，木名。咸按：篆隸名義：棫，白桵。今本玉篇同。廣韻：白桵木也。集韻：桵、棲，木名。說文：白桵棫，或从委。內府本似廣韻。此本「下桵字或為棫字之誤。

㮕，染。又而樹反。內府本作㮕。又音作沾也。咸按：篆隸名義：㮕，而？反，染。今本玉篇：㮕，而專、而誰、而主三切，說文云：染也。周禮九祭，六曰㮕祭。廣韻作㮕，染也。又而樹切。同此本也。又按經籍舊音辨證二云：六曰㮕祭，錢大昕、段玉裁、桂馥等並以標為㮛之形譌是也。溪仕案：耎，古寒部字。寒、脂亦得轉。故劉音而誰反。廣韻云云，其誤久矣。咸按：此標當檽誤。又沽恐作沾，沾染義近。捼，摧。又而專反。內府本捼，摧。又爾專反。咸按：篆隸名義：捼，而和反，摧，兩手相切。撋，捼字。龍龕手鑑：捼，奴回反，摧也，又手摩物也。玉篇：捼，儒隹、奴和二切。說文云：摧也。一曰兩手相切摩也。廣韻撋，如專切，摧物也。捼，摧也。俗作挼。集韻：捼，兩手相切摩，或作挼、撋。又按：廣韻而緣切紐有撋，摧物也，則而專正而緣也。然撋字乃有此音，捼挼不當音此。廣韻不錄攔字而有此音，已大誤矣。又内府本雨字誤。

溇，水皃。又作灘，見内府本楼字下。咸按：篆隸名義、今本玉篇：溇，小雨。集韻同。集韻：睢、灘，水名，在梁郡，受汳入泗。此盖誤二字為一。又水皃疑作水名。名義、玉篇並作山名。

蔆，蒹薑，見内府本溇字下。咸按：蒹當作蔯，既夕禮注：綏，蔯薑也。篆隸名義：蔆，蔆相維反，蔯薑。今本玉篇引說文：薑屬，可以香口。集韻、廣韻並同。又按睢、灘、蔆、溇四字集韻皆在宣佳切，溇又在儒佳切下，此或因溇牽引而誤。

衰。三。内府本下有微也、耗、三字。咸按：廣韻、衰、微
也。韻會：耗也。正韻一曰耗也。此本訓義並漏。
榱、屋橑。内府本作屋棟。案說文秦為椽、周為榱、
齊為桷。咸按：廣韻作屋橑。說文曰：秦名為屋椽、
周謂之榱、齊、魯謂之桷。玉篇引說文同。又云：橑、
榱也。楚辭曰：欄橑以木欄為榱也。椽、榱也、桷、榱
也。篆隸名義：榱、桷、椽。手鑑作屋椽、也、桷也。又橑、
音老、屋橑、簷前木也。一曰欄也。又桷、椽、桷也。此
本棟字誤。内府本桷字誤。
㾓、病。内府本正文誤痛。咸按：手鑑、㾓、相承、所迢

反，病也。此二字切不和。篆隸名義，所龜反。玉篇，所惟切。廣韵：病也。說文滅也。集韵作病滅也，實漏也字。

惟，思。十。内府本八加一。想也。咸按：篆隸名義、廣韵、玉篇並同。此本名義：想，思。

壝，埒：。内府本埒作垺。咸按：廣韵：埒也。說文：埒，卑垣也。亦封道曰埒。此本：：行。又手鑑：壝，埒也。垺，土也。玉篇作郭也。篆隸名義同。

維，繫：。内府本繫也。又綱維。咸按：玉篇：繫也。廣韵、集韵同。集韵：一曰綱也。

遺，失。內府本忘也，失也。咸按：玉篇：亡也。手鑑、廣韻：亡也，失也。又篆隸名義作忘失。

唯，獨。又水反。內府本缺。咸按：篆隸名義：唯，唯獨。今本玉篇：唯，譍曰：唯，予一人。唯，獨也。又以水切，唯，諾也。此本水上落以字。

誰，就。又十隹反。內府本缺。咸按：篆隸名義：誰，千隹反，就。今本玉篇：以隹、十惟二切，就也。手鑑：誰，惟、誰二音，就也。廣韻：誰，就也。又士隹切。今按：通志本詩北門釋文：摧，我。韓詩作誰，音于隹、子隹二反，就也。阮元依小字本、十行本改于作千。但

崔

廣韻、集韻六脂俱無清紐，而喻紐四等俱有誰，依廣雅釋詁三誰音予隹，則釋文于乃予誤。又此本玉篇並作十，則廣韻作士誤，又此本正文作誰亦誤。

蟦虵。見則大旱，內府本作肥蟦，虵名。一首二身，六足四翼。見則大旱。出山海經。咸按：玉篇二作兩，則下有天下二字，末句作湯時見陽山下。廣韻作蜰蟦神蛇，天下作其國。集韻作肥蟦。今按山海經西山經、北山經並作肥。廣韻、集韻並誤。

灅，水名，出鴈門。十二。內府本七加十。水名。咸按：

玉篇：水出鴈門。本說文。手鑑作水名，同內府本。

廣韻，水名，在鴈門。

纍，索。內府本纍，纍索。咸按：篆隸名義：力隹反，索。手鑑同。又廣韻作纍索也。同內府本。今本玉篇作黑索也。疑有誤。

樏，局行山所乘。內府本山行乘樏。咸按：篆隸名義、廣韻並同內府本。集韻：欙，說文，山行所乘者。引漢書予乘四載，山行乘欙。或作樏。今本玉篇、禮部韻略並作山行所乘。正韻：局山行所乘。此本殆依說文而誤倒。

虆、蔓〻。內府本作虆、葛蔓。咸按：玉篇、丹鉛、集韻作蔓
也。此本作〻誤。又篆隸名義：藟，藤，似葛而大。藤，
藟。今本玉篇：藟，藤也。手鑑：藟，葛藟，菜似艾也。蘽，
藤也。韻會〻或作藟。詩，莫莫葛藟。內府本省併而
誤。集韻〻虆，蔓也。或作藟、蘽。亦誤。
嫘，〻祖，黃帝妻。內府本同。咸按〻同手鑑。廣韻妻
作妃。玉篇無下三字。
𡾋，嵔〻。又力罪反。咸按〻同廣韻。手鑑作力每、力
追二反，訓同。內府本嵔誤隈。
瓃，玉器。又力遂反。內府本作瓃，無又音。咸按〻手

鑑〻瓃，或作瓃，正。力追、力遂二反，玉器也。廣韻作
瓃。力遂切，亦有瓃。
儽嬾懈皃。又力罪反。或儽，内府本作儽，乘也。又
力罪反。咸按〻手鑑、廣韻同此本。玉篇〻儽，力罪切，
說文云垂皃。一曰嬾懈。又力追切。儽，同上。篆隷
名義〻儽，力追反。儽，同上。重，此重與内府本乘並
垂誤。
鸓，飛生。内府本生誤聲。咸按〻廣韻鸓，飛生鳥也。
今本玉篇作力追切，鼺鼠，又名飛生。又力軌切。
手鑑〻鸓，俗。鸓或作。鸓，正。力水反，飛生鳥名，紫赤

色，似蝙蝠而長。又音雷。纝，縣名。義作似蝠，大尾。

縲，落。內府本同。咸按：手鑑、廣韻並作縲、纝，綑絡。集韻引埤雅：纝，縲絡也。廣雅釋器上：纝，縲絡也。疏證云：纝與纍同。凡繩之相連者曰絡。莊子胠篋篇云：削格羅落，置罘之知多。落與絡同。據此，則諸書分縲、纝為二義者亦疏矣。

絫，案十黍為一絫。見內府本壘字下。咸按：纍，玉篇：力捶切，十黍也。亦作絫。集韻：絫，十黍為累。累當作絫。

耒，手耕。見內府本絫字下。咸按：玉篇：耒，手耕曲木也。篆隷名義省手字，作耕曲木。

蔂，盛土草器。見內府本睘字下。減按：集韻蔂，盛土籠。或作蔂。

蠝，鼯鼠。見內府本蔂字下。減按：集韻鸓、鼺，鳥名。鼠形，飛走且乳之鳥。或从虫，亦書作鼺。又按爾雅，鼯鼠夷由。注：飛且乳，亦謂之飛生。今本玉篇：鼯，鼯鼠飛生。篆隷名義：鼯，如小狐，似蝙蝠翼，五音集韻又有鼺、鼯，鼠別名，亦分立，與此同。

綏，七。內府本六加五。

雖，不定。內府本語辞。又假。減按：篆隷名義：雖，辞。

今本玉篇〻雖，詞兩訟也。正韻〻訟兩辭也。集韻〻一曰不定。

荾，胡荾，香菜。內府本下有又荽二字。咸按〻玉篇〻荽音綏，胡荾，香菜。荽、荾並同上。廣韻缺荾字，餘同。手鑑〻荾、荽，二、或作。荾正。音雖。胡荾，香菜也。

浽〻微，小雨。亦作滾。內府本微作溦，無下三字。咸按〻篆隸名義〻浽，小雨。滾，同上。溦，細雨。今本玉篇〻浽，小雨也。滾，同上。溦，小雨也。手鑑〻浽溦，上音雖，下音微。浽溦，小雨也。

睢，水名，在梁郡。又許葵反。內府本作濉，無郡字，濰。手鑑：睢，同濰，水名。

葰，薑屬，可以香口。內府本誤作稄，落以字。咸按：集韻：葰或作荽、荾。廣韻從玉篇以胡荾，香菜屬荾。從說文以薑屬，可以香口屬葰，上同、下。蓋以荾、葰同義，而葰又有薑屬一解。本書竟分列不相屬，殊失其旨。

隁，水皃。見內府本葰字下。咸按：集韻：隁，地名。湀，或作滖。此誤合。

夂，狐兒行皃。詩曰：雄狐夂夂。見內府本隁字下。咸按：玉篇夂行遲皃。詩云，雄狐夂夂。今作綏。浮𪓐，廣韻並作行遲皃。韻會𪓐下云：匹行皃。詩有狐綏綏。又按：說文夊，行遲曳夊夊，象人兩脛有所躧也。是王筠引詩本為假借。此本云狐兂行皃，實為附會。

奞，鳥張羽毛。見內府本夋字下。咸按：原𪓐作峻、信、雖三音，奮奞，鳥張毛羽也。今本王筠作鳥張羽自奮奞也。集韻作說文，鳥張毛羽自奮也。三書俱有省改。廣韻引說文，鳥張毛羽自奮奞也。篆隸名義作鳥羽白，刪改更甚。

蜼，虫。見內府本奞字下。咸按：集韻：雖，蟲名。古作帷。此或蜼之誤。

逵，道。亦作馗。十。内府本五加十一。第四字有馗，首。咸按：廣韻：逵，爾雅曰，九達謂之逵。第四字亦為馗，説文曰，九達道也。與逵同。又鍾馗，俗以辟惡。手鑑九部：馗，渠追反，鍾馗，辟惡也。馗，渠追反，道也。篆隸名義九部：馗，達道。省九字。今本玉篇：馗，九達道也。亦作逵。則二本及手鑑馗字並誤。又内府本首當為道。

夔，夔龍。俗作夒。内府本夔龍。案山海經大荒東海中有流波入海七千里，其中有獸如牛，蒼身一足，出入水中，見必風雨，其光如日月，其音如雷電。其名曰夔是也。咸按：玉篇：夔，夒同上，俗。廣韻：夔夔龍。又獸名，似牛一足，無角，其音如雷。皮可以冒鼓。夒，俗。今按：大荒東經：波下有山字，其中作其上，獸下有狀字，身下有而無角三字。水下無中字，見作則，無電字，夔下有黃帝得之以其皮為鼓七字。莊子秋水篇釋文：夔，李云黃帝在位，諸侯於東海流山得奇獸，其狀如牛，無角一足，能走，出入水即風雨，目光如日月，其音如雷。黃帝殺之，取皮以冒鼓，聲聞五百里。又集韻：夔，俗作夔，非是。

戣，兵名。内府本兵。亦鍨，咸按：篆隸名義：鍨，戟，兵。戈部：戣，戟。今本玉篇：鍨與戣同。手鑑：戣，兵器，戟屬。廣韵：戣，鍨，上同。刓同。集韵：兵也。或从金。

跻，脛曲。咸按：篆隸名義：跻，脛内曲。跻誤。又内府本跻，曲肱。今本玉篇：跻，一曰曲脛也。集韵同。内府肱字誤。

倈，左右視。内府本左右两視。咸按：篆隸名義作左右两視。今本玉篇、手鑑、廣韵、集韵俱依説文無两字。

支

頯，小頭。又居隋反。内府本案爾雅，中央高，兩頭銳曰頯。蓋水虫。咸按：廣韻：小頭。又按：居隋切作睽。（手鑑：頯，居隨反，小頭皃。）文按：釋魚釋文：頯，郭匡軌反，顧又巨追反。御覽九四一引郭逵、軌二音。手鑑作跪、逵二音。蓋即此居隋音之因由。又郭注作中央廣，玉篇同，内府本誤

覽，淫視。又飢位反。内府本大也。咸按：篆隸名義：淫視。玉篇：丘韋、渠追二切。手鑑：渠追、居位二反，廣韻：渠追切，又丘韋切，訓同此本。又按：此本居（集韻基位切）謂反無覽，殆漏。又内府本大也，誤。

𢍸、持。内府本同。咸按：篆隸名義、廣韻俱如是。玉
夂廾
篇作持弩閑拊也。集韻引説文作持弩拊也。
䐨、䑋。見内府本俟字下。咸按：集韻引博雅：䑋、䐨，
醜也。此漏。
𡦀、顅。見内府本儍字下。咸按：篆隸名義同。今本
玉篇作顅也。廣韻作顅，皃。集韻引博雅同玉篇。
𤛑、𤛑野牛。見山海經。見内府本𡦀字下。咸按：廣
韻：𤛑，𤛑牛，出岷山，肉重數千斤。出山海經。
頄、額。見内府本𤛑字下。咸按：篆隸名義：頄、頯。今
本玉篇：頄，渠周切，湯曰：壯于頄。玉篇云：頄，面顴

也。又音逵。廣韻訓同。此額自頰誤。
芃，遠。見內府本頄字下。咸按〻玉篇〻詩云，至于芃
野。遠荒之野曰芃。手鑑作地名。廣韻〻埤蒼云，遠
荒。集韻同。此漏。
眉，正作𥃩。十一。內府本九加六。臉上。又壽，老也。
咸按〻說文〻𥃩，目上毛也。玉篇〻眉，今𥃩字。手鑑〻𥃩，
?文。𥃩，古文，音眉，〻毛也。又壽上疑漏眉字。
湄，水〻。亦作瀿字。內府本水湄。案水草交曰湄。
咸按〻玉篇〻湄，爾雅曰，水草交曰湄。瀿同上。篆隸
名義〻湄，瀿，湄字。手鑑同玉篇。廣韻則革字誤，瀿

當瀷誤。

瞮，亦䁋作。內府本無此三字。咸按々瞮，（篆隸名義々）委悲反，向，伺。䁋々䁋，委悲反、眄也。今本玉篇瞮，伺視也、見部々䁋，伺也。手鑑々瞮，眉、微二音。伺視也。見部々䁋，正。

黴，々蘂垢膩皃。又莫背反，々筆。內府本黴，黴蘂，垢膩。又無非、莫背二反。咸按々叢刊本手鑑片部々黴，其悲反，黴蘂，垢膩皃。又音妹，點筆也。高麗本妹誤姝，筆誤箑。廣韵同。此本々益點誤。內府本作黴亦誤。

麋，麕。內府本麕作麃。咸按々玉篇、手鑑、廣韵、集韵俱作鹿，從說文。麢字誤。
鶹，鷅。內府本作鳥名。一名鷅鶹。咸按：篆隸名義：鶹，鶹。文鶹，鷅，鶹鷅。今本玉篇：鶹，鶹鷅。鶹，麋鷅，今呼鶹鷅，亦作雡。鷅，鶹鷅。廣韻同。集韻作鶹鷅，鳥名。通作㮚。內府本作鷅鶹，誤。
蓿，芼〻。內府本芼蓿，藥名。咸按：篆隸名義：蓿，芼蓿也。芼，芼蓿，黃芩。今本玉篇同。廣韻作芼蓿草。集韻誤苑蓿，黃文。二本作芼亦誤。
楣，户𣞗。又案說文秦名屋連綿，周謂之檐，楚謂之梠。見內府本湄字下。咸按：篆隸名義：楣，前梁門上橫梁梠。今本玉篇：楣，說文云，秦謂屋櫋聯也，齊謂之檐，楚謂之梠。廣韵：楣，户楣。此本櫚當楣誤，梠為梠誤。

瀓，水名。見內府本蘪字下。咸按：爾雅：谷者瀓。鄭注，通於谷也。集韵：瀓，谷與瀆通也。通作湄。此作瀓誤。廣韵亦誤。

攗，菱之別名。見內府本瀓字下。咸按：廣韵：攗，水芰名也。集韵：水中芰也。爾雅：蔆蕨攗。又按釋草作攗。

郿，地名，在扶風。見內府本攗字下。咸按：說文：郿，右扶風縣。玉篇作右扶風縣名。

麾，金飾馬。内府本在鄮字下。咸按：廣韵、集韵五云金飾馬耳。此落。

悲，哀。内府本作傷也。咸按：篆隸名義：悲，秘飢反，痛，傷。韵學集成：悲，哀也。

錐，職維反，鋒鐵。七。内府本六加二。鑽也，職追反。咸按：廣韵作職追切，鋭也。集韵朱惟切。通鑑胡注引毛晃云：錐，器如鑽。韵會云：又器如鑽。手鑑：鑽，子筭反，錐，鑽也。

隹，鳥。内府本専也。案說文，鳥之短尾總名。咸按：

玉篇、廣韻、集韻並引說文：鳥之短尾總名。又按：唯云專辭。

䴥，麃一歲曰：：。内府本無曰：：二字。咸按：手鑑（高麗本）、廣韻、集韻訓同本書。玉篇及叢刊本手鑑作麃一歲。

鵻，：：鳺，鶝鴀。内府本鵻，馬色。咸按：手鑑鳥部：鵻音隹，小鳥也。切二同。廣韻：鵻，鳥名。集韻作鳥名，小鵻也。又按：（又鵵音浮，鵵鳩。）爾雅釋鳥：鵻，鳺鴀。手鑑鴀音不，鵵鳩。出玉篇。玉篇鴀甫鳩切，鴀鳩也。鵵音浮，鵵鳩也。則鶝、鴀、鵵皆借字。又按：手鑑馬部：騅音隹，馬色。切二作馬名。篆隸名義：騅，青白毛。今本玉篇作馬蒼白雜毛色也。廣韻：省色也二字。切三作馬倉白雜。集韻引說文：馬蒼黑雜毛。此內府本誤合為一之所由。又切二烏當鳩誤。切三倉當蒼誤。

萑，木名。似桂。內府本同。㦿按：篆隸名義：萑，至維反，充蔚。葉似荏方莖，白華生節間。又名益母。蓷，勑雷反，萑，充蔚草。今本玉篇：萑，至維切，萑蓷。蓷，敕雷切，萑蓷，茺蔚也。茺，茺蔚，即益母也。蔚，茺蔚，手鑑：蓷，草名。又益母也。茺，茺蔚草名也。蔚，茺蔚，草也。廣韻同。玉篇、廣韻：萑，木名，似桂。集韻：萑，一曰艸名，芫蔚也。一曰木名，似桂。二本同集韻。

䶂，鼠名。内府本案宛野謂鼠也。咸按：手鑑、廣韻同此本。又按：篆隸名義作如鼠短尾。玉篇作南陽呼鼠爲䶂。集韻引埤雅：鼠屬。方言，新野人謂鼠爲䶂。

誰，何。内府本訶也。咸按：廣韻、玉篇、集韻並作何。篆隸名義：誰，是惟反，訶，讓。

睢，坐處。又之流反。内府本作雎。無又音。咸按：手鑑、脽，音誰，坐處也。亦汾脽，巨處所坐也。禮部韻罯：脽，汾脽，引史記注云，蓋巨靈所坐處也。則此本正文睢當脽誤。手鑑虛當作靈。又按此本職鳩反有脽，尻。今按篆隸名義：脽，之流反，尻。今本玉篇作是惟切，尻原誤凥也。

帷，洧悲反，幔。內府本帷幔也。洧誤侑。咸按：篆隸名義：幔，亡旦反，幕，帳。帷，帳。今本玉篇同。手鑑：幔，帷也。

邳，下邳郡。四。內府本作邳，下邳縣。三加四。咸按：手鑑：邳，下邳縣名。廣韻：邳，下邳縣名，在泗州。

岯，山。內府本山名。咸按：同手鑑。集韻：大岯山名。

鮇，大鱗。内府本下有魚字。咸按：説文：鮇，大鱯也。廷篇、廣韻並同。手鑑作大鱯魚。篆隸名義：鱯，鮨大。鮇，同上。則鱗字誤。

䪹，短鬚髮皃。内府本作頭髮短皃。咸按：廣韻、集韻作短須髮皃。則内府本誤。

鴀，山海經西次三經：飲鴀化爲大，見内府本岯字下。咸按：集韻：山海經：鍾山欽鴀化爲大鶚。此漏鶚字，飲當作欽。

䲹，鳥名。見内府本䪹字下。咸按：字典補遺、字彙補並以爲同鴀。

鉦，齊旌名。見内府本鉦字下。咸按：集韵：靈姑鉦，旗名。

丕，七。内府本五加六。

秠，黑黍，二米。内府本無二米兩字。咸按：手鑑：秠，黑黍也。玉篇作一稃二米。廣韵作黑黍，一稃二米。集韵：説文，一稃二米，引詩維秬維秠，天賜后稷之嘉穀也。篆隸名義但作嘉穀。此本漏一稃二字。

駓，桃花馬色。内府本同。咸按：手鑑、廣韵並如是。集韵：説文，駓，黄馬白毛也。篆隸名義作駓，黄白。

今本玉篇駓，黄白色，今之桃華駓，同上。

豾，貍。内府本案爾雅，貍别名。咸按：玉篇作貍屬。手鑑作貍也。廣韻：豾，貍子。集韻：豾或从犬。

⿱非巴，别。見内府本豾字下。咸按：篆隸名義、今本玉篇、集韻俱作⿱非巴，别也。此正文誤。

怌，憂。見内府本⿱非巴字下。咸按：玉篇：怌，恐也。廣韻作怌怌，恐也。集韻作恐懼也。

岯，山。見内府本怌字下。咸按：玉篇、集韻並作山再成。手鑑作山名。

髬，髬髵，毛⿱髟彔。見内府本岯字下。咸按：廣韻、集韻並作鬡鬡，猛獸奮鬣皃。

倠，仳倠醜女。四。内府本二加一。仳倠。咸按：篆隸名義：倠，醜面。今本玉篇：倠，淮南曰嫫毋仳倠。説文：仳倠，醜面也。手鑑：倠，仳倠，嫫姆（原誤摸毋）也。仳，醜皃也。廣韻、集韻同名義。

睢，水名。内府本仰視。又息徐反。咸按：手鑑、集韻從説文作仰目也。玉篇：睢，許佳切，睢盱，視皃。又胥維切，水名。廣韻同玉篇作視皃。又本書息遺反有睢，則内府本徐當遺誤。

眭，眭盱皃。内府本缺。咸按：手鑑、廣韻並作眭，眭盱，健皃。則此鈇健字。

廋，姿。亦作婎。內府本廋，[illegible]。又婎，咸。按：廣韻：廋，姿廋。集韻：婎，說文：姿婎，姿也。或作㜸，則廋者即㜸之誤。蓋誤亻為广、女為又。然姿廋亦不可解，應從說文婎，姿婎，姿也。段玉裁云：諸書多謂暴厲曰姿睢。睢，讀香季切，亦平聲。睢者，仰目也。未見縱恣之意。蓋本作姿婎，或用恣睢為之也。集韻、類篇皆云：姿睢，自縱皃。此皆義也。據此，則廣韻以婎為倠之重文，而姿婎之婎則用後出之㜸矣。篆隸名義：睢，詩隹反，恣。心部：恣，子利反，縱。今

本玉篇〻恣，說文云，縱也。此本誤同廣韻。又⿱次衣當
作姿。
鎚，打。四。內府本三加一。缺訓。
槌，蠶持。內府本打。又蠶持，咸按〻玉篇槌，蠶槌也。
持，槌橫木也。關西謂之持。椎，木椎也。手鑑〻槌蚕
槌也。又直危反，打也。集韻〻說文椎，擊也。通作槌。
槌，蠶曲柱。鎚，金椎。又篆隸名義〻槌，蠶薄柱，方言
五，槌法〻懸薄柱也。名義薄上落懸字，下落曲字。
禮部韻畧作蠶柱，則漏懸、薄、曲三字。
頓，頭垤。內府本垤作亞。咸按〻切二作頭亞。又按〻

篆隸名義〻今本玉篇、集韻皆本說文作出頟。段注謂頟胅出向前也。胅、垤、凸同音，俱有突出之義，亞當凸誤。

椎，柊楑。內府本誤柊揆。咸按〻集韻〻楑，博雅，柊楑，椎也。篆隸名義〻楑，渠惟反，大椎，柊，之戎反，椎。韻會〻齊謂之終葵。除曰，終葵，椎別名。

推。缺訓及字數。內府本二加一。排也。又他雷反。咸按〻篆隸名義〻推，他雷反，排，推。今本玉篇〻推，出唯、他雷二切，排也。湯曰剛柔相推。廣韻〻推，排也。又湯回切。

䔮，案茺蔚草也。見內府本推字下。咸按：篆隸名義：䔮，充蔚草。充為茺省作。今本玉篇作䔮，萑䔮，茺蔚也。此誤茺為茺。

䜅，就，譴。見內府本䔮字下。咸按：玉篇、手鑑並云：䜅，就也。集韻川隹切：䜅，就也，責也。譴、責同義，篆隸名義、今本玉篇、手鑑俱有譴責也。則此落二也字。

胝，俗作胑，亦作疷。內府本無此六字。咸按：廣韻胝，俗作胑。疷，上同。集韻胝，或作疷。

秖，穀始熟。內府本作再種禾。咸按：玉篇、廣韻並同此本。集韻：一曰再種。手鑑作禾再生也。紕，一。內府本一加二。縉壞、咸、按：手鑑、廣韻、集韻皆作縉欲壞，內府本漏欲字。

𣪍，屋破。見內府本紕字下。咸按：篆隸名義：𢿱，匹胡反，屋欲壞。𣪍，匹尸反，𢿱。今本王韻、手鑑、集韻俱作𣪍，𣪍𢿱，屋欲壞，則內府本漏聯詞𣪍𢿱及欲字。五音集韻亦同王韻諸書。

𢻚器破。咸按：王韻、集韻並云：𢻚，器破也。篆隸名義作器破未離。惟手鑑云：𢻚，足皮反，同紕，縉欲壞也。廣韻：紕，縉欲壞也。匹夷切。𢻚、紕，二同。今按：

手鑑、集韻以紕、縒同字異形，名義、玉篇則作縷并也。音義俱不相同。又此本正文啟誤。

嗺，高皃。內府本作嗺。皃作也。咸按：篆隸名義：嗺，子誄反，高皃。手鑑：嗺，即隹反，廣韻：醉綏切，並訓高皃。集韻亦作嗺，高大也。朱惟切紐崔，高大皃。崔、嗺異體同字。內府本嗺誤。

欈，以木有所擣。春秋：越敗吳于欈李。內府本作檇擣下衍者字。越敗吳誤敗越。咸按：集韻支韻檇，說文，以木有所擣。引春秋傳：越敗吳於擕李。或作欈。擕當檇誤。廣韻作左傳，上有又地名三字。

狋，生肌反，犬怒皃。一。內府本牛肥反。二。犬怒。又縣名，在代郡。咸按：篆隸名義：狋，魚飢反，犬怒。今本玉篇：狋，魚肌切，犬怒也。兩犬爭也。又狋氏縣。又音權。手鑑：狋音疑，犬怒也。又音拳，縣名。廣韻：犬怒皃。牛肌切。集韻：說文，犬怒皃。代郡有狋氏縣。內府本落皃字。

巋，丘追反。字數不明。咸按：玉篇、手鑑、廣韻俱作山小而衆也。丘追切。

蘬，草名。似葵。見內府本巋字下。咸按：篆隸名義：

蘬，久非反，葵。氏篇：蘬，大蘢古也。揆，古文。葒，葒蘢
古。廣韻：蘢古大者曰蘬。集韻：艸名。爾雅，紅蘢古，
其大者蘬。或作揆。又按：陸璣草木疏上云：游龍
一名馬蓼。郝懿行云：莖葉俱似蓼而高大。陸璣
失之。則此云似葵，誤。
衰，減。又所追反。內府本減誤誡。在狋下。咸按：廣
韻支韻衰，減也。楚危切，又所危切。集韻巋細末
有衰，減也。內府本以衰次狋下，誤。
覾，聚，惟反，一。細而有容。見內府本狋字上。咸按：
篆隸名義：覾，懼癸、聚惟二反，細腰。原誤能。小細

126条

之韵

原誤戲兒。廣雅釋詁二：嫢𡞖小也。方言二：嫢，細也。凡細而有容謂之嫢。郭音羌箠反。說文：嫢，媞也。讀若癸。秦晉謂細𦟝為嫢。今本玉篇作衢癸、娶惟二切，細原誤盛兒。集韵韵末有嫢，聚惟切，細𦟝也。此本依原本玉篇而誤為覫。

屎，虛伊反，呻吟也。見內府本韵末。咸按：手鑑：㕧，俗；屎，正。呻吟兒。篆隸名義：欬，呻吟。今本玉篇㕧，呻吟也。欬，同上。廣韵、五音集韵並作呻吟聲。此本本原本玉篇，惟正文誤。

之，往。又詞。四。內府本三加一。語助。說文，至也。咸按：玉篇之，至也，往也，發聲也。集韻：辭也。韻會、增韻：語助也。又按：說文之，出也。則內府本實依玉篇。

芝，瑞草。內府本缺。咸按：玉篇、瑞草。說文、神草也。也。臣鍇云：芝為瑞服之神仙，故曰神艸，是瑞艸之說出於徐鍇，而玉篇取之。

㞢，古文。見內府本踁字下。咸按：玉篇之，出古文。集韻、㞢，隸作之，古作㞢。此誤。

飴，饍。亦作饌、飤。十九。內府本作十二加九。餳之別。咸按：玉篇：飴，餳也。饌，同上。飤，古文。手鑑：饌，俗。

飤，古。飴餳也。韵會詩注：乾糖也。玉篇米部：糖，飴也。手鑑：糖，正；糛，通。飴也。

怡，悅。又作熙。内府本怡，悅樂。咸按：篆隸名義：怡，悅樂。今本玉篇同。名義女部：娭，呼基反，悅。手鑑：怡，悅也。集韵怡下有娭，樂也。此本熙或娭誤。又禮部韵畧作悅樂也。

圯，橋名。撥頊本同。内府本無水有橋曰圯。咸按：廣韵：圯，土橋名。土或二誤。又漢書張良傳文穎云：沂水上橋也。此土或水上二字之誤。又無水句，諸韵書字書皆無，俟考。

貽，貺，遺。掇瑣本同。內府本作遺也，貺也。咸按：廣韻正作貺也遺也。手鑑同內府本作遺也貺也。

頤，頦。亦作臣。掇瑣本頦作頰。內府本作面下。又養。咸按：篆隸名義：頤，頷，養。今本玉篇：頤，養也。說文曰，顄也。與臣同。手鑑：頤，以之反，頷也，養也。廣韻：臣，顄也。頤，養也。說文亦上同。則此本、掇瑣本之頦、頰皆誤。

詒，詒言。掇瑣本同。內府本作美言。咸按：篆隸名義、今本玉篇並作遺也。則二本之詒字誤。又手鑑、廣韻、正韻俱作贈言，則內府本變誤。

⿰王𦣞，玉名。掇瑣本同，内府本作玉名，五色。咸按：篆隸名義：⿰王𦣞，五色石也。今本玉篇：蒼頡曰，五色之石也。手鑑、廣韻並作玉名。集韻：一曰五色玉。古玉與石常互稱。

宧，室東北隅。掇瑣本同。惟宧誤作宦。内府本室東南隅。咸按：玉篇引爾雅云：東北隅謂之宧。廣韻：室東北隅。集韻：說文，養也。室之東北隅，食所居。李巡曰，東北陽氣始起，育養萬物，故曰宧。則内府本誤。

姬，王妻別稱。内府本作王女別稱。又居之反。咸按：手鑑、廣韻並作王妻別名。又玉篇、手鑑、集韻並作居之反。

甌，甑甌。內府本缺。咸按：廣韻：甑甌，甎也。集韻甑作瓴。今按：廣雅：釋器：甑瓳，瓴甌，甎也。此誤同廣韻。

瓵，小甖。掇瑣本同。內府本長沙云小瓷。咸按：篆隸名義、今本玉篇並作小甖。又手鑑：瓵甈，甖屬也。韻會引郭璞云：瓵甈，小甖。長沙謂之瓵。正韻引同。

㞒，踞。掇瑣本㞒誤屌。內府本缺。咸按：篆隸名義、今本玉篇、手鑑俱作㞒，踞也。五音集韻同。

柗，舩斗。涰[illegible]本同。咸按：手鑑：柾，音夷，水器。一名戽斗。廣韻作船舀，原誤歛。舀水斗。集韻：博雅：戽斗謂之柗，所以抒水。或从臣，通作柗。則此二本應依廣韻補舀水二字，語意方足。

异，已。又餘使反。涰[illegible]本、內府本使作吏。咸按：篆隸名義：异，餘之反，已。今本玉篇作余吏、余之二切。廣韻、手鑑並作又音異，則作吏是。

洍，水名。涰[illegible]本同。內府本下有在廬陰。一曰江有洍。咸按：廣韻：洍，水名。詩云，江有洍。又按：水經淮濟水篇：汜水西分濟瀆，東北逕濟陰郡。汜水又東合于菏瀆。張晏曰，氾水在濟陰界。此寫或濟誤。

眙，盱眙縣名。見內府本氾字下。咸按：手鑑同。集韵作盱眙，地名。

枱，銘柄。見內府本眙字下。咸按：篆隸名義，柌，似慈反，鎌柄。今本玉篇作似咨切，訓同。廣韵同洛義。集韵，柌或作枱。說文，鉊，鎌謂之鉊。玉篇，鉊，鎌也。此銘似鉊誤。集韵、名義、玉篇此讀訓未端，此或以形同而易其訓歟。

台，我也。又吐来反。見內府本鍊字下。咸按：篆隸名義：台，与時反，我。今本玉篇：台，我也。又音胎。廣韻同。

時，長。三。内府本三加二。是也。咸按：廣韻：時，長也。篆隸名義、集韻並云：是也。

㭙，落㭙，持樞也。爾雅曰：制扉著户木持者。見内府本鼭字下。咸按：爾雅釋宫郭注：門持樞者。篆隸名義：㭙，持持樞者。衍一持字。集韻：一曰落㭙，持門樞之持門樞及此本持樞並誤。又爾雅曰以下俟考。

㫖，古文。見内府本㭙字下。咸按：篆隸名義、今本玉篇、廣韻集韻並有旹，古文。

疑，二。缺訓。內府本二加二。猜。咸按〻此本實三字，作二，誤。又王國維唐韻佚文〻疑，猜也。淨土三部音義集二引孫愐。

嶷，九嶷山名。內府本無名字。咸按〻玉篇〻嶷，九嶷山，舜所葬，在零陵營道縣也。亦作嶷。又廣韻〻九嶷山名。

觺，〻岳〻。又五力反。掇瑣本同。內府本，獸角。咸按〻玉篇〻觺，五其、牛力二切，觺觺猶岳岳也。又手鑑、

觺，獸角皃。廣韻作觺觺，獸角皃。內府本落皃字、

集韻：觺，角利皃。楚辭：其角觺觺。

猚，鳥名。見内府本觺字上。咸按：玉篇：猚，鳥名也。集韻訓同。

思念，十一。掇瑣本同。内府本恖。九。又作思。咸按：篆隸名義：思，思念也。今本玉篇：思，思念也。恖，古文。廣韻：思念也。恖，上同。集韻同。

司，署府。掇瑣本同。内府本缺訓。咸按：署府義俟考。

絲，蠶絲。掇瑣本同。内府本作蠶吐。咸按：篆隸名義、今本玉篇、廣韻、集韻俱本説文作蠶所吐也。

内府本省所字。

伺候。掇瑣本同。内府本注作伺候。咸按：廣韻如是。今本玉篇作候也。集韻同。手鑑作候察也候下漏也字。

想，相思木。掇瑣本作〻木。内府本作相思木名。咸按：玉篇同此本。手鑑、廣韻、集韻俱同内府本。掇瑣本誤。

覗，覰〻。内府本缺。咸按：手鑑云：覰，士慮反，伺視也。篆隸名義覗，見伺字。覰，視。今本玉篇覗，視也。廣韻作覰也。則〻字誤。

獄，辭獄相察。內府本缺。咸按手鑑獄，或作獄。獄，正。
音思辭獄相察也。又息利反。廣韻、集韻訓同。篆
隸名義獄，胥記反，視。伺字。今本玉篇作息利、息
梨二切，辭獄官也，察也。今作伺、覗。
輜，楚持反，又側持反，車。內府本持俱作治。軿車
衣。咸按諸韻書俱作持，手鑑亦云輜，側持反，重
車。又軿車也。又楚持反。軿，輜軿，兵車也。篆隸名
義輜，車前後衣。軿，車前衣。今本玉篇輜，輜軿，軿，
輜車也，衣車也。集韻輜說文，軿車前衣車後也。字
林，載衣物車，前後皆蔽。若今庫車。禮部韻略、延

韵作庫車。又說文云：輜軿，衣車也。則輜、軿有二義：軍中載衣物之車與遮蔽車身之前後衣也。

其，語第。古作开。廿一。掇瑣本正文作𠀠。內府本缺訓。十四加七。咸按：篆隸名義：其，辞。廣韵：辭也。今本玉篇：其，辭也。亓，古文。集韵：其，辭也。古作丌、亓。五音集韵：俗开。韵會姬紐有其，語辭本字，云指物之辭。此本第或辭誤。

期，指信。掇瑣本同。內府本作契。咸按：廣韵作期信，此指字或誤。又篆隸名義作契，約。同內府本。今本玉篇作契，約也，合二字為一詞。

旗，旂。掇瑣本同。内府本作旂。咸按：手鑑：旗，正。旂，俗。音其，旂旗也。篆隸名義：旗，旂。正韻作旂，常之總名。廣韻作旂旗。

萁，豆莖。掇瑣本下有亦作䜺三字。内府本作擀。咸按：篆隸名義、玉篇並從說文作豆莖也。又名義豆部：䜺，萁省豆字。玉篇：䜺，豆䜺。手鑑豆部同。廣韻：萁，豆萁。䜺，上同。集韻：萁，說文，豆莖也。或从豆。又擀當作幹，玉篇：⿱艹幹，草莖也。篆隸名義作草，漏莖字。

騏，如馬缺角。掇瑣本作不角。内府本舊之無角曰騏。又烏名。咸按：爾雅釋獸：騏如馬，一角。不角者騏。釋文：騏，本又作䴏。郝懿行謂張揖、孔晁所見魏晉古本騏皆作䴏。又烏疑馬誤。

基、蟿螽基，似蟹而小。內府本無下四字。咸按：玉篇、手鑑、廣韻俱作基蟿螽基，似蟹而小。

綦、履飾。亦繫，木嫁女所服。內府本履飾。案未嫁服。咸按：手鑑：綦：綦履飾。廣韻同。又集韻：綥，說文帛蒼艾色。引詩：縞衣綥巾。未嫁女所服。或作綦。則此本繫當綥誤，木當為未誤。內府本嫁下落女所二字。

麒、麒麟。內府本麒，雄曰麒，雌曰麟。咸按：禮部韻畧：張揖云，雄曰麒，雌曰麟。內府本首麒，當麟。

淇，水名。內府本作衢水名。咸按：手鑑：淇，水名。又禮部韻畧：水名。釋云，衢水也。

鶀，鳥名。內府本下有又去其反。咸按：手鑑、廣韻並同此本。又玉篇：鶀，去其切。亦作鷀。篆隸名義鶀，墟之反。廣韻去其切，有鷀，亦作鶀。

綦，紫綦，似蕨。掇遺本同，內府本作紫綦，綦蕨。咸按：篆隸名義同此本、掇遺本。爾雅釋草：綦，月爾，注：即紫綦也。似蕨，可食。玉篇依之。廣韻作紫綦，似蕨菜。集韻引博雅：紫綦，蕨也。

錤，鎡〻。掇瑣本同。内府本下有鋤之別名。咸按：手鑑、廣韵並作鎡錤，鋤別名也。篆隸名義：錤，鉏。鎡，今本玉篇：錤，鎡錤也。鎡，鎡錤，鉏也。

璂，弁飾。掇瑣本、内府本並作弁飾。咸按：手鑑、廣韵並作弁飾，此本誤。又玉篇作飾弁也。疑注文倒誤。

鯕，鯿魚。掇瑣本同。内府本鯿誤徧。咸按：廣韵徧作編，亦誤。說文解字注引廣韵作鯿。手鑑作鯿魚名。

綨，白倉色。掇瑣本同。内府本倉作蒼。咸按：手鑑同此本。（校讀本文）廣韻、綦，蒼白色巾也。綥，上同。正韻、詩綦巾蒼白色。集韻、說文，帛蒼艾色。

鶀，鶹。內府本缺。咸按、篆隸名義、今本玉篇、手鑑、廣韻、集韻俱作鶹也。

䑴，〻艃，船。內府本缺。咸按、手鑑、䑴、⿰舟基，音其。䑴艃、船名。玉篇、廣韻並作䑴艃，舟名。篆隸名義、䑴，艃舟。艃，䑴。集韻引埤雅，䑴艃，舟也。

异，舉。又渠記反。內府本落。咸按、篆隸名義、异，渠記反，舉。今本玉篇、异，渠記、渠基二切，舉也。廣韻、异，舉也。

⿰礻月，古文。見內府本紐末。咸按：五音集韻期下有⿰月丌，古文。集韻：期，或作⿰丌月。

詩，志。二。內府本二加二。言志也。咸按：說文：詩，志也。志發於言。又按：今文尚書堯典：詩言志，歌永言。內府本或出此。

邿，地名。內府本有在濟北平陰五字。咸按：手鑑、廣韻並同此本。又玉篇作任城亢父縣有邿亭。集韻：說文在東平亢父縣邿亭。又按：前漢地理志東平國亢父詩亭，故詩國。王先謙云：一在今平陰縣東南，晉魏絳以下軍克邿。杜預以為在平陰西是也。

詌，古。見內府本邿字下。咸按：集韵：詩，古作詌。此誤。

齝，牛哨。見內府本詌字下。咸按：篆隸名義：齝，哨。省牛字。今本玉篇口部：哨，且醮切，大胃哨後。哨，小也。

而，詞。十三。內府本作十三加二。語助也。咸按：集韵：而，一曰語辭。又篆隸名義、今本玉篇、廣韵俱云：而，語助。

栭，木名。子似栗而細。一曰梁上短柱。內府本栗誤栗，無短字。咸按：手鑑：栭，木名，似栗而小。廣韻：木名，似栗而小。一曰梁上柱也。

檽，木耳。敦煌本同。內府本作檽。咸按：手鑑：檽，俗。檽，正。音而。木耳別名。廣韻作檽，集韻作檽。

隭，地名。又峻阪。敦煌本同。內府本作隭，下有在安邑三字。咸按：手鑑：陑，通；隭，正。地名。又峻嶮也。廣韻：隭，地名。又㚇險也。陑，上同。集韻：陑，或作隭。五音集韻作峻險。禮部韻略釋云：在河曲之南，安邑之西。

輀，柩車。亦作軜。敦煌本同。內府本轜，說文，柩車。

咸按〻篆隸名義〻輀，喪車。今本玉篇〻轜，喪車。輀，同
上。手鑑、廣韻、集韻俱從說文、訓諸書無作柩車
者。
臑，煮熟。亦作胹、烐。掇瑣本同，烐上又有䰍字。內
府本作臑，又作𧵍、恧。同。咸按〻玉篇〻胹，煑熟也。火
部〻烐，煑熟也。亦作胹。䰍，熟也。亦作臑。濡煑字。篆
隸名義〻胹，熟。省煑字。火部〻燸，臑字。手鑑〻胹，俗臑，
正。煮实也。廣韻〻臑，煑熟。胹、烐並上同。䰍，籀文。集
韻〻胹，方言，秦晉之郊謂熟曰胹。或作腝、臑、䰍、烐。
內府本之𧵍、恧，蓋胹、烐誤。

洏，漣洏，涕流皃。掇瑣本漣而，淚流皃。內府本缺。咸按：手鑑：洏，漣洏，涕流皃。廣韻同。又王編、手鑑並云：淚，涕淚也。掇瑣本蓋用此義。

鮞，魚子。掇瑣本同。內府本下有又魚之美者。咸按：王編、手鑑並從說文，鮞，魚子也。集韻：一曰魚之美者，東海之鮞。內府本漏。

耏，多毛。說文為而，今用各別。通俗作髵。內府本無耏，有髵，鬃髵，毛鬣。咸按：篆隸名義：髵，耏原誤毦字。多毛。王編髵，多毛皃。亦作耏。手鑑：髵，類上毛多皃。又獸多毛也。廣韻：耏，獸多毛。亦作髵。今按正韻鬗本作而，亦作耏。耏下云頰旁毛。本作而。韻會說文訓而為頰毛。則此本多毛之訓蓋依原本玉篇。今本而頰之毛曰而，今作鬗。此本說文為而以下疑取此也。又集韻鬗，鬗鬗，獸作鬣皃。內府本毛鬣二字有誤。

芔，草多葉。內府本落。咸按篆隸名義同。今本玉篇作草多皃，疑漏葉字。說文草多葉皃。

⿰女而，丸熟。內府本丸屬。咸按廣韻⿰丸而，丸之熟也。又音丸。集韻摩丸之熟也。鉉、鍇本俱音奴戈反。又玉篇丸部⿰女而，胡官切，又如之切，丸屬也。手鑑九鄒：⿺九面，俗。⿺九而，正。丸、而二音。丸屬也。而部：⿺丸面，俗。⿺丸而，正。如之、奴禾二反，丸屬。篆隸名義丸部：⿺丸而，胡官反，丸。

⿰瓦西，瓦之屬。見內府本紐末。咸按：篆隸名義：⿰而瓦，力類反，踏瓦破。省聲字。手鑑：⿰而瓦，良涉、盧叶二反，踏瓦聲也，漏破字。

欺。缺訓。咸按：集韻：說文，詐欺也。篆隸名義作妄，詒，紿。今本玉篇作欺妄也。廣韻詐也。

娸，姓。一曰醜。掇瑣本同。咸按：同今本玉篇、廣韻。篆隸名義：娸，醜。

䰢，大頭。掇瑣本同。咸按：篆隸名義：䰢，大。漏頭字。手鑑、廣韻、集韻俱作大頭也。

䫥，方相。掇瑣本同。咸按：手鑑：䫥音欺，方相也。今本玉篇：䫥，今逐疫有䫥頭。廣韻：䫥，方相。今逐疫有䫥頭。集韻：今逐疫有䫥頭。䫥頭，方相也。或作魌，通作䰢。

僛，舞皃。掇瑣本同。咸按：玉篇、廣韻、集韻俱作醉舞皃。此漏。篆隸名義作舞不止，義同。

鶀，鵋鳥。掇瑣本〻鵋息。咸按：玉篇：鶀，鵋鶀。亦作鶀。鵋，鵋鶀鳥。手鑑：鶀，鳥名也。鶀，鵋鶀也。廣韻：鶀，鵋鶀，休鶹鳥。亦作鶀。集韻：鶀鶀，鳥名。今江東呼鵂鶹為鵋鶀。或作鶀。依爾雅釋鳥郭注。此本鴟當鵋鶀誤。掇瑣本當鵋鶀鳥誤。又篆隸名義作鵋，鶀，鵅。⿰忌頁當鵋誤。釋鳥：鵅，鵋鶀。郭云，鵅音格。即鵋鵅，亦鵋鵅之音變。

朞，脺。古作其，今通俗作祺。掇瑣本作呼，古作稘。咸按：玉篇：晬，周年也。手鑑同。此脺與掇瑣本呼字皆當晬誤。但諸韻書無此說。又按集韻古作㫷。手鑑作𣅿，同。此本其字殆㫷或𣅿誤。篆隸名義：稘，年。𣅿字。今本玉篇：稘，周年。今作朞。韻會：朞，亦作祺，唐書溫彥博傳：不逮再祺矣。清殿本作祺。復按：五音集韻重文亦作祺，不作祺。類篇祺無周年之訓。祺下、朞下俱無祺之重文。正韻始以祺為正文引溫傳語，蓋增韻如是也。

箕，䉶器。咸按：玉篇、正韻並作箕，籔箕也。手鑑：箕，箒也。亦作䉶。說文：箕，䉶也。

萁，菜似蕨。咸按：廣韻如是。玉篇：萁，菜也。綦，紫綦似蕨可食。篆隸名義同。又釋草釋文：綦字亦作綦。或作萁，非。郝懿行謂萁綦為聲借字也。集韻無此訓，知廣韻已從誤說，此亦沿襲之。

諆、〻詩云周爰咨謀。切二注作諆、詩云周爰諮謀。切三諆皆作謀。咸按：王篇諆、謀也。手鑑、廣韻、集韻俱同。篆隸名義作謨（與謨義同）文、按：釋詁釋文：基本或作諆。郝懿行云：基為本字、諆為假音、諆為或體。殘本王篇諆、尔雅、謀也。野王案：謂謀謨也。征韻：諆、謀也。从其、本从基誤。此本注〻及切二兩諆字、疑皆謀誤。實不當引詩也。故集韻：諆、謀也。通作基。亦與韻會並不引詩。然此三本之所據俟考。

詞、文言。綴瑣本但作言。咸按：禮部韻略：言也。韻

繪ニ又文名。揚子詞人之賦，麗以則。疑此本注之
文下、言下當有也字，蓋分為二義也。
柌，亦作枱。撥賾本同。咸按ニ準韻ニ柌，或作枱。
辭，獄訟。亦作辞。撥賾本誤咸按ニ篆隸名義ニ辭，訟。
辞，上字。今本玉篇ニ辞，籀文。辭亦同上。理獄爭訟
之辭也。手鑑ニ辭，訟也。以辭辭理也。辞，同上。
辤，訟ニ。撥賾本作別。古作辞。咸按ニ篆隸名義ニ辤，
詞字。辞，上字。今本玉篇ニ辤，別也。辞，籀文。手鑑ニ辤，
古文。辤，理也。廣韻同玉篇。
釐，理。撥賾本缺。十二作十。咸按ニ玉篇、手鑑、廣韻

俱云嫠，釐理也。

貍，似貓。咸按：同玉篇。說文：似貙。手鑑、廣韻並作野貓。皆屬體貌不同，非有舛誤。

嫠，無夫。咸按：手鑑、廣韻、說文新附俱同。左傳襄廿五年釋文：嫠本又作釐，寡婦也。玉篇訓同、

剺，剝〻。咸按：說文、篆隸名義、今本玉篇、手鑑、廣韻俱作剝也。則此〻當刪。

梩，從土，[illegible]字出六韜。又都皆反。咸從廣韻同誤。說文作從是，字衍。又按：篆隸名義：梩，臿。今本玉篇：相，臿也。梩同上。

犛，又莫交反。咸按：手鑑犛，莫包反，又力之反。廣韻又音茅。

艃䑭：。咸按：手鑑、廣韻並作䑭艃，船名。玉篇作䑭艃，舟名。篆隷名義：䑭，艃舟。

氂，毛起。又力臺反。咸按：篆隷名義：氂，力臺反，強毛起。應重毛字。手鑑、廣韻並作毛起也。玉篇作強毛也。集韻：說文：彊曲毛可以箸起衣。

孷，〻孷雙生。咸按：篆隷名義：孷，雙生。今本玉篇：孷孷孖，雙生也。孖，辭恣切。孷孖，廣韻：孷孷雙生子也。

㥶，愁憂。掇瑣本愁誤。亦落皃字。咸按：王篇、手鑑並作愁憂皃。廣韻作愁憂之皃。集韻亦有皃字。此本漏。篆隸名義但作憂，無愁皃二字，疑刪削過甚。

漦，龍吐沫。咸按：集韻：癡，紐漦，一曰龍吐沫。篆隸名義作龍所吐沫。今本王篇作涎沫也。

畱，或作蕾。咸按：王篇：畱，與蕾同。集韻：蕾、畱，或省。

𦔊，一歲田。咸按：篆隸名義：𦔊，一歲田。爾雅、王篇、廣韻並作田一歲。

鎦，鉄鉄。咸按：手鑑：鎦，鉄也。廣韻：鎦，鎦鉄。篆隸名

七

儀：鎡，八兩。今本玉篇、集韻並同。據此，則此本正文䩡當鎡誤。又此紐十一字，今存九字，此誤鎡、鎡為一，而銖：當作鎡銖。

緇，黑色。亦作紂。咸按：玉篇：緇，黑色也。紂，同上。篆隸名儀：緇，黑。紂，上字。手鑑：紂、緇，黑色繒也。廣韻同。

鶅，東方雉名。咸按：玉篇：鶅，東方雉名。禮部韻畧亦如是。

鯔，魚名。掇瑣本作魚。咸按：玉篇、手鑑、廣韻、集韻俱作魚名，則掇瑣本漏。

嬉，美。一曰遊。掇瑣本同。咸按：手鑑、廣韻並作美也。一曰遊也。

譆，痛聲。亦作誒。咸按：廣韻云：「痛聲。」又按：篆隸名義：譆，虛箕反，痛。誒，虛疑反，痛。集韻：譆，虛其切，痛也。是譆、誒音近義同，字通。

熹，盛。咸按：篆隸名義：熹，盛，博，熾。廣韻作盛也，博也，熱也，熾也。

𠩺，坼。咸按：今本玉篇：𠩺，火之、力之二切，說文坼也。廣韻訓同。篆隸名義：𠩺，火之反，坼。

嘻，噫。咸按：手鑑：嘻，許之反，意嘻，傷嘆也。意當作噫。又廣韵：噫，嘻，聲也。
欸，喜笑。咸按：廣韵作欸，喜笑。玉篇：欸，戲笑皃。手鑑作欸，戲笑皃也。集韵：說文欸欸，戲笑皃。則此欸當欸誤。又此本與廣韵並誤刪複詞欸欸二字。
婜，善〻。咸按：玉篇、手鑑、廣韵俱作善也。篆隸名義作善。省也字，則此〻字衍。
娭，戲〻。咸按：玉篇：娭，戲也。集韵：嬉，博雅：戲也。通作娭，則〻字衍。
暿，熱。擬續本同。咸按：篆隸名義：暿，熱。今本玉篇作多懃也。

毉，俗通醫。掇瑣本注作巫。咸按：廣韵：説文曰，巫彭初作醫。毉，上同。集韵：作毉，云或从巫，俗作醫非是。諸韵書無以毉為俗者。

噫，恨聲。掇瑣本下有亦作譩。又於擬反。咸按：廣韵、集韵訓同。集韵又云：噫或作億、意、嘻、譆、懿、譖、譩。未言同譩。玉篇：譩，恨辭也。作噫同。正韵：噫亦作

𤸷，羸。掇瑣本同。咸按：廣韵如是。篆隸名義：𤸷，劇病，呻聲。今本玉篇作呻聲也。集韵：痛劇聲，一曰

羸也。

癡，刃之反，騃。㵶蹟本作丑之反。咸按〻篆隷名義同此本。今本玉篇、手鑑、廣韻同㵶蹟本。

齝，牛吐食。或作齥。咸按〻手鑑〻齥，或作。齝，齝噍，牛吐食也。篆隷名義〻齝，牛食吐而嚼。齥同，齝。（齥同上。）今本玉篇〻齝，爾雅曰，牛曰齝，食已久，復出嚼之。按〻郭注食下有之字。廣韻〻牛吐食而復嚼也。

笞，楗。咸按〻玉篇〻揵，笞也。此楗當揵誤。

痴，痴癠，不達。癠，子直康反，又勑慮反。咸按〻玉篇〻痴，痴癠，不達也。篆隷名義〻痴，丑支反，疷，不達。按〻

疵徐貲反，毀敗。王韻：疵，病也。亦瑕疵。與不違之義不合，名義疵當瘵誤。又按：手鑑：痴瘵者，不進不違之皃。王韻，又病行皃也。廣韻、集韻但作不違皃，字不進二字應与病行皃為別義，其下漏皃字。又按此本子當字誤。本書直據反有瘵，又敕慮反。手鑑：瘵，直據反同。

治，大帝諱。誠按：切二、切三俱無此說。今按此本淵云，武帝諱，民云文帝諱，顯云今上諱。則此書應撰于中宗時。然景皇帝諱虎，元皇帝諱昞，與文帝之世字，俱不云某諱，一也。金石萃編四十二云開成石經于文宗今上也，生則不諱。左傳、文公、宣公字不諱。考昂則此云今上諱，二也。復按：舊唐書一考證：沈炳震曰，高祖初謚大武皇帝。高宗上元元年改上尊號曰神堯皇帝。今此書作于中宗，不云神堯皇帝而云武皇帝，又刪大字，三也。

持，執。咸按：廣韻：持，執持。正韻作執也。

嗤，亦作𡾊。咸按：玉篇：嗤，尺之切，笑皃。次鄰：𣢑，尺脂切，笑也。廣韻：嗤，俗。又作𣢑。集韻：嗤，笑也。或作𣢑。此本𡾊誤。掇瑣本作𣢑亦誤。

嗸，告。又乃經反。掇瑣本同。咸按：篆隸名義、廣韻並如是。今本玉篇作乃經、乃定二切，告也。㜐，妍。妄侮輕。掇瑣本並同。咸按：手鑑、廣韻並作㜐，㜐妍。又玉篇：妄，充之切，侮也，嫈嫇也。篆隸名義同。集韻：妄，侮也，癡也。或作㜐。韻會云：毛氏韻增妄字別出，誤。是玉篇已別出，不自毛晃始，黃公紹說失考。

慈孝。咸按：玉篇：慈，愛也。左氏傳曰，父慈子孝，本書誤讀逐[訓]作孝。篆隸名義、廣韻、集韻俱訓愛。

孳息。咸按：手鑑、廣韻並作孳息，此本二字似衍。

孜、篤愛。咸按：切二、切三、手鑑、廣韻俱同，正韻亦同。韻會、增韻作力篤愛。然力篤愛之義俟考。

滋、多。或作稵。掇瑣本及切二並同。咸按：手鑑滋，多也。廣韻同。又篆隸名義：稵、滋字。

嗞、嗞嗟、憂聲。掇瑣本同。咸按：篆隸名義、今本玉篇並作嗞，嗞嗟也。手鑑、廣韻並同此本、掇瑣本。

黳、染黑。咸按：掇瑣本及手鑑、廣韻俱同。篆隸名義、今本玉篇並作黑也。集韻作深黑色。

鎡、鎡錤，鋤之別名。掇瑣本同。咸按：篆隸名義：錤，鉏。鏓。今本玉篇：鎡，鎡錤，鉏也。集韻同。手鑑：鎡錤，鋤之

14条

㣲韻

别名也。廣韻：鐖，鐖錤。則此二本並落聯語鐖錤二字。

孖，雙生。咸按：手鑑作孖，雙也。疑漏生字。廣韻作雙生子也。集韻作一產二子。

漦，龍次。咸按：上文龍吐沫，此次當沫誤。

㣲通俗作微。咸按：韻會毛氏曰：微从㣲，俗作微，非。

𩅽，小雨。咸按：篆隸名義：𩅽，細雨。今本玉篇：𩅽，小雨。溦，小雨。手鑑、廣韻並作溦，溦，小雨。集韻：溦，溦文，小雨也。與本書、名義並為單詞，惟作溦、溦則誤。

籎竹名。又武悲反。咸按：廣韻如是。玉篇：籎，亡非切，竹名。手鑑：籎、籎，眉二音，竹名。

薇菜。咸按：篆隸名義：薇，菜。今本玉篇、廣韻並同。藢誤。

鐖，縣物鉤。咸按：篆隸名義注作釣，誤。今本玉篇作鉤也。手鑑、廣韻並同本書。

揮，奮。咸按：集韻：說文：奮也。禮部韻略訓同。

徽，美。咸按：篆隸名義：嶶，美善。今本玉篇、廣韻並作美也。

翬，飛皃。咸按：手鑑、廣韻同。篆隸名義、集韻並從說文作大飛也。今本玉篇作飛舉皃。

褘，后祭服。咸按：掇瑣本及手鑑、廣韻並同。玉篇作畫翬雉於王后之服也。

黴，魚有力。咸按：爾雅釋魚：魚有力者黴。郭注：強大多力。篆隸名義：黴，力大。省魚字。廣韻同此。

潬，竭。咸按：篆隸名義、今本玉篇、廣韻、集韻俱如是。

㫻，動〻。咸按：篆隸名義、今本玉篇、手鑑俱如是。廣韻：作旗，此誤。

楎，犁頭。咸按：玉篇：楎，杙也。在牆曰楎。又犁轅頭也。廣韻：橛也。在牆曰楎。又犁頭也。

徽，幟。咸按：篆隸名義、今本玉篇、集韻俱同。廣韻作幡也。

幃，香囊。咸按：篆隸名義、今本玉篇、手鑑、廣韻俱如是。集韻：說文：囊也。

闈，宮中。咸按：爾雅釋宮：宮中之門謂之闈。手鑑、集韻並同。玉篇作宮中之門。廣韻：宮中門也。此漏。篆隸名義作中門，省宮字。

圍，周合。咸按：韻會、增韻：又周也。此或二義。然合義俟考。

韋，皮。撥瑣本同。咸按：篆隸名義、廣韵、禮部韵略俱作柔皮。此漏柔字。

⿰韋束，束〻。咸按：玉篇、廣韵、集韵俱從説文訓束也。此行〻字，撥瑣本束誤京。

違，乖。撥瑣本同。咸按：玉篇、廣韵俱無此義，俟考。

韍，戾。撥瑣本同。咸按：玉篇作戾也。篆隸名義作戾耶。耶當也誤。手鑑、廣韵並作戾韍。

襩，重衣。咸按：篆隸名義及撥瑣本、廣韵俱同。手鑑作重衣皃，從説文。

𧝓，衣。咸按：撥䪿本、廣韵並如是，從說文。手鑑亠部：𧝓或作褱。正：衣也。

潿，不流濁。見撥䪿本湋字下。咸按：集韵：潿，說文，不流濁也。篆隸名義作不潿流者，水字。玉篇作潿，不流兒。廣韵作水不流濁兒。

韡，盛也。見撥䪿本潿字下。咸按：集韵：盛也。方言，宋、魏之間謂之韡。篆隸名義、今本玉篇、廣韵俱同訓。

𧝓裹，咸按：玉篇、廣韵並同。撥䪿本𧝓誤裹。集韵：褘，或書作𧝓裹。而無𧝓裹之字。

霏，雰。咸按：篆隸名義霏，雨雪皃。雰，雨雪皃，霧氣。今本玉篇：霏，雨雪皃。雰字未收雨雪皃一義。手鑑、廣韻並作雪皃。集韻：雰也。詩，雨雪霏霏。擬璝本作雨小，誤。

妃，女官。咸按：篆隸名義作女御。手鑑作御女。征韻云：嬪御之貴者，次於后。此或女官之說。

毳，細毛皃。擬璝本無皃字，同廣韻。手鑑皃作也。

騑，驂馬。擬璝本同。咸按：同玉篇。手鑑、廣韻、集韻俱從說文作驂旁馬。篆隸名義作驂旁。省馬字。則本書沿玉篇漏旁字。

暃。又方巾反。掇瑣本同。咸按：玉篇暃，方巾、芳微二切。傮本、涵園本廣韻正作巾，他本多誤作市。掇瑣本校記翻謂巾誤，蓋失。

斐，斐斐豹見左傳。切二及集韻同。掇瑣本作斐，廣韻與切三作斐，同集韻首體。咸按：左襄二十三年傳斐豹。校勘記引廣韻作斐。又按：篆隸名義：扶鬼反，今本玉篇孚鬼切，手鑑芳尾反，廣韻敷尾切，俱作斐，斐大也。是當以斐為正。

飛，翔＝。掇瑣本無＝。咸按：廣韻作飛，翔。則此本衍＝字。

扉，户。掇瑣本作户扉。咸按：手鑑、廣韵並如是。

緋，赤色。掇瑣本及切二並同。切三作綵。咸按：玉篇作絳練也。廣韵、集韵並作絳色。綵蓋絳誤。

非，不是。掇瑣本及切二同。咸按：玉篇、廣韵並如是。篆隸名義作不。下漏是字。

犤，似牛。一曰。咸按：掇瑣本牛誤羊。篆隸名義作牛首白，一目。今本玉篇獸似牛，一目。手鑑、廣韵並作獸似(如)牛，白首，一目。則二本曰當目誤。

䱶，魚名。掇瑣本作䱶〻。咸按：廣韵作䱶，魚。篆隸名義作似鮒。玉篇同。

騑，〻兔馬而兔走。撥續本作兔馬而兔足。咸按〻篆隸名義作兔足。撥續本是。廣韻作兔馬而兔走，與本此同誤。

肥，豐。或作肥。撥續本正文作肥，注作豐肌。切二作豐肥。咸按〻玉篇、廣韻、集韻皆無是訓。肌似當作肥。又按〻字鑑〻肥从肉从卩，俗作肥。二本之肥、肥俱誤。

腓，腳腨腸。撥續本同。咸按〻手鑑、廣韻並如是。

䈈，竹。撥續本同。咸按〻篆隸名義作肥竹。玉篇、廣韻並作竹名。

⿸疒肥，風病。或作痱。掇瑣本同。咸按：玉篇：痱，風病也。⿸疒肥，同上。手鑑、廣韻並作⿸疒肥，風⿸疒肥病也。痱，上同。篆隸名義：痱，風病。

淝，水名。切三但作水。掇瑣本作〻水。切二同。咸按：玉篇、手鑑、廣韻、集韻俱同此本。

⿱非邑，聚石。掇瑣本作聚名。咸按：篆隸名義：⿱非邑，負歸反，聚。玉篇作聞喜鄉。手鑑作鄉名。集韻：聚名，在河東聞喜縣。則此石誤。二本俱落縣字。

蜰，負蠜虫。掇瑣本同。咸按：爾雅釋蟲：蜚，蠦蜰。郭注：蜰即負盤，臭蟲。說文：蜚，臭蟲，負蠜也。

威，可畏。咸按集韻威，一曰有威可畏謂之威。延韻有威可畏也。

嵔，〻⿰山畾。又於鬼、於罪二反。掇瑣本⿰山畾作⿰山壘，切二同。切三作⿰山纍。咸按手鑑嵔，於鬼反，又烏賄反，嵔⿰山畾也。⿰山纍、⿰山壘、嵔、⿰山纍也。廣韻⿰山畾作礧，於罪作烏罪，餘同。集韻作⿰山壘，倫追切，作⿰山纍、⿰山壘、⿱畾山三形。

陮，〻隗，歎危。掇瑣本歎作難，切二同。切三作艱。咸按手鑑作陮隗，險阻也。殘本玉篇陮，廣雅陮夷，阻險也。字指，陮夷，深邃。篆隸名義陮，阻險。今本玉篇陮，陮夷，險阻也。集韻引博雅，陮隗，險也。

俱無本書所訓，俟考。

蛾，蛜〻虫。掇瑣本同。咸按〻廣韵〻蛾，蛜蛾，蟲也。集韵作蟲名。

婔，美。掇瑣本美皃。咸按〻篆隸名義〻婔，美。今本王編、廣韵並作美也。集韵作美皃。

械，決塘。掇瑣本同。咸按〻王編〻械，決塘木也。廣韵同。此漏木字。

祈，求。掇瑣本同。咸按〻篆隸名義、廣韵訓同。

頎，長。掇瑣本、切二、切三並作長好。咸按〻廣韵集韵〻長皃。王編作貝長皃。手鑑作頭長皃。貝疑頭誤。

說文：頎，頭佳皃。段注云：頎，引申為長。詩碩人猗嗟毛傳皆云長也。則此好字或因說文之佳而增歟。

旂，旗。掇瑣本、切二並同。咸按：手鑑：旗，正。旂，俗。旗旂也。

畿，王〻。或作圻。掇瑣本及切二同。咸按：同廣韻。集韻：畿，或作圻。篆隸名義：圻，方千里為畿。

崎，水傍曲岸。亦作圻。又渠羈反。掇瑣本作旁，落又字。咸按：集韻：埼，曲岸也。或从石，从山。亦作隑。手鑑土部：埼，水傍曲岸也。石部：碕，曲岸也。玉篇：

碕，曲岸頭。廣韻〻崎，曲岸。又按諸韻書俱無水傍
二字。本書支韻奇紐同。廣韻〻圻，亦上同。
㲉，以血塗門。綴瑣本同。咸按〻廣韻如是。
蘄，縣名。綴瑣本缺。咸按〻集韻同此本。廣韻作縣
名，在徐州。
[山幾]，危。又公哀反。綴瑣本同。咸按〻玉篇豈部〻[山幾]，巨
依切，危也。廣韻同二本。又按釋詁釋文〻[山幾]，郭音
剴。按剴音公哀反，是公哀乃剴之音，故廣韻、篆
隸名義及本書古哀（公哀反）切俱有剴無[山幾]。
[月幾]，又居希反，又古亥反。綴瑣本無反又二字，是。

廣韻無又音。篆隸名義：⿰月幾，古亥反，類肉。今本玉篇作巨衣、居衣二切。本書居希、古亥俱無此字。集韻居希切，己亥切，有⿰月幾。

肵，俎。掇瑣本同。咸按：同玉篇。廣韻缺此字。篆隸名義作心舌俎。集韻：肵，鄭康成曰，盛心舌之俎。禮部韻畧同。

獑，犬生一三子。掇瑣本無三字。咸按：篆隸名義作犬生一。省子字。今本玉篇、廣韻亦無，同掇瑣本，此衍。

幾，鬼俗。見掇瑣本幾字上。咸按：篆隸名義、今本玉篇、廣韻並如是。

機，織具。掇瑣本落織字。咸按：集韻：一曰織具也。

譏，誹。掇瑣本同。咸按：玉篇、集韻並引說文，誹也。篆隸名義、手鑑並作誹也。廣韻同。

蘄，縣名，在譙郡。今音祈。掇瑣本同。咸按：玉篇：蘄，居衣、渠之二切，又音芹。手鑑：蘄，其、機、勤三音。廣韻作居依切，又音其、芹。又史記陳涉世家索隱：又音祈。恐此今為又字誤。

嘰，小食。掇瑣本同。咸按：玉篇、手鑑、廣韻、集韻俱如是。

璣，珠不圓。璣瓚本同。咸按：同廣韻、集韻。玉篇引說文，珠不圜者也。篆隸名義誤小不圓。

幾，微。微：璣瓚本無。咸按：篆隸名義：幾，微。同璣瓚本集韻引說文：微也。

蘒，蒩蘒草。璣瓚本同。咸按：手鑑、廣韻、集韻並同。

磯，大石激水。璣瓚本及切二、切三並同。咸按：廣韻如是。手鑑作以石激水。此本說文新附，而徐鉉又本何超晉書音義中十七。列傳三 按楊齊宣序作于天寶六載，則超之成書亦當不遠。若王氏此篇成于神龍二年，何能下引後四十年之說手。則王國維謂切二為長孫箋注本之說亦虛矣。

饑，穀不熟。咸按：王編、手鑑、廣韻、集韻俱從說文作穀不熟。掇瑣本同此。

禨，祥。掇瑣本作祥亦禨作僟。咸按：篆隸名義、今本玉篇、手鑑、廣韻俱同此。本掇瑣本當為禨祥。亦作僟。又集韻：禨通作僟。

𧖴，血祭。掇瑣本同。咸按：手鑑、廣韻並如是。

鐖，釣金。掇瑣本同。咸按：篆隸名義：鐖，居沂反，釣魚。手鑑作釣名。

刉，斷。掇瑣本同。咸按：手鑑：刉，俗。刉，正。篆隸名義：刉，切，斷。廣韻作刉，斷切也。斷下應補也字。又集韻：刉，斷也。

飢，同饑。掇瑣本無校語。見脂韻飢下。

希，少。掇瑣本同。咸按：韻會、增韻：少也。

睎，日氣乾。掇瑣本同。咸按：手鑑作日氣乾皃也。廣韻作日氣乾也。

莃，莬葵。掇瑣本同。咸按：廣韻如是。又按：篆隸名義：莃，欣衣反，莬葵，葉小，食之滑。今本玉篇作莃，莬葵，似葵而葉小。

鵗，北方雉名。撥瑣本同。咸按：玊篇：鵗，北方雉名。廣韵省名字。

睎，視。撥瑣本同。咸按：手鑑同。

稀，〻穊。撥瑣本作稀，是。切二、切三亦同。咸按：諸韵書俱訓疏，本說文。手鑑：稀，稠也。玊篇：穊，稠也。

⿺走幾，走〻。撥瑣本無〻。咸按：篆隸名義：⿺走幾，走。今本玊篇、廣韵並作走也。手鑑作走皃也。此本〻當也誤。

桸，木汁可食。撥瑣本同。咸按：同篆隸名義、手鑑。今本玊篇、廣韵並作木名；汁可食。

依，倚。撥瑣本同。咸按：篆隸名義：依，倚。又倚，依。今本玉篇〻依，説文云，倚也。集韻同。
衣，〻服。撥瓄本作服裳。切二同。咸按〻手鑑作衣
裳。篆隷名義同此本。
譩，痛聲。撥瓄本同。咸按〻手鑑、廣韻並同。集韻作
哀痛聲。
㑲，天㑲縣，在酒泉。撥瓄本同。咸按〻廣韻如是。手
鑑作天㑲縣名。
㤝，念痛。撥瓄本同。咸按〻手鑑、廣韻下並有聲字。
玉篇作痛聲。篆隷名義作哀聲。集韻作哀痛聲。
則二本下落聲字。

鄣，殷國。掇瑣本同。咸按：玉篇、廣韵下並有名字。集韵但作國名。

沂，魚機反，水名。掇瑣本作魚衣反，無水名二字。咸按：手鑑、廣韵、集韵俱作魚衣反，有水名二字。篆隸名義、今本玉篇並作魚衣反。

蘬，丘韋反，馬蓼。似蓼而大。掇瑣本同。咸按：廣韵如是。

歸，還。亦帰。掇瑣本同。咸按：玉篇：歸，還也。帰，籀文。篆隸名義：歸，帰歸字。廣韵同玉篇。集韵：歸，籀省。一曰還也。

160条

巍，闕。擬噴本同。咸按：篆隸名義嵬部：巍，魏字。高大。今本玉篇：巍，魏闕也。韻會：通作魏。故此用玉篇魏闕之釋。其實巍，高。與魏闕音義形早别，不可合也。

犩，牛。又牛畏反。擬噴本作魏，誤。咸按：牛畏反見釋富釋文，篆隸名義、今本玉篇沿用之。廣韻無又音，沬韻及手鑑有魚貴切犩字。

魚韻

魚，語居反，水虫。擬噴本虫作蟲。咸按：篆隸名義、廣韻並如是。本說文。

漁，水名，在漁陽。擬噴本同。咸按：廣韻如是。

⿸虍魰捕魚，或作魰。撥瑣本或作漁、魚、魰。咸按：篆隸
名義⿸虍魰，語吴反，魰同上。漁，言語反，捕魚。今本玉
篇作語居反，餘同。字義俱從說文或體同廣韻、
集韻。
齬，齒不相值。又魚舉。撥瑣本同。下有反字。咸按：
玉篇、廣韻訓同，本說文。又廣韻又魚舉切。則此
本漏反字。又韻會引廣韻首有齟齬二字，手鑑：
齬音魚，齒不齊相值也。又音語，齟齬，不相當也。
則韻會引誤。
鋙，鉏鋙，可以止樂。撥瑣本注誤鉏齬。咸按：廣韻

作鋤屬，五音集韻同。集韻作鉏鋤，機具也。一曰釜屬。又按：玉篇：鋤，樂器也。鋙，同上。手鑑：鋙、鋤，鉏鋙，樂器也。韻會：敔，一曰樂器，椌楬也。形如木虎，背有鉏鋙，戛之以止樂。然此義但讀上聲，入此殊誤。

䁩，馬二目白。掇頭本同。咸按：篆隸名義：兩目白似魚目。省馬字，今本玉篇作䁩，爾雅，馬二目白魚。漏似字。廣韻同此本。

初，楚居反。始。掇頭本同。咸按：篆隸名義、今本玉篇、廣韻並同。

書，文書。掇瑣本同。咸按：韻學集成云：書，文也。無文書之語。

鴮，鳥名，似鳧。掇瑣本同。咸按：玉篇：鴮，失余切。集韻同本書。

瑹，玉。掇瑣本作玉名。咸按：玉篇：瑹，美玉。集韻同。手鑑、廣韻並作美玉名。則二本並落美字。

舒，散。掇瑣本同。咸按：集韻有此訓。

紓，緩。掇瑣本缺。咸按：篆隸名義：紓，緩。今本玉篇作緩也，或作舒。手鑑：紓音書，緩也。與舒同。廣韻、集韻並同。

郚，地名，在廬江。攈蹟本誤盧。咸按：廣韵、集韵並同，此作廬。

䕸，魚薺。攈蹟本缺。咸按：篆隸名義：䕸，䕸䕸，魚薺。今本玉篇、廣韵並作魚薺。

居，或作尻。九。攈蹟本但有亦作尻。八。咸按：正韵，尻，止也。尻古居字。

据，手病。詩曰予手拮据。攈蹟本同。咸按：玉篇：据，拮据，手病也。手盤：拮，拮据，手病也。廣韵如是。

裾，衣下。攈蹟本同。咸按：手盤、廣韵並作衣裾。集韵依說文作衣袌。此下字疑：誤。

琚，玉。掇瑣本作琚，貯玉。咸按：玉篇、手鑑、廣韻俱作琚，玉名。掇瑣本蓋落賂字。手鑑、廣韻及此本並作賂，貯也。

鵅，鶚鵅鳥。掇瑣本同。咸按：玉篇：鵅，鶚鵅。鶚，鶚鵅海鳥。手鑑：鶚鵅，海鳥也。廣韻：鵅，鶚鵅，海鳥。此則落海字。

洛，水名。掇瑣本同。咸按：玉篇、廣韻如是。

萿，草，苴萿草。掇瑣本無上草字。咸按：篆隸名義：萿，草。今本玉篇：萿，舉魚切，苴萿草。同廣韻。此本殆兼採原本、今本玉篇注文，掇瑣本則但取今本。

腒，乾雉。又鉅於反。撥韻本同。咸按，篆隸名義、今本玉篇義並同此。韻會，周禮注，乾雉。

渠，水溝。撥韻本殘。咸按，玉篇、廣韻作溝渠。集韻，說文，水所居也。

轝，軥〻。撥韻本無〻。咸按，篆隸名義〻轝，軥。今本玉篇、集韻作輞也。手鑑作車軥也。廣韻作車輞。

縲，履緣。撥韻本同。咸按，篆隸名義、今本玉篇、廣韻俱同。集韻，縲，博雅，履其緣謂之無縲。

璩，玉。撥韻本同。咸按，廣韻作玉也。玉篇、手鑑並作玉名。

磲，硨磲，次玉。掇瑣本同。咸按：廣韻引博雅、硨磲石之次玉。篆隸名義、今本玉篇省之字，作石次玉。手鑑作美石次於玉也。廣韻省於字，作美石次玉。此二本石字落。

蕖，芙ㄑ。掇瑣本同。咸按：玉篇：蕖，荷芙蕖。手鑑、廣韻並作芙蕖。

籧，籧篨。掇瑣本同。咸按：廣韻如是。

篆，牛筐。掇瑣本同。咸按：廣韻如是。玉篇作飲牛筐也。篆隸名義省作筐。

涂，〻挐，〻涂。撥殨本〻〻涂作之涂。咸按〻手鑑、廣韻並作涂挐。方言〻杷，宋魏之間謂之涂挐。玉、篇木部〻[木+挐]，女閭切，涂[木+挐]，杷也。疑撥殨本是此本〻涂之〻〻字誤。

醵，合錢飲酒。撥殨本同。咸按〻篆隸名義、廣韻、手鑑、集韻俱同。今本玉篇作合錢沽酒。

腒，鳥腊。撥殨本同。咸按〻廣韻、集韻並同。手鑑作腒，腒腊也。注腒字當鳥誤。

鶋，鶢鶋，鳥。撥殨本同。咸按〻同廣韻。玉篇作鶋，雞鶋。亦作渠。

蝨獸。掇瑣本同。咸按：廣韻、集韻並引説文，蝨，蟉
也。玉篇訓同。篆隷名義：蝨，蜉蟉。蟉，力周反，蜉蟉
渠略。玉篇：蜉，蜉蟉也。惟手鑑：蚷，俗；蝨，正。獸名也。
與二本同。亦可碻知手鑑、切韻孰先孰後也。
椽，椽栫藩籬。掇瑣本殘存藩籬二字。咸按：廣韻
同此本。集韻引博雅：椽、栫，籬也。篆隷名義：栫，籬。
今本玉篇：椽，藩落籬。
蒃，菜。掇瑣本同。咸按：篆隷名義、廣韻並作菜，似
蘇。本説文。玉篇作今之苦蒃，江東呼為苦蕒。手
鑑無上句。

蘧，蘧麥。掇瑣本同。咸按：玉篇、廣韵、集韵俱同本說文。篆隸名義作瞿麥。

蘧，小跳。掇瑣本作遽，同。咸按：集韵：遽，一曰小跳。

蘧，菜似蘇。掇瑣本同。咸按：此與上文蘧實一字而誤析為二字。

蟝，蟝𧓍，蜉蝣。掇瑣本𧓍誤蟻。咸按：此與上文蟲實一字而誤析為二字。

豦，豕。掇瑣本同。咸按：廣韵、集韵俱引說文，从豕虍。又引司馬相如說豦，封豕之屬。玉篇訓同。無單作豕者。此乃節取之失。

廿

瑑姓。又瑑，玉名。掇瑣本無。咸按：瑑已前見。又手鑑：瑑，今瑑，正、諸書亦無姓之釋，當衍。

余，我。亦作予同。廿一。掇瑣本予上有桼字。廿一作廿三。咸按：廣韻：余，我也。集韻：爾雅，余、予，皆我也。桼，說文，余也。

蜍，蜘蛛。掇瑣本同。咸按：廣韻如是。又按：方言十一，首當有蟢蜍二字。

餘，殘。掇瑣本同。咸按：篆隸名義、今本玉篇、廣韻俱如是。

輿，車。掇瑣本同。咸按：手鑑、正、韻並同。廣韻作車輿，本說文。

旟、旂。掇瑣本誤旟，爲旟。咸按：玉篇、手鑑、廣韻俱引周禮曰鳥隼爲旟。此蓋節取之。諸韻書俱不見旂訓。

鵌，同穴鳥。掇瑣本同。咸按：篆隸名義作同穴。省鳥字。今本玉篇作鳥鼠同穴。手鑑、廣韻並作鳥名，與鼠同穴。

璵，魯寶玉。掇瑣本同。咸按：廣韻作魯之寶玉。手鑑、集韻首有璠璵二字。

艅，〻艎。掇瑣本同。咸按：今本玉篇：艅，艅艎，船名。

艎吴舟。篆隸名義作艅，吴船。手鑑、廣韻下並有吴王船名。

畬，田二歲。撥韻本同。咸按〻玉篇、手鑑及韻書皆作三歲，此誤。

澦，水名。撥韻本作瀷。咸按〻廣韻、篆隸名義並作瀷。集韻從說文作澦，作瀷誤。

歟，詞末⿰犭與，亦同與。撥韻本作詞末口，亦同與。咸按〻玉篇作語末辭。廣韻〻又語末之辭。亦作與。集韻〻或書作欤。則朱當末誤⿰犭與，玉篇〻歎聲。□當作⿰犭與。

譽，美稱。又以據反。撥鑕本訓同。又似據反。咸按：集韻：稱美也。此誤。復按廣韻：又音預。手鑑：余據反。則似據二字並誤。

𡢐，女字。撥鑕本同。咸按：篆隸名義、廣韻、集韻俱從説文同此二本。

舁，對舉。亦作擧。撥鑕本同。咸按：手鑑：舁，對舉也。廣韻：舁，對舉。擧，上同。玉篇：擧，今作舉。

妤，婕妤，女官。撥鑕本作婦官，下有亦作伃。咸按：韻學集成作女官。篆隸名義人部、今本玉篇人部、女部、廣韻、集韻諸書俱作婦官。

麌，山驢。撥蹟本同。咸按：玉篇及韻書皆從說文，似鹿而大。手鑑作大鹿也。篆隸名義作鹿大。此訓俟考。

𩣡，馬行皃。撥蹟本同。咸按：廣韻如是。玉篇、集韻並從說文作馬行徐而疾。篆隸名義作馬行疾。

懙，謹敬皃。撥蹟本同。咸按：玉篇同。篆隸名義作敬，疑省謹皃二字。手鑑、廣韻並作恭敬也。

𧼒，安行。亦作𢘛。撥蹟本同。咸按：篆隸名義、今本玉篇、集韻並作安行也。手鑑、廣韻作𧼒𧼒，安行皃。諸書皆無重文。又集韻：懙，行步安舒也。或作𢘛，亦書作𢚩，似當到𢚩下。

籑，篆〻。掇瑣本篆作篪。咸按：篆隸名義：籑、篆。集韻籑：博雅，篆也。篪、篆並形誤。

雓，蜀雞。掇瑣本同。咸按：廣韻、集韻並引爾雅：雞大者蜀，蜀子雓。則本書誤。

⿰犭與，予。又于佇反。見掇瑣本鸒字下。咸按：廣韻、集韻：⿰犭與，獸名。廣韻：予，我也。又餘佇切。此于當作余。

胥，通俗作肙。掇瑣本肙誤胥。咸按：手鑑：骨，俗。肙、胥二。今篆隸名義作骨。涉園本廣韻：俗作肙。他本作胥。

䱬，魚名。掇瑣本同。咸按：玉篇、廣韻同。篆隸名義作䱬。手鑑作䱬。

箵，竹名。掇瑣本同。咸按：手鑑、廣韻同。篆隸名義、玉篇竹也。

湑，露〻。掇瑣本作路。咸按：玉篇作零露皃。手鑑、廣韻作露皃。集韻作露也。此本〻字衍。又掇瑣本路誤。

稰，木名。掇瑣本作稰，落。稰，□□。咸按：篆隸名義：楈，木。省名字。禾部：稰，落。今本玉篇：楈，木名。手鑑：楈，木名也。禾部：稰，落也。廣韻：稰，落也。則此本注文誤合。

蝑，虫。綴蹟本蜙蝑蟲。咸按：篆隸名義：蝑，蚣蝑。玉篇蚣、蜙則互用。手鑑作蜙蝑。廣韻作蚣蝑蟲。

揟，取水。綴蹟本殘。咸按：篆隸名義、集韻並從説文，取水沮也。段注：沮今之渣字。取水渣者必没之漉之如釃酒然。今所謂濾水也。又玉篇、手鑑、廣韻俱云：揟，取水具也，此為別義。

諝，才有之稱。又相旅反，亦作㥠。綴蹟本作有才之稱。又諝作楈。咸按：玉篇作才智之稱也。手鑑作有才智之稱也。禮部韻略從之。廣韻無之字，有㥠，上同。集韵：諝，或从心，通作胥。據此，則二本落智字。

⿸疒直，癕。掇瑣本同。咸按：篆隸名義、手鑑並同。玉篇、及韵書俱作癰。

岨，石山載土。亦或作宜。掇瑣本無或字。咸按：玉篇、手鑑、廣韵、集韵引說文俱作戴。又篆隸名義宜，岨字（石部：砠，岨。）石戴土。今本玉篇：宜，亦岨字。手鑑：岨，与阻同。阻當宜誤。（石部：砠與岨同。）穴部：宜，正作岨。集韵：岨，或作砠、碹。然諸字書韵書俱無碹字，當作宜。

趄，趑：：。掇瑣本：：作趄。咸按：玉篇：趄，趑趄，行不進也。手鑑作不進也。苴，履中藉。擬蹟本藉作藉。咸按：玉篇：苴，子旅切，履中薦也。手鑑、廣韻並作履中藉，此本誤。沮，水名，在北地。又慈与反。亦作潳。擬蹟本同。咸按：玉篇：沮，水名，出房陵。廣韻：水名，在房陵。所謂沮、漳。亦云漆、沮，既從並在北地。玉篇：潳，且於切，水出直路縣。集韻：潳，水名，在北地，入馮翊洛水。且於切。二書並同此。狙，猨。擬蹟本無。咸按：廣韻，猿也。手鑑，猿子也。

睢，睢鳩。掇瑣本同。咸按：手鑑、廣韻並作睢鳩。

胆，蟲在肉中。亦作蛆。又子魚反。咸按：王篇：胆，俗作蛆。廣韻：蛆，俗。

菹，苞。咸按：廣韻、集韻並作苞菹。此漏。

坥，螾場。又七慮反。咸按：篆隸名義：坥，塲。漏螾字。廣韻同此。王篇、集韻並引說文云：益部謂螾場曰坥。

覷，相伺視。掇瑣本伺誤似。咸按：手鑑：覷，伺視也。集韻同此本。

厝，此此。掇瑣本無此字。咸按：廣韻、集韻並作此也。此二誤。

鋤，大斸。撥韻本同。咸按：韻書無此訓。爾雅釋器：斪斸謂之定。郭注：鋤屬。斸、斪聲轉，義同。郭注，斪钁也。說文，钁，大鉏也。手鑑：斸，斫也，钁也。

鉏，齬。又士舉反。撥韻本同。咸按：玉篇、廣韻、集韻俱以鉏鋤為一字，無此訓。玉篇：齟，齟齬。牀呂切。廣韻同。鉏，鉏鋙不相當。本書蓋誤。

豠，豕屬。撥韻本同。咸按：篆隸名義、今本玉篇、手鑑、廣韻、集韻俱如是。

攄，舒。三。撥韻本作攄，落三字。咸按：篆隸名義、廣韵、一切經音義卷四五優婆塞經：手攄，舒也。同掇瑣本。惟手鑑手部作攄，丑居反，舒、張、散布也。同此本。正可見此本與手鑑之關係也。

樗，惡木。掇瑣本同。咸按：廣韵如是。集韵：一曰惡也。手鑑：樗，今。丑居反，惡木名也。

筡，篾。掇瑣本注缺。咸按：廣韵：竹篾名。

踈，遠。咸按：廣韵：疏，遠也。俗作踈。集韵：踈，一曰遠也。

綀，〻葛之〻。咸按：廣韵無之〻二字，此衍。

蔬，菜〻。咸按：汪、編、廣韵如是。

梳、櫛〻。咸按〻同乎鑑。廣韻作梳櫛。

疏、條。亦作綖。綴續本作絛作延。咸按〻篆隸名義系部〻綖、所去反。今本玉篇〻綖、所除、所去二切、亦疏字。疋部〻延、今作疏。韻會所據切、疏、條陳也。疋韻同。則蓋增韻文。集韻延下云〻或作疏、疎。韻會疏下云〻禮韻舊出疎字、今正。復按〻玉篇、廣韻亦疏、疎分出。部守正禮韻已附疏于疎。

䟽、青疏。綴續本同。咸按〻古逸、淡園、澤存三種廣韻與此二本同。泰定本、曹本作䟽、青疏。又按〻玉篇疋部〻䟽、門戶青疏窻也。篆隸名義省作窗。則本書與廣韻皆刪省。

⿰女疋，通。掇瑣本同。咸按：篆隸名義、今本玉篇、廣韻俱同。

釃，下洒。又所宜反，亦作麗。掇瑣本同。咸按：篆隸名義：所宜反。今本玉篇：所宜、所綺二切，下酒也。廣韻：釃，下酒。麗，上同。又音見支韻。

疋，詩古文為雅字。又山舉反。掇瑣本山字缺。咸按：説文：疋，古文以為詩大雅字。今本玉篇同。廣韻云：古為雅字，蓋約取。此書亦約取。又篆隸名義：疋，山舉反。

虚，空。亦作虗，通俗作虚。掇瑣本正文作虚注，又作虚，通俗作虚。咸按：集韵：虚，空也。俗作虚，非是。韵會：正作虚。注，或作虚，俗作虚，非是。集韵當為俗作虚，非是。則二本俱誤。

驉，駏驉，畜生。掇瑣本畜生作馬。咸按：手鑑作畜名，似騾。廣韵作畜似騾。又按：韵會蛩下引史注云：邛邛青獸，如馬，距虚似羸而小。郭璞曰：距虚即蛩蛩，互言耳。玉篇：蛩，巨虚也。手鑑同。則此本畜生殆畜名之誤。掇瑣本馬上殆有漏字。

歔，歔欷，掇瑣本同。咸按：玉篇：歔，歔欷也。又啼皃。

手鑑：歔欷，歔欷，悲啼皃。篆隸名義：歔，泣皃。欷，悲，則玉篇啼皃上又字當悲誤。行也字。

嘘，吹。掇瑣本同。咸按：篆隸名義、手鑑、廣韻俱同。今本玉篇：嘘，吹嘘。聲類曰，出氣急曰吹，緩曰嘘。

䰰：耗。掇瑣本殘。咸按：篆隸名義、今本玉篇、手鑑、廣韻、集韻俱從說文作耗鬼，此本落鬼字。

徐，緩，安。咸按：玉篇：徐，說文曰，安行也。廣韻作緩也，安行也。此有漏佚。

𨛖，地名。咸按：手鑑、廣韻並同。掇瑣本同。

𦍩，野羊。掇瑣本同。咸按：篆隸名義、今本玉篇、廣敦俱同。

徐，人姓。咸按：集韻：說文，緩也。亦姓。

於，俗作扵。又哀都反。咸按：廣韻：於，扵，俗。集韻：俗作扵，非是。

箊，箖箊，竹名。掇瑣本同。咸按：玉篇同。又手鈔、廣

敦並作箊，竹名。為單詞。

淤，〻泥。咸按：廣韻如是。

菸，〻蔫茹熟之皃。咸按：玉篇：菸，楚辭曰：葉菸邑而無色兮。菸，鬱也。此本所云蓋釋是語。又說文：菸，鬱也。一曰殘也。

唹，笑皃。掇瑣本同。咸按：王、滿、手鑑、廣韻俱如是。篆隸名義作唹，笑。省皃字。

猪，豕。正作豬。畜生。掇瑣本無末二字。咸按：篆隸名義：豕，猪。豬，腊字。手鑑：豕，猪別名也。豬音猪。爾雅釋獸：豕子豬。無畜生之訓。又諸韻正字皆作豬，以猪為俗。

櫫，楬櫫，有所表識。掇瑣本同。咸按：廣韻如是。王、滿：櫫，楬也。

潴，水所停。正猪。掇瑣本水所停曰潴。咸按：集韻：水所停曰潴。或作瀦。

臚，皮臚。通作臚。綴韻本殘。咸按〻手鑑〻臚，正。臚，今。

皮臚，腹前曰臚。廣韻訓同，但無臚字之說。

鬣，毛〻。咸按〻廣韻作毛也。手鑑作毛黑長皃。篆隸名義作旄。此衍〻字。

閭，〻閈。綴韻本作里。咸按〻閭，玉篇、集韻、禮部韻略俱作里門。綴韻本漏門字。又手鑑〻閭，閭閻，閻，里也。閭，閭里，閈閭也，里也。篆隸名義〻閈，閭，里。綴韻本閈，里門。内府本作里閈。恐此本〻字衍。

廬，舍。咸按〻篆隸名義、今本玉篇、手鑑、廣韻俱同。

蘆，漏蘆，藥名。咸按〻廣韻〻蘆，漏蘆，草。集韻作漏蘆欒草。

驢，下畱。咸按，廣韻畜也。疑畱即畜字。然下畱未見所出。

蘆〻藘。咸按，廣韻作藘蘆草。此注誤倒。

蕳，菴〻。咸按，說文隸名義蕳，呂居反，蒿，子可治疾。

菴，猗廉反，菴蕳，蒿。今本玉篇蕳，菴蕳。菴，菴蕳，蒿也。廣韻下有草字。

爈，火燒山冢。撥蹟本冢作界。咸按，廣韻爈，火燒山界。集韻作山火曰爈。玉篇爈，燒也。疑此書正文有誤。

諸，章魚反，象〔六〕叕瑣本章誤童落六字。咸按〻篆隸名義〻諸，象省也字。集韵〻一曰象也。

櫧，木名。叕瑣本同。咸按〻同廣韵。篆隸名義〻櫧，葦字。似櫟木。今本玉篇作木名，冬不凋。集韵〻櫧，木名，似柃，葉冬不落。或作葦櫧。名義採〔爲〕疑柃誤。

瀦，水名，在北岳。叕瑣本同。咸按〻同廣韵。集韵作在恒山。

藷，〻蔗，甘蔗。叕瑣本同。咸按〻同廣韵。篆隸名義〻藷，蔗。蔗，藷，甘蔗。今本玉篇同。

礑，礛礑。攻玉礪石。咸按〻集韵引博雅〻礛礑，礪也。

可以攻玉。篆隷名義：䃴，礖。礖，青礪。今本王篇：䃴，礖䃴，青礪也。礖，礖䃴，治玉之石也，青礪也。手鑑、廣韵並云青礪也。

藷，藷芋。又直閭反。咸按：篆隷名義作署預。手鑑同。今本王篇：藷，根似芋可食。芧當芋誤。廣韵作薯預別名。五音集韵預作蕷。御覽引吳普本草：署豫，一名諸署。齊越名山芋，鄭越名儲。

除，去。咸按：同篆隷名義。今本王篇、廣韵並作除也。

躇，躊躇，進退。亦作躇。咸按：篆隷名義：躊，躇。躇，躇豫。

省猶字。今本玉篇：躇，躊躇猶猶豫也。手鑑：躊躇猶豫、躑躅也。五音集韻無異體。

備，副貳。咸按：同廣韻。韻會引說文儲曰：積聚以為副貳也。

涂，水名，在堂邑。又直胡反。水名，在建寧。咸按：自直胡反以上皆同廣韻、集韻。在建寧，韻書皆從說文云在益州，俟考。

篨，籧篨。咸按：說文同。玉篇：籧，籧篨，竹席也。江東人呼籧也。手鑑：籧，籧篨，籚籧也。籧篨之屬也。玉篇：籧，籧篨。籧，隸名，義：籧，席。廣韻：篨，籧篨，籚籧也。籚蘧當籚蘧誤。

櫡、薵櫡、葱名。宁門屏間。又直旅反。咸按：篆隸名義：櫡、籌櫡。今本王韻：籌櫡、葱也。手鑑：薵櫡葱別名也。廣韻同此本。集韻：櫡、薵櫡、菜名，葱也。又宁門屏間之訓無考。

藷、薯芋。又章魚反。咸按：集韻：藷或作藷。廣韻：藷、薯蕷別名。篆隸名義：藷、署預。藷、署預。

著、莖著。又張慮、張畧、除畧三反。咸按：王韻：著、直閭切，味莖著。又中恕、馳畧、知畧三切。手鑑：著，陟慮反，張畧反，知呂反，直畧反。廣韻又直畧、陟慮、陜畧三切。
瘀，瘵ミ。咸按ミ，篆隸名義ミ：瘀，瘕。今本玉篇ミ：瘀，瘕瘀也。手鑑ミ：瘀，痂瘀，瘡瘕痕也。廣雅ミ：痕瘀，瘕也。此作瘵誤。
如，然。咸按ミ，集韵ミ：一曰然也。
蒘，藘ミ。咸按ミ，玉篇、手鑑、廣韵俱云：蒘藘，草也。此誤。
洳，水名，在南郡。又人慮反，在晉。咸按ミ，人慮反以上皆同廣韵。又按ミ，詩汾沮洳，釋文洳音如預反，沮洳，漸洳也。以在唐風，故云在晉。然承上文水名下，又不別著其義，實誤。

鴐鵝。或作鵞。咸按：王篇、手鑑、廣韵皆如是。切三及韵會、正韵並同。而切二鵝作鵞。禮部韵畧、五音集韵並同。又按：廣雅釋鳥：鴐鵞，鴚也。爾雅郭注同。則知作鵝者誤矣。

臅，假瘀。又乙疾、如与二反。咸按：廣韵無乙疾一音，餘俱同。又按本書語韵俱作乙庶反，王篇亦同，則疾乃誤字。

且詞。咸按：王篇、廣韵、集韵、俱作語辭，此省。篆隸名義亦省作辭。

砠，山。咸按：玉篇：砠，土山有石。亦作岨。山部：岨，石山戴土也。手鑑：砠，山戴土也。與岨同。此注文有漏佚。

蛆，蝍蛆，食蛇虫。咸按：廣韻：蛆，蝍蛆，食蛇蟲，蜈蚣是也。篆隸名義：蛆，蝍。蝍，蜈蚣。手鑑：蝍，蝍蛆，蜈蚣也。

墟，丘，落。咸按：篆隸名義：墟，丘。廣韻、集韻皆作虚。集韻云：或从土作墟。玉篇：虚，今作墟。禮部韻略作墟，無重文，云，丘也。又王維渭川田家：斜光照墟落。

𥶄，飲器。咸按：手鑑作飲器也。王編、廣韻並作飯器。此誤。

袪，袖。咸按：同手鑑、廣韻。

陆，依山谷為牛馬圈。咸按：王編、手鑑並同。廣韻圈上有之字，本說文。

櫨，擊〻。咸按：廣韻作攎，擊也。篆隸名義、今本王編、手鑑、集韻引埤雅俱同。此誤。

肢，賀。咸按：集韻引埤雅賀也。篆隸名義、手鑑並同。

枝，杈〻。咸按：篆隸名義、今本王編並作枝，枝杈也。此注誤倒。

葅。三。缺訓。切二、切三俱缺。咸按：玉篇：葅，淹菜為葅也。葅同上。廣韻、集韻作酢菜也。此實二字，則作三誤。

稌，藷預藥名。咸按：切二本紐作沮，姓。切三作狙。又按：廣韻：沮，人姓。集韻：通作狙。又集韻：蜍，常如切，蟾蜍，蟲名。稌，藷藇署預也。據是則此本實落蜍及音訓，遂誤合稌於葅紐。切二、切三不誤。

絮，湯曰，衣有袽。又奴下反。亦作絮縕。咸按：廣韻：湯曰：繻有衣袽。又音如。馮韻絮，女下切，依說文。

集韻：絮，説文，絮緼也。一曰敝絮，引易，需有衣絮。或作袽。亦書作絮。此本蓋合二者而為一條。

帤，幡布。咸按：手鑑、廣韻布並作巾，此誤。

挐，犬多毛。咸按：玉篇、廣韻並作⿱如毛，犬多毛。集韻：⿱奴毛，犬多毛皃。惟手鑑⿱如毛，玉篇音如，犬多毛也。又⿱奴毛正作拏、⿱如毛二字。手鑑，拏、挐同字，奴、如常混作。于此可見手鑑、切韻之關係也。

⿱艹挐，藸⿱艹挐草。咸按：篆隸名義同。玉篇、手鑑、廣韻俱作藸⿱艹挐草。此本藸紐無此字。

13条

虞韻

虞，防。通俗作虞。咸按：正韻作防也。篆隸名義作虞。正音集韻，俗作虞，非。

愚癡〻。切三同。咸按韻書字書無此訓癡者，俟考。

娛樂〻。咸按篆隸名義娛，娛樂。廣韻同。今本玉篇、集韻並作樂也。此疑或倒誤。

湡，齊藪名。又水名，在襄口。咸按廣韻齊藪名。亦作隅。又水名，在襄國。手鑑齊藪名。又小湡，水名。說文，水出趙國襄國之西。則此口乃國字缺。

堣〻夷，日所出處。咸按廣韻如是。玉篇、手鑑並作日所出也。

⿰禺鳥，鳥名，見則大旱。咸按：同手鑑。玉篇作鳥，似梟，人面，四目有耳，見則大旱。廣韵作鳥名，狀如梟，人面，四目而有一耳，見則天下大旱。

嵎，山名。咸按：廣韵如是。

髃，骨名。咸按：手鑑：髃，骨，在髆前。廣韵：骨名，在髆前。

隅，屋角。咸按：手鑑：隅，四角也。韵會引詩維德之隅。注疏：隅者角，廉者棱。角必有棱，以比屋之外角，喻人外貌由内方而外正。

鸆，鳥，似鵚鶩。咸按：手鑑、廣韵並同。玉篇下有見則兵起四字。

齵，齒重。又側遊反。咸按：篆隸名義：齵，重生。省齒字。手鑑作齒落重生也。又五婁反，齱齵。齱齵，齒偏也。韻會作齱齵，齒重生。又尤韻。文名義：齱，側遊反。今本玉篇：齱，側游切，齱齵也。此又音當是齱字音。則注首自有齱齵二字。重下漏生字。俱當補。

澞，陳夾水曰澞。咸按：爾雅釋水、廣韻陳並作陵，此誤。

鍝，鋸。咸按：手鑑、廣韻、玉篇、篆隸名義俱如是。

鸆，鸅。咸按：玉篇作鴮鸅，鸆，手鑑作鴮，澤當鸅誤

模韻

鷵，烏。廣韻作鶦鷵。

芻，測愚反，草。俗作蒭、蒭。咸按：玉篇：芻，俗作蒭。廣韻同。集韻：芻或从艸，俗作蒭，非是。

膴，無骨腊。又荒烏反。咸按：玉篇：膴，訶姑切，無骨腊。手鑑：膴，無、呼二音，无骨腊也。廣韻同此本。

瞴，瞴瞜。咸按：廣韻如是。

蕪，蕪薉。咸按：篆隸名義作蘒。穢字。今本玉篇：蕪，蘒也。

薉，又作穢，俱從說文訓。

誣，誑。咸按：廣韻作枉，此誤。手鑑：誣，枉、欺、妄也。

巫，事神曰巫。男子師為覡，女師曰巫。咸按：篆隸名義：巫，事鬼神者，男巫，女覡。今本玉篇作神降，男爲巫，女爲覡。玉鑑作覡巫，覡也。男曰巫，女曰覡。事鬼神師巫之類也。韻會引說文：巫，祝也。女能事無形以舞降神也。在男曰覡，在女曰巫。

莁，莁萸。咸按：玉篇、廣韻如是。

𢅤，三采玉。咸按：玉篇、廣韻如是。

隝，地名，在弘農。咸按：廣韻如是。

鵐，鳥〻。咸按：集韻：鴮、鵐、鶝、鴮，鳥名，鴽也，或作鵐。廣韻：鵐，鳥名，雀屬。

无，虛无。咸按：篆隸名義、今本玉篇並作无，虛无，无也。
憮，空〃。咸按：手鑑、廣韻並作空也。
于，於。正作亐。咸按：篆隸名義：亐，於。今本玉篇：亐，
於也。于，同上。今文。涉園本廣韻：說文本作亐。凡
從于者作亐同。
盂，大盤。咸按：集韻引方言：盂，宋、楚之間或謂之
盌。未見大盤之訓，俟考。
迂，曲。咸按：今本玉篇：迂，曲也。手鑑：迂，曲（原誤迪）
也。廣韻同。
邘，地名，在河南。咸按：廣韻南作內。玉篇：邘，河內

野王鄠西有邪城。則此誤。
雩，祭名。又況于反。咸按〻手鑑〻雩、請雨祭名也。又況于反。玉〻篇、廣韻首並有請雨二字，此删當補〻
竽，笙〻。咸按〻手鑑、廣韻並如是。
玗，玉〻名。咸按〻手鑑、廣韻並如是。
骬，䯏骬，缺盆骨。咸按〻玉篇、廣雅、手鑑、廣韻俱同。篆隸名義〻䯏，訶伐反，肩骨。骬，户俱反，缺盆骨。
謣，妄言。咸按〻說文、玉篇、廣韻並如是。篆隸名義作妄語。
荂，草木盛皃。咸按〻集韻作草木盛大皃。

靬，鞎。臧按：靬，說文輨內環靼也。輨、鞎音異義同，此本漏內環靼三字。篆隸名義、今本玉篇並作輨內環靼。廣韻依手鑑作車環靼也。

袌，裛。亦作衭。臧按：玉篇裛，衣袍也。衭，同上。廣韻誤倒作裛衣。此漏衣字。

訏，大。臧按：玉篇、手鑑、廣韻俱如是。

吁，歎。臧按：手鑑、廣韻、集韻俱如是。

盱，〻胎，鄉名。臧按：集韻：盱，盱眙，縣名，通作盱。手鑑：〻胎，盱眙縣名。廣韻作盱眙縣在楚州。惟玉篇盱，鄉名。此〻胎二字衍。

雩，〻婁縣，在廬江。咸揆〻手鑑〻雩，况于反，雩婁縣名。廣韻作古縣名。

欨，吹欨。又呼禹反。咸揆〻玉篇〻欨，泥娱、吁禹二切，吹欨。篆隸名義作呼娱反。廣韻，又况宇切。

疞，病。咸揆〻玉篇、手鑑、廣韻俱如是。

盱，舉目。亦作盻。咸揆〻玉篇〻盱，舉眼也。盻，同上。廣韻，舉目。

[衤瓜]，大袥衣。咸揆〻玉篇、廣韻、集韻俱作[衤瓜]，大袑衣。此誤。

歖，樂〻。咸揆〻手鑑、廣韻並作樂也。此〻字衍。

栗，臿。咸按：廣韻、集韻並作臿屬。篆隸名義、今本玉篇並作茉臿。茉，胡瓜反，兩刃臿也。今作鏵，此誤。

虖，虎吼。咸按：廣韻如是。集韻作虖，虎吼。

忓，憂。咸按：篆隸名義、今本玉篇、廣韻、集韻俱從説文：憂也。手鑑作憂皃也。

扜，指麾。咸按：篆隸名義：扜，口孤反，指麾。集韻同。此誤。

欨，勤。亦作劬。咸按：集韻、五音集韻劬無異體。此欨為劬誤。則亦作二字衍。集韻劬，勤也。

衢，街。咸按：廣韻作衢，街衢。

軥，車軛。咸按：手鑑、廣韻如是。

氍，〻毹。咸按：篆隸名義、今本玉篇、手鑑、廣韻俱同。

朐，脯。一屈。又地名，出東海。咸按：廣韻作一曰屈也。亦山名，在東海。韻會引曲禮左朐右末，注，屈中曰朐。正韻云：脯屈中曰朐。則此本及廣韻並當作一曰屈中曰朐。又按：漢志東海郡朐縣。則此本地字是，出當作在。

⿰阝句，地名，在阿東。咸按：廣韻如是。玉篇、手鑑並云：

怐，鄉名。

臞，少肉。咸按：玉篇、集韻並如是。

𢈔，屨頭飾。亦作絇。咸按：韻會：絇，玉藻：童子不屨絇。𨒫，屨頭飾也。集韻亦作𢈔。

鴝，鴝鵒。咸按：說文、玉篇、廣韻俱如是。

灈，水名，在汝南。咸按：廣韻如是。

躣，行皃。作忂。咸按：玉篇：躣，行皃。彳部：忂，行皃。篆戵名義：忂，行。躣字。手鑑：忂，行皃也。廣韻亦作行皃。集韻同。諸書俱從說文。

⿰羽鳥，名鳥，足白。咸按：集韻：⿰羽鳥鳥，左足白。此名字疑左誤，又誤倒在鳥字上。

騀，馬右足白。見切三。咸按：手鑑羽部：騀，馬左足白也。廣韻同。爾雅釋畜：馬後足皆白，騀。此本右字、手鑑左字，恐並後字之誤。

鼩，鼱鼩，小鼠。咸按：玉篇、手鑑、廣韻俱如是。

鑺，兵器。書云：執鑺於西垂。切三同。咸按：玉篇作軍器也。又按諸韻書俱無此解，惟韻會引書顧命一人冕執瞿。注：瞿，戟屬。然顧命下有立於西垂一語。

蘧，蘧麥。又巨居反。咸按：廣韻如是。已見前。

斪，鋤屬。臧按：篆隸名義、今本玉篇、廣韻俱如是。手鑑作斸也。

蚼，～蛘，蚍蜉。又呼口反。臧按：廣韻無又音。玉篇：蚼，呼口、巨俱二切，蚍蜉。篆隸名義：蚼，呼口反，蚍蜉。集韻：權俱細，蚼，蚼蛘，蟲名，蚼蜉也。

䵶，鼊屬。亦作鼅。臧按：篆隸名義：鼅，水蟲，似蜘蛛。䵶同上。鼅同上。集韻：䵶或从局，亦書作鼅。玉篇、手鑑、廣韻無鼅。

蒟，～醬。又俱羽反。臧按：篆隸名義：蒟，實似穀，葉似桑，作醬美。今本玉篇作蒟醬出蜀，其葉似桑，實似甚。
擢，四齒杷。咸按：篆隸名義：擢，四齒杷。今本玉篇：
齊魯謂四齒杷也。廣韻引釋名訓同。
姁然，相樂。又况羽反，有句二反。咸按：廣韻作姁
然，樂也。又廣韻：姁，况羽切，呂氏春秋云：姁姁然
相樂也。今按：呂氏春秋諭大云：燕雀爭善處於
一室之下，子母相哺也，姁姁焉相樂也。此本及
廣韻並依是文。又羽下反字衍。
趯，走顧皃。咸按：篆隸名義、今本玉篇並同。廣韻
沿手鑑作趯，走顧之皃。趯誤。

㾜，曲脊。咸按：《篆隸名義》、今本《玉篇》、《字鑑》、《廣韻》俱同。

葋，芳。咸按：《篆隸名義》：葋，艼熒。《廣韻》引《爾雅》云：葋，艼熒。今本《玉篇》熒、藀並誤熒。此本注文有誤漏。

絇，救，絲。咸按：《爾雅·釋器》：絇謂之救。郭注：救絲以為絇。郝懿行云：救蓋借聲，救之言糾也。糾繚斂聚之意。《穀梁·襄廿七年傳》云：織絇邯鄲。是絇織絲為之也。又此本前扃字下已云亦作絇，此又别出絇字，以訓義有異於前者。

臞，瘠。亦作臞。咸按：《篆隸名義》：臞，瘠。《廣韻》：臞，瘠也。

臞，上同。手鑑亦云臞，少肉也。又此亦上見，盖因訓義異而重出。

儒，碩德。咸按，諸韻書無此訓，俟考。

獳，朱獳，獸名。咸按，手鑑、廣韻並作朱獳，獸名，似狐而魚翼，出則國有恐。集韻省末句。

濡，濡〻。咸按，集韻一曰霑溼也。手鑑，溼濡也。此〻字衍。

襦，衣。咸按，玉篇、手鑑、廣韻、集韻俱曰短衣。此刪省，篆隸名義作羅衣。

懦，弱。又乃亂反。咸按，廣韻、手鑑、篆隸名義並訓同。

嚅，囁嚅，多言。咸按：玉篇：埤蒼云，囁嚅，多言也。廣韻訓同。

鱬，朱鱬魚名。魚身人面。咸按：手鑑、廣韻同。

顬，顳顬，耳前動。咸按：玉篇、廣韻並如是。手鑑作耳前穴動。集韻作耳穴動。

䰢，鬼魅不止。咸按：廣韻作鬼魅聲，䰢䰢不止。玉篇作䰢䰢鬼聲。䰢䰢名義作魅，不止。集韻作鬼鬽聲不止。此及名義並漏聲字。

鬚，須下毛。古作須。咸按：玉篇：頦，頤下。髟部：鬚，本作須。韻會〻贊、漢書注〻師古曰，在頤曰須。本書頤注頦。正韻〻在口下曰鬚，古作須。盨、待亦作蝪、〻。咸按〻篆隸名義〻頦、待。蝪、頦字。蠕、頦字。今本玉篇作盨，待也。蝪、蠕竝同上。字鑑同。廣韻無蠕字，餘竝同。則此〻當為蠕之誤。須、古。從彡，俗從誤水。咸按〻韻會〻司馬氏曰，俗書从水，非是。則此從誤二字誤倒。又玉篇、字鑑竝須鬚竝出，此亦沿襲。繻、傳〻。咸按〻廣韻作傳符帛。玉篇作思俱切、帛邊也。古者過關以符書帛裂而分之，若今券也。

集韵：一說帛邊也。漢制以為關門符信。
𢄼頭：咸按：廣韵如是。篆隸名義：𢄼，思俱反，帕。帕，繒頭。今本玉篇：𢄼，帕也。亦作繻。帕，帕、𢄼，繒頭也。
嬃女須，屈原姊。咸按：韵會：嬃，說文，女字也。引楚辭女嬃之嬋媛兮。賈侍中說楚謂姊為嬃。篆隸名義誤屈原婦。
需卦。咸按：玉篇、廣韵、手鑑俱作卦名，此略。
䴈麃子。咸按：篆隸名義、今本玉篇、手鑑、廣韵俱如是。

蕦，蕵蕪。咸按：依爾雅釋草、篆隸名義，蕦，似羊蹄，
葉細味酢可食。蕵，蕪。今本玉篇蕦，蕵蕪，似羊蹄。
廣韻下有別名二字。
隃，陵名。又羊朱反，又名式注二反。咸按：篆隸名
義隃，式注反。今本玉篇作式注、式朱二切。廣韻
同。手鑑作相俞、式朱二反。下名字當作式朱二
字。
株，陟輸反，木根。咸按：廣韻如是。玉篇作木根也。
篆隸名義省作根。
誅，殺。咸按：玉篇誅，殺也。

邾，邑〻。鹹按：手鑑、廣韻並作國名。玉篇作江夏縣，集韻同。禮部韻畧作地名。無作邑者，俟考。二字衍。

蛛，蜘〻。鹹按：篆隸名義、今本玉篇、手鑑、廣韻、禮部韻畧俱如是。

跦，行皃。又直朱二反。鹹按：玉篇、廣韻並無又音，此衍。又集韻作鳥跦行皃。本昭二十五年左傳注。

鴸，鳥名。鹹按：玉篇：鴸，鳥似雞。手鑑、廣韻並作鳥名，似鴟人首。

鮢、鮎。咸按：篆隸名義、今本玉篇並作鮎也。手鑑廣韻作鮎皃。

貙、獸名。咸按：手鑑作獸名，似貍，能化人也。廣韻作獸名，似貍。玉篇但作似貍。

殊、異。咸按：玉篇引蒼頡云：殊，異也。篆隸名義：殊，異。廣韻同玉篇。

銖、十分。咸按：玉篇作十二分也。集韻：銖，說文，權十分黍之重也。此本刪削失本意。

洙、水名，在魯。咸按：廣韻如是。

茱、〻萸。咸按：篆隸名義、今本玉篇、廣韻俱同。

[illegible]，小罌。咸按：王篇、手鑑、廣韻俱同。

殳，棒。詩云，伯也執殳。咸按：詩云以下見廣韻，棒義俱孝。

杸，軗羽之杸。咸按：廣韻、說文曰軍中士所持殳也。司馬法曰，執羽從杸。集韻同。之字誤。

洙，洙漊。咸按：篆隸名義：洙，洙漊，過水。今本王篇、手鑑、廣韻並作所以過水。

逾，越。亦作踰。通俗作逾。咸按：篆隸名義辵部：逾，越。踰字集韻：或作踰、𧼯。韻會：逾通作隃。此蓋誤。俗字衍。

窬，門邊小竇。咸按：手鑑、廣韻並如是。

臾，須〻。咸按：廣韻、集韻並同。

楰，木名。咸按：廣韻、集韻如是。

腴，肥。咸按：廣韻作肥腴。

隃，麋縣在扶風。又作隃。咸按：丘音集韻隃無重文，此衍。

覦，覬〻。咸按：手鑑覬覦，欲有所得也。廣韻刪省作欲得。

闟，窺。咸按：燮王、偏、廣韻如是。

諛，諂。咸按：王、偏同。篆隸名義、廣韻並作諂諛。

愉，悦。亦作輸。咸按：愉，玉篇、手鑑、廣韵俱云：悦也。集韵重文作婾。今按：篆隸名義華部：輸，弋朱反，和。手鑑：愉，和也。華部：輸，和也。婾無和、悦諸義，集韵誤。

歈，巴歈歌。咸按：廣韵作巴渝歌。篆隸名義、今本玉篇從說文但作歌也。

揄，戲揄，手相弄皃。或作邪揄。咸按：說文欠部：歋人相笑相歋瘉。玉篇相下衍也字。集韵：說文，一曰邪揄手相弄。或从歈。則此本作揄字並誤。

褕，衣。咸按：手鑑作狄近身衣也。廣韵作狄后衣。

瑜，玉。咸按：手鑑、廣韵並作玉名。

愉，喜。咸按：篆隸名義、今本玉篇、手鑑、廣韻、集韻俱作憂也。此誤，又衍二字。

羭，黑羖。咸按：手鑑、廣韻如是。

蝓，螔蝓，蠃。又神朱反。咸按：手鑑：蝓音俞，螔蝓，蝸牛。又神朱反。玉篇：蝓，餘珠切，螔蝓也。蝸，蝸牛即螔蝓也。周禮鼈人注：蠃，虎蝓。則此本蠃字誤。又丘音集韻牀紐無此切，蓋衍。

堬，冢。咸按：篆隸名義同。手鑑作土冢也。

揄，木名。咸按：廣韻、集韻同。

牏，築垣梪版。咸按：手鑑、廣韻梪並作短。篆隸名義。今本玉篇並作築牆短版，則此楨字誤。

頳，變色豆。咸按：手鑑、廣韻並如是。

䬝，餅。咸按：餅，篆隸名義作䍐。今本玉篇、手鑑、廣韻俱作瓻也。

蕍，蕌蕍。又庚句。亦作蘛。咸按：篆隸名義：蕍，蘛字。蘛，蕍字。蕌，蕌蘛。玉篇：蕍，蕌蕍。蘛，同上。又音育。蘛，亦同上。廣韻：蕍，蕌蕍，花皃。蘛，上同。五音集韻羊戍切有蕍蘛。集韻作蘛，是。又按：吳都賦：異荂蓲蘛。注：蕍，榮也。郭璞曰：蕍猶敷蕍，亦草之皃。蘛與蕍同。庚俱切。名義作庚句反。此句下漏反字。

渝，變。亦作𣻢。咸按：《手鑑》、《廣韻》並云：變也。又按：《篆隸名義》：𣻢，愈朱反，變。今本《玉篇》：𣻢，又作渝。《集韻》𣻢，通作渝。

舀，臼。又翼州反。咸按：《篆隸名義》：舀，原作遥，弋周反，今本《玉篇》：舀，翼珠、弋周二切，並訓抒臼。《手鑑》：舀，俞、由二音，臼本也。《廣韻》：舀，臼也。又音由。《尤韻》作抒臼，臼上漏抒字，此本亦漏。《小韻》不誤。

踰，過二。咸按：《篆隸名義》：踰，越。踰字《廣韻》、《集韻》並同，不別出。過、越義同。二字亦衍。《手鑑》：踰，越也，過也。

區，垣院。咸按：諸韻無此訓。院疑院誤。

嶇，崎嶇。亦作䧢。咸按：玉篇：嶇，崎嶇。岴，同上。集韵：
䧢，或作嶇、岴。
鰸，魚名，出遼東。掇瑣同。咸按：廣韵、手鑑：鰸，魚名，出遼
東，似蝦無足。篆隸名義：鰸，似蝦無足。
驅，亦駞、駈。掇瑣本亦作駈。咸按：手鑑：驅，俗。駈，通。
驅，正。集韵：俗作駈，非是。五音集韵區細末別出
駈，俗作。此駞蓋驅誤。
摳，褰裳。又苦侯反。掇瑣本同。咸按：廣韵如是。手
鑑：摳，苦侯反，摳衣，摟衣。又豈俱反，訓同。
軀，身。咸按：篆隸名義、廣韵如是。

朱，丹。掇瑣本作赤。咸按：篆隸名義：赤，朱。丹部：丹，赤。今本玉篇：赤，朱色也。丹部：丹，朱色。韻會云：今借為丹朱之朱。

珠，圓珠。掇瑣本作圜珍。咸按：韻會引增韻云：珍貝也。圓澤為珠。珠，玉篇引聲類云：古文寶字。珍，寶也。手鑑：珠，今作寶。

侏，〻儒。掇瑣本同。咸按：篆隸名義、今本玉篇、手鑑、廣韻、集韻下俱有短人二字，此刪。

咮，謦〻，多咮言也。掇瑣本缺。咸按：手鑑：咮，多兒。廣韻：謦咮，多言兒。集韻：一曰謦咮，多言。此本多下行咮字，皃誤也。

鴸，鳥，似鴟人首。掇瑣本同。咸按：手鑑、廣韻並作鳥名，似鴟人首。今按：山海經南山經作人手。注：其脚如人手。諸本俱誤。

絑，纁，純色。咸按：手鑑、廣韻並作纁純赤色。篆隸名義作赤纁。今本玉篇作純赤也。從說文。集韻：一曰赤色纁。則此色上漏赤字。

袾，衣身。咸按：集韻：衣身曰袾。手鑑作衣也。疑漏身字。

趨，七朱反。疾行。俗作趣、趍。掇瑣本作□□□□

通俗作趍。咸按：篆隸名義：趍，且瑜反，疾行。趣，倉屢反，趍。趍，且駒反，趙久。今本玉篇：趨，疾行皃。趣，且句切，趨也。趍，直離切，說文趙久也。玉篇：趍，通。趨，疾行也。廣韻：趨，七逾切，趍，俗。本音池。韻會：增韻亦作趣，俗作趍，非是。趍音池。增韻增入，誤。摋牘本依空格似不容疾行二字，當從諸韻書作走，亦作趣四字。

慺敬。正作慺。摋牘本作慺悅，亦作慺。咸按：篆隸名義：慺，力侯反，敬，婁，謹。今本玉篇作慺，洛侯切，謹敬皃。又力朱切。慺，同上。手鑑作力朱反，悅也。又力侯反。慺慺，謹敬皃。廣韻（集韻同。）：慺，悅也。力朱切，又落侯切。今按：慺、慺乃用筆之異，未可云正俗。或當依集韻慺，古作慺之體。

蔞，蔞蒿。又力天反。咸按：篆隸名義：蔞，力俱反，蒿。今本玉篇作力俱、力侯二切。手鑑音樓，又力朱反。掇瑣本天作侯，是。此誤。

氀，毛布。掇瑣本同。咸按：玉篇、廣韻並如是。

瞜，瞴〻。掇瑣本同。咸按：廣韻如是。玉篇：瞴，瞜瞴，微視也。

䱾，魚名。掇瑣本同。咸按：廣韻、集韻如是。

嶁，山頂。撥韻本同。咸按：玉篇、手鑑、廣韻俱如是。篆隸名義作山頂銳。

鷜，鵱鷜，野鵝。撥韻本同。咸按：玉篇、手鑑、廣韻俱如是。篆隸名義、爾雅釋鳥並作鵱鷜鵝。郭注，今之野鵝。

摟，曳。撥韻本同。咸按：篆隸名義、今本玉篇、廣韻、集韻俱如是。

貗，猪求子。撥韻本同。咸按：玉篇如是。廣韻作求子猪。集韻作豕求子。

貗，貛子。見撥韻本膢字下。咸按：篆隸名義：貗，貛。

省子字。豱，貛豚。貛，野豚。今本玉篇：貗，豱子也。豱，似豕而肥。貛，野豚也。手鑑：貗，豱貗也。豱，野豚，似豕而肥也。集韻引字林：貗，豱子也。爾雅釋獸：豱子貗。郭注：豱豚也。一名貛。郝懿行云：方言云：貛，關西謂之豱。郭注，貛豚也。廣雅，豱，貛也。按貛、豱疊韻，豱、豚雙聲兼疊韻，豱、貛同物，故古通名。

膢，祭。又落侯反。亦作褸。掇瑣本同。咸按：篆隸名義，膢，力侯反，嘗新始穀。示部：褸，力侯反，八月祭也。今本玉篇示部、褸，力侯反，飲食祭也。冀州八月，楚俗二月。亦作膢。從婁亦同。肉部：膢，訓同。廣

韻訓同。手鑑作力侯、力朱二反，八月嘗新祭曰膢也

窶，空。撥墳本作婁，空。咸按：二本偏旁俱如此分別。篆隸名義：婁，力珠反，空。又今本玉篇：婁，力侯切，說文云空也。婁同上，出說文，則二本蓋從原本玉篇。廣韻：侯部落侯切，始云空也。依俗書。

扶，持。撥墳本同。咸按：玉篇、廣韻並如是。

芙，〻蓉。撥墳本同。咸按：玉篇、廣韻並同。

䬃，風。撥墳本同。咸按：手鑑作䬃[illegible]，大風也。廣韻作䬃風，大風。

鳧、野鴨。掇瑣本同。咸按：同廣韻。手鑑作野鴨小者也。又韻會：毛氏曰，監本作鳧誤。

榑、海外、大桑，日所出之。咸按：廣韻注首有榑桑二字，桑作桒。此漏誤。之字在篇、廣韻作也，此誤。

枎、枎踈、盛皃。掇瑣本同。咸按：手鑑作枎踈、茂盛皃也。廣韻皃作也。集韻：一曰木盛皃。

莕、鬼目草名。見掇瑣本枎字下。咸按：此本十六字，現存十五字，增此乃足。又按：篆隸名義作鬼目草。紫葉、莖似葛，赤實。爾雅釋草：莕，鬼目。郭注，今江東有鬼目草，莖似葛，葉員而毛，子如耳璫也。赤色叢生。

蚨，青蚨，青色小虫，子母不相離。掇瑣本同。咸按：廣韻無青色小三字。正韻亦同。篆隸名義、今本玉篇並作水蟲也。

夫，若夫，語端。掇瑣本同。咸按：集韻作語端辭。正韻作發語辭。皆無若夫二字。

柎，草木子房。掇瑣本同。咸按：篆隸名義、廣韻並同。今本玉篇作江東人呼草木子房為柎。集韻作草木花房。

坿，白石英。又英付反。掇瑣本作扶付反。咸按：玉篇、手鑑、廣韻、集韻訓俱同。又名義、玉篇並作扶付反。

⿰由夫，小。掇瑣本作小畚。咸按：集韻引博雅：⿰甾夫⿰甾無，畚也。篆隸名義、今本玉篇並作小畚。此本漏畚字。手鑑甾部、由部並作小器也。廣韻作小畚器也。

⿱艹鳧，〻茈子。掇瑣本作⿱艹⿱鳥乃，⿱艹⿱鳥乃跪子，誤。咸按：玉篇作⿱艹鳧，⿱艹鳧茈。爾雅釋草：芍，鳧茈。郭注：生下田，苗似龍須而細，根如指頭，黑色，可食。廣韻作⿱艹鳧茈草。集韻誤⿱艹鳧茈。

⿰氵鳧，水名，出桂陽。掇瑣本缺注。咸按：集韻同。

七

泭，水中草茷。又扶留反。咸按：此本縛謀反，作編竹木渡水〻。諸韻書無此訓。玉篇作芳無切，編木以渡水也。又防無切，水上泭漚。篆隷名義：泭，撫夫反，凶偶反，編木渡水。水名。游，同上。

𥠖，士于稷穰。俗作稃。咸按：手鑑士于反，廣韻仕于切，玉篇七于切，篆隷名義杜于反，此落反字。又集韻：俗作秠，非是。

雛，鶵子。又作雏。掇瑣本作鶵〻。咸按：手鑑：雛雛，二俗。雛，俗通。雛，鶵雛也。廣韻俗作雏。集韻俗作雏，非是。此本子字誤。

敷，布。廿五。擬頊本作廿六。又篆隸名義、今本玉篇、手鑑俱云：敷，布也。

麩，麥皮。亦作𪍿。咸按：篆隸名義：麩，小麥皮屑。𪍿，麩字。今本玉篇、廣韵並作麩，麥皮也。𪍿同上。手鑑：麩、𪍿，二或作。麩，正。麥皮也。

孚，信。咸按：篆隸名義、今本玉篇、手鑑、廣韵俱云：孚，信也。

郛，郭。亦作垺。擬頊本同。咸按：篆隸名義：郛，郭。江郛：垺，郭。今本玉篇：垺，郭也。正作郛。集韵亦云：郛、垺，或从土。

鄜，縣名，在馮翊，俗誤作敷州。咸按：舊唐書地理志坊州，周天和七年元皇帝（宇文邕）作牧鄜州，於此置馬坊。新地志，周天和中，元皇帝爲敷州刺史置馬坊。

鋪，設。又普胡反。掇瑣本同。咸按：廣韻模韻普胡切，鋪，鋪設也。五音集韻：鋪，設也。

筟，織緯者。掇瑣本筟、𣟤，織緯者。咸按：手鑑、廣韻並云：筟，織緯者。廣韻：𣟤，木名。則此本落𣟤字及注，掇瑣本落注。

俘，囚。掇瑣本同。咸按：手鑑、廣韻並如是。

痡，病。又普胡反。掇瑣本無又音。咸按：篆隸名義：痡，普胡反，病。今本玉篇作芳俱、普胡二切，病也。手鑑，芳無、普胡二反。廣韻訓同。

殍，餓死曰殍。掇瑣本同。咸按：篆隸名義、今本玉篇、手鑑、廣韻俱如是。

怤，思。咸按：篆隸名義、手鑑、廣韻俱如是。

⿰羽尃，翮下羽。又音鋪。咸按：篆隸名義、廣韻訓俱同。本書及廣韻、集韻、五音集韻鋪紐俱無⿰羽尃字，此或衍。

敷，花。掇瑣本無二字。咸按：集韻：華之通名。鋪為華皃謂之敷。干寶說。此本易說卦釋文為尃，干云文鋪為，江聲校作為鋪。掇瑣本並節取之。此本二字衍。

孵，卵化。掇瑣本同。咸按：玉篇、廣韻並如是。

紨，麤紬。掇瑣本同。咸按：篆隸名義、今本玉篇並同。韻會亦云：一曰麤紬。

庯，石間見。掇瑣本同。咸按：篆隸名義、廣韻、集韻引說文俱同。

⿰孚毛，解毛。掇瑣本缺解字。咸按：集韻：烏解毛曰⿰孚毛。篆隸名義作解。省毛字。

莒，〻蕍。掇瑣本同。咸按〻篆隸名義〻莒，莒蔳，蕍字。蕍，蔳字。王〻篇、廣韻並作莒蕍，花皃。蕍，莒蕍。

稃、秠。亦作粰。掇瑣本同。咸按〻王〻篇〻秠，一稃二米。篆隸名義〻稃，米皮。粰字。朱郎〻粰，稃字。

秿，積。又扶用反。掇瑣本作又扶甫反。咸按〻廣韻〻秿，積也。又扶甫切。篆隸名義〻積，禾秿。今本王〻篇〻秿，扶甫切，禾積也。積，禾秿也。此本用字誤。

豧，豕息。又妨豆反。掇瑣本同。咸按〻篆隸名義〻豧，匹于反，豕息。今本王〻篇作芳于、芳又二切，剖同。手鑑〻豧，芳無、芳遇、疋候三反。廣韻匹候切有豧字。

鄜，亭名，在汝南上蔡。掇蹟本同。咸按：集韵如是。又方主反，掇蹟本主作豆。玉篇作方禹、芳殊二切，汝南上蔡亭。廣韵作方矩，此誤。

𩑶，須白。亦作鬚。咸按：篆隸名義須部：𩑶，方于反，白髮短㐱。

荂，花盛。咸按：篆隸名義、今本玉篇、廣韵俱同。

罦，罬。又扶尤。掇蹟本同，下有反字。咸按：篆隸名義：罦，車覆網。罦，扶尤反，同上。今本玉篇：罦，扶游切，覆車罔。罬，幡車上覆罔。

諏，子于反，謀。又子侯反。掇瑣本同。咸按：手鑑、廣韻並同。

㖩嘁㖩，不廉。掇瑣本同。咸按：篆隸名義、今本玉篇、手鑑、廣韻俱如是。

𡽱，嵎〻。掇瑣本作〻嵎。咸按：玉篇：𡽱，𡽱嵎，高崖也。手鑑作𡽱偶。廣韻同掇瑣本。篆隸名義：𡽱，高崖。集韻作𡽱嵎，高屋也。此本誤倒。

娵，〻訾，星名。咸按：廣韻、手鑑並同。掇瑣本落名字。

嗺，高皃。掇瑣本同。咸按：手鑑、廣韻並如是。

振，繫。撥頭本作擊。咸按：廣韻、集韻並如是，此本誤。

跗，足跗。亦作趺。撥頭本同。咸按：篆隸名義作足上。今本玉篇：跗，足上也。趺，同上。士喪禮注：跗，足上也。疏，足背也。五音集韻作足上。正韻作足背。本書及廣韻作足趾，恐俱上誤。集韻、禮部韻略、韻會但作足。

膚，體肌。撥頭本同。咸按：諸韻書無此訓，俟考。

邞，縣名，在瑯琊。撥頭本同。咸按：玉篇：邞，琅邪縣也。從說文。廣韻縣上有古字。集韻同二本。

鈇，〻鉞。咸按：玉篇、手鑑、廣韻俱如是。

衭，袍標之類前襟亦作衭。掇瑣本注衭作怢，咸按：手鑑、廣韻、集韻並作衣前襟。玉篇，衭或作怢。巾部：怢，亦作衭。

玞，珷玞，美石次玉。掇瑣本同。咸按：手鑑、廣韻並如是。

鵂，䳋鵂，鳥名，三首六足六目三翼。掇瑣本同。咸按：南山經實作六目六足。此同廣韻、集韻。

⿱艹膚，地⿱艹膚，藥名。掇瑣本同。咸按：廣韻如是。篆隸名義，今本玉篇並作地⿱艹膚，藥草。

簠〻簋祭器。又方羽反。咸按：手鑑、廣韻並同。

夫，周制以八寸為尺，十尺為丈，故曰丈夫。撥頭本同。咸按：玉篇、集韻引說文，故曰上有人長八尺四字，此省。

⿰魚夫，⿰魚眞。撥頭本⿰魚眞作鯕。咸按：玉篇：⿰魚夫，⿰魚夫鯕，魚也。鯕，⿰魚夫鯕。手鑑、廣韻並作⿰魚夫，⿰魚夫鯕，魚名。集韻：⿰魚夫，說文鯕魚也，出東萊。則此本誤。

樹，欄足。撥頭本同。咸按：廣韻如是。篆隸名義作蘭足。今本玉篇引說文作闌足也。

紆，縈。撥頭本鈇。咸按：篆隸名義、手鑑、廣韻、集韻倶同。

靬，服靬。掇瑣本作般革。咸按：廣韻作鞶革。今按：集韻引博雅：靬謂之鞶。此見廣雅釋器。字鑑：靬，憶倶反。鞶靬也。則廣韻及二本並誤。

杅，持。掇瑣本作打。咸按：篆隸名義：打，口孤反，持，指麾。今本玉篇：打，於娛、口孤二切，持也。說文曰：指麾原誤摩也。集韻引說文同。則此本正文誤。

蓲，草。又烏侯反。掇瑣本同。咸按：字鑑：蓲，憶倶反，比草木名也。又烏侯反。廣韻同二本。

尪，服。掇瑣本作股。咸按：篆隸名義、今本玉篇、集韻引説文，股卮也。二本並誤。

䩽，胡矛。掇瑣本作胡茅。咸按：篆隸名義、今本玉篇並作胡矛。集韻引字林，鞬也。胡人謂之䩽。遊鍛：䩽，億俱反，鞬䩽。玉篇又胡茅、尺朱二反。廣韻䩽，鞬也。鞬，盛弓器也。依遊鍛，則胡矛、胡茅應為反語而非訓義。然又與顏書記述牴牾。俟考。

醧，能者飲，不能者止。掇瑣本同。咸按：玉篇、廣韻並如是。

虶，蚰蜒。掇瑣本同。咸按：同篆隸名義。惟集韻：蚨虶，蟲名，蚰蜒也。本方言十一。玉篇：虶，蚨虶，蚰蜒也。則虸與蛈虸為單詞與複詞，非有漏佚。

迂曲。掇瑣本同。咸按：玉篇、手鑑、廣韻俱同。

輸，送納。掇瑣本同。咸按：韻會引增韻：輸，送。

鄃，縣名，在清河。掇瑣本同。咸按：玉篇：鄃，清河郡鄃縣。集韻：說文，清河縣。

樞，扇臼。掇瑣本缺。咸按：廣韻引爾雅郭璞云：門户扉樞也。手鑑：樞，門扇也。

姝，好。亦作袾。掇瑣本袾字缺。咸按：玉篇：姝，說文，云，好也。集韻：袾，或作姝。

筞，策：掇瑣本無：咸按：玉篇、手鑑、廣韻並同。

此誤。
廚，𢈪室。㩙蹟本同。咸按：説文、玉篇、廣韵及集韵以
下俱作庖屋，此釋偰考。
蹰，踟=。㩙蹟本作躕。咸按：玉篇、廣韵、集韵下有行不
進皃。字鑑作猶豫，行不進皃也。
拘，執。㩙蹟本同。咸按：廣韵如是。
駒，馬子。㩙蹟本同。咸按：説文、嵩刻名嚴、今本玉篇並
作馬二歲。字鑑作馬一歲。正韵作稚馬。
峋，=嶁，衡山別名。㩙蹟本同。咸按：廣韵、集韵並
同。

瞿，左右視。掇瑣本作眀。咸按：玉篇眀部：眀，左右視也。亦與瞿同。廣韵、集韵均作眀。

鄭，挹。掇瑣本同。咸按：廣韵：⿰奠斗，挹也。鄭，上同。集韵：⿰奠斗或作鄭。又按：篆隸名義、今本玉篇、手鑑斗部俱有⿰奠斗，挹也。無鄭字。

捄，盛土。詩云：捄之濡濡。掇瑣本同，惟濡作隭。咸按：手鑑：捄，玉篇，法也；切韵，盛土也。詩云：捄之儒。隭隭，玉篇作陑陑，廣韵作陾陾，集韵同。手鑑阜部：陑，通；隭、陾，二正。則作濡、儒並誤。又集韵引說文，捄，盛土於梩中。本書及廣韵並删省。

𧿒，手足寒。掇瑣本同。咸按：廣韵如是。手鑑寒誤冢。

鮈，鯸鮈，魚名。掇瑣本同。咸按：玉篇、手鑑、廣韵俱如是。

俱，偕。咸按：説文、集韵如是。

𥗋，磫𥗋，礪石。掇瑣本同。咸按：玉篇、廣韵、集韵如是。篆隸名義作磺石。

臾，曰邪。又許力反。掇瑣本同。咸按：篆隸名義、今本玉篇、廣韵並同，無又音。

毹，山虞反。氍毹，毛。掇瑣本無毛字。咸按：手鑑、廣韵並作氍毹也。玉篇：毹，氍毹。氍氍毹，毛席也。手鑑亦作毛席毯褥之屬也。

愉，裂繒。綴殘本同。咸按：廣韻如是。今按說文：繒端裂也。篆隸名義作匹端裂。今本玉篇誤正端列。

[illegible]，車轂内孔。綴殘本同。咸按：廣韻、集韻並引說文作車轂中空。

模，法。綴殘本同。咸按：篆隸名義、今本玉篇、手鑑、廣韻俱同。

摸，以手摸。又毛搏反，摸捺。綴殘本同。咸按：玉篇：

摸，手摸也。又音莫，摸撩也。撩，摸撩也。篆隷名義

刪省作撫撩。

嫫，〻母，黄帝妻。掇瑣本同。咸按〻廣韻同。

帑，巾車衡上衣。掇瑣本同。咸按〻篆隷名義、廣韻、集

韻俱同。今本玉篇作幭，車衡衣也。

䤈，〻䤋，榆子䤈。掇瑣本作䤈〻䤋，子䤈。咸按〻篆

隷名義〻䤈榆䤈。今本玉篇〻䤈，䤈䤋䤈也。䤋，䤈䤋

䤈。廣韻同此本，掇瑣本漏榆字。

謨，謀。亦作暮。掇瑣本暮誤暮。咸按〻篆隷名義〻謨，

謀。口部〻暮，謨字。謀。今本玉篇口部〻暮，古文謨，謀

也。

撫，規度墓地。又音無。掇瑣本：墲，規度墓地。亦作無。咸按：玉篇：墲，方言注云，規度墓地也。集韻：墲，規度墓地也。方言，凡葬無墳謂之墓，所以墓謂之墲。廣韻落度字。本書無紐有墲字。此本正文誤。

嫫，醜。掇瑣本同。咸按：篆隸名義：嫫，母醜。今本玉篇：說文云，嫫母，都醜也。手鑑、廣韻並作嫫，帝妻皃甚醜也。

篾，竹。掇瑣本同。咸按：玉篇、廣韻作竹名。

𩠹。缺訓。掇瑣本𩠹𦚏，手足行。咸按：廣韻、集韻並從說文作手行。今本玉篇作手行盡力也。篆隸名義作盡力，手漏行字。此足字衍。

𦮡，〻攎收亂草。咸按：手鑑、廣韻、集韻俱同。篆隸名義：𦮡，蒲故反，收亂草。

酺，大飲酒。掇瑣本正文及大字殘。咸按：玉篇引說文：王德布大飲酒也。本書蓋節取。

樸，〻𠠫鄹，在武威。𠠫字户開反。掇瑣本𠠫、𠠫並作𠠫開作關。咸按：廣韻、集韻𠠫並作𠠫。廣韻𠠫音還。此本還胡關反，則關是開非。

脯，膊魚。掇瑣本同。咸按：廣韻、集韻並如是。

蒱，大蘭。又作蒲。掇瑣本無又作蒲三字。咸按：篆隸名義、今本玉篇有蒲無蒱。手鑑以蒱為蒲俗字。廣韻、集韻、禮部韻畧亦蒲、蒱別出。韻會：蒱，通作蒲。正韻，樗蒲又作摴蒱。是增韻方互迭：又作。

又大蘭，廣韻作似蘭。

胡，何。掇瑣本同。咸按：廣韻、集韻如是。

壷，酒器。正作壺。掇瑣本同。咸按：手鑑雜部：壷，今。廣韻、集韻並同。玉篇作壺。篆隸名義：酒器。

狐，狼屬。掇瑣本同。咸按：前書無是訓，俟考。

瓳，甋々。掇瑣本同。咸按：篆隸名義、今本玉篇、手鑑、廣韻、集韻引埤雅俱同。

餬，寄食。亦作⿰飠古。咸按：玉篇：餬，寄食也。（或作糊、粘。）⿰飠古同上。手鑑、廣韻、集韻俱從說文訓。又掇瑣本：餬，寄食。亦作⿰飠古、鬻。今按：玉篇：鬻，或作糊。手鑑：鬻音古。集韻：鬻，說文：⿰飠建也。通作餬。篆隸名義：餬，粥、饘。鬻，鬻：饘。是餬、糊、粘、鬻通用由來遠矣。

瑚，々璉。掇瑣本同。咸按：篆隸名義、今本玉篇、手鑑、廣韻並如是。

頶，牛頸下垂。或作咕。掇瑣本咕作⿰口固。咸按：手鑑訓同。又篆隸名義、今本玉篇、廣韻、集韻俱以咽為胡字異體，則作咕字誤。

鶘，鵜鶘，鳥名，食魚。敦煌本無食魚二字。咸按：篆隸名義：鶘，似雉青頭白。鵜，入水食魚。集韻作沈水食魚。玉篇作好食魚。又名陶河鳥。手鑑作掏河鳥。

猢，獑猢，獸名，似猿。獑字士咸反。敦煌本士誤上。咸按：玉篇、廣韻同。手鑑：獑，士咸、士銜二反，獑猢，似猿而白。

醐，醍醐。敦煌本作くく醍。咸按：手鑑作蘇中所出也。廣韵作酥屬。

⿰麥胡，黏。⿰麥胡亦作⿰黍胡。掇瑣本亦作黏。咸按：集韵：黏，或作⿰麥胡、⿰黍胡。手鑑：⿰麥胡，⿰黍古也。古作黏。黍部：⿰黍古，音胡，今作⿰麥胡、⿰黍古也。玉篇：⿰麥胡，俗⿰黍古字。黍部：⿰黍古，黏也。

弧，弓。掇瑣本同。咸按：手鑑、廣韵如是。

乎，詞。掇瑣本作詞已聲。又雲烏反。正作乎，从兮厂聲。厂音曳。咸按：篆隸名義：乎，辭。廣韵同。韵會：說文，語之餘也。从兮，象聲上越揚之形也。徐曰：凡名乎，皆上句之餘聲也。集韵：一曰疑辭、舒辭。此云詞已聲，不合者一。雲烏反，不可讀音。疑即雲俱切之誤。然雲、俱正于之音。今隸乎下，不合者二。說文，从兮，象聲之越揚之形，正乎上厂筆既不成字，何可讀作电耶？不合者三。此殆淺人妄談，未可信也。

䈾，竹〻。掇瑣本無〻。咸挍、篆隸名義〻䈾，竹。今本玉篇、手鑑、廣韻、集韻俱作竹名。此本〻衍。

瘌瘦〻。掇瑣本無〻。咸挍、篆隸名義〻瘌瘻，物蛆咽中。今本玉篇作瘌瘻，瘻也，物蛆咽中也。手鑑、廣韻並作瘌瘻，物在喉中也。集韻同。此省。

樄，東大銳衣。掇瑣本衣作上。咸挍、篆隸名義作大棗銳。今本玉篇作今江東呼棗大而銳上者曰樜。本爾雅釋木郭注。手鑑作棗名，下尖上大也。廣韻作大而銳上。則掇瑣本是。

糊，被。掇瑣本同。咸按：廣韻、手鑑並作糊，糊被。篆隸名義、今本玉篇作衣被。集韻同。

湖，陂。掇瑣本同。咸按：篆隸名義、今本玉篇、手鑑、集韻俱從說文作大陂也，此省。

⿰鼠胡，⿰鼠戠。掇瑣本同。咸按：猢、⿰鼠胡並出，集韻：⿰胡鼠或作猢，是。篆隸名義：⿰胡鼠，黑身白腰；⿰鼠戠，黑耳腰白。今本玉篇：⿰胡鼠，⿰鼠戠⿰胡鼠，鼠也。黑身白腰。名義耳當身誤。集韻：

說文，鼲鼠，黑身白胷若帶，手有長白毛，似握版之狀，類猿蜼之屬。

孤，單廿二。掇瑣本廿一。咸按：玉篇：孤，獨也。汪韻同。此或以意改。

姑，父姊妹曰〻。掇瑣本作姑，且。咸按：玉篇：爾雅曰，父之姊妹為姑。又且也。篆隸名義：姑，且。

辜，罪〻。掇瑣本無〻。咸按：篆隸名義：辜，罪。今本玉篇、廣韻並作罪也。

呱，啼聲。掇瑣本同。咸按：手鑑、廣韻並同。說文、篆隸名義、今本玉篇、集韻俱作小兒啼聲。

罛，船上納。掇瑣本同。咸按：手鑑罛，音孤，船上魚網也。二本並漏魚字。篆隸名義、今本玉篇、廣韻、集韻俱從說文作魚罟也。

泒，水名，在鴈門。掇瑣本同。咸按：玉篇作水出鴈門。廣韻無名字。

酤，買酒。又胡鼓、古護二反。掇瑣本同。咸按：篆隸名義：酤，胡鼓反，買、賣，省二酒字。今本玉篇作胡古切，又古胡切，又古護切。手鑑作買也，省酒字。集韻：一曰買酒。

觚，酒器。掇瑣本同。咸按：禮部韻略作飲器。

箛，竹〻。掇瑣本無〻字。咸按：玉篇、手鑑、廣韻俱作竹名。

橭，木名。掇瑣本同。咸按：玉篇、手鑑、廣韻俱如是。集韻：牡橭，木名，山榆也。又按：周官壺涿氏釋文，牡橭，劉音沽，杜為枯，云枯榆木名。若如杜義，則音姑，山榆也。集韻本此。玉篇以下諸書刪省。

⿰卯古，漢書越巫⿰卯古祠在雲陽。掇瑣本⿰卯古作⿰卵古，巫作巫。咸按：廣韻如是，惟巫上有王字。又按漢書地理志，雲陽越巫⿰卯古鄭祠三所。錢大昕云：⿰卯古，廣韻、類篇俱作⿰卵古，从卯从卵皆無意義，當⿰歹古之訛。說文，辜，皋也。古文作𥜽。大宗伯以疈辜祭四方百物。鄭司農云，披磔牲以祭，若今時磔狗祭以止風。𥜽鄭蓋疈辜之遺制與。咸謂本書同誤。

嫴，保任。㧙𢨋本同。咸按：篆隷名義、今本玉篇、手鑑、廣韵、集韵俱從說文同此。

𦠆，大脯。㧙𢨋本脯作肶。咸按：集韵引埤倉：𦠆膊，大脯也。篆隷名義、今本玉篇訓同。手鑑作脯也。廣韵作嫴脯。㧙𢨋本誤。

胍，：肶。㧙𢨋本作息大。咸按：篆隷名義：肶胍，大腹皃。今本玉篇、肶胍，大腹也。手鑑作胍肶，大腹也。集韵作胍，大腹肶胍。則胍肶、肶胍為叠韵聯語。廣韵都紐有肶，肶胍，大腹。孤紐胍，胍肶，大腹。其肶當肶誤。掇瑣本息當腹誤。

䖘，息〻。掇瑣本作䖘，程。咸按：集韵引博雅：䖘，息也。玉篇誤䖘，息也。手鑑虍部、䖘，古胡反，䖘，息也。則此本〻誤。掇瑣本正文注文並誤。廣韵作䖘，䖘息，亦誤。

箛，程〻。掇瑣本注作爪。咸按：篆隸名義：箛，方法，程原誤逞。手鑑：箛音胡，程也。又音孤，方也。集韵：箛，一曰方也。則此本〻誤。掇瑣本爪當方誤。廣韻ニ⿱竹觚，方也。本亦作觚。

瓳，瓜ニ。掇績本瓳，柧棱。咸按ニ玉篇、手鑑、廣韻、集

韻俱作瓳，瓜也。此本ニ誤。又集韻ニ瓳，或作菰。篆

隷名義菰誤茹。又掇績本柧棱當在柧下。

柧，ニ棱。咸按ニ玉篇ニ柧，柧棱木也。手鑑同。廣韻作

柧棱柧。集韻ニ一曰柧棱，殿堂高處。掇績本落柧

字，今增入移正，亦爲廿二矣。

徒，空。又或作迲，步行。廿二。掇績本迲誤达。咸按ニ

篆隷名義、手鑑並作徒，空也。今本玉篇ニ迲，步行

也。今作徒。廣韻ニ步、行也，空也。迲，上同。集韻誤辻。

並云〻說文，步行也。一曰空也。

屠，害。綴韻本同。咸按〻韻書無此訓，俟考。

瘖，病。綴韻本同。咸按〻篆隸名義、今本玉篇、手鑑、廣韻、集韻俱從說文同此。

塗，泥〻。又丈如反，泥飾。綴韻本泥亦作途。又火如反，泥飾。咸按〻篆隸名義〻塗，塗泥。廣韻集韻同。注，塗泥也。又宅加切，有塗〻塗飾，則此本作泥飾，作丈如，作火如並誤。集韻〻途，通作塗。

峹，山〻。綴韻本作〻山。咸按〻手鑑〻峹，山名也。禮部韻略、韻會、正韻俱同。又廣韻〻峹。注，嵞山。亦作峹。集韻同。今按：篆隸名義：嵞，國名。今本玉篇：嵞，諸娶于嵞山。今作塗。二書並無峹字。又手鑑：嵞，古國名，亦縣名。與峹義異。本書無嵞字，廣韻始峹、嵞通用。

酴，酒〻。掇瑣本缺。咸按：廣韻〻作名，此誤。

騟，騊騟，獸名。掇瑣本缺。咸按：手鑑：騊，騊騟，馬，獸名，似馬也。騟，騊騟，獸也。

⿰牜余，黃牛〻。掇瑣本無〻。咸按：篆隸名義、今本玉篇、手鑑、廣韻俱作黃牛虎文，此〻誤。

鵌，鳥名，與鼠同穴。掇瑣本同。咸按：手鑑、廣韻並如是。玉篇作鳥鼠同穴。篆隸名義省作同穴。
涂，水名，在益州。又直魚反。綴績本同。咸按：廣韻無又音。手鑑並無在益州三字。
梚，木名。綴績本同。咸按：廣韻：梌，木名。梚，上同。集韻：梚，木名，橛也。或作梌。今按篆隸名義、今本玉篇梚、梌別出，音義並異。
荼，苦菜。又丈加反。綴績本同。咸按：玉篇：荼，杜胡切，苦菜也。又除加切。廣韻無又音。
𨡓，醔〻。綴績本〻作𨡓。咸按：玉篇、廣韻、集韻下有醔字。篆隸名義：醔，揄醔。此漏。

啚，思度。掇繢本下有説文音鄙，訓難意，今因循
作圖云。咸按：篆隸名義啚逼几反，貪嗇。今本玉
篇作啚嗇也。手鑑圖音徒，与啚同。釋名云，謀計，
議度也。集韵：圖，俗作啚，非。又按佩觿啚各之啚
方美切為圖同都奴謀其順非有如此者。説文圖畫
計難也。从口从啚。啚，難意也。啚下云嗇也。
圖，畫。掇繢本下有説文書計難。從口，音韋。從啚，
〻難意。用啚作圖，非。咸按：書當作畫。
瘏，〻〻𪎌，草菴。咸按：手鑑、廣韵瘏作廜，是。又篆隸
名義：廜，庵。𪎌，廜字。今本玉篇：廜，廜𪎌，庵也。集韵

引搏雅同。

䖘，烏〻虎名。掇瑣本無虎名二字。咸按：玉篇：楚人呼虎為烏菟。俗從虎。手鑑同。廣韻：烏䖘，楚謂虎也。

鄌、亭名，左馮翊。掇瑣本同。咸按：玉篇：左馮翊有鄌陽亭。

捈，引。又他胡反。咸按：玉篇：捈，他胡、同都二切，卧引也。本說文。手鑑他胡反，廣韻他胡切，集韻同都切，義俱同。廣韻：同都切，作捈引，落卧字，同本書。掇瑣本作捈，別誤。

斜，穗。又弋虵反。撥膹本作斜，誤。咸按：玉篇：斜，弋虵切，穗也。篆隸名義誤斜穗。集韻：稌，禾穗曰稌。或从斜。

滁，虎杖。撥膹本作蒢。咸按：篆隸名義：蒢，虎杖。今本玉篇作蒢，虎杖似紅草，可以染赤。廣韻、集韻並作滁，同此本。撥膹本、名義、玉篇同爾雅。

奴，下人。撥膹本作徒。咸按：廣韻：人之下也。徒訓僕，考。

砮，礪。撥膹本同。咸按：手盤、廣韻並如是。

駑，駘馬。撥膹本同。咸按：篆隸名義、今本玉篇並

云ニ鴑、駘也。禮部韻略ニ駘馬曰鴑、駘也。廣韻引字林ニ鴑、駘也。集韻同。

帑、藏。掇瑣本作帑、藏。咸按ニ玉篇ニ帑、乃胡切、金布所藏之府。帑、女於切、大巾也、又幣巾也、（掇瑣本脫。）廣韻引説文、金幣所藏也。集韻同。此蓋節取。

孥、子。掇瑣本同。咸按ニ廣韻ニ孥、書傳云、孥、子也。篆隸名義ニ孥、子。今本玉篇同、並云亦作帑。名義巾部ニ帑、子。

笯、籠鳥。又女如反。掇瑣本作鳥籠、無又音。咸按ニ廣韻作籠鳥、同誤。篆隸名義ニ笯、籠落、鳥籠。玉篇

作籠笿。手鑑作盛爲籠。又禮部韻畧作女加反，
此本誤。
呼，嘆。撥瑣本下有亦□□□。咸按：廣韻云：嘆
也。又撥瑣本缺字疑爲息出曰呼四字，見篆隸
名義。玉篇、廣韻、集韻俱引說文，外息也。
膴，無骨腊。又武夫又肝禹二反。撥瑣本肝作所。
咸按：廣韻武夫切有膴。又荒烏、亡甫二切。又按
此本無主反有膴，則此作肝作所並誤。手鑑作
無，呼二音。又音武。玉篇作亡古切，又訶姑切。
憮，大。撥瑣本同。咸按：篆隸名義、今本玉篇、廣韻、

集韻俱如是。

葫，蒜別名。掇瑣本同。咸按：篆隸名義、今本玉篇、廣韻、集韻俱作大蒜也。

㤓，怯。掇瑣本同。咸按：篆隸名義、廣韻、集韻俱從廣雅，同此。

䰧，鬼兒。掇瑣本同。咸按：篆隸名義、今本玉篇、手鑑、廣韻、集韻俱從説文，同此。

謼，大叫。又呼故二反。掇瑣本無二字。咸按：廣韻呼作火，餘同。篆隸名義：謼，呼故反，唬。

虍，虎文。掇瑣本同。咸按：手鑑、廣韻並引字林云、虎文也。篆隸名義、今本玉篇訓同。
吾，丘胡反，我。擬續本同。咸按〻篆隸名義〻吾，誤都
反，我。今本玉篇〻吾，爾雅曰，吾，我也。廣韻訓同。
吳，國名，又姓。俗作吴。擬續本又姓作通。咸按〻篆
隸名義〻吳，國名。今本玉篇引說文〻姓也。集韻〻俗
从口从天，非是。
鼯，似鼠。亦作⿰吾鳥。擬續本同。咸按〻手鑑〻鼯，似鼠。玉〻
篇〻鼯，或作⿰吾鼠。鳥部〻⿰吾鳥，⿰吾鳥鼠。或作鼯。廣韻、作似鼠。
亦作⿰吾鳥、⿰虫吾。
浯，水名。擬續本同。咸按〻廣韻如是。

䓊，草名。按續本□□亦□□。咸按：集韻：䓊，或作䓊、茣。按續本缺字，或為草名，亦作茣。玉篇：䓊，五都切，草似艾。茣，五姑切，茣草。篆隸名義：䓊，伍都反，草似艾。廣韻：草名，似艾。

⿰犭吾，猨〻。按續本作猨屬。咸按：手鑑、廣韻並如是。玉篇：⿰犭吾，五胡切。則此本二字誤。

⿰王吳，琨⿰王吳，美石似玉。按續本似作次。咸按：手鑑：珸，美石次玉也。廣韻省作美石。玉篇：⿰王吳，琨⿰王吳，石次玉。與珸同。珸，廣雅云，石次玉者。

⿰魚吳，鮈〻。按續本作鮈⿰魚吳。咸按：玉篇：⿰魚吳，魚名。鮈、⿰魚吳

魺、魚名。手鑑：魺、鯸魺、魚名。鮕、魚名。集韻：鯸、鯸魺、
魚名。或从吾。廣韻但出鮕、魚名。
鰞、大魚。攗續本同。咸按：手鑑：鰞、大魚也。集韻作
魚之大者。玉篇本說文：二魚也。
租、田税。則胡反。攗續本則誤側。咸按：篆隷名義：
租、税。廣韻：税也。玉篇、集韻從說文作田賦也。
蒩、茅藉、封諸侯藉以茅。攗續本茅藉□□封諸
侯蒩。咸按：說文：蒩茅藉也。禮曰、封諸侯以土、蒩
以白茅。玉篇作茅蒩藉封諸侯蒩之言藉也。手
鑑作茅蒩藉封諸侯、蒩以茅。廣韻作蒩茅藉封

諸矦，箱以苐此本兩苐字並苐誤，二本並落以土、白三字。

盧器。通俗作盧。掇瑣本同。咸按：説文：盧，飯器也。玉篇、廣韻、集韻並從之。篆隸名義作飲器。本書則統稱器。

鑪，大烝。又錢号。掇瑣本作大蒸。咸按：集韻一曰火函。此大烝蓋火函誤。錢号俟考。

壚，黑田。掇瑣本黑田土。咸按：禮部韻畧作黑土。手盧、廣韻並作土黑而疏。則此本田當土誤。掇瑣本田字衍。

籚，竹〻。掇瑣本〻作名。咸按〻廣韻〻籚西竹出會稽。

蘆葦。掇瑣本作〻葦。咸按〻玉篇、手鑑、廣韻、集韻俱作葦。未秀者為蘆。篆隸名義作未出秀曰葦。曰當之誤。本書刪省。

顱，頭〻。亦作髗。掇瑣本同。咸按〻手鑑〻顱，頭顱也。骨部〻髗，頭髗。玉篇〻髗，頭髗也。廣韻〻顱，頭顱。髗，上同。

鱸，魚名。掇瑣本同。咸按〻玉篇、廣韻、集韻俱如是。

攎，斂取。掇瑣本同。咸按〻篆隸名義〻攎，取。手鑑、廣韵、集韵俱作斂也。

櫨，柱〻，黄〻，木名。掇瑣本但作柱。咸按：篆隸名義：櫨，柱上枅。玉篇、集韵本說文作柱上柎。又廣韵：櫨，又木名。集韵、玉篇並云宅櫨木出弘農山。黄字俟考。

爈，盛火。掇瑣本無。咸按：集韵：鑪、爈，或从火。今按篆隸名義：鑪，盛火。

轤，圓轉木曰轤。掇瑣本轆轤，圓轉大木。咸按：玉篇：轒，轒轤。轆，同上。轤，轒轤。廣韵：轒轤，圓轉木也。集韵：轒轤，井上汲水木。韵會：轒轤一作轆轤。

黸，黑甚。擬續本同。咸按廣韻如是。

獹，韓獹，犬名。擬續本同。咸按手鑑、廣韻並同。

鸕，～鷀，鳥名。擬續本無名字。咸按集韻同此。

艫，舟後。擬續本同。咸按廣韻如是。玉篇作在船後。篆隸名義作船頭，疑頭為後誤。

瓐，碧玉。擬續本同。咸按手鑑同。玉篇引搏雅同。禮部韻畧亦如是。集韻引搏雅作碧瓐玉也。誤倒。

髗，髗[illegible]。擬續本同。咸按篆隸名義、今本玉篇、廣韻、集韻俱從説文同此。

盧，餅器。擬頊本同。咸按：手鑑作餅器也。廣韻：盧，飯器。盧，上同。

蘆，樂名器。擬頊本作藥草。咸按：同篆隸名義。玉篇：蘆，蘆薈藥。廣韻作蘆會藥名。則此本落蘆會二字，樂字誤，器字衍。又集韻作蘆會藥草，擬頊本及名義並誤刪。

盧，廡。擬頊本廡作廣。咸按：同廣韻、集韻。今按：篆隸名義、手鑑並云：廣，廡也。則廣、廡同物。

𢿦，𢻱音。擬頊本作𢻱首，抵。咸按：廣韻：𢿦，𢻱也。𢻱音邸。篆隸名義：𢿦，𢻱（原誤放）。𢻱，隱。今本玉篇同。

則此本音下落抵字。攷證本首當音誤。

蠦，蛪。攷證本蛪作蜰。咸按：玉篇、廣韻、集韻正作蜰，此本誤。

杍，木名。又力粗反。攷證本粗作租。咸按：玉篇杍，原誤橙，力說、力活二切，木名。篆隸名義作力胡反。廣韻郎古切有杍，疑租或祖誤。集韻荒胡切有杍，木名。玉篇切語有誤。

蘓，荏類。攷證本同。咸按：篆隸名義：蘇，素胡切，荏。今本玉篇作荏屬。集韻：說文，桂荏也。諸書殆本之而改。

鮇，更生。掇瑣本同。咸按：篆隸名義：鮇，更生也。今本玉篇、廣韻、集韻俱作死而更生也。

殂，昨姑死反。掇瑣本首殂字云昨姑反，是。此在殂下作死。咸按：篆隸名義、今本玉篇、手鑑、廣韻俱作死也，則此本死反二字倒誤。又玉篇云：殂，今作徂。集韻：說文，往死也。

徂，往。亦作迋。掇瑣本迋作𨒪。咸按：篆隸名義：徂，往。辵部：迋，往。𨒪，徂字。往。今本玉篇：徂，往也。辵部：迋，說文曰，往也。𨒪，往也。與徂同。手鑑：徂，往也。辵部：迋，往也。廣韻：徂，往也。𨒪，上同。

虘，虎不柔。又才他反。掇瑣本作他才反。咸按：篆隸名義：虘，不柔。省虎字。今本玉篇作昨何、才都二切，虎不柔也。集韻訓同。廣韻昨何切有虘。掇瑣本反語誤。

烏，鳥。掇瑣本□□反□□。咸按：說文、廣韻、集韻俱作孝鳥也。此漏。

杇，泥鏝。二 草寒反。掇瑣本泥鏝。○字莫寒反。咸按：篆隸名義：杇，於胡（原缺）反，槾，塗。今本玉篇：杇，於胡切，說文曰：所以涂也。秦謂之杇，關東謂之槾。廣韻作泥鏝。玉篇：鏝，泥鏝也。

洿，水不流。掇瑣本同。咸按：集韻：說文，濁水不流也。廣韻訓同。二本並漏濁字。韻會亦缺濁字。

鰞，〻鰂魚。掇瑣本下有名字。咸按：同手鑑、集韻。

玉篇、廣韻並同此本。

釫，鏝〻。掇瑣本無〻。咸按：廣韻以釫為杇異體，集韻諸書同，此別出，依手鑑：釫，釫鏝。此本〻衍。

歙，口相就。掇瑣本同。咸按：玉篇、廣韻並如是。

鎢，〻錥，温器。掇瑣本同。咸按：手鑑、廣韻、集韻並同。篆隸名義：鎢，小釜。錥，鎢。今本玉篇：鎢，鎢錥，小釜也。錥，温器也。

弦滿弓有所向。掇瑣本有誤。又咸按：廣韻、集韻並從說文作滿挽弓有所向。此漏。手鑑挽作引。

瑦，石似玉。又於古反。掇瑣本古作故。咸按：玉篇瑦，於古切，石似玉。手鑑、廣韻並安古反。則掇瑣本誤。

槝，〻椑，青柹。掇瑣本同。咸按：廣韻如是。集韻作槝椑，木名，青柹也。出長沙。

鴮，鵜鶘。掇瑣本作鵜胡。咸按：爾雅釋鳥：鵜，鴮鸅。郭注：今之鵜鶘也。好群飛，沈水食魚，故名洿澤。玉篇：鵜，鵜鴮鸅，好食魚。廣韻作鴮鸅，鵜鶘別名。

集韵作鶖鸝，鳥名。則此本注落鸝字，鵠當鵬誤。

螐，蠋蜈。掇瑣本同。咸按：篆隸名義：蚅，於革反，烏蠋，似蠶。螐，蠋淚。蠋，螐。今本玉篇：蚅，螐蠋也。螐，螐蠋也。蠋，螐蠋。手鑑：螐，蚅螐蠋虫，大如指，白色也。廣韵作蚅螐蠋蟲也。則名義淚當蜈誤。

㤦，引。又口孤反。掇瑣本缺。咸按：篆隸名義：扜，口孤反，引。今本玉篇作扜，娛、口孤二切。廣韵、集韵作扜，引也。此本正文誤。

於，〻戲。又央魚反。掇瑣本同。咸按：集韵：一説於呼，嘆辭。或作戲。廣韵：古作於戲，今作嗚呼。

逋，賒懸。掇瑣本同。咸按：手鑑、廣韻並作懸也。

餔，歠。掇瑣本同。咸按：集韻：餔，一曰歠也。

晡，申時。掇瑣本同。咸按：篆隸名義、今本玉篇、手鑑、廣韻俱如是。

庯，屋平。掇瑣本作屋上平。咸按：玉篇、廣韻並同掇瑣本。此本漏上字。

捕，展舒。掇瑣本同。咸按：手鑑、廣韻、集韻並如是。

⿺走甫，〻⿺走余。掇瑣本同。咸按：篆隸名義：⿺走甫⿺走余，伏地。廣韻同。今本玉篇作伏地也。手鑑作伏地皃。

鵏，鶐。掇瑣本鶐作⿰禾鳥。咸按：手鑑：鵏，音步，鵏豉鳥也。廣韵作鶘枝，鳥名。

枯，死木。亦作⿰歹古。掇瑣本同。咸按：篆隸名義：⿰歹古，枯字。沐部：枯，槀。今本玉篇同。死木，殆以意改。未聞有互用者。

剳，剖破。掇瑣本同。咸按：手鑑：剳，剖，判，屠，破也。廣韵同。則剖破二義，廣韵誤合而一。

扜，揚。又於娱反。掇瑣本缺又下。咸按：篆隸名義：扜，口孤反，揚。今本玉篇：扜，於娱、口孤二切。廣韵如是。

弙，張弓。亦作⿰忄亏。掇瑣本⿰忄于作⿰忄亏。咸按：玉篇：弙，張

也。又集韻無重文。此忓、忓𢤋打誤。篆隸名義：打，

張。

軲，車。掇瑣本同。咸按：篆隸名義、今本玉篇、手鑑、

廣韻並同。

榑，木四布。掇瑣本同。咸按：玉篇、廣韻並如是。集

韻木上有榑桅二字，木下有枝字。

麁，米不精。掇瑣本作麁。咸按：玉篇：麤，不精也。或

作麁。鹿部：麁，本作麤。手鑑、廣韻並作麁，物不精

也。集韻：俗作麁、麁，皆非是。

麤，行路遠。掇瑣本同。咸按：手鑑：麤，倉胡反，切原

誤逝韻云，行路遠也。廣韻、集韻並從說文作行超也。

⿱艹麤，草履。掇瑣本同。咸按：篆隸名義、今本玉篇、手鑑、廣韻、集韻俱從說文同此。

⿰王余，美玉。掇瑣本同。咸按：玉篇、手鑑、廣韻、集韻俱如是。

稌，稻。又他古反。掇瑣本同。咸按：篆隸名義、今本玉篇、手鑑、廣韻、集韻俱如是。

㻴，琈〻。掇瑣本無〻〻。咸按：玉篇引山海經云：小華山其陽多㻴琈。手鑑：琈，玉名。㻴，㻴琈，玉名。廣韻、集韻並作琈琈、玉名。撥繢本是。

捈、銳。撥繢本同。咸按：廣韻如是。

都、大邑。撥繢本同。咸按：韻會引禮、小曰邑、大曰都。此本邑下衍反字。

䈇、竹名。撥繢本同。咸按：篆隸名義、今本玉篇、廣韻、集韻俱同。

闍、闉。撥繢本同。咸按：玉篇闉、城內重門也。詩曰、出其闉闍。手鑑：闍、闉闍、城上重門也。闉、闉闍也。廣韻作闉闍。又二本俱缺闍字。

醋、醶醋、醬名。撥繢本同。咸按：篆隸名義、今本玉篇、手鑑及澤存本廣韵俱作醋醷，醬也。

䅖，豆䅖。掇瑣本同。咸按：玉篇、廣韵並如是。集韵作大豆也。

鱄，魚名。掇瑣本同。咸按：篆隸名義：鱄，普姑反，鯆魚。鯆，同上。今本玉篇：鱄鱄鯆魚。一名江豚，欲風則踊。廣韵：鯆，魚名，又江豚别名，天欲風則見。鱄上同。

踊，馬跡。掇瑣本馬踪。咸按：玉篇、廣韵、集韵俱作馬蹀跡。手鑑作馬跌跡。則二本並誤。

痡，病。掇瑣本同。咸按：篆隸名義、今本玉篇、手鑑、

216条

齊韻

廣韻、集韻俱同。

陠，衺。掇瑣本同。咸按：篆隸名義、廣韻及集韻引博雅俱如是。玉篇作哀也誤。

齊，中。掇瑣本同。咸按：篆隸名義、廣韻、集韻俱如是。

臍，膍臍。亦作䐡。掇瑣本䐡作臍。咸按：玉篇、手鑑、廣韻俱如是。集韻：䐡，或書作臍，通作齊。

麡，〻狼，獸名，似麋。掇瑣本同。咸按：玉篇麡，麡狼，獸似鹿。廣韻無獸字，集韻：獸名，如麋。

蠐，〻螬。或作蠐。掇瑣本同。咸按：手鑑、廣韻無或蠐。篆隸名義：蠐，在梨反，曹虫。今本玉篇：蠐，才兮、在梨二切，蠐螬蟲。亦作蠐。集韻：蠐或書作蠐。

𪗋，好皃。掇瑣本同。咸按：篆隸名義：𪗋，徂階反，好皃。廣韻如是。

鑇，利。掇瑣本同。咸按：同手鑑、廣韻、集韻本說文。玉篇作刀利也。

儕，等。掇瑣本同。咸按：篆隸名義、今本玉篇、廣韻、集韻俱從說文同此。

黎，衆。亦作𥢇、黎。掇瑣本亦作黎、黎。咸按：篆隸名義：黎，衆。𥢇，黎字。今本玉篇：黎，衆也。亦作黎。手鑑：

黎、或作𪎭、眾也。洙鄒〻棃、或作眾也。雝鄒〻黎、俗黎〻。眾也。

犁、耕具。掇瑣本同。咸按〻篆隸名義〻犂、耕〻省具字。今本玉篇〻耕具也。手鑑作耕墾之具也。廣韻墾田器也。集韻〻犂、或作犁、亦省。

䉫、〻䉫、籭䉫、綺窗。掇瑣本同。咸按〻篆隸名義〻䉫、力奚反、綺窓。今本玉篇〻䉫、䉫䉫、綺窓。手鑑、廣韻、集韻俱同。

藜、藋。掇瑣本同。咸按〻廣韻作藜藋。又按〻爾雅釋草〻拜商藋。注商藋亦似藜。義疏引孽傳云〻商藋俗所謂灰藋也。作藋者似是。

筣,〻茈,織荊。又力底反。擬饋本作莉,〻茈,織荊。又力底反。咸按:廣韻同。擬饋本無又音。手鑑:茈,茈蔾,荊蕃也。集韻:莉,一曰茈莉,織荊障。類篇草部:莉,陳尼切,又澄之切,又憐題切,一曰茈莉,織荊障。又篆隸名義:筣,力雞反,茈藩障。今本玉篇:筣,織竹為筣笓障也。笓,筣也。則二本並漏障字。廣韻亦漏。

黧,黑而黃。擬饋本同。咸按:同廣韻。手鑑作黑而復黃。集韻作黑黃。篆隸名義、今本玉篇並作黑也。

䌳，縡䌳，惡絮。掇續本同。咸按：廣韵如是。又按：玉篇：縡、䌳，惡絮也。䌳，繫䌳也。集韵：繫，說文：繫䌳也。今惡絮。

盠，以瓢爲飲器。掇續本同。咸按：廣韵如是。又按：篆隸名義、今本玉篇：盠，瓢也。集韵：蠡，蠡或作盠。韵會云：增韵盠字別出，誤。韵會失考。

遆，徐行。掇續本同。咸按：手鑑、廣韵下並有皃字。篆隸名義、今本玉篇、集韵俱從說文：徐也。

𨟍，亭名，在上黨。掇續本同。咸按：廣韵如是。手鑑無下三字。

憕，謾。掇瑣本同。咸按：篆隸名義：憕，欺謾言。玉篇、廣韻並作憕他，欺慢之語。集韻無之字。

謧，弄言。又力支反。掇瑣本同。咸按：廣韻、集韻並如是。手鑑：謧，力支反，弄語也。

䮝，馬屬。掇瑣本同。咸按：篆隸名義同。手鑑：驪、驪，馬屬。二同。廣韻：驪，馬屬。亦作䮝。集韻：䮝，博雅，駣䮝，馬屬。玉篇作桃䮝。廣雅作駣䮝。本書沿原本玉篇。

鵹，鵹黃鳥。掇瑣本同。咸按：廣韻如是。篆隸名義鵹，鸝。今本玉篇：鵹，鵹黃，楚雀，其色黎黑而黃。亦作鴜。

鮆鯠魚，似虵而黃。掇瑣本無魚下五字。咸按：篆隸名義、廣韻同掇瑣本，俱依爾雅釋魚。集韻引埤倉：鮆鯠，魾也。似虵而黃，俟考。

妻，齊。九。掇瑣本作齊。亦作齎。咸按：篆隸名義、廣韻訓並同。又按：說文、篆隸名義、今本玉篇、集韻俱云：齎等也。不以為一字，此誤。

萋，草盛皃。掇瑣本無皃字。咸按：玉篇、廣韻同此本。篆隸名義、集韻並從說文作草盛。

淒，雲皃。掇瑣本同。咸按：手鑑、廣韻如是。又按：漢書食貨志注作雲起皃，則二書相沿落起字。

淒，寒。詩云淒淒其以風。掇瑣本同。咸按：同手鑑、玉篇。廣韻但云寒也。無詩云句。

悽，慘。掇瑣本同。咸按：韻書無此訓。

霋，雨止。掇瑣本同。咸按：玉篇：霋，又霽謂之霋。霽，雨止也。篆隸名義：霋，雨止。手鑑同本書。

鶈，怪鳥。掇瑣本同。咸按：廣雅釋鳥：鶈鸎，怪鳥屬也。集韻引博雅同。篆隸名義：鶈，怪鳥。鸎鶈，則怪上漏鸎字。

緀，文章。掇瑣本作緀文。咸按：篆隸名義：緀，文章相錯。手鑑、廣韻並作縷斐，文章相錯皃。此本取首二字。掇瑣本殆取縷文二字而誤。

齌，炊疾。又即嵇反。掇瑣本炊誤坎。咸按：廣韻說文云，炊餔疾。本子兮切。集韻同。篆隸名義作餔疾。此漏。

仾，當嵇反，下。正作低。掇瑣本嵇作兮，仾，低昂。亦作低。咸按：篆隸名義：仾，丁泥反，下。集韻：低，下也。手鑑：低，昂垂皃也。廣韻：低，低昂也。俗作仾。

互，互羌。通俗作互，正作氐。掇瑣本氐，通俗作互。咸按：廣韻：氐，氐羌。集韻：俗作互，非是。

袙，短衣。撥續本同。咸按：篆隸名義同。又廣韻、集韻俱作袛裯，短衣。此沿原本玉篇。

磾，漢書金日磾。撥續本書作有。咸按：手鑑、玉篇並作書，廣韻作有。

鞮，革履。撥續本同。咸按：玉篇：鞮，革原誤單履也。廣韻、集韻同，俱從說文。手鑑作皮履。

腣，二胿，胅腹。胿字胡嵇反。撥續本同。咸按：玉篇、手鑑、廣韻及集韻引埤蒼俱同。篆隸名義：腣，胅腹。胿，腣胿。

羝，羊。撥續本同。咸按：集韻：說文，羊也。

腿，䏲。掇瑣本同。咸按：篆隸名義、今本玉篇並作腿，䏲腿，此誤。又名義、玉篇、手鑑、並作䏲，䏲腿，强脂。又手鑑、廣韵、集韵俱作腿，䏲腿，强脂。

飽，餬〻。掇瑣本無〻〻。咸按：玉篇：餁，餁餬也。手鑑、廣韵並同。集韵：餁，餁餬，寄食也。此本誤，掇瑣本是。

匙，到〻。掇瑣本無〻〻。咸按：篆隸名義、今本玉篇並作匙，到也。此本〻字衍。

氐，至。又丁計反。掇瑣本同。咸按：篆隸名義：氐，丁計反，至。今本玉篇：氐，丁兮切，至也。又丁禮切。又按：廣韻：氐，氐羌。説文，至也。此分爲二形，誤。又類篇十二氐，至也。丁禮切。又都奚切，戎種。一曰宿名。又丁計切，東方宿名。與本書措置同。故本書都計反下不取氐字。

䑐，不正。掇瑣本同。咸按：篆隸名義：䑐，不正。則本書實依原本玉篇。今本玉篇增角字作角不正也。廣韻又從手鑑增益獸字作獸角不正。集韻同。

紙，絲宰。掇瑣本作絲滓。咸按：同廣韻。集韻引説文作絲縡也。

揥，指。勑細反。掇瑣本作指。又勑細反。咸按：篆隸名義：揥，勑細反，指（原誤損，集韻同）。掇瑣本作指。又勑細反，廣韻作指也。又按類篇：揥，丁計切，指也。又他計切，所以摘髮。詩：象之揥也。他計即此之勑細。此本勑上落又字。

隄，防。亦作堤。掇瑣本同。咸按：手鑑、廣韻音訓同。廣韻：堤，上同。玉篇：防，隄也。土部：堤又音低，與隄同。

奃。大。掇瑣本同。咸按：篆隸名義：奃，丁計反，大。今本玉篇：奃，丁計、丁奚二切，大也。手鑑：奃、奃，二或作。奃，今。㐰、啼二音，大也。廣韻同玉篇。集韻從說文，奃，大也。

趧，不能行，為人所引。撥饋本作趧。無。咸按：手鑑：趧，丁兮、徒兮二反，不能行為人所引。原誤列。廣韻：趧，說文云，趧不能行為人所引曰趧𧾲。玉篇、趧趧𧾲，𧾲不能行為人所引曰趧𧾲。

啼，悲聲。撥饋本缺。咸按：韻書無此訓，殆以意改。

蹄，足名。亦作蹏。撥饋本同。咸按：篆隸名義：蹏，足下。今本玉篇：蹏，說文云，足也。蹄，同上。廣韻、集韻並同。手鑑：蹏，古；蹄，今。足也。

䈕，竹名。撥鑽本同。咸按〻玉篇、廣韻、集韻俱同。篆隸名義〻：䈕，徒奚反，啼竹。

提，持。撥鑽本同。咸按〻篆隸名義、今本玉篇、集韻俱作挈也。廣韻作提攜。

詆，訶。又丁礼反。撥鑽本同。咸按〻篆隸名義、今本玉篇、廣韻、集韻俱如是。

瑅，玉〻。撥鑽本無。咸按〻篆隸名義、今本玉篇、手鑑、廣韻俱作玉名。此本〻誤。又名義、玉篇別有瑭，徒當反，玉名。集韻、禮部韻略作瑅，瑅瑭，玉名。當為後起義。

梜　木名。掇瑣本同。咸按：手鑑：檏、梜二。木名。篆隸名義作赤梜，今本玉篇作杷梜也。廣韵作樹之長條。集韵：桑也。今俗呼桑樹小而條長者為女桑。

（手鑑梜音逮，赤梜，木名。）

題　楄頭。掇瑣本楄作牑。咸按：篆隸名義：題，頭。疑漏楄字。正韵：椽頭以玉飾曰琁題。掇瑣本牑字誤。

媞　笑好。掇瑣本同。咸按：手鑑、廣韵並作美好皃。集韵：一曰美好。則本書笑字誤。

題　視。又徒計次。亦作睼。掇瑣本視。又口計反，次。

亦作䁣。咸按：廣雅釋詁一、篆隸名義、今本玉篇、手鑑俱同訓。集韻：題或作䁣。又此本特計反有題次一字，然諸韻書俱無此訓，俟考。

綈，厚繒色綠而深。咸按：手鑑：綈音提，切韻，厚繒色綠而深也。釋名釋采帛：綈似蛦蟲之色綠而澤也。則此本及手鑑深蓋澤誤。

罤，兔網。掇瑣本同。咸按：玉篇、廣韻並同。

㴽，研米槌。掇瑣本同。咸按：玉篇：㴽，大兮切，研米槌。亦作㴽。廣韻如是。

綈，結。掇瑣本同。咸按：篆隸名義、手鑑、廣韻俱如是。今本玉篇、集韵作結不解也。稊，々子草。或作苐。掇瑣本缺稊及々。咸按：手鑑：稊，稊子草也。蕛苵：稊、荑，草名也。爾雅釋草：蕛，苵。璞注：蕛似稗布地生穢草。玉篇：蕛，蕛苵地生穢草也。苐，說文，草也。廣韵、集韵苐別為一條。

餅，餹餅，膏糜。掇瑣本同。咸按：篆隸名義：餹，餅。餌餅，餌。今本玉篇同。手鑑：餅，餹餅也。餹，餹餅，黍膏也。廣韵、唐韵同。集韵：餅，餌也。挖據謂之餹餅。此皆本釋名。釋名釋飲食：餌，而也，相黏而也。挖據曰溏浹然。諸書所述歧出不同，俟考。

醍，酒。又天礼反。亦醍醐。撥鑛本同。咸按：玉篇：醍，他禮切，酒紅色。又音提。手鑑：醍醐，上音提，下音胡。醍醐，蘇中所出也。說文新附考：醍，清酒也。宅禮切。禮運：粢醍在堂。注：周禮五齊，四曰緹齊酒。正注：緹者成而赤紅。疏云，其色紅赤，故以緹名之。是緹本紅赤色，酒因其色為名。後从酉為酒名專字。又云：醍醐醐酪之精者也。按此字初借作[酉氐]醐。一切經音義十四：提胡二音。通俗文：酪酥謂之[食氐]餬。律文作醍，音體。字書：醍，酒也。醐，經史所無，未詳何出。梁阮孝緒作文字集略有醍醐二字，此書甚淺俗，音體並無所據也。據此，則酒名之醍無提音，故廣韻、集韻于此音俱只云醍醐。本書殆合體音之義于此，殊誤。

騠，駃騠，馬名。又丁奚反。掇瑣本同。咸按：手鑑、廣韻並同。篆隸名義、今本玉篇並作丁奚反，又音啼。

褆，衣服好。掇瑣本同。咸按：手鑑、廣韻下並有皃字。篆隸名義作衣服端正。省皃字。今本玉篇不省。

荑荂。掇瑣本同。咸按：廣韻荂作秀，此誤。

⿰金虒，器。掇蹪本同。咸按：手鑑、廣韻並如是。⿸厂奚，⿸厂皮。咸按：篆隸名義：⿸厂皮，跛字。今本玉篇：⿸厂皮，今為跛字。手鑑：⿸厂奚，跛，行皃。廣韻作行皃，漏跛字。厗，唐厗，石。咸按：玉篇、集韻並如是。篆隸名義省作石。

鶗，鶗肩。又達麗反。亦作鵜。咸按：篆隸名義：鶗，達麗反，中春為鳩。鵜，同上。今本玉篇：鶗，大戾、大兮二切，鶗鴂，應仲春化為鳩。鵜，同上。⿸厂鳥，鷉鷈鷄屬。又本書特計反有鶗，鶗肩。又達鷄反，則此達正達字之誤。

鷤，鴂鳥。又才計反。咸按：篆隸名義：鷤，達鷄反。今本玉篇作達詣切，又達兮切，廣韻又音遰。則此才蓋大之誤。

蝆，螬蝆，小蟬。掇瑣本同。咸按：手鑑、廣韻如是。

眱，直　視。又与支反。掇瑣本同。咸按：玉篇：眱，與脂、大奚二切。此本脂韻以脂反，眱熟視不言。則此作支誤。手鑑作熟視不言。

睼，迎視。又吐見反。掇瑣本作遠視。咸按：篆隸名義：睼，吐見反，迎視。今本玉篇：睼，土系、徒奚二切，迎視也。手鑑：睼，音啼，遠視也。又坐見。廣韻此紐作遠視也。又坐見。五音集韻作遠視。則三書並同掇䝾本。集韻、韻會與此本則從名義、玉篇。征韵迎視、遠視并舉。

謕，轉語。又他奚反。掇䝾本同。咸按〻廣韻奚作兮。又按〻方言十〻南楚曰謰謱，或謂之詀謕，轉語也。則本書及廣韻並誤。

趧，〻鞻，四夷樂名〻。掇䝾本無〻下〻。咸按〻手鑑無下〻。廣韻名作也。鞻作𧾊。玉篇作趧鞻氏，四夷之樂也。無𧾊字，手鑑亦無。

甋，瓷〻。掇䝾本無〻。咸按〻玉篇〻甋，徒奚切，瓷甋也。

手鑑，廣韻無瓻。廣雅釋器、集韻引博雅：題、甌、甂也。題或从弟，方言郭注：今河北人呼小盆為題子。杜啟反。曹憲音弟，為瓻之別義，音亦異。

蕛，蕛苵。掇瑣本缺注。咸按：玉篇：蕛，蕛苵，地生穢草也。苵，蕛苵。集韻：蕛或作稊。說文，蕛，苵也。廣韻蕛、稊分為二義，則此注倒。

銻，鍗。掇瑣本以下並缺。咸按：篆隸名義、今本玉篇如是。手鑑作鍗銻，大齊器也。大當火誤。名義、玉篇、廣韻俱從說文作火齊。

鮷，魚四足。咸按：手鑑作魚四足者。亦曰大鱧魚也。玉篇、集韻從說文作大鮎也。廣韻但云魚四足者。

㡗[巾乍]。咸按：玉篇：㡗，㡗帷也。廣韻沿誤。集韻：博雅，[巾門見]㡗謂之[巾乍]。廣雅釋器同。玉篇：[巾乍]音昨，[巾乍]㡗，[巾門見]，㡗，赤紙也。廣韻引埤倉同。此譌。

徥，久。咸按：說文、篆隸名義、今本玉篇、集韻俱如是。

禔，福。又章移反。咸按：廣韻：禔，福也。章移切同。

豍，豍豆。擬續本別行提出同。咸按：手鑑、廣韻並作豆名。集韻引博雅：豍豆，豌豆也。

幌，車簾〻。咸按：蒙求名車幌，車帷。今本玉篇：幌，車幌也。又車帷也。集韻：博雅：幌，帙幭也。一曰車帷。

螺，牛蝨。咸按：玉篇、手鑑、廣韻俱同。

椑，〻榹，小樹。又樹栽。咸按：手鑑：椑，并奚反，椑榹，小樹也。廣韻同此本。

蓖，〻麻。咸按：手鑑、廣韻、集韻俱同。

紕，謬。又芳脂反。或作諀。擬續本誤列蕛下作紕繆。又芳脂反。咸按：廣韻：紕，謬也。又芳脂切。集韻紕〻或作紕。下有諀，誤也一字。

篦，眉〻。咸按：廣韻如是。

梐，門外行馬。又防啟反。咸按：廣韻如是。又按：廣韻傍禮切，梐，梐枑，行馬。玉篇：梐，蒲禮切，周禮掌舍設梐枑。梐枑謂行馬也。手鑑：梐，傍礼反，梐枑，行馬也。又方奚反。則本書及廣韻並落梐枑二字。

⿰矢卑，〻〻，⿰知比，短皃。咸按：手鑑、廣韻（涉園本）⿰知比作⿰知比（韻同）。篆隸名義、集韻並作短也。今本玉篇作短小皃。則此本⿰知比誤。

⿰忄坒，誤。咸按：篆隸名義、今本玉篇、廣韻俱如是。

狴〻牢。咸按〻手鑑〻狴，牢獄也。集韻〻陛，部迷反，牢
也。所以拘罪人也。廣韻陛引說文同。集韻〻陛或
作狴。
䚜，橫角牛。咸按〻篆隸名義、今本玉篇、集韻俱如
是。手鑑、廣韻下並有名字。
箄，冠飾。咸按〻廣韻如是。
奚，何。咸按〻篆隸名義、廣韻、集韻俱如是。
嵇，山。咸按〻篆隸名義如是。今本玉篇、集韻並作
嵇，山名。手鑑、廣韻作稽，山名。
兮，詞。從八丂，丂音考，俗作兮，非真謬。咸按〻集韻〻兮，

說文：語所稽。从丂八象氣越亏也。韵會：增韵，歐陽氏曰，俗作兮。

鼷，鼠小。咸按：集韵作小鼠，此誤。

豯，豕生三月。咸按：玉篇、手鑑並如是。

傒，有所望。又胡礼反，待。咸按：手鑑：傒，胡雞反，有所望也。亦作徯、踁字。又胡礼反，待也。廣韵此及胡禮切如是。又按：篆隸名義：徯，遐啟反，待，㙦字。今本玉篇，或為㙦，則手鑑注徯當㙦，誤，踁當蹊，誤。

㜎，女好。咸按：好，廣韵作奴，是。篆隸名義：㜎，婢。婢，女奴。

蹊，徑〻。咸按〻篆隸名義〻蹊，徑，原誤逕。今本玉篇作徑也。集韻同。此本〻衍。

螇，〻螰，似蟬。咸按〻廣韻如是。手鑑作螇螰，虫名，似蟬也。篆隸名義〻螇，螅蛄，蛁蟟，螰，螅蛄。今本玉篇〻螇螰即螅蛄。一名蛁蟧，亦蛥蚗也。螰，螇螰。

榽，〻蘇，木名，似檀。咸按〻廣韻如是。玉篇作榽橀木，細葉似檀，今江東有之。本爾雅釋木。

騱，馬前足白。又驒騱，野馬。咸按〻手鑑、廣韻並如是。篆隸名義省馬字，作前足背白。背，集韻作皆。

胜，胇〻。又古蜀反。咸按，本書居玉反無胜，古攜反有胜，同篆隸名義、今本玉篇。則此蜀自攜誤無疑。

郎，里名。咸按，廣韻如是。

鸂，水虫。咸按，玉篇、廣韻並如是。篆隸名義作水虫，似蜘蛛。

鷄，司晨鳥。正作雞。咸按，玉篇，鷄，知時鳥。又作雞。

稽，久。從禾，音雞。古今從禾，失之。咸按，韻會稽从禾當作禾。禾氏曰，禾音雞，與禾不同，今作禾誤。

此古字當在久字下。

栺，〻楓木，扶杓木。咸按：廣韻：栺風，枎杓木也。集韻：木名，如楓。則此本衍誤。

栟，乘衍木。咸按：手鑑、廣韻並作承衡木。又按：糺撲四：廣韻，栟，承衡木也。案南齊書王敬則傳從市過，見屠肉栟，歎曰：吳興昔無此栟，是我少時在此所作也。據以為屠家稱肉用栟以承衡，則與說文栟，屋櫨也義殊。

笄，簪。咸按：說文：笄，簪也。

蛢，螢火。又口妍反。咸按：廣韻、集韻並同。玉篇作古奚切，又甘田切，馬笄螢火也。

鍇，堅二。咸按：篆隸名義今本玉篇並作鍇，堅也。集韻：鍇，博雅，鞏也。玉篇、篆隸名義並云：鞏，堅也。廣韻作鍇，堅也。本書二字衍。

叶，卜以疑問。咸按：集韻：說文，卜以問疑也。此誤。

鷖，烏雞反，鳧鷖。咸按：篆隸名義、廣韻並作鳧屬。集韻：說文，鳧屬。引詩鳧鷖在梁。

翳，翿詞。咸按：篆隸名義：翿，徒到反，翳。今本玉篇作翿，翳也。又集韻：繄，一曰詞也。正韻：繄亦作翳。

譩，相然詞。咸按：手鑑、廣韻並作相言應辭也。集韻：方言，欸，譩然也。篆隸名義：譩然。

嫛，嫛婗。咸按：玉篇：嫛，人始生曰嫛婗。婗，嫛婗。手鑑同。說文：嫛，婗也。廣韻：人始生曰嫛婗，出釋名。

䃜，美石黑色。咸按：廣韻、集韻同。手鑑作烏石也。出玉篇。今本玉篇作黑石。

𡏳，埃。咸按：篆隸名義、手鑑、廣韻、集韻俱本說文作塵埃。今本玉篇作塵𡏳。

妹，妹撕。咸按：玉篇、廣韻並作妹撕，弩楔木也。集韻省木字。此本正文注文皆誤。

繄，赤黑色繒。咸按：說文如是。手鑑、廣韻、集韻省色字。玉篇作青黑繒，篆隸名義作青黑，省繒字。

黳，小黑。咸按：《篆隸名義》、《廣韻》並如是。今本《玉篇》、《集韻》從《說文》作小黑子。

黳，黑木。咸按：《篆隸名義》、今本《玉篇》、《廣韻》、《集韻》俱從《說文》同此。《手鑑》作水黑，疑倒誤。

倪，孩。正作倪。咸按：《韻會》：兒，又弱小也。通作倪。蓋孖，反其髦倪。《玉篇》：兒，《說文》云，孺子也。从儿，象小兒頭囟未合。則倪乃兒誤。孩正本孺子之訓而改。

齯，雌虹，老人齒更生。咸按：下文蜺，雌虹，則此行。又按：《篆隸名義》：齯，齒壽。今本《玉篇》：《爾雅》云，黃髮齯。齒壽也。謂齒隋更生細者。廣韵訓同此本。

蜺，雌虹。又五結反，又五計反。亦作霓。咸按：手鑑、廣韵：霓，雌虹。又五結、五繫二反。篆隸名義、今本玉篇，五奚、五結二反。集韵：霓通作蜺。廣韵霽韵五計切有霓。

婗，小兒。咸按：篆隸名義、今本玉篇、手鑑、廣韵俱云，人始生曰嫛婗。此殆依其說而易其詞。

輗，車轅端。咸按：篆隸名義作轅端橫木。說文：大車轅端持衡者。手鑑、廣韵並作車轅端持衡木。則此本有删省。

猊，猿兒。咸按：諸書無此訓。篆隸名義作師子。今本玉篇、手鑑、廣韻俱作狻猊，即師子。猿兒當狻猊之誤。

鯢，雌鯨。咸按：手鑑：鯢，鯨鯢也。鯨，雄曰鯨，雌曰鯢也。廣韻訓同本書。

郳，郳城在東海。咸按：廣韻同。玉篇作東海昌慮縣有郳城。手鑑：郳城在海東，誤。

㲹，〻軗。又五礼反。咸按：篆隸名義：㲹，五雞反，毄，毀。今本玉篇作五雞、五禮二切，軗㲹。廣韻研啟切，毄㲹。集韻從説文作軗㲹，毀也。此誤倒。

麑，䴹。或作貌。咸按：手鑑：麑俗〔䴹二〕，䴹正。鹿子也。麑，䴹子也。玉篇：麑，又作貌、猊。又麑，麛也。麛，鹿子也。篆隸名義：麑，師子。䴹，麛。麛，子。省鹿字。[illegible]：貌，師子。是麑有鹿與師二義。

⿰衤兒，衣⿰衤㐬。咸按：篆隸名義：⿰衤兒，牛米反，衣⿰衤㐬。⿰衤㐬，力牛反，衣⿰衤兒。今本玉篇：⿰衤兒，衣⿰衤㐬也。手鑑：⿰衤兒，⿰衤㐬，⿰衤兒，袿衣飾也。⿰衤㐬，⿰衤兒⿰衤㐬也。爾雅釋器：衣⿰衤㐬謂之⿰衤㐬。郝懿行云：然則⿰衤㐬⿰衤兒猶言流曳，皆謂衣袿下垂流移搖曳之皃。本書從原本玉篇。

兒，兒寬。咸按：廣韻：兒，姓也，漢御史大夫兒寬。

醯、俗作醋。醋、酸。咸按：玉篇：醯、酸味也。醯、同上、俗。
手鑑：醯、俗。醯、正。醋味也。
㱖、痛聲（集韻同）。䵑、病色。咸按：玉篇：㱖、䵑、二同。許奚切，黃
病色。手鑑：㱖、呼鷄反，痛聲也。䵑、呼奚反，黃病色
也。廣韻從之。此本漏黃字。
恈、欺謾。咸按：方言十：㦝、恈，欺謾也。此省。
榓、木名。咸按：玉篇：榓，樤榓，木。榓同上。俗。集韻：榓、
木名。俗作榓，非是。廣韻：榓，木名。
棲、日入。或作栖。咸按：玉篇：棲、鳥棲也。亦作栖。洒
鄒：栖、鳥栖宿。又作棲。篆隸名義：栖，鳥宿。手鑑：栖、

俗。棲，正。息也。又鳥棲木棲也。疑息當在次棲字下，也又兩字衍。廣韻、集韻並從玉篇棲字訓。

⿱斯瓦，瓦破聲。咸按：廣韻、集韻並如是。手鑑作凡物器破聲也。

嘶，馬嘶。咸按：廣韻、集韻並如是。玉篇作馬鳴。手鑑作鳴也。

撕，提撕。咸按：手鑑、廣韻、集韻並如是。

⿸疒斯，瘦痛。咸按：篆隸名義：⿸疒斯，瘦。今本玉篇作瘦⿸疒斯也。手鑑、廣韻並作瘦⿸疒斯，疼痛也。集韻作瘦⿸疒斯痛也。

㯕、椑㯕、小樹。咸按：手鑑：椑、并奚反，椑㯕小樹也。廣韻作椑㯕。

屖瓠〻。咸按：廣韻如是。手鑑作瓠也。

㾊、病。咸按：㾊、或作𤺺、正。病也。

𧫒悲。咸按：篆隸名義同。手鑑、廣韻、集韻俱從說文作悲聲。

𠞊、剝。咸按：篆隸名義：𠞊、剝。今本玉篇：剝、皮也。手鑑：𠞊、刻剝也。剝、皮傷也。集韻同此本。

樨、木階。咸按：說文、手鑑、廣韻、集韻俱同。

睇、視。咸按：廣韻同。篆隸名義：睇、望。手鑑作邪視也。集韻作迎視也。

鷉、䴙：小鳥皮，可鎣刀刃。集韻：鷉，說文，䴙鷉也。似鳧而小，膏中瑩刀。又按：似鳧八字本釋爲鄭注。此鳥皮當鳧膏二字之誤。義疏引陳藏器云：以其膏塗刀劍令不鏽。

遞、遍遞薄。咸按：手鑑作遍遞薄皃。廣韻、集韻並作薄也。

⿱臥虎、虎息微。咸按：集韻：一曰虎臥息微。此漏臥字。

謕、轉語相誘。咸按：廣韻作轉相誘語。集韻作語相誘。刪轉字。

[毄欠]，唾聲。曰笑聲。咸按：說文：[毄欠]，且唾聲。一曰小笑。玉篇引同。集韻刪且字。篆隸名義但取小笑。此本有省改。

鼙，鼓聲。咸按：篆隸名義作和鼓。說文、玉篇、集韻並作騎鼓。手鑑作騎上鼓也，即戰鼓也。廣韻省戰鼓也三字。此誤。

椑，圜盍。咸按：玉篇、廣韻並作圓榼。篆隸名義作圜美酒一椑，省榼字。榼，酒器。集韻作椑榼，飲器。此誤。

膍，膍臍。咸按：玉篇、廣韻並如是。

甈、瓶。咸按：篆隸名義：甈，苦愛反，瓶。手鑑、廣韵並作瓦器。集韵作㽿，謂之甈。

臡，人兮反，又奴兮反。缺訓。咸按：篆隸名義：奴雞反，雞骨醬。手鑑：奴兮、人兮、奴何三反，訓同。廣韵奴計切，雜骨醬。雜當雞誤。又骨醢也。人兮切，又音泥。玉篇、集韵：骨醢也。則此應有雞骨醬、骨醢二義，此漏。

批，擊。咸按：玉篇、手鑑、廣韵、集韵俱同。

鉀，斧。又方支反。咸按：廣韵如是。玉篇、手鑑並作鍳，斧也。

剕，斫。咸按：廣韻注作剕，斫。此衍。玉篇、手鑑、集韻俱作削也。

鷀，鷀鵜，名鳥。咸按：廣韻、集韻並作鳥名，此誤倒。

䶒，持。又子斯反。咸按：篆隸名義：䶒，子奚反，持。今本玉篇作子兮切，持也。又子斯切，歎辭。手鑑：䶒，俗。子奚反，持也。廣韻同。集韻支韻：䶒，津私切，持也。戰國策：䶒盜糧。

齏，擣薑蒜為。咸按：玉篇、廣韻並作韲，薑蒜為之。

韲，同上。集韻：一曰擣辛物為之。禮部韻略作擣薑蒜為之。則此本漏之字，廣韻沿玉篇漏擣字。

櫅，〻榆木堪木作車轂。咸按：手鑑、廣韻並作櫅
榆，堪作車轂。爾雅云，白棗。此堪下衍木字。又按：
玉篇：櫅，白棗可以為大車軸。篆隸名義但作
白棗。集韻：說文，木也。可以為大車軸，一曰白棗。
爾雅釋木：櫅，白棗。不言堪為車軸之材，郝懿行
云：說文以為木名，非此。玉篇、手鑑、廣韻俱誤。
茈，茲此反，詩云，紫〻即此字別義、同漢書茈字，
如此也。咸按：篆隸名義、廣韻並云：呰，弱也。廣韻
又將此切，呰，窳也。韻會：將氏切，訛，說文，不思稱
意也。本作呰。引詩，翕翕呰呰。說文窳也，一曰短

也。漢志呰窳媮生而亡積聚。師古曰，呰，短也，窳，弱也。又本書茲尔反，呰弱，漢書曰呰窳媮生。姊西、徂禮二反，則此紫字自訾誤。

鈰，利又似奚反。咸按：手鑑、廣韻並訓同。又玉篇、廣韻並徂奚切，則此似蓋徂誤。

齌，炊疾。又祢悌反。咸按：篆隸名義：餔疾，落炊字。廣韻、集韻並作炊餔疾也。此本漏餔字。

迷失方。咸按：諸韻書無此訓。說文：惑也。玉篇：亂也。此或依二書訓義而易其辭。

㜷，齊人呼母。咸按：玉篇、廣韻、集韻俱如是。

麛，鹿兒。咸按：同手鑑。篆隸名義、今本玉篇、廣韻、集韻俱從說文作鹿子。

䤍、醭䤍，醬醋上白。咸按：篆隸名義：䤍，普安反；醭，醭，普木反，醬。今本玉篇：醭，醋生白。手鑑、䤍醭䤍，醬上白也。廣韻同。此合玉篇、手鑑訓義。

⿰臣見，病人視。咸按：篆隸名義、今本玉篇及此本俱從說文訓。手鑑、廣韻下有兒字。

泥，土。咸按：廣韻作水和土也。

屔，頂受水丘。咸按：說文，反頂受水丘。此刪。

谿，亦作溪、磎。缺訓。咸按：玉篇：谿與溪同。手鑑：水注谷曰谿。作溪亦通。爾雅釋水谷作川。手鑑誤。廣韻：谿。嵠、溪、磎並上同。玉篇嵠，亦與溪同。

盻，直視。又下圭反。臧按：篆隸名義：盻，系奚反，直視。今本玉篇：盻，去倪、胡圭二切，一曰直視也。集韻訓同。

螇，小蚤。臧按：廣韻如是。廣雅釋器：螇蚗，筲簇也。疏證云：簇即筥字也。士喪禮：筲三，黍稷麥。鄭注云：筲，畚種類也。玉篇：螇，螇蚗，大簇也。本書與廣韻並漏螇蚗二字。

圭，十三為一合。臧按：廣韻作十圭為一合，是。此三當圭沕誤。

珪，郯上王。咸按：韻書皆以珪為圭重文，不別釋義。又按：說文璋下云：郯上為圭。此作郯誤。

邽，下邽縣在馮翊。咸按：廣韻如是。

閨，門。咸按：篆隸名義：閨，宮中門。爾雅釋宮：宮中之門，其小者謂之閨。說文：閨，上圜下方，有似圭。

桂，婦人上衣。咸按：晉書音義下卷九十五：桂，字林云：桂，婦人上衣。此從之。王、當、廣韻衣作服。

趶，跔。咸按：廣韻：趶，趶跔，裂也。集韻作跔趶，裂也。此缺訓義。

胿，脐。咸按：篆隸名義、今本玉篇、手鑑、廣韻俱作胿，脐胿。此脐下落〻字。又名義、玉篇手鑑并作脐胿，胅，腹也。集韻作大腹也。𣢕，耶。又紆往反。咸按：手鑑集韻作邪皃。往作佳。廣韻作邪也。往亦作佳。此誤。

麈鹿屬。咸按：篆隸名義、今本玉篇、手鑑、廣韻、集韻俱從說文作麈鹿屬。此正文誤。

鮭，鯸。咸按：玉篇、手鑑、廣韻并作魚名。集韻且引山海經亦鮭為證。此或誤。

桂，田器。可穫麥。咸按：篆隸名義、今本玉篇、手鑑、

廣韻俱云：⿰耒圭，田器也。集韻：⿰耒圭，說文，冊叉，可以劃
麥。此合之而改易。
⿰巂瓦，或窐。又户圭反。咸按：篆隸名義：⿰巂瓦，胡圭反，⿰巂瓦
下空。⿰圭瓦，同上。今本玉篇同。手鑑：[illegible]⿰巂瓦下孔。廣韻
窐、⿰巂瓦二字訓同。集韻：⿰鬲圭，⿰巂瓦空也。或作窐、⿰巂瓦、⿰圭瓦。⿰巂瓦
下漏下字。此刪訓語，殊誤。
睽，異。又古攜反。咸按：手鑑、廣韻訓同。篆隸名義、
今本玉篇並作枯攜反。
奎，星名。咸按：手鑑、廣韻並如是。
湀，泉出通川。又古外反。咸按：廣韻出作水，餘同。

又按爾雅釋水：湀闢流川。集韻同。郝懿行云：湀闢，說文作湀辟，云流水處也。玉篇云：湀闢通泉。則湀闢聯語，廣韻，泉水通川。集韻，水通川。並誤删。又廣韻又音同此。廣益本玉篇作湀，間流泉。篆隸名義作間流泉，省湀字。

刲，割刺。咸按：涉園本廣韻作割刺。手鑑作剜刺也。又按左僖十五釋文作刺割也。此及廣韻並誤。

茥，缺盆草。咸按：同廣韻。今本玉篇作蒛盆，即覆盆也。蒛，蒛盆也。篆隸名義作覆盆。實似莓。蒛，蓋，羊。

⿰骨隹，六畜項中肉。咸按：玉篇、集韻並作六畜頭中骨也。此誤。

⿱艹睽，瓝⿰婁瓜亦作⿰癸瓜。咸按：廣韻如是。又按：玉篇：⿱艹睽，鉤⿱艹睽菇。一名王瓜。菇，⿱艹睽菇。瓜部：瓝，瓝⿰婁瓜，王瓜也。⿰癸瓜，瓝⿰癸瓜子。篆隸名義：⿰婁瓜，瓝⿰婁瓜。瓝，王瓜。

⿱圭虫，蠆〻。咸按：篆隸名義、今本玉篇、廣韻〻作也，此衍。

蝰，螝。咸按：篆隸名義、今本玉篇並如是。又按：玉篇：螝，蠶蛹也。名義省作蚕。此本隊韻胡對反，螝，蠀蛹。集韻：蝰，蟲名，蠀蛹也。⿰木奎，中鉤。亦作刲。咸按：篆隸名義、今本玉篇、廣韻作⿰扌奎，中鉤。此本正文誤。又集韻：刲或作⿰扌奎刲。蠵，大龜。咸按：廣韻如是。鑴，大錐。咸按：集韻：觿，角錐。通作鑴。玉篇：觿，形如錐，以象骨為之，以解結也。蜀，人姓。咸按：廣韻、集韻作姓也。䰛，甑下孔。或作窐。咸按：集韻：䰛，或作窐。手鑑、廣韻作甑下孔。玉篇作甑下空。篆隸名義省作甑空。

眭，菜眭。咸按：手鑑、廣韻並如是。

嶲，似馬而一角。亦作驨。咸按：手鑑：驨，似馬一角。驨廣韻、似馬一角。嶲，馬上同。篆隸名義省作馬一角。集韻、驨，通作嶲。爾雅釋獸：郝懿行云：張揖孔晁所見魏晉古本驨俱作嶲。釋文：驨本又作嶲。

鄰，離心。咸按：廣韻：鄰，地名，在東平慥，離心。此誤合。又按：集韻：鄰，說文紀邑，在安平縣。手鑑：鄰，邑名。

嵐，姓。亦作毒。咸按：篆隸名義、今本玉篇並作姓也。手鑑作人姓。又按：集韻：蜀姓也。或作嵐毒。廣韵未以為一文，此本分見前後。

尵、⿺尢奚。咸按：手鑑：⿺尢巂，或作⿺尢崔，今⿺尢崔⿺尢是，行惡。廣韵作⿺尢巂，⿺尢是⿺尢巂也。此誤。

⿰目开，⿰目开然，能視。咸按：廣韵：⿰目开，能視。上文及說文、玉篇俱作直視。

眭，深目。不胥規反。咸按：篆隸名義：眭，深目。今本玉篇作胥規切，人姓。又下圭切，目深惡皃。廣韵訓同。此本息為反有眭，則不當為又誤。

劃，削。咸按：篆隸名義、今本玉篇：劃，削也。手鑑：劃，廣疋云：挑、剜、封、劃，削也。廣韵同。今按：廣雅釋言：

劃，削也。疏證云〻說文，削，挑取也。卷四云，削，剜也。集韻〻引博雅，劃，削也。然玉篇〻剜，削也。手鑑亦云〻剜，刻削也。剗，剜刻也。則行均、陳郎所見廣雅似亦削也，而與通行本不同。

栘，榶棣木〻名。又余氏、以支二反。咸按〻玉篇〻栘，余支、成兮二切，棠棣也。棣，唐棣，栘也。榶，棣也。手鑑〻栘，棠栘木也。廣韻〻栘，棠栘木也。又余氏、以支二切。

睦，目瞀。咸按〻廣韻、玉篇並如是。手鑑〻睦，玉篇云，盲（叢刊本誤音）也。

36叶

佳韻

娃，行竈。咸按：篆隷名義、手鑑、廣韻、集韻俱從説文同此。

佳，美。咸按：禮部韻略同。玉篇、廣韻、集韻俱從説文作善也。

街，道。咸按：廣韻如是。

膎，脯。咸按：廣韻、集韻並從説文同此。

鞵，屩。亦作鞋。咸按：手鑑：鞋、鞵，屩屨之屬也。廣韻：鞵，屩也。鞋，上同。

㥜，膭㥜，心不平。咸按：手鑑：㥜，戶佳反，心不平也。膭字衍。

褑，袖。咸按：篆隸名義今本玉篇、手鑑、廣韻俱如是，集韻引裨倉作衣袖也。

援，挾。咸按：篆隸名義、今本玉篇、集韻俱如此。

牌，牓。咸按：玉篇、手鑑、廣韻俱如是。

鯶，魚名。咸按：廣韻、集韻如是。

簰，大桴曰簰。咸按：廣韻、集韻並同。手鑑作大桴，即筏也。玉篇作簰筏。

郫，縣，在蜀。又符羈反。咸按：廣韻：縣名，在蜀。又音皮。手鑑作又音皮，縣名。

犤，牛。又蒲池反。咸按：玉篇作牛名。又音陂。篆隸俗儀作牛蒲馳反。廣韵無又音。

㛏無訓。

䋿，青䋿綬。咸按：廣韵如是。殘本玉篇、集韵俱本説文作綬青紫。今本玉篇作綬紫青色也。此本及廣韵注䋿字誤，當為紫。

諣，讕惰。咸按：手鑑如是。廣韵作諣惰。集韵作惰讗也。

騧，馬色。咸按：爾雅釋畜：黄原誤白，依義疏正。馬黑喙騧。説文及詩小戎傳、篆隸名義、今本玉篇、集韵俱同。手鑑：淺黄色馬也。一曰黄馬黑喙也。

廣韻作馬淺黄色。此本刪誤。

蝸，〻牛，小螺。咸按：廣韻如是。

腡，手理。咸按：玉篇：腡，聲類云，手理也。篆隷名義、手鑑、廣韻俱訓同。

歐，姽〻。咸按：篆隷名義作媧姽。媧字誤。今本玉篇作歐欳猶歐姽也。手鑑作歐嬔。嬔當姽誤。集韻作姽也，亦誤。此本〻字應在姽上。

蛙，蝦蟇。咸按：玉篇、廣韻、集韻俱從說文同此。

絓，惡絲。喎，口戾。咸按：廣韻以咼爲苦緺切建首字，喎，上同。絓又在其下。此本誤隸蛙爲媧反下，當析為二。蛙字數三當改為一，絓當依切三列咼下。咼，涯補苦蛙反，始合。

柴，薪。俗作茦。咸按：廣韵無俗作柴三字。

祡，祭天。咸按：爾雅釋天：祭天曰燔祡。篆隸名義、今本玉篇從之。廣韵作祭天燔柴。此誤，删。

齹，齹䶩，齹不正皃。咸按：手鑑：䶩，齹䶩，齹不正皃。齹齹䶩，齹不正也。玉篇：齜，𪘏齜。䶩，齹不正。𪘏，同上。

茈，茈胡，藥名。又茲尓反。咸按：廣韵、集韵胡並作葫。無又音。

㷮，疵〻。咸按：篆隸名義、今本玉篇、手鑑、廣韻、集韻俱作瘦也。此誤。

㧘，積〻。咸按：篆隸名義作積。省也字。今本玉篇、詩曰，助我舉㧘。㧘積也。廣韻、集韻並作積也。此〻字當也誤。

輦，連車。咸按：篆隸名義、今本玉篇、手鑑、廣韻、集韻俱從說文同此。

釵，婦人岐笄。咸按：玉篇、廣韻並如是。

鞁，鞴鞁。鞴字薄布反也。咸按：廣韻鞁，鞴鞁，箭室。玉篇〻鞁，箭室也。集韻〻鞁，蜱儋，鞴鞁，箭室。手鑑作弓箭室也。

又，兩支。咸按：支，廣韻作枝。

䐤，瑕。咸按：玉篇：䐤，䐤腶，脯腊也。手鑑：䐤，腶䐤，脯也。廣韻同玉篇。集韻：䐤，脯腶。此省誤。

萃，外錯。咸按：廣韻作外雜之皃。集韻省之字。此誤。

䍧，䍧䍧，胡羊。咸按：玉篇、廣韻並作羺䍧，胡羊也。集韻作䍧羺，胡羊。手鑑：羺，胡羊也。此本本字當羺誤。

震，雨聲。咸按：廣韻、手鑑並作𩅦，雨聲。此誤。

16条

皆韻

䁴，草佳反，視皃。咸按：廣韻：䁴，視皃，莫佳反。篆隸名義：明佳反，小視。今本王篇作莫佳切，義同，並依說文。手鑑作莫佳反，視也。集韻：䁴，或作䁨。王篇見部：䁨，莫崖切。則此正文當䁴誤，草當莫誤。

皆，皆正作皆。咸按：集韻：皆，說文：俱詞也。或作皆。廣韻訓同。此論。又韻會本作皆。則此正文及首皆俱應皆誤。

階，級〻。咸按：王篇、手鑑、廣韻俱作級也。此二字衍。

膌，瘦〻。咸按：手鑑、廣韻並作瘦也。此二字當作也。

薢、二苦。咸按：爾雅釋草、篆隸名義、今本玉篇、集韻俱苦作苢，此誤。

痎、虎。咸按：篆隸名義：痎，老㾀。玉篇、廣韻、集韻俱從說文作㾀。此虎當㾀誤。

䶗、牝瓦。咸按：玉篇、廣韻、集韻牝俱作牡。篆隸名義作瓦下。此牝當牡誤。

𢹂、摩。二咸按：𢹂，古逸本廣韻同。澤存本、曹本及玉篇作𢹂，與廣雅合。集韻云：𢹂，摶雅。𢹂，攱拭也。或省。即𢹂。又玉篇作摩拭也。手鑑作揩摩也。廣韻作指摩。

豺，狼。掇瑣本下有屬字。咸按：篆隸名義同此本。手鑑、廣韻、集韻同掇瑣本

豺，山在五林。咸按：王篇、廣韻、集韻五俱作平，此誤。

赽，起去。咸按：同廣韻。又按：説文，赽，疑之等赽而去也。段注云：等赽是宜韵字，濡滯之皃。疑之故等赽而去。則起乃赽誤而多脱落耳。

埋，草皆及，藏。亦作薶。咸按：草，王篇、廣韻並作莫，此誤。

㥩，慧ニ。咸按：篆隸名義、今本玉篇、廣韻、集韻二俱作也，此誤。

崴，不平狀。咸按：篆隸名義、今本玉篇、手鑑、廣韻、集韻及撥殘本不上皆有崴㠕二字，此漏。

渨ニ淒濊濁。咸按：篆隸名義、集韻並同。廣韻濊作穢。

⿰齒褱，亦作⿰齒鬼。咸按：撥殘本亦上有⿰齒盈字，⿰齒褱誤⿰齒褱。今按：今本玉篇：⿰齒褱，⿰齒盈⿰齒褱也。⿰齒盈（⿰齒鬼同上）⿰齒盈⿰齒褱，戒狖之盥。篆隸名義：⿰齒褱、⿰齒鬼，同上。⿰齒盈，戒狖盥。集韻亦作⿰齒盈⿰齒褱，戒盥也。則此本及廣韻並漏⿰齒盈⿰齒褱聯語。此本又漏訓義。

28条

灰韻

挼，諾皆反。咸按：諾，廣韻作諾。

灰，俗作灰。咸按：韻會云，俗作灰，非。

㾯，黃白色。掇瑣本無。咸按：集韻：㾯，㾯𤺋，馬病。或作㾯。玉篇手鑑同。詩卷耳釋文：㾯，說文作瘣。釋詁釋文瘣字，林云，病也。篆隸名義同。今本玉篇：瘣，馬病。皆無本書此義，俟考。

悝，一曰悲聲。咸按：玉篇、廣韻聲作也。

䭸，師。咸按：玉篇、廣韻同。手鑑作帥也。今按：儁猟征傳：䭸，帥也。

楒，楒。咸按：玉篇、手鑑、廣韻俱作戶樞。篆隸名義作門上扉樞。說文作門樞。

䚘，角曲中。咸按：手鑑、廣韻並作䚘，曲角中也。集韻餵，訓同此，則此本誤。

焴，光色。咸按：篆隸名義、今本玉篇、手鑑、廣韻俱同。集韻色作也。

腜，胎經二月。咸按：自説文以下諸書俱無此訓，俟考。

櫰，木食多力。咸按：手鑑：櫰，木名，如棠而圓，實如木瓜，食之多力也。廣韻引山海經云：中曲山有木如棠而圓，葉赤，實如木瓜，食之多力。此本删削甚。

罍，酒器。或作鑘。咸按：篆隸名義：罍，酒器。金部：鑘，古欐。集韻：欐，或从缶，从金。

甑，檼。又救反。擬瑣本又下有力字。咸按：手鑑檼作櫽，此誤。王篇作屋櫽也。切語同。又按：此字廣雅釋宮：甍謂之甑。曹憲音溜。篆隸名義：甑，力因，反。廣韻、集韻沿原本王篇誤讀盧回切。

瓃，玉名。咸按：王篇、手鑑、廣韻、集韻俱從說文作玉器也。此誤。

椒，棺覆。擬瑣本作櫬。咸按：廣韻作櫬，集韻櫬或衣从木。此為木誤

蹪，蹪仆。咸按：手鑑、廣韻、集韻均作蹪，訓同。此正

文誤。⿰言追、⿰言朵,掇瑣本⿰言朵作譟。咸按:篆隸名義、今本玉篇、手鑑、廣韻、集韻俱從說文作譟也。此本誤。

槌、樀。亦作⿱⿰言隹土。掇瑣本槌作搥,樀作摘。咸按:篆隸名義、今本玉篇、手鑑並同掇瑣本,此本誤。又廣韻:搥、⿱⿰言隹土,上同。集韻以⿱⿰言隹土為塠之別體,獨異。

摧、折。掇瑣本作摧。咸按:篆隸名義、今本玉篇、手鑑、廣韻、集韻俱作摧,此本誤。

崔、〻嵬,與人姓崔者同音呼別。掇瑣本作字同音別。咸按:玉篇:崔,才回切,崔嵬,高皃。又音催。手鑑〻巋音罪，巋嵬，山皃也。集韻、崔或作巋，則掇瑣本是。

慛，傷〻。掇瑣本作傷。咸按〻廣韻作傷也。此本〻字衍。

檇，木擣。掇瑣本同。咸按〻廣韻〻檇，木有所擣也。集韻作以木有所擣也。

桵，擊。掇瑣本作挼。咸按〻玉篇、手鑑、廣韻、集韻俱作挼，擊也。此本誤。

陪，廁〻。掇瑣本無〻字。咸按〻手鑑、廣韻並作陪廁也。此本〻字衍。

輫、箱。擬續本同。咸按：玉篇、手鑑、廣韵、集韵俱作車箱。二本並漏車字。又篆隸名義作廣輫。玉篇：輫、車箱。名義作箱，省車字。

杯、盞。擬續本作似椀而淺。或作盃。咸按：手鑑：杯、與盃同。廣韵、集韵並以杯盃同字異體。

肧、肧胎一月。擬續本月下有匹尤反，正作胚。咸按：玉篇、集韵並從說文作婦孕一月。廣韵依手鑑、懷胎一月。篆隸名義作懷孕一月。

嵬、崔。擬續本注有亦作嵬阢。咸按：玉篇：嵬、崔嵬、高也。不平也。或作嵬。阜部：阢、崔也。亦作嵬。

21条

推韻

韗，亦作軘。掇瑣本亦上有車盛皃。咸按：篆隸名義：韗，盛皃。軘，同上。省車字。今本玉篇：韗，車盛皃。軘，同上。廣韻、手鑑、集韻俱同。此本漏義訓。

蓷，草名，益知。一名鵄葵。咸按：掇瑣本作鵻葵。益知當作益母。爾雅釋草：萑，蓷。郭璞注：今茺蔚也。葉似荏，方莖，白華，華生節間。又名益母。手鑑作草名，又益母也。鵻葵名無所見。

屦，履〻。掇瑣本無〻字。咸按：手鑑：屦，有頸履也。廣韻作履屬也。頸曰屦。

懮，又奴旦反。掇瑣本作懮，亦誤。咸按：正作懮。旦當作昆。

脧，亦作廋、餕。撥韻本廋作痠。咸按：篆隸名義：㞂，

脧字。今本玉篇：㞂，亦作餕。枸部：脧，亦作餕。聲類

又作㞂。廣韻、集韻並作㞂。作廋作痠皆誤。

殴，毅殴，笑聲。撥韻本同。咸按：手鑑、廣韻並同。校

記詳廣韻疏證。

毅，：殴。撥韻本同。咸按：廣韻同。校記詳廣韻疏

證。

𡖋，多。亦作奓。撥韻本同。咸按：篆隸名義：𡖋，多。今

本玉篇：𡖋，多也。亦作奓。廣韻：𡖋，多也。集韻引博

雅〻㚊，多也。

落，濡落。掇瑣本落作落。咸按〻廣韻同。

荄，又根，古諧反。掇瑣本無根字。咸按〻篆隸名義作根，草根。廣韻〻草根。又古諧切。集韻〻草根。

胲，奇，非常。又改胡改。掇瑣本下改字作反。咸按〻奇下落二字。

剴，木鎌。掇瑣本木作大。咸按〻篆隸名義〻大鎌。手鑑、廣韻並作大鎌。一曰摩也。同掇瑣本。

齸，牙。亦作𤘅。掇瑣本亦誤可。咸按〻手鑑、廣韻並作牙也。說文、篆隸名義並作齫牙。集韻〻說文齫牙也。或从牙。

晐，備。掇瑣本作晐。咸按：篆隸名義、今本玉篇、手鑑、廣韻俱作晐，備也。此本正文誤。

⿰來毛，毛起。亦作⿰糸來。掇瑣本同。咸按：毛起，同手鑑、廣韻。又玉篇：⿰來毛，亦作⿰糸來。廣韻同。集韻：⿰來毛，說文：强曲毛可以箸起衣。古省。或作⿰糸來。

鶆，鷞鳩。掇瑣本同。咸按：爾雅釋鳥：鶆鳩。郭璞注云：鶆當為鷞字之誤耳。郝懿行云：左昭十七年疏引樊光曰，來鳩，鷞鳩也。釋文亦作來，云或作鶆。來為正文，鶆為或體。字林：鶆鳩，鷹也。

睞，耕外土奮。咸按：手鑑、廣韻並作耕外舊場。集韻：舊場也，休不耕者。通作萊。篆隸名義：睞，萊字也。岸鄉：萊，地不耕。此本奮字誤。

徠，〻黷，大黑。綴績本徠還。又力代反。黖，〻黷，大黑。咸按：廣韻同綴績本。又按：篆隸名義：徠，還。今本玉篇：徠，還也。又力代切。手鑑同。又名義：黖，大黑。黷，黑。今本玉篇：黖，黖黷，大黑也。廣韻、集韻同。手鑑作大黑皃也。則此本誤并合。

涞，水名，出北。綴績本水名，在北地廣□。咸按：集韻引說文：水起北地廣昌。則二本並漏誤。

95条

真韵

灾，正作烖。咸按：篆隸名義：灾，烖。今本玉篇：灾，烖，同上。廣韻、集韻並同。此本烖字誤。

䁒，睽：。咸按：玉篇、廣韻：並作也。此誤。

敳，有所料理。咸按：篆隸名義作有治。今本玉篇作有所治。此本避唐高宗諱改治為理。廣韻省料字。

㱯，一曰癡。咸按：諸書俱無此義，俟考。

䐩，肥。咸按：玉篇作䐩，肥也。手鑑作肥皃。集韻同。

棓，人姓。咸按：集韻、作姓也。

眕，俗作眎字。咸按：手鑑：眎、眕音真，田界也。集韻：

⿰目今，俗作⿰目尔（原誤珎），非是。

振，抉振。亦作挋。咸按：玉篇：桭，屋梠也。栕，同上。集韵同。此本注文應作⿰木夬桭，桭栕。

磌，礩。咸按：玉篇：磌，礩也。集韵引埤雅：磌，礩也。

陯，山阜。咸按：玉篇、手鑑、集韵俱依說文作山阜陷也。此本漏陷字。

奄，大〻。咸按：玉篇、手鑑、廣韵〻作也字，此誤。

雞，⿰畾隹雞。咸按：同手鑑。玉篇、廣韵、集韵雞俱作雞。

⿰畾隹，玉篇以下諸書及爾雅釋鳥俱作鸓，說文作⿰畾隹，此誤。

茵，褥〻。咸按：手鑑：褥也。廣韻作茵褥。篆隸名義、今本玉篇作茵蓐。此本蓋衍〻字。

駰，馬文。咸按：集韻引說文：馬陰白雜毛黑。手鑑、廣韻並作白馬黑陰也。

捆，就。咸按：手鑑、廣韻、集韻、篆隸名義、今本玉篇俱從說文作捆，就也。此本正文誤。

茵，車中重席。咸按：篆隸名義：茵，茵蓐，虎皮重席。玉篇：茵，文茵，虎蓐。廣韻引說文：車重席，文茵，虎皮也。此同上文茵字，故複出。

絪，〻緼，元氣。咸按：玉篇：絪，絪緼，元氣也。

闉，〻城上閨門。咸按：手鑑、廣韻並作闉闍，城上重門也。此本闍應在城字上。又說文、玉篇作城内重門。篆隸名義誤曲城。曲重門，上曲衍，下曲當内誤。

辛，罪。咸按：玉篇辛部：辛，皋也。皋當作辠。辛部：辠，今作罪。此正文辛當辛誤。

[广農]，壯，糜。咸按：篆隸名義：[广農]，壯。省糜字。手鑑、廣韻同此本。

辰，重辰。咸按：篆隸名義、今本玉篇並作辰，重脣。此誤。廣韻作重名，亦誤。

杦，屋上。咸按：篆隸名義作屋上間人。玉篇、廣韻作屋上間杦。集韻引字林：屋間木人。四聲篇作屋上間，疑字林是。

㑼，妊。咸按：玉篇作妊身也。

叟，引。咸按：玉篇叟，舒仁切，引目。廣韻作晨，引也。集韻作眒、瞚，引目也。

麟，亦作麐。咸按：集韻作麐，同。篆隸名義作麐，麟字。

縝，狂。一曰欲仆。咸按：集韻：佷，欲仆也。縝，纑也。一曰縝紛，衆盛。狆，狂也。此誤合。

駗，馬色。咸按：切三作駖，爲驎之或體。今按：手鑑：駗，馬色也。廣韻同。

粦，鬼火。咸按：玉篇：粦，鬼火。或作燐、⿰火⿱艹粦同上。手鑑：燐，或作⿰火⿱艹粦，正。鬼火也。

鮁，魚名。咸按：玉篇、廣韻並作鱉，魚名。集韻從說文作鱉，魚也。

繗，紹〻。咸按：玉篇、廣韻、集韻俱〻作也，此誤。

槿，巨巾反，又己陵。咸按：玉篇：⿰矛堇，渠巾切，矛柄也。矝，同上。又居陵切。手鑑：矜，正。居陵反。与⿰矛堇同。⿰矛堇，巨巾反，矛柄也。廣韻：⿰矛堇，古作矜，巨巾切。則此本槿當穫誤，已當居誤，義訓亦漏。

敶，烈〻。咸按：玉篇：敶，除珍、丈刃二切，列也。亦作陳。廣韻：敶，古文。說文本直刃切，列也。集韻：敶，列也。今按：篆隸名義：敶，除珎反，列烈。即此所本，惟〻字衍。

趁，𧽳〻。咸按：篆隸名義、集韻並作𧽳也，此〻字衍誤。

瞋，秘書作眓。咸按：篆隸名義：瞋，昌真反。眓，同上。今按：集韻：瞋，秘書瞋从戌。今本玉篇：瞋，昌真切。眓，同上。疑集韻沿今本玉篇眓誤眓。

稹、纑＝。咸按、玉篇、手鑑、廣韻、集韻俱作纑也，此稾＝字誤。

腴、脊＝。咸按、同廣韻。玉篇、手鑑並作脊肉也。集韻作夾脊肉。

䖘，亦作兩虎爭。咸按、說文、手鑑、廣韻、集韻俱作兩虎爭聲。篆隸名義聲作音。今本玉篇兩作二。此本漏聲字。

圁，＝陽縣。咸按、同廣韻、玉篇、手鑑。漢志陽作陰，集韻亦云縣名，在圁水之陰，因以為名。

泿，漄。咸按、篆隸名義、泿漄。今本玉篇作漄也。亦作垠。名義土部：垠，岸也。今本玉篇亦云：垠，一曰岸也。與圻同。集韻：垠，岸也。通作泿。

䫰，頭憤滿。咸按：同手鑑。廣韻滿作懣。今按：篆隸名義作憤滿，玉篇滿作懣。集韻作頭憤。方言十二：眡，䫰，懣也。注謂憤懣也。錢繹云：廣韻憤疑憤之訛。咸補

瞋，恨張。咸按：同篆隸名義。玉篇、廣韻、集韻依說文作恨張目。手鑑作恨視皃。集韻瞋實經無皃字。

眴，眩。咸按：同廣韻。集韻作目眩也。篆隸名義、今本玉篇並云：眴，目搖也。眴同上。五音集韻、說文

眩，目無常主也。

榠，木名。咸按：篆隸名義：榠，大木可為鉏柄。今本玉篇：榠，木可以為鉏柄。廣韻、集韻並作榠。

恂，信心。咸按：篆隸名義、今本玉篇、手鑑、廣韻俱作信也。集韻從說文作信心也，同此。

椅，杝＝。咸按：集韻：杝，說文：木也。引夏書：杝榦栝栢。亦作椅。通作椿。椿，木名，櫇也。今本玉篇：椅，說文曰：杝也。篆隸名義：椅，杝字。故廣韻：椅，杝木別名。

檈，圜＝。咸按：玉篇、集韻並作圜案也。＝字誤。

跧，二反。咸按：廣韻無二字，此衍。

踆，追。咸按：篆隸名義、今本玉篇、手鑑、廣韻俱作退也，此誤。

巡，方行。咸按：玉篇、廣韻、集韻俱從說文作視行，方字誤。

揗，從，又摩。咸按：篆隸名義：揗，摩，從，同此。手鑑作摩揗也。玉篇作摩也。

畇，畇畇墾田辟。咸按：疑作墾辟田。集韻：爾雅，畇畇田也。郭璞曰墾辟。又，畇，墾田皃。玉篇：畇，詩云，畇畇原隰。注云，畇畇，墾辟皃。

𦃿，繞。咸按：玉篇：𦃿，繞𦃿也。集韻：方言，繞𦃿謂之⿰衤蔦裺。

⿺走敫，大皃。咸按：廣韻：⿺走敫，說文曰，走皃也。集韻無也字。玉篇作走也。此誤。

⿱山⿰旨攵文

顰，蹙眉々。顰，顰蹙皃。咸按：廣韻作顰，顰眉蹙也。依焦循孟子正義引文選弔魏武帝文注，孟子曰，嚬蹙而言。嚬蹙謂人嚬眉蹙顙憂皃也。廣韻蹙下落顰字。此亦誤。顰即顰衍誤。集韻顰，車也。殆亦衍誤。

⿰寶羽，亦作䮒。咸按：未詳。

⿰忄賓，蔽皃。咸按：《玉篇》、《廣韻》並作敬也。

櫄，似樗。咸按：《玉篇》杶，木似樗。櫄，同上。《篆隸名義》：杶、櫄字。《韻會》：杶，《說文》木也。孔氏曰：杶木似樗漆。《集韻》：亦作櫄。櫄，《韻》舊出櫄字，今正。

杶，杶幹。咸按：《集韻》，《說文》木也。引《夏書》：杶幹栝柏。亦作櫄。

醇，純美。咸按：《手鑑》作純也，美也。《廣韻》下有酒也二字。

鶞，鷹。上杶遺。咸按：《爾雅》：春鳸鳻鶞。則鷹應作鳸。上杶遺言上文杶下所遺。

肶，面頩。咸按：玉篇、韻會並作面頩。此誤。篆隸名義作面頩肥皃。頩即頩或體，見名義頁部。

顝，頭曲。咸按：玉篇、廣韻引說文作頭顝顝大也。手鑑作大頭也。集韻作頭大皃。此誤。

壹，鬱。又於芬反。咸按：玉篇壺部：壹，於芬切，壹壺。集韻作壹壺，不得泄凶也。

囷，廩。咸按：手鑑：囷，廩也。圓倉曰囷。集韻引說文：廩之圜者。圜謂之囷，方謂之京。此誤。

邲，美陽亭，即邠。咸按：玉篇：邠，亦作豳。

彬，文文。咸按：手鑑作文皃。

闅，〻越。咸按：廣韵文韵：闅，闅越也。此正文誤。

鴖，亦作⿱艹鴖。咸按：手鑑：⿱艹鴖，正；鴖，今。鳥似翠喙赤。玉篇作鴖，鳥名。⿱艹鴖，同上。廣韵：鴖，鳥，似翠而赤喙。集韵：鴖，或作⿱艹鴖。此正文注文並誤。

鍲，稅，亦作旳。咸按：集韵：鍲，博雅，稅也。或从民。⿰貝勺，稅也。此正文及旳並誤。

貧，乏貨。咸按：廣韵作乏貨，玉篇作乏財也。此本之當乏誤。

笥，竹心。咸按：篆隸名義作竹皮，廣韻作竹皮之美質，集韻作竹青皮。此本心字誤。

縯，繩細。咸按：玉篇作維持繩紐細者。此本殆依之刪省，然已大乖原意。

亲，栗々。咸按：集韻：亲，說文果實如小栗。引春秋亲傳，女摯不過亲栗。此々字當作也。

莘，地名，在虢。咸按：同廣韻。玉篇：莘，地名。集韻：莘，或作蓁。

㜪，氏名。咸按：廣韻無氏。玉篇作有㜪國。集韻作有㜪國名。

駪，馬名。咸按：同手鑑。

籸，粉字。咸按：篆隸名義、今本玉篇、手鑑、廣韻、集韻俱作粉滓。此誤。

侁，侁行聲。咸按：篆隸名義、今本玉篇並作：侁，侁侊，行聲。詩云，侊侊征夫也。

熒，熾〻。咸按：手鑑〻作也。廣韻作皃。集韻作火熾皃。

榛，大叢。咸按：手鑑、廣韻、集韻叢下俱有生字，此漏。

文韻

彣，青雜。咸按：廣韻青作赤。集韻：一曰青與赤雜。則此本青當赤誤，……。

紋，綾〻。咸按：玉篇同。手鑑作紋，紋綾也。廣韻〻

作也。

鴉，烏能吐蚊。咸按：爾雅釋鳥作鶉子鴉。玉篇：鴉，鶉子也。手鑑作烏名。

汶，水名。黏嘽。咸按：集韻：水名，在魯北。玉篇：水出朱虚山東。黏嘽見廣韵。

敲，摩上。咸按：同篆隸名義。集韻：敲，字林：麋上汁。玉篇、廣韵上並作也。

芸，青英可以死復生。咸按：廣韵、集韵青英並作芸草。

蕓、薹，二。咸按：篆隸名義作蕓薹，胡菜。集韵同。今本玉篇無胡字。手鑑作蕓薹菜名也。廣韻作蕓薹。此誤。
愪悅，動。咸按：手鑑、玉篇又悅也。集韻：一曰動也。
則此實有二義。
沄，轉。咸按：廣韻、集韻並引說文：轉流也。
煴，煙氣。咸按：玉篇：烟煴也，氣也。手鑑作烟煴，天
地氣也。
輗，輶輗，兵車。咸按：玉篇：輶輗，兵車。篆隸名義：輶，
兵車。手鑑：輗輶，輗輶，兵車名。廣韻亦作輶輗，此
誤。下輶〻輗足證。
蘊，〻積，束草。咸按：玉篇：蘊，聚草以爇火也。此束

草或由此引申之義，他書無所見。

棼，亦作燌燌。臧按：此謂賁為棼，棼別體，未詳。

棼，屋棟。臧按：玉篇、手鑑、廣韻、集韻俱從說文，上有棟字，此漏。

橨，枰。臧按：同篆隸名義。今本玉篇：橨，枰，枰仲木名。上林賦曰，華楓枰櫨。又博局也。是枰有二義，此謂博局，而與木名枰仲者異。

憤，飾飾。臧按：篆隸名義、今本玉篇、手鑑飾飾俱作也。此誤。

饋，正作餴。臧按：玉篇、手鑑、廣韻、集韻俱以餴為饋或體，此餘字誤。

㲉，多侵。咸按：集韻從說文作朋侵也。玉篇：㲉，朋也。篆隸名義作多侵。

薰，香。咸按：手鑑、廣韻、集韻俱作香草。此漏。

勳，功。勛，放〻。咸按：廣韻、玉篇俱以爲一字，此分列。

臐，膮。咸按：手鑑、廣韻並云：臐，羊曰臐，豕曰膮。此誤，植，字亦誤。

𤋮，火煙止山。咸按：集韻出𤋮、熏二體。此誤。止山作上出。

殷韵

芬，香。咸按：韵會如是。

岎，草初生香分布。集韵岎芬，或从草。此從說文訓，省其字。

慇，勤〻。咸按：玉篇、手鑑、廣韵並作慇懃。此誤。

勤，勤慇字亦從俗。咸按：韵會云：慇勤義同。監韵亦可押者收入，乃收慇字，不收懃字，非此即無懃字。又按：篆隸名義：慇，憂痛。勤，懃，懄。今本玉篇懃慇懃。慇慇懃懃，懄皃。說文云：痛也。

筋，⿱竹疑，竹〻物之多。咸按：集韵作从竹，竹物之多筋者。

31条

欣，或作忻、憘。咸按：玉篇、廣韵並云：欣，喜也。忻，喜也。此誤。

邩，鄰。咸按：手鑑：邩，鄰地名。集韵：一曰鄰也。

齗，齒根肉。咸按：同玉篇、廣韵、手鑑。[illegible]、[illegible]名，異作根肉，省齒字。

圁，縣名，在河西。咸按：玉篇、手鑑並：圁陽縣。此本同集韵。

元韵

源，亦作灥。咸按：集韵作厵。

杬，一曰藏卵。咸按：玉篇作煎汁藏果及卵不壞。手鑑同。集韵作皮厚汁赤，中藏卵果。

嫄，姜。咸按：姜下當有嫄字。禮部韻略有。

謜，測量。咸按：篆隸名義：謜，度量。

榞，木實甘，核味亦如之。咸按：篆隸名義作木皮實可食。今本玉篇作木皮可食，實如甘焦。集韻作實如甘蕉，皮核皆可食。

榬，亦作⿱竹袁。咸按：玉篇同。又竹部：⿱竹袁亦作榬。集韻：榬，或从竹。

⿺走亘，易田。亦作爰。咸按：同廣韻。玉篇從說文：趄田易居。集韻同，下有亦作爰。

暄，煖。咸按：廣韻煖，上同。集韻：煖或作暄。此或落亦作二字。手鑑：煖，又音暄。音當作誤。

吅，又和全反。咸按：手鑑、廣韻和並作私。

喛，恚。咸按：方言卷六：喛，恚也。不欲譍而強荅。

愋，恨。亦作㥯。咸按：集韻：愋，一曰很也。或作㥯。王：編作恨也。

讙，䚴。咸按：手鑑、廣韻並作䚴。

䚲，牛角一俯一仰。咸按：同手鑑。集韻俯作頫。

翧，飛來。咸按：同手鑑、廣韻。篆隸名義來作見，集韻作也。

灇，水波。咸按：王、編：灇，波也。

鑮，廣斧。咸按：手鑑、廣韵、集韵俱作廣刃斧。此漏刃字。

䝻，生。咸按：樂記，毛者孕䝻。釋文，䝻音育，生也。徐又扶袁反。段注說文䝻下云作䝻者，樂記假䝻為育而轉寫致譌也。咸按：徐時已誤仍為番聲，故讀扶袁反也。玉篇弋粥切，又扶袁切。

襎，袢〻。咸按：廣韵作旛也。

絆，縐絺。咸按：廣韵引詩蒙彼縐絺，此即縐絺之誤。

襎，帊〻。咸按：方言四：襎裷謂之幭。注，即帊幞也。篆隸名義作帊襆。今本玉篇作幞也。手鑑作襎卷，帊幞皃。

莧，遠志。咸按：篆隸名義、今本玉篇、並同。王鑑薳，遠志藥名。

上

甗，通俗作甗。咸按：廣韻無異體。王鑑作甗。

鞔，量物。亦作鞔。咸按：玉篇作量物之鞔也。鞔同上。王鑑作量物具也。集韻同玉篇，並從說文。此本物下應有具字。

䡣，車前輕。咸按：同廣韻。王鑑作車前攀。集韻：䡣，車後重曰䡣。

靬，就革。咸按：同篆隸名義、王鑑、廣韻、集韻。今本玉篇作乾靬。

鞬，馬上盛矢器。韄，咸按：篆隸名義：鞬，韄，上字。今本玉篇同，手鑑韄作韄。

腱，筋肉。一曰筋頭。咸按：集韻引博雅：膂腱肉也。又篆隸名義、手鑑、廣韻並作筋頭，此誤。

健，亦作犍、鬻。咸按：玉篇鬲部：鬻，或作健。集韻：健，或作鬻、犍。

鬻，古。咸按：廣韻、集韻並以為健異體。

蔫，菸，草。咸按：廣韻草作也。集韻引博雅：蔫，菸，葾也。玉篇：蔫，菸也。

魂韵

赶，舉尾去。咸按：篆隸名義去作文，今本玉篇、手鑑、廣韻、集韻俱從說文作走。

鼲，出丁零。咸按：集韻同。

昆，一夷。咸按：未詳。

褌，涼衣。咸按：手鑑作內衣，廣韻作褻衣。

歎，不可知。咸按：篆隸名義、今本玉篇、廣韻不可知上俱有歎干二字，此漏。

璊，亦作璊。咸按：玉篇璊、玧同上。此誤。

惛，不惓。咸按：篆隸名義惛，不瞭。今本玉篇作不、明。廣韻同。集韻：惛，或作怟。

顑，頭多殟。咸按〻篆隸名義〻殟，殙。集韵引博雅〻殙殟，病也。殙，或作顧。手鑑〻顑，頭名。殟顐。名疑多誤。

蓀，草香。亦作葇。咸按〻玉篇〻蓀，香草也。葇，同上。手鑑、廣韵同、集韵〻蓀，說文〻香草。或从巽。此誤。

飱，〻餅。咸按〻廣韵、集韵並作飱。手鑑作飱。韵會亦作飱。云〻本从夕作飧，謂人旦則食飯，夕則食飧。飱為飯別名，當作飧。今又作飱。

樽，酒器。亦作罇。咸按同玉篇。集韵〻罇，通作樽。韵會云〻案說文尊本酒器字，禮韵以尊為尊卑之尊，別出樽字，亦作罇。然樽乃林木茂盛之字。

敦,鄉名。都昆反。俗敦。咸按:鄉名在反語上,且無所見,疑衍。俗敦,亦未詳所出。

𤭢,似甌。𤭢。咸按:𤭢,手鑑、廣韵作𤭢。

弴,弓。又子孫。又或弤。咸按:弓上,篆隸名義、廣韵並有畫字。玉篇:弴,弤,同上,畫弓也。手鑑:弤,或作弴,通;弴,正。

驐,亦作旽。咸按:篆隸名義、今本玉篇、集韵並如是。

啍,口氣。咸按:篆隸名義、集韵並同,手鑑作口氣皃。

⿰虫享，⿰虫咼：。咸按：篆隸名義、今本玉篇、廣韻、集韻俱作⿰虫敦⿰虫咼，此誤。

肫，豕子。亦作豚。咸按：手鑑：豚，正。肫，今。方言云，豕子也。集韻：豚，通作肫。

⿰瓜屯，⿰品瓜。咸按：⿰虫瓜（玉篇）⿰品瓜⿰虫瓜。⿰瓜昷，⿰瓜昷⿰瓜屯，瓜名。篆隸名義：⿰瓜屯，⿰瓜昷。手鑑同玉篇。此誤。

奔，正作⿱大⿰牛卉。咸按：集韻作⿰牛卉。手鑑：⿰牛卉，与奔亦同。

臀，坐處。⿸尸⿱丌几，尻。咸按：廣韻：臀，說文作⿸尸⿱丌几。按：韻會云，丌几从尸，下丌居几。徐曰：所坐几也。此殆與同尻當作尻。玉篇：臀，臋類云，尻也。

窀，犬見穴中。咸按：同集韻。手鑑、廣韻犬作火。

鶼，如鶼，六尺。咸按：王篇作鳥如鶼，白身，赤尾，六足。廣韻尾下有三目二字。集韻引山海經亦作六足。此尺字誤。

論，說文力句又盧銚三反。咸按：廣韻作說也。又力句盧銚二切。此本文當也誤，又當反誤。

⿰曲頁。咸按：王篇、手鑑、廣韻、集韻俱作頔，此誤。

髖，髀上。咸按：王篇、手鑑、集韻同。

⿰夕昏，亦作⿰昏頁。咸按：王篇、篆隸名義、手鑑、廣韻俱作殙。集韻：殙或作⿰昏頁。此正文、注文並誤。

3条　75条

馩，晉有。咸按：廣韻：馩，香也。亦人名，姚興太史令郭馩。奴昆切。此脫誤。

痕韻

摀，所以平量。咸按：玉篇但作樢，平量也。廣韻量下有斗斛二字。集韻作平量木。

跟，亦作垠。咸按：玉篇、廣韻並云：或作根。集韻或从止。此渺誤。

衮，亦作熅。咸按：篆隸名義、今本玉篇並云衮熅，同上。廣韻、集韻亦作熅。此誤。

寒韻

寒，冰。咸按：集韻引說文作凍。篆隸名義作凍。

⿱艹寒，～蔣草。咸按：篆隸名義、今本玉篇無草字。廣

衮

韻同此。集韻蔣作漿。

鳱，白鳱。咸按：篆隸名義：鳱，何旦反，雗，鶾。鶾上省白字。今本玉篇作何干、何旦二反，白鳱，雉也。又云，鷽也。集韻作鳱、鳱鷽，即山鵲。惟爾雅釋鳥鳱雉雗雉。郭注，今白鵫也。江東呼白鳱，亦名白雉。然釋文：鳱，户旦反，非此音。

豻，貚屬。咸按：篆隸名義作胡犬。今本玉篇作胡狗。浮貚作胡地狗，似狐而小。集韻作胡地野犬。

藿，葦々。掇唄本作藿，藿葦。

緪，綾々。咸按：篆隸名義、廣韻〔本緩〕作緩也。今本玉篇作絙緩也。

峘，山。咸按：玉篇、手鑑、廣韻、集韻俱從爾雅作大山也。此删。

羱，羊〻。咸按：正文原誤羱。篆隸名義莧部：莧，羊細角。省山字。今本玉篇作莧，山羊細角也。手鑑羱，俗。羱，正。山羊細角而形大也。集韻：莧或作羱。

一一見

㾱，病皮。咸按：手鑑、廣韻作皮病。篆隸名義、今本玉篇並作病也。從廣雅。

貆，鶩。咸按：篆隸名義、今本玉篇、手鑑、廣韻俱從說文訓貉。此誤。

麺，無訓。咸按：集韻引說文作丸之孰也。廣韻作丸熟。手鑑誤丸屬。

垸，桼和骨。咸按：玉篇引說文云：以桼和灰而髹也。廣韻骨下有灰上二字。此漏。

莞，蒲。咸按：篆隸名義：莞，莧字。莧似蒲圓，小蒲。集韻引郭璞云：今西方人呼蒲為莞蒲。

萱，葦〻。咸按：玉篇、廣韻並作董類。掇瑣本同。手鑑作乾董也。則此葦當董誤。集韻作似董葉木。〻字衍。

鑾，車。咸按：掇瑣本下有鈴字。此落。

眢，曰目精。咸按，廣韻作一曰目無精。篆隸名義、今本玉篇並從説文，目無明。則此漏一字。無字。

緜，在鉅。咸按，掇瑣本及集韻鉅下並有底字，此漏。

灓，水清。咸按，篆隸名義作清，知此本沿原本玉篇誤。掇瑣本及集韻並作濱。

繳，米或不解。咸按，掇瑣本作迷惑不解理。一曰欠皃。今按，篆隸名義、今本玉篇並作不解理。集韻作心惑不悟皃。此本米或當迷惑誤。又漏一曰欠皃四字。

蘞，言採其葪。掇瑣本葪作莭，音力欠反，亦作蘝。咸按：玉篇蘞、蘝同上。篆隸名義同。

曫，日旦昏時。掇瑣本作曫，旦作旦。咸按：集韻、曫，說文，日旦昏時。曫，目昏也。此本混誤。

刓，削。咸按：篆隸名義、今本玉篇並同。掇瑣本及手鑑作圓削

飢，餌〻。掇瑣本無〻。咸按：篆隸名義、今本玉篇、手鑑、集韻俱作餌也。此〻當也誤。

攢，木叢。掇瑣本作欑，木叢。咸按：玉篇、廣韻並作欑，木叢也。當從集韻作叢木。

穳，亦作纂。咸按：玉篇、廣韻、集韻纂俱作纂，此誤。七
騅，馬名。掇瑣本作驩。咸按：篆隸名義、今本玉篇、手鑑、集韻俱從說文作驩，馬名，此誤。
貆，〻貉。掇瑣本作貉之子。咸按：篆隸名義、手鑑並作貉屬。玉篇作貒子貆。貒、貉同。
鸛，亦作鵍。掇瑣本作鵍。咸按：手鑑鸛、鵍，或作，同上。篆隸名義：鸛、鵍，同上。鵍誤。
酄，邑名，在魯郡。咸按：同廣韻。手鑑但云邑名。左桓三年傳注：讙，魯地，濟北蛇丘縣西有下讙亭，非魯郡矣。

貛，亦作犿。咸按：犿，玉篇、手鑑、廣韻俱作猏。集韻亦云通作猏。此誤。

貒，貒腞。咸按：爾雅釋獸郭注：貒，豚也。方言卷八郭注同。手鑑：貒，野豚，似豕而肥也。本字林。篆隸名義、玉篇並作豚。則此腞當豚誤。

煓，漢太上后皇妃。掇瑣本作漢太上皇名。

𪏼，黃色。咸按：同手鑑。篆隸名義作黑黃色。玉篇、廣韻並作黃黑色。從說文。

䵯，上同。咸按：玉篇：𪏼，他官切。或作煓、䵯，吐丸、吐門二切，黃色。手鑑：䵯，他昆反，黃色。廣韻亦不與顓爲一字。

耑，正。端，首。咸按：手鑑山部：耑，亦正也。韻會：耑，通作端。增韻：物之首也。集韻：端，一曰正也。

塼，又都耎反。咸按：篆隸名義作都丸反。玉篇旨兖切。廣韻之耎切。

鑽，又子玩反。掇攢本下有鑽剡二字。咸按：手鑑：鑽，鑽剡也。

轒，曲轅。咸按：手鑑作車曲轅也。集韻引說文作曲轅轒縛。此有刪省。

棺，小椁。掇攢本作々椁。咸按：玉篇作棺椁。

貫，係。俗作貫。綴縝本作穿。俗作毌貫。咸按：篆隸名義：貫，係也，穿也。今本玉篇同。集韻作穿也。諸書無異體。

毌，穿物持。咸按：同。篆隸名義、廣韻、集韻本說文下有之也二字。

搏，搏風。咸按：手鑑：搏，搏風也。集韻：䬪，搏風也。

霻，零露。咸按：篆隸名義：霻，徒桓反，零露。

簞，小崔。綴縝本作小雀。咸按：篆隸名義作小雀，手鑑作小雀。此本崔當雀誤。

嶧，山名。見綴縝本匣字下。咸按：玉篇作嶧孤山。

竿，竹〻。掇瑣本〻作挺。咸按：今本玉篇同此。篆隸名義同，掇瑣本從說文。

肝，〻腸。掇瑣本作心，金藏。咸按：篆隸名義、今本玉篇、集韻俱從說文作木藏也。

鳱，〻鵲鳥，知來事。掇瑣本作〻鵲鳥，知未來事。鵲字或作雚。又口沃反。或作雅雒字。古沃反。咸按：集韻作雅雒鵲也。知未來事者。

盂，〻盾。掇瑣本盂盤。戰盾。咸按：玉篇：盂，盤也。盂當盂誤。又玉篇戈部：戟，戟盾也。手鑑、集韻並同。此本誤合。

鄣，地名。咸按：掇瑣本及篆隸名義、今本玉篇、手鑑、集韻俱從說文作鄣，地名。此本正文誤。

耿，矢貫因。咸按：掇瑣本及玉篇、篆隸名義、集韻俱從說文因作耳，此誤。

唌，歎〃。掇瑣本無〃字。咸按：篆隸名義、今本玉篇、集韻俱作歎也。此誤。

磻，磎〃。咸按：掇瑣本及手鑑並作磎也。此誤。

䰉，〃頭屈髮為之。咸按：掇瑣本及韻會引廣韻並同。手鑑作䰉頭屈髮也。

般，又博干反，數。咸按：手鑑作蒲官反，樂也。集韻：

般，亦數別之名。

槃，〻曲。

鱉下色。咸按：同手盤、廣韻。篆隸名義、今本玉篇、集韻俱依說文有鱉姍二字。

蟠，木〻。咸按：玉篇、蟠步安切，大也。集韻：蟠，大也。此木或大之誤，又衍〻。

鷿，〻鶅宵飛。撥鎖本鷿作鶅。咸按：玉篇：鷿，鳥形人面，名鷿鶅，宵飛晝伏。集韻引山海經作鷿鶅。此誤。

靬，口旦反，綴纘本口作旦。咸按：字鑑作苦旦反，疑此本口旦為苦旦之涉誤。

刋，削〻。綴纘本無〻。咸按：玉篇、字鑑並作削也。〻當也誤。

栞，槎木。綴纘本作栞。咸按：玉篇、集韻並作栞，此誤。

臤，又間、口耕反。綴纘本作臤口間、口耕二反。咸按：玉篇作口閒、戶千、口耕三切。此本間上漏口字。

謾，謾欺慢言。攷證本慢作謾。咸按：篆隷名義作

謾，欺。集韵、玉篇並同。

⿰酉滿，⿰酉滿醭。咸按：篆隷名義：⿰酉滿，醭。醭，醬。手鑑：⿰酉滿，醭。醭，⿰酉滿，

醬上白也。集韵：醭，⿰酉滿，醬醋敗。

芇云弥反。攷證本芇亡殄反。咸按：手鑑：芇，母官

反，相當也。集韵依說文作芇。

飡，正作飱。咸按：篆隷名義：飧，夕食。今本玉篇作

飧、餐、飡，同上。手鑑以喰、飡、飧、餐、飡同字，倉安反。

集韵：俗作飡，非。

讕，又言誕。誣讕。攷證本作又力誕反。咸按：篆隷

名義作力但反，以誣言相加被。今本玉篇同。此本誕下漏反字。

讕，謫〻。按：續本無〻。咸按：篆隸名義、今本玉篇、唐韻、廣韻、集韻俱云謫也。此〻當作也字。

殘盞盞殘。咸按：篆隸名義、今本玉篇、廣韻、集韻俱從博雅作盞殘。

𣦼，𣦼。按：續本作𣦼。咸按：篆隸名義，𣦼，在安切，穿。今本玉篇、集韻並依說文作殘穿也。此本正文誤。

帴，狀。按：續本作帴，帗。咸按：篆隸名義，帴，思爛反，帗。

帗，一幅。省巾字。此本狀當帗誤。

攤，蒲〻。掇瑣本攤，蒲攤之攤。咸按：廣韻作攤蒲，賭博。

灘，水名。掇瑣本作水灘。咸按：同手鑑、廣韻。玉篇：灘，水灘也。灘，同上。

讕，〻謾，欺謾。掇瑣本〻謾，欺謾言。又几山反。咸按：集韻：讕，方言，讕謾，欺語。手鑑作讕謾，欺慢言也。玉篇作讕謾，欺也，慢言也。欺下也字衍。此本次謾下漏語字。又几山，手鑑、廣韻山韻並作陟山切。

𦧺，〻硟，言不正。咸按：硟，篆隸名義、今本玉篇、手鑑、集韻俱作誕，此誤。⿰壺瓦，〻胡，大甎。掇瑣本同。咸按：同篆隸名義。胡，今本玉篇、手鑑、集韻、五音集韻俱作瓳。⿸虍甶，時居。掇瑣本時作峙。咸按：同今本玉篇。篆隸名義、手鑑並同此本。跚，〻蹣，大行皃。掇瑣本跚，蹣跚，伏行皃。咸按：篆隸名義、今本玉篇並作蹣跚，旋行皃。手鑑作行皃也，集韻作跛行皃。則此〻蹣倒誤。頇，許安反，又胡安反。掇瑣本有顢頇，大面皃。咸

删韻

按：玉篇、集韻並作顢頇，大面。此本漏。

⿰齒去，北潘反。掇瑣本有部、黨二字。咸按：篆隸名義：⿰齒去，方丹反，部。（集韻删同。）今本玉篇部誤都。手鑑同掇瑣本。

⿰歹冊，單于名。掇瑣本同。咸按：玉篇：⿰歹冊，漢書云，稽侯姍，應劭音訕，李奇又音山。匈奴傳：呼韓邪單于名。手鑑作單于别名也。廣韻同二本。

絣，織毋貫杼。咸按：玉篇作織緯以絲貫杼也。本說文。廣韻同此本。

還，旋。掇瑣本作返。咸按：篆隸名義：還，返，旋。今本玉篇作返也。廣韻、手鑑並作反也。

駽，又音絃。咸按：王編、手鑑並作⿰馬玄，音玄（胡涓切）馬一歲。此絃誤。

庋，屋牝瓦下。咸按：同王編、集韻。手鑑作屋牡瓦名。牡誤。

斑，又百關反。咸按：未詳。

鳻，大〻鳩。咸按：手鑑、廣韻作大鳩。

朌，瓜瑞。切三作分瑞。咸按：集韻：⿰瓜分，瑞瓜。此正文當作⿰瓜分。切三分當瓜誤。

⿱髟般，半白。咸按：半上，廣韻、集韻並有髮字。

⿱癶美，賊事。咸按：同廣韻。集韻賊作賦。

15条

班，亦。咸按：此重出。
攀，或作板。咸按：篆隸名義、今本玉篇、廣韻、集韻
板俱作扳，此誤。手鑑：扳，古文攀字。
廗，五還反。咸按：手鑑：廗，五還反，廗癉也。玉篇又
音同上。篆隸名義、廣韻、集韻並作廗，此誤。
豩，呼關反。豩豕。咸按：反語同集韻。又豩，篆隸名
義、集韻並從說文作二，此誤。
援，几爲反。援。又所山反。咸按：篆隸名義、今本玉
篇並作丘山反。集韻丘顏切、居關切有援。且所
山雙聲，不成切語。

山韵

嫺，雅〻。咸按：玉篇、手鑑、廣韵並作嫻雅。

⿰馬閒，馬目白。咸按：篆隸名義：⿰馬閒，一目白。省馬字。今本玉篇：⿰馬閒，馬一目白。手鑑作馬目白。集韵：說文，馬一目白曰⿰馬閒，二目白曰魚。則此本、手鑑並漏一字。廣韵不漏。

瞯，人目白〻。咸按：篆隸名義作目白，省人字。手鑑、廣韵並作人目多白也。此本〻字衍。

鷳，白閑鳥〻。咸按：玉篇：鷳，白鷳也。亦作鷴。廣韵、集韵訓同。手鑑：鷳，或作鷴，白原誤曰鷳似雉，尾長四五尺也。此本〻字衍。

蕡，莖餘。箴按：同廣韻。玉篇作莖餘草莖也。集韻作莖餘草。

覵，亦很視。或作覸。箴按：篆隸名義覵，楷間反，畏視。覸，欣衣反，見兩而止息。今本玉篇作很視也。覸訓本說文，同名義、集韻。則二字音義並乖，此誤。

掔，堅慳。箴按：篆隸名義、今本玉篇並作堅也。

虥，虎淺文皃。箴按：廣韻文作毛、昨閑反。此二等韻而有從紐，實為類隔。又按：釋獸釋文鄭昨閑反，字林士山反，此因音同而字異耳。廣韻先出士山，後出昨閑，已為失例。此又猥出昨閑，盡以士山切諸字附之，尤非。

鬜，髮禿。咸按：集韻在此紐。又下有皃字。玉篇作鬢禿也。手鑑作禿鬜也。篆隸名義但作禿。

㙴，門聚。咸按：同廣韻。玉篇引埤蒼曰：㙴門聚，在睢陽。手鑑同。集韻下有名字，蓋㙴門為睢陽之聚名。

輚，軒。咸按：同廣韻。玉篇、集韻作輣，是。

虥，虎奴。咸按：廣韻奴作怒，本説文。手鑑作虎怒皃。篆隸名義但作怒，皆虎字。

19条

⿰口閒，亦作狠。咸按：廣韻三字在⿰犭閒下。集韻亦云：⿰犭閒，通作狠。

黰，深黑。咸按：集韻：黰，或作黫、⿰黑乙。今按：篆隸名義、今本玉篇並云：⿰黑乙，深黑也。

殷，又於斤反。咸按：廣韻、集韻下俱有赤黑色，此漏。玉篇引左傳杜注：今人謂赤黑為殷色。

媥，又百閑反。咸按：未詳。

孄，力闌反。咸按：廣韻作力閑反。

穵，穴中見犬。咸按：集韻同，字作窀。

嫚，於鰥反，媚。咸按：集韻作嬽，逶鰥切，容媚也。

趙少咸文集

趙少咸 著
趙吕甫 整理

故宫博物院王仁昫切韵校記

下

中華書局

先韵

蹮。旋。咸按：廣韵作旋行皃。

歬，進。咸按：見集韵。韵會引增韵，又進。

葥，〻葫，薻草。咸按：同廣韵，王芻似梨。集韵：王彗也，似藜，可為帚。

箈，籠，子田反。䥶。咸按：篆隸名義：箈，子田反，絮篢。䥶字。今本玉篇：箈，才田、子田二切，說文曰：蔽絮篢也。䥶，同上。廣韵同。

騚，四驕白。咸按：篆隸名義作四蹢白。今本玉篇：漢術馬宗，馬四蹄白。此本驕當蹢誤。玉篇：蹢，蹄也。

阡，亦杜俗。咸按：玉篇：蒼頡篇，三里曰阡。廣韻、集韻同，此本杜當阡誤。

仟，人長。咸按：手鑑：仟，長也。玉篇引文字音義云：千人之長曰仟。集韻同。廣韻：仟，千人長。此本漏千字。

千，進。咸按：玉篇、篆隸名義、廣韻、集韻俱作迁，進也。此誤。

牋，亦作⿱前米、⿱前巾。咸按：玉篇：⿱前巾，或作⿱前米、牋。沐鄉：⿱前米，古文牋。篆隸名義：⿱前米，箋、牋、⿱前巾等字。

漹，水名。咸按：集韻：漹，或作溩。

蓮，草。咸按：集韻，作草皃。此漏。

⿺辶聿。咸按：玉篇作建，集韻作⿺辶聿。此誤。

𦧲，𦧲蟬，語不正。咸按：手鑑：𦧲，𦧲嘽，語不正皃。嘽音田。𦧲也。廣韻作𦧲嘽。集韻同。玉篇：𦧲，他連切，𦧲嘽。嘽，他干切，嘽𦧲，言不正。篆隸名義同。則此本蟬當嘽誤。又嘽𦧲雙聲聯語，可以互倒

吞，又吐根反。咸按：很當作根。

祆，呵憐反，胡神。訢，訶。咸按：此二字集韻俱在天紐。廣韻天紐無祆。玉篇作阿憐切。

⿰扌玄，縣名，在陳⿰阝來。⿰巾蜀，布布。咸按：同廣韻。玉篇：⿰扌玄，縣

名。巾部㡉，布也，出東萊。集韻㡉，布名，出東萊㡉𢄙。㡉，縣名，在東萊。今按漢書地理志東萊郡作惤。則本書及廣韻、集韻俱沿玉篇誤。又此本㡉亦誤。

肩，亦作肩。咸按：集韻：肩，或从户。

絚，堅ミ。咸按：集韻：經，或作絚。

絃，琴ミ。咸按：集韻：絃，八音之絲也。通作弦。

胘，肝ミ。咸按：廣韻作肚胘。

娹，有守。咸按：篆隸名義、今本玉篇、集韻俱從弦女；娹，有守也。此誤。

礥，難。〻。咸按〻王篇、廣韻並作⿰口賢，難也。篆隸名義、今本王篇〻礥，難見集韻〻礥或作⿰口賢。此本〻誤。

蜆，縊女。咸按〻見爾雅釋蟲、王篇、集韻。

⿰木玆，地名。咸按〻見前。此本正文誤。

燕，又作鄻。咸按〻王篇燕部〻燕，於先切，國名。邑部〻鄻，於田切，地名。集韻亦不以為一字。

⿱竹燕，竹〻。咸按〻王篇、廣韻、集韻並作竹名。此誤。

纏，〻纏，寒具。咸按〻同廣韻。又按集韻〻⿺麥耑，⿺麥耑⿺麥婁，寒〻具。殘本王篇〻纏字書，纏縷，不解。集韻入仙韻，本書仙韻無，當在此。

䴵,〻⿰麥婁,餅⿰麥婁。咸按:餅,篆隷名義、今本玉篇、手鑑、廣韻俱作餅,此誤。

昀,地名,在絳。咸按:同廣韻、集韻。内府本、曹本廣韻作盷。玉篇目部:盷,徒賢切。

蟬,蜓蟬。又時延反。咸按:此誤,詳前。

碩,聞。咸按:韻會、春秋傳:隕石。注:聞其碩然。或同此。

齴,牙。咸按:玉篇、廣韻並作齴,此誤。

驔,馬項白。咸按:玉篇、手鑑、廣韻項俱作頷,此誤。

驒,〻騱。咸按:騱,篆隷名義、今本玉篇、手鑑、廣韻集韻俱作騴，此誤。

屓冢〻。咸按：手鑑、集韻並作屓塚也。廣韻作屓，屓塚。此本〻誤。

麉。咸按：注文漫漶殘缺。依王篇、廣韻，當作鹿絕有力。又五賢反。說文作鹿之絕有力者。手鑑、集韻作鹿有力。篆隸名義皆為有力。

蛢，螢火。咸按：廣韻作蚈，集韻作蚈，此誤。

𤩲盞〻。咸按：注，手鑑、廣韻作醆。王篇、集韻作椀也。此誤。

聑，佳聽〻。咸按：廣韻作聧，注意而聽。王篇、集韻並引聘[illegible]〻注意聽也。篆隸名義作眼聽。此本正文疑誤。

軿，四面屏蔽婦。搢鐀本下有人車二字。咸按：集韵：軿，婦人車四面屏蔽者。王篇作以自隱蔽之車也。

眫，益〻。搢鐀本作眫，益也。咸按：此本〻當作也。

腁，國也。楄。見搢鐀本眫字下。此漏。

㢶，弓勢。咸按：同廣韵。集韵：勢或為弩。

蛸，橈。咸按：韵會引考工記盧人注：蛸，橈也。

涓，水流。咸按：手鑑作水流皃也。王篇、廣韵、集韵

仙韻

從說文作小流也。

編，步蕑反。掇瑣本作方蕑反。

積，亜蕑反。掇瑣本作北蕑反。

偏，身不正。咸按：王編傷或蹁字，足不正也。篆隸名義、集韻並作傷。此誤。

秏，毡毡。掇瑣本注作蜀，同篆隸名義。手鈔、王編、廣韻及集韻引博雅：秏毡，蜀也。此漏誤。

湔，在蜀。掇瑣本下有王壘山。咸按：王編有出王壘山四字。

燃，燒上。從火。掇瑣本作上然。从火已是燒，更加火，

非同梁加木失。集韻俗作燃非是。十

⿰犭然，獸名質黑文。掇瑣本作獸白質黑文。咸按，集韻作色青赤有文。此本質上落白字。掇瑣本白上漏名字。

⿱竹然，竹〻。掇瑣本無〻。咸按，篆隸名義、今本玉篇並作竹名。集韻下有由音也三字。此〻誤。

⿱艹難，草〻。掇瑣本無〻。咸按，篆隸名義作草。集韻引說文：草也。此本〻當作也。

筵，席〻。掇瑣本無〻。咸按，篆隸名義、今本玉篇並作席也。此本〻當作也。

郔，地名。撥䜩本作郔。咸按：玉篇：郔，鄭北地。手鑑
同此。此正文誤。
趄，相顧視。咸按：同撥䜩本。廣韻作𨓈。集韻：𨓈相顧視而行也。
餰，亦作糮。撥䜩本作糮。咸按：篆隸名義：餰，⿰飠建字。
饘。米部：糮，饘。䊔，同上。今本玉篇同。文諸延反下
撥䜩本有粥字。
襢，〻旗。撥䜩本作襢。咸按：同集韻。
鸇，亦作鷏。撥䜩本正文作鸇，注作鸇。咸按：篆隸
名義：鸇，鷏，同上。今本玉篇：鸇，鷏，鸈，二同上。
甄，居延反，姓。撥䜩本作察。一曰免。又職憐反，入

姓。咸按：手鑑：甄，音真，器也。又姓。又居延反，免也，識也，察也，亦姓。廣韵無人姓二字。祭當察誤。

邅，又直連、持戰二反。擬：擬本有迍邅二字。咸按：手鑑：邅，陟連反，迍邅。又直連、直戰二反。

潺，潺流皃。擬：擬本作潺湲，水流皃。咸按：集韵：潺，水流皃，此本漏水字。

虥，虎淺文白。擬：擬本作虎淺毛皃。又士限二反。

咸按：集韵作虎淺文。又手鑑作虎毛淺也。

孱，弱。擬：擬本無。咸按：玉篇作懦弱也。

拃，二。擬：擬本作從手。

脡，丑連反。又式連反。掇瑣本又字上有魚醢二字。咸按：手鑑：脡，丑延、式連二反，生肉醬也，魚醯也。玉篇：醢，醬也。醯，酸味也。手鑑醯當醢誤。

𨒂，緩步。丑連反。掇瑣本同。咸按：手鑑：延、𨒂，丑連反，緩步也。二同。廣韻誤延。

蟬，虫〻。掇瑣本無〻。

嬋，〻媛。牽引。掇瑣本同。咸按：集韻引博雅：撣、撣援，牽引也。廣韻：撣，撣援，牽引也。玉篇：嬋，嬋媛也。此誤合。

儃，能〻。掇瑣本作能，無〻。咸按：手鑑、廣韻、集韻俱作態也。此二本並誤。

禪靜〻。掇瑣本無〻。咸按：玉篇作靜也。此〻當也誤。

躔日月行。或蹍。掇瑣本或作躔。咸按：手鑑：躔，正。蹍，今。切韻：日月行也。集韻：躔或从展，當作蹍。

壥一畝半。曰城市內空地。掇瑣本半誤畢。曰上有一字。咸按：一畝半，同廣韻。説文、公羊傳注、孟子注、韓詩外傳作二畝。又手鑑：壥，一畝半地也。一曰城市內地也。地上漏空字。

鄽，俗作㕓。咸按：玉篇：鄽，俗作鄽。手鑑：鄽，市鄽。集韵〻，麈亦作塵鄽。

嫣，又於建反，又於遠反。咸按〻同廣韵。手鑑又於建反。玉篇、篆隸名義並同。本書於阮反無嫣。且焉聲無讀合口者，遠蓋寋誤。

翾，飛二。掇續本無二字。咸按〻玉篇、手鑑作飛皃，此二字誤。

仚，輕舉皃。咸按〻玉篇人部〻仚，許延切，輕舉皃。手鑑，仚、仚，許延反，輕也。此同廣韵。集韵作輕舉也。段玉裁云〻書勢烏仚魚躍，本用景福殿賦，烏企山峙語。或誤止作山。𡵸者讀為許延反，廣韵蹥其誤。

漣，風動水。擬繢本作漣漪，風動水。咸按：手鑑、廣韻並作漣漪，風動水皃。

翴，〻翫。擬繢本翫作翻。咸按：翫，手鑑、廣韻並作翻。又翫，篆隸名義、今本玉篇並云：亦作翻。

鏈，又丑連反。擬繢本下有亦[石連]。咸按：玉篇：[石連]，亦作鏈。集韻：鏈，或从石。

槤，簃〻。擬繢本無〻。咸按：玉篇：槤，簃也。集韻同。此本〻當作也。

篇，札反。擬繢本作簡札。

翩，飛々。掇瑣本無々。手鑑作飛也。此々當作也。

㾫，身輕。掇瑣本作身正。咸按：手鑑、廣韻並身枯。玉篇、集韻從説文作半枯。二本並誤，當依手鑑、廣韻作身枯。

緶，縫々。掇瑣本無々。

楄，木食不噎。掇瑣本食下有之字。

諞，云佞人也。掇瑣本作友諞佞。

⿰虫丏，木名。咸按：廣韻作蟬屬。玉篇以⿰虫丏、蝒同字。此本沿上柄木名而誤。

宀，深屋。掇瑣本同。咸按：同手鑑、廣韻。篆隸名義、今本玉篇、廣韻、集韻俱從説文作交覆深屋。

全，亦作仝。掇瑣本仝，或作全。咸按：集韻：仝，或作全。二本並誤。

蒙芉二。掇瑣本同。咸按：芉，篆隸名義、今本玉篇、並作芉。集韻作羊。二本並誤。

宣吐。咸按：掇瑣本同。未詳。

揎，或擇。掇瑣本同。咸按：手鑑：擇、揎，手發衣也。二同。集韻作擇。此本擇誤。手鑑擇亦誤。

愃，決。呉人云。又況晚二反。咸按：掇瑣本決作快。無二字。玉篇：語快也。手鑑同。集韻：愃，江東呼快為愷。此本誤。
顓，或作圜。掇瑣本圜作圛。咸按：同王篇、集韵。此本誤。
剶，剶。又且全反。掇瑣本同。咸按：王篇作丑全切，二本並誤。又剶同廣韵。王篇、集韵：剶，削也。剶、削義同。
瞟，童子。掇瑣本作瞟。咸按：廣韵作目童子。手鑑同。王篇童作瞳。集韵子下有黑字。
壖。掇瑣本作壖，涅作堧、堧，河江邊地。又廣垣。又而充、奴玩二反。咸按：手鑑地上有沙字，玩作亂，餘同。

袮，促衣縫。綴饋本同。咸按：集韻作衣縫襴也。

撋，摧，亦作撝、挼。又而為、乃知二反。綴饋本作撋，知作□。咸按：篆隸名義撋挼字。挼，而和反，摧。此本正文誤。知當和誤。

穿，穴，過。綴饋本注作貫，又通。咸按：玉篇作通也，穴也。手鑑作穴也孔也，通也。集韻從說文，通也。此本過疑通誤。

川，谷。俗作巛。咸按：玉篇巛部：巛，注瀆曰川也。

鉛，々錫。綴饋本無々。咸按：手鑑作鉛，鉛錫，青金也。

廣韻作一曰錫之類。

櫞，枸櫞，可作粽。掇瑣本亦作粽。咸按：廣韻，可作粽。段注說文櫞下云：可作粽。

捐，弃〻。掇瑣本無〻。咸按：手鑑作弃也。篆隸名義，今本玉篇、集韻俱從說文作棄也。

鳶，正作鳶。咸按：篆隸名義，今本玉篇、集韻俱作鳶。此誤。

緣，歷〻。掇瑣本無〻。

蝝，曰蟻子。掇瑣本曰上有一字。咸按：手鑑：蝝，蝗子也。一曰蟻子。

阬，高。攗續本同。咸按：篆隸名義、今本玉篇、集韵俱同。手鑑：阬、⿰阝宂，音充，高皃。

⿰月旋，短々。攗續本無々。咸按：集韵作短也。此本々誤。

鏇，負鑪。攗續本同。咸按：玉篇、手鑑、廣韵、集韵俱作圓轆轤也。此本負下並漏轆字。

圓，又於沿反。攗續本沿作沿。咸按：玉篇、廣韵作圓，又於沿反。

悁，々悒，憂。攗續本同。咸按：手鑑、廣韵作憂悒。

筷，竹々輿。咸按攗續本及玉篇、手鑑並作竹輿。

此本々衍。

涎，正作次，亦作㳄。掇瑣本正作次，亦作口。咸按：手鑑：㳄，俗；涎，今；次，正。集韻：亦書作㳄。玉篇：涎，口液也。㳄，同上。亦作次。

悛，改々。掇瑣本無々。咸按：篆隸名義、今本玉篇作改也。手鑑作更改也。

佺，偓佺仚人。掇瑣本仚作仙。咸按：手鑑：仚音仙，止也。此因仙、仚音同而誤書。篆隸名義：佺，偓佺，古仙。今本玉篇作偓佺仙人。

駩，白馬黑脊。掇瑣本同。咸按：脊，篆隸名義、今本玉篇、廣韻、並作昏，此誤。

筌，取魚竹。掇瑣本同。咸按：廣韻下有器字，二本並漏。

蓴，蓴〻。掇瑣本作蒪。咸按：手鑑、蓴音詮，蒪也。集韻作蓴，注作蒪。此本〻當作也。

栓，丁〻。咸按：篆隸名義作檢丁。今本玉篇作木丁也。集韻〻一曰釘也。此本〻當作也。

甎，燒墼。掇瑣本作墼。咸按見集韻。

箅，竹器。掇瑣本同。咸按：同集韻、篆隸名義、今本玉篇並作圓竹器。

輲，無輪車。咸按：篆隸名義：輇，無輻曰輇。輲，同上。今本玉篇同。手鑑：輇、輲不以爲同字，並誤訓無輪車名也。同廣韻。

諯，相讓。咸按：篆隸名義、今本玉篇、手鑑、集韻俱同。

歂，口氣。咸按：篆隸名義、今本玉篇、廣韻下俱有有引字。手鑑作口引氣也。此漏引字。

員，官數。咸按：韻會引增韻：又官數。

鐉，所以鉤門。咸按：集韻下有戶樞也三字。玉篇作門鉤也。

揵，〻為縣，在益州置。咸按：集韻：作郡名，屬益州。廣韻在嘉州。

越蹇足根。咸按：根，廣韻作跟。篆隸名義、今本玉篇並作蹇行。集韻作蹇行越越也。跟或跛誤。

權，〻常道禾。亦作䆴。掇瑣本作反常合道。咸按：玉篇權，亦作奞。

踡，〻跼〻不行。掇瑣本作踡跼不行。咸按：玉篇、手鑑、廣韻、集韻俱作不伸也。篆隸名義作踡跼，伸亦曲也。二本並誤。

攣，亦作𤔔。掇瑣本作䜌。咸按：集韻：或作𤔘。二本並誤。
𤺄，病〻。擬饋本〻病。咸按〻此蓋衍。
𤺄，又。擬饋本作又口九反。咸按〻又下蓋落丸反
二字。九亦丸誤。
蠻，蛞〻。咸按〻集韻作蠻蛞，此蓋衍〻。
弮，縣名，在滎陽。咸按〻同廣韻。左莊云〻二年傳注〻
𢈪在滎陽卷縣西北。釋文〻卷字林丘權反，兩漢、
宋、隋諸志俱作卷。
卷，小墳。擬饋本作小幘。咸按〻同廣韻。玉篇、集韻
並作小兒帽。篆隸名義作墳，則此本沿原本玉

箋誤。

捲，掇瑣本作棬。咸按：手鑑：棬，屈木為之。王箋、集韻並作棬，此誤。

髮髮好。掇瑣本髮誤髮。咸按：捲：攃鬏名展、今本王箋、手鑑、廣韻俱作鬈，鬈好也。此本正文誤。

焉，奚乾反，氣已聲。掇瑣本奚上有又字。咸按：韻燴、增韻：語終辭。

漹，漹蠻。音灣。掇瑣本漹，水名，出西河。螞，螞蠻，音灣。咸按：此本誤合。蠻，蠻並同。今按王箋：漹，水出西河。出鄴：蠻，蟲名。蠻，音灣，蟲名。螞，蟲名。集韻：漹，說文，水出西河中陽北沙南入河。蔫，蔫蠌蟲曲息也。

跧，居負反，曲卷伏。撥續本無卷字。咸按：手鑑作莊負反，跧伏屈蹴也。篆隸名義但作伏。集韻作屈伏也。曲卷與伏義別，卷衍。曲、屈義同。

勬，強健。咸按：手鑑、集韻同。

眭，目眇。咸按：手鑑作目眇視皃。廣韻無皃字。

蕭韻

彇，弓弭。撥續本弓誤引。咸按：篆隸名義、今本玉篇並作弭頭。集韻作弓弭頭。二本並漏頭字。

綃，生絲綃。撥續本同。咸按：同手鑑。廣韻作繒。

緣

隸名義、今本王韻並作生絲也。

撨，先鈎反。掇瑣本鈎作釣。咸按：王韻撨，先弔、先凋二切。此本鈎誤。

箾，舞箾。山草反。咸按：廣韻箾作箾，草作卓。

儵，儵然。咸按：韵會引莊子儵然而往。掇瑣本作翛，羽翼蔽皃。亦作𦐒。同廣韻。本王韻。

鮹，魚名，羽翼。掇瑣本鮹，魚。咸按：王韻、集韻：作魚名。羽翼二字無考。

桃，亦作庣。咸按：篆隸名義：庣，桃字。集韻：桃，通作庣。

佻，輕〻。咸按：掇瑣本無佻，有恌，輕薄。篆隸名義：
佻，輕。省佻字。手鑑：佻，佻輕也。集韻佻恌一義。
挑，撥〻。掇瑣本同。咸按：玉篇作撥也。手鑑作挑，
挑撥也。廣韻同。二本〻當也誤。
蓧，苗〻。掇瑣本無〻。咸按：篆隸名義、今本玉篇、
並作苗也。此本〻衍。
貂，都聊反。掇瑣本有似鼠。亦作鼦。咸按：玉篇：鼦，
古文貂字，鼠也。毛可為裘。集韻同掇瑣本。
苕，亦作茴，又音迨。掇瑣本茴作蔄。咸按：迨當迢
誤。

列，取穗。亦作刨。掇瑣本刈，取穗。亦作刟。咸按：手鑑：刈，俗。刟，正。刟，今以取禾穗也。篆隸名義：列，斷取穗。刟，同上。今本玉篇：刈，刟，同上。

鴷々鷚。列，同上。掇瑣本鴷作䳚。咸按：玉篇、手鑑、集韻俱作䳚鷚。此本列，同上三字衍。

裒，棺中衣。掇瑣本裒作裹。咸按：玉篇：裒，裹衣。篆隸名義作汲死人衣。此本正文誤。

條，枝々。掇瑣本無々。咸按：此本々字衍。

蟞，似虵魚翼，見則大旱。掇瑣本同。咸按：廣韻注作蟞蟰狀如黃蛇魚翼，出入有光，見則大旱。篆

隸名義作如黄蚍，魚翼，出入有光。今本玉篇集
韻並無出入有光句。集韻亦作螢蜅。
蛁，亦作蚺。掇䞓本同。咸按〻篆隸名義、今本玉篇
並云〻蛁，蚺同上。集韻〻蛁，或从舟。
徘，獨行。掇䞓本作佻。咸按〻手鑑〻徘，徒聊反，獨行
歎息皃。廣韻、作佻。集韻〻徘，或从亻。
苕，菜〻。掇䞓本無〻。咸按廣韻注作苕菜。
調，正。掇䞓本同。咸按〻篆隸名義〻調，從堯反，合和，
選，期，求。今本玉篇作和合也。又大弔切，選調也，
又度也，求也。廣韻、集韻作和也，從說文。

鬍，髮名。掇瑣本同。咸按：字鑑：鬍，多髮。廣韻作多髮皃。集韻、玉篇並作髮多。二本作名並誤。篆隸名義作鬍，多鬍，亦髮誤。

鹵，草木實鹵鹵然。掇瑣本同。咸按：廣韻、集韻並從說文實下有垂字，二本並漏。

澆，沒。咸按：廣韻、集韻並從說文作沃也，玉篇同。篆隸名義作沃漬。

蟂，似虵，四足，水居，能食人。掇瑣本無水居二字。能食人，廣韻作能害人，注首有水蟲二字。集韻作害魚，注首作獺屬。

聊、誠然。撥殰本同。咸按〻訓義未詳。

膋、腸間脂。卅一。咸按〻卅一已見聊下，此衍。

飂、風〻。咸按〻玉篇作風皃。廣韻、手鑑〻並作也。

憀、無情賴〻。撥殰本作無憀賴。咸按〻同廣韻。

寥、空室。撥殰本無室字。咸按〻玉篇、手鑑、廣韻俱作空也。韻會有空室也。

寮、穿〻。撥殰本無〻。咸按〻同篆隸名義、今本玉篇、手鑑、廣韻、集韻，俱本說文，此本〻字衍。

藮、草器。又力弋反。撥殰本缺又音。咸按〻篆隸名

[illegible]〻、藮、力焦反，盛土草器。藮並誤。今本玉篇、廣韻

並作又力戈切，此本弋當戈誤。

橑，周短椽。又埴，力道反。掇瑣本無周、埴二字。咸按：篆隸名義：橑，梁道反，椽，埴，殆有刪省。疑二本依原本玉篇。

癆，痛。咸按：篆隸名義、集韻並同。

嵺，虛：。掇瑣本寥，空。咸按：篆隸名義：嵺，力彫反，空。今本玉篇：嵺，亦作寥。手鑑、廣韻並作崖虛。集韻從說文作空虛。

堯，或作尭。掇瑣本俗作尭。咸按：集韻：堯，从垚在兀上。韻會：俗作尭，非。

嶢，僬僥，短人。掇瑣本作嶢，嶕嶢，山危。僥，僬僥，短人。咸按：玉篇：嶕嶢，山高。手鑑：嶕，嶕嶢，山危也。僥，僬僥，國名。象隸名義：僥，僬僥，國人長一尺五寸。則本正文嶢當僥誤。

嘵，聲嘵。咸按：手鑑：嘵，嘵嘵，聲也。廣韻作懼聲。此本注文倒誤。

顤，顟大。咸按：手鑑、廣韻並作大顟。

奃，肥大。咸按：今本玉篇、手鑑、廣韻俱作長大皃。象隸名義省皃字，集韻亦有皃字。此本肥當長誤。

碉，亦作鵰、砣。咸按：玉篇碉，或作鵰。鵰，或作碉、砣。砣，或作碉、鵰。集韵：碉，或从鳥。

鄡，正作鄡。咸按：掇瑣本無此三字。

宵韵：

消，滅〻。咸按：篆隸名義：消，思姚反，滅。省也字。廣韵〻作滅也。此本〻字衍。

綃，生絲。咸按：篆隸名義、今本玉篇並同，本說文。手鑑作生。絲綃。廣韵作生絲繒。

踃，跳。掇瑣本同。咸按：篆隸名義、手鑑並同。今本玉篇作跳踃。集韵作跳踃，動也。

萷，惡草反所交反。咸按：篆隸名義：萷，所交反，惡草。手鑑胥所交反，說文云惡草也，則此所上反字衍。

朝，又直遙二反。咸按：二字衍。

潮亦作淖。掇瑣本同。咸按：篆隸名義：淖，潮，同上。

集韻：淖，隸作潮。

朝，參覲。掇瑣本同。咸按：集韻：朝，覲君之總稱。

嚻，或作買。掇瑣本同。咸按：手鑑：買，通嚻，喧也。集韻：嚻、買，或省文。

謷，大聲。咸按：玉篇引爾雅云，大磬曰謷。篆隸名義：謷，渠驕反，大磬。手鑑、廣韻、集韻訓俱同。此本聲當磬誤。

獢，犬短喙。咸按〻篆隸名義、今本玉篇、手鑑、廣韻、集韻喙俱作喙，此誤。

僑，驕〻。咸按〻篆隸名義僑，桑妖、桑刀反，驕。今本玉篇僑，蘇刀切，驕也。手鑑〻僑，蘇遭反，驕也。集韻作僑，驕也。从大誤。

蔽，草木盛肥。咸按〻廣韻、集韻並從說文，蔽，草皃。

巢，〻嶅巢山高皃。咸按〻手鑑作嶅巢，山小尖高皃。廣韻作嶅巢，山高皃。巢嶅疊韻聯語，可以互倒。巢當山尖二字誤合而又譌。又篆隸名義有嶚，力彫反，高無嶚字。今本玉篇〻嶚，力幺切，嶚巢，山高。巢，士交切，嶚巢。

摧，取〻。咸按〻廣韻〻撨，取也。集韻〻撨，搏雅，擇也。同篆隸名義、今本玉篇。又名義〻撨，先釣反，摧。此依之。

落，草〻。咸按〻廣韻〻作名。集韻從說文，草也。玉篇作落子藥。

嬌，矜。咸按〻未詳。

憍，矜〻。擬續本無〻字。咸按〻廣韻〻憍，本亦作驕。集韻〻憍，矜也。通作驕。

膲，人之心三膲胞。咸按：廣韻作人之三膲。韻會引醫經云：上焦在心下。

鷦，鷦鵬，鳥名，似鳳。咸按：鵬，手鑑作鵰，廣韻作鵬，集韻作䳟。

樹，椒亦作茮。咸按：手鑑：椒，正；楙，今。廣韻：椒，茮，上同。玉篇：椒，㭘，同上。集韻以茮、椒、㭘同字異體。

襓，劍衣。咸按：篆隸名義、今本玉篇、手鑑、廣韻俱同。集韻：襓，博雅：袂襓，劍衣。諸書注首當有袂襓二字。

撓，楫。咸按：廣韻作橈。集韻：橈，方言：楫謂之橈。手鑑楫誤梋。玉篇：橈，又如昭切，小楫也。則此本正文撓當橈誤。

𤬪，瓜。咸按：篆隸名義同。玉篇：𤬪，瓜名。廣韻：𤬪，同。集韻：𤬪，說文：瓜也。

傜，亦作繇。由或作偱。咸按：偱，篆隸名義作傜，今本玉篇作傜，廣韻作偣。集韻不以傜為傜或體，引說文，喜也。自關以西物大小不同謂之傜。又此本由上疑漏音字。

䔄，䔄芅，萇楚。咸按：䔄芅，玉篇：䔄，䔄芅，羊桃也。芅，䔄芅，詩亦作弋。萇，萇楚，銚弋也。篆隸名義：䔄，鬼桃，華　白，子如小麥。芺，羊桃：萇楚，銚弋。手鑑：萇，萇楚，蔓生也。廣韻：銚，銚芺，萇楚，今羊桃也。爾雅作銚。集韻：銚，艸名，銚芺，羊桃，葉似桃，子如小麥。則此本茂當芺誤。

鯅，夜東海，過南海。咸按：玉篇作常從西海，飛來東海。手鑑、廣韻並作常游西海，飛向北海。今按：西山經：常行西海，游于東海。

軺，又以焦反。咸按：手鑑、廣韻並云：又音韶。以當市時諸字之誤。

恌，情理。咸按：恌，手鑑、廣韻並以為愮之或體。集徭〻恌，方言，理也，謂情理。
𨗨。咸按〻篆隸名義作𨗨。今本玉篇〻𨗨，遙同上。矛
鑃同。
繇，亦作䌛。咸按〻集韻〻繇，古作䌛。
旟，旗〻。咸按〻，廣韻、集韻並作旒。玉篇〻旟，旟旗
之旒也。此〻字誤。
彇，弓利。咸按〻同廣韻。篆隸名義〻彇，利，省弓字。今
本玉篇作弓便利。從說文。
嗂，樂〻。咸按〻廣韻〻作也。又嗂，玉篇、廣韻、集韻
俱作嗂。

烑，光〻。咸按〻篆隸名義，今本玉篇、手鑑、廣韻、集韻俱作光也。此本〻字當也誤。

瘴、痤。咸按〻篆隸名義〻瘴，臃腫欲潰，痤。今本玉篇〻瘴，腫欲潰。集〻韻〻腂，朘腂，腫欲潰。又瘴，痤瘴疾名。廣雅釋詁二〻朘腂，腫也。痤，癰也。疏證云〻素問生氣通天論注，痤謂色赤䐜憤，内蘊血膿，形小而大如酸棗。如此則痤亦腫也。廣韻〻朘，朘腂，腫欲潰也。惟作瘥，痤也則誤。

韶，一曰美。咸按〻手鑑〻韶，又美也。集韻〻韶，一曰美也。

柖，牀〻。咸按：玉篇：柖，時招切，淮南子，死而弄其柖，責從牀為柖。集韵：柖，時饒切，牀別名。通作柖。𨚖，擊〻。咸按：集韵：𨚖，擊也。从卩。玉篇：𨚖，市招切，擊也。篆隸名義形音義同。則此蓋依玉篇而誤从己。〻亦也誤。

邵，高。咸按：篆隸名義、今本玉篇並云：邵，高也。集韵作邵，高也。卩為卩俗。則此本邵誤。

盄，器。咸按：字鑑：盄，俗盄。正音昭，器也。集韵：盄，盄汥，器也。或作盄。廣韵：盄，玉篇：器也。今本玉篇作盄。此本盄殆盄誤。

弨，施〻。咸按：汪編作弓弛皃。集韻作弛弓。摽，擧。或作𢾎。咸按：集韻：摽、𢾎，擊也。或从支。卑遥切。𢾎、摽，擊也。或从手。今按：篆隸名義：摽，孚堯反，擊。皮部：𢾎，普交反，擊。今本汪編：摽，匹叫、孚堯、怖交三切，摽，擊也。皮部：𢾎，匹幺切，又普交切，擊也。手鑑：摽，疋遥反，摽，擊也。皮部：𢾎，疋交反，擊也。是摽、𢾎音同，俱訓擊。惟汪編：摽，俾饒切，摽，擧也。手鑑：摽，必遥反，擧也。廣韻：摽，甫遥切，擧也。則此本誤合。

標，木。扶小、扶表二反。咸按：篆隸名義作末。今本玉篇作木末也。又必小切。集韻卑遥切，木杪。紕招切，木末。則此注木下當有杪或末字。

飄，風。亦作𩗗。戴按：集韻：飄，或从包。手鑑：飆，俗。飄，疾風也。此𩗗或是颮誤。

𣝋，槖。又公混反。戴按：此同澤存本、泰定本廣韻。說文：𣝋，槖也。胡本切。㯻，囊張大皃。符宵切。篆隸名義：𣝋，公混反。槖也。㯻，普到反。囊張大皃。今本玉篇：𣝋，公混切，囊也。𣝋，說文槖。㯻，普到切，又普刀切，囊張大也。槖，他各切，小囊也。集韻：㯻，毗霄

切，說文褱張大皃。从褱省匋省。則此本正文當
爲褱迮文不誤。

苗，卉茻。咸按：未詳。

要，約。咸按：韻會：今身腰之要作腰，而要但爲要
約字矣。論語，又要舊約也。

紗，小意急皃。咸按：集韻在媄紐，作紗。紗，紗緺，恁
小皃。一曰約未成而䌟。玉篇：緺，於計切，急也。一
曰不成也。

橋，梁〻。咸按：篆隸名義、今本玉篇、手鑑俱作梁
也。廣韻、集韻並從說文：水梁也。此〻當作也。

鷮、客〻。咸按〻篆隸名義、今本玉篇、手鑑、廣韻、集韻引博雅俱作客也。此本〻當作也字。

鍫、鍫。咸按〻篆隸名義〻鍫、且消反、亦鍫、如上。今本玉篇〻鍫、七消切、亦也。手鑑〻鍬、鍫、二或作。鍫、正。亦也。廣韻訓同。此或當鍬誤。

𪏮、麻苦雨生壞。咸按〻𪏮、集韻訓同、並云〻或作𪑌、蕉、𪏮。

簌、吹筩。咸按〻篆隸名義、廣韻並同。

妖、訞、訞。咸按〻未詳。

祅、〻亦作䄏。咸按〻玉篇〻祅、說文作䄏。手鑑〻祅、今。

⿰礻芺，正。集韻：祅、⿰礻芺，通作妖。韻會：訞，通作妖。此注誤或是⿰礻芺誤。

⿰木芺，盛皃。亦作夭。咸按：集韻：枖、⿰木芺，說文，木少、盛皃。廣韻引說文作枖，木盛皃。此正文誤。

繑，禹所乘。咸按：篆隸名義：鞽，禹所乘。今本玉篇：鞽，起囂切。亦作橇。高麗本手鑑：鞽，起囂反，正作橇，踏橇行也。廣韻：橇，⿰女禹所乘也。鞽，上同。集韻：橇或作鞽。則此本正文用別體，詳後。又槗當橋誤。

⿱奈灬，肥大。咸按：篆隸名義作長大。今本玉篇、手鑑廣韻俱作長大皃。集韻作肥也。

怊，怊悵。咸按：集韻：怊，字林，悵也。篆隸名義：怊，悵恨。手鑑同。則此正文、注文並誤。

弨，弨弓。咸按：廣韻、集韻並作弨兮，此誤。

瞟，瞟瞭，明視。咸按：同手鑑、廣韻。今按：瞭，篆隸名義、今本玉篇並作瞭。

螵，螵蛸。咸按：玉篇、手鑑、廣韻、集韻引說文俱作螵蛸，此作蛸螵，誤。

翹，去遙反。咸按：去，廣韻作渠。

莜，草名。荊葵。咸按：玉篇：莜，蚍虾也。今荊葵。廣韻：莜，草名，今荊葵也。集韻同。篆隸名義：莜，渠燒反，

肴韻

莜，蚍蜉，小草，多華少葉。

撬，蹻擿行。亦繑。又子銳、綿蕝二反。作蹻，咸按：廣韻作蹻擿行。亦繑，蹺蹻：又丘妖切，屩也。又子銳、綿蕝二反，蹺蹻：又祖芮反，又充芮切。王鑑：繑，去喬反，橋所乘也。

憍，紆。咸按：箋隸名義：憍，口驕反，紆細。

梢，〻桃桅子。咸按：桅，王韻、廣韻並作梔。集韻：梢，木名。博雅，梔子梢桃也。此桅誤。

酸沾。咸按：沾，箋隸名義、廣韻、集韻並作沽，此誤。

交，杖過。咸按：集韻作交脛。这通作交。

鵁，鶄〻。咸按：箋隸名義、今本王韻、王鑑、廣韻、集鵁俱從說文作鵁鶄，此注誤。鵁鶄本不譌。

筊，竹索。咸按〻同手鑑、廣韻、集韻，俱本說文。

詨，鳥鳴。咸按〻玉〻篇〻詨，大嗥也，呼也，喚也。手鑑、廣韻並作誇語也。龍龕作鳥聲。此當咬之借字。玉〻篇〻咬，鳥聲也。集韻作咬咬，鳥聲。

轇，〻轕，長遠。咸按〻見玉〻篇〻、集韻。

膠，黏〻。咸按〻韻會〻說文，昵也。徐曰，昵，黏也。

𡥈，按胄子。咸按〻篆〻隸〻名〻義〻孝，按。集韻、玉〻篇〻並作斈。

殽，衰。咸按〻玉〻篇〻殽音爻，囊殽。廣韻作囊也。此本衰當囊誤。

㙲陽田，在聊城。咸按：玉篇：㙲，地名，㙲陽，在聊城。集韵作㙲陽，地名，在聊城。

窠，鳥穴居。咸按：集韵在莊交切，居作中。

鐃，鐃鼓。咸按：篆隸名義：鐃，以金止鼓。韵會引周禮：以金鐃止鼓。玉篇、廣韵並云：鐃，似鈴無舌。手鑑作鐃，鐃鼓，似鈴無舌。

鷍，鳴鷍，鳥名。咸按：玉篇：鷍，鳩鷍，黃鳥。鳩音嘲。手鑑：鳩鷍，上陟交反，下女交反，鳩鷍，黃鳥也。上又音焦，與鷦同。廣韵、集韵並依之，不作鳩，則此本洨鳴當鳩誤。

嶢，咸按：廣韻：嶢，嶢，捽也。廣雅釋詁二：嶢，捽也。玉篇作崪也。篆隸名義：嶢，忓。撥瓚本作忤。

獿。咸按：篆隸名義、今本玉篇、廣韻、集韻俱作獿。手鑑：獿，通。獿，正。

梢，袑。咸按：篆隸名義袑作袺。今本玉篇作袑，廣韻作衣衽，集韻作衽，同撥瓚本。玉篇：袺，執衽也。此本梢當䘯誤，袑當袺誤。

箾，木名。咸按：集韻：箾，說文：木也。

蛸，似喜子小。咸按：玉篇、手鑑、廣韻俱無似、小二字。

茅，草交反。咸按：草，手鑑、廣韻並作莫，集韻作謨，此誤。

鶜鴢，々。咸按：廣韻作鶜鴢，玉篇作鵟鶜鴢。豪獻名羲々鶜，莫郊反，似鷹白。鵟，瞿方反，同上。此注誤倒。

嗃，々暴恚。咸按：手鑑、廣韻暴並作謈。

灱，熇々。咸按：集韻：灱、熇，暴也。或从高。此或誤。

庨，々闞。咸按：廣韻：哮，哮闞。庨，庨豁，宮殿形狀。手鑑：哮，呼交反，闞也。庨，呼交反，庨豁，宮殿形狀也。

玉篇：庨，許交切，庨豁，宮殿形狀。篆隸名義：庨，呼交反，形皃，刪削庨豁宮殿四字，欠當。集韻：庨，庨豁，宮室高皃。此本誤合。本書呼教反有哮。猇，亦作哮。咸按：廣韻：虓，虎聲，許交切。猇，上同。集韻：虓、唬、猇，說文：虎鳴也。字鑑：哮，呼嫁反，虎聲。包，俗作勹。掇瑣本勹作色。廣韻：勹，包也。此微誤。胞，又正交反。掇瑣本正作匹。咸按：字鑑作足交反，玉篇作匹交切。此誤。僇，盛二。咸按：廣韻二二作也。篆隸名義：僇，口庖反，盛。今本玉篇同。廣雅釋詁二，慒音苦交反。廣韻口交切無嫪。此本二當也誤。

芼藥。掇瑣本作艽。咸按：篆隸名義：艽，居苞反，藥。今本玉篇：艽，秦艽，藥。廣韻：艽，藥名。匹交切。集韻作艽。此本正文誤。

敲，擊。咸按：同玉篇。掇瑣本作擊頭，同廣韻。集韻作敲，擊頭也。玉篇：敲，口交、口卓二切，擊頭也。或作敲。

骹，脛骨近足細處。亦胶。掇瑣本：跤，或作骹。咸按：手鑑：跤，苦交反，近足細處脛骨也。骨部：骹，苦交反，脛骨近足細處也。与跤同。廣韻：跤，骹，上同。集韵同。篆隸名義：跤，苦交反，脛。骨部：骹，苦交反，脛。今本玉篇：跤，亦作骹。則此本胶當跤誤。

䁱，眑䁱，面不平。眑，於交反。掇瑣本作膠，肳，膠。肳，於交反。咸按：篆隸名義：䁱，口交反，面不平。今本玉篇：䁱，口交切，窅䁱，面不平。集韻：眑，於交切，眑䁱，面不平。本書下眑，於交反，眑䁱，面不平皃。則二本二肳字俱當眑誤。掇瑣本二膠字當為䁱譌。張園本廣韻誤同。

磽，亦作墽。咸按：集韻作礉。

䫵，不媚。咸按：玉篇作䫵薄，不媚也。手鑑：䫵，[illegible]，上口交反，下於交反，頞顱，頭凹不媚也。廣韻無凹字。集韻作頞鼇，不媚也。

墝地肥。咸按：廣韻作墝埆塉土。韻會：通作磽，孟子，則地有肥磽。

聱，勞反。咸按：廣韻上有又五二字。手鑑：五高、五交二反。此勞上應有五字。

罺，抄，內。咸按：廣韻作抄網。掇瑣本同。又此本楚筲、楚朔二反。手鑑：罺，初教反。筲，掇瑣本作窖，故宮本作質，本書初教反有罺，此筲或覺誤。

抓，掐。咸按：篆隸名義：抓，掐。今本玉篇：掐，口洽切，掐，抓也。爪按曰掐。手鑑：掐，俗；掐，正。爪掐也。廣韻：

抓抓掐。

嘲，言調。咸按：玉篇、廣韻並作言相調。

趙，二趙，跳。掇瑣本跳下有躍字。咸按：同手鑑、廣

韻、集韻。此漏。

抄，初聲反。咸按：手鑑作初交、初教二反，廣韻：又

初教切。此本聲誤。

訬，慢二。掇瑣本慢作慢。咸按：篆隸名義，今本玉

篇、集韻俱作㥲，二本並誤。

䰫，疾二。掇瑣本作疾。咸按：玉篇作疾也。廣韻作

疾皃。手鑑作捷疾皃。

庖，廚。咸按：同。篆隸名義、今本玉篇、集韵，俱從説文。掇瑣本作食廚。廣韵同。手鑑作廚食。

咆，虎聲。掇瑣本作熊虎聲。咸按：廣韵作咆虓，熊虎聲。

棓，手〻。掇瑣本棓，手棓。咸按：手鑑、廣韵並同。

尥，脛相交。掇瑣本同。咸按：説文：尥，牛行後脛相交。玉篇同。手鑑、廣韵並作牛脛相交也。二本並漏牛字。

嘐，〻不實事而大語。故宮本無下三字，掇瑣本

豪韻

全無。咸按：集韻作言不實而夸。

梘，捎祠。咸按：篆隸名義：梘，乙交反，鐮柄。祠，似茲反，鐮柄。今本玉篇：梘，乙交切，祠也。祠，似咨切，鐮柄也。廣韻：梘，梘祠，鐮柄。集韻：梘，於交切，木柯曰梘。柯當祠誤。又二梘並誤。此本捎當作梘。

坳，地不平。咸按：此下內府本、撥殘本俱有䝔，五交反。一字已上見。

號，哭〻。咸按：〻，手鑑、廣韻並作也。玉篇：號，哭聲。又與号同。

梘

毫，毛〻。故宮本、敦煌本並作毛。咸按：篆隸名義、
今本玉篇、廣韻俱作長毛。
嗥，亦作嘷。敦煌本嘷作獋。咸按：手鑑：嗥，胡刀反，
熊虎聲。犬部：獋，音毫，熊虎聲。玉篇：獋，或作嘷。廣
韻、集韻並同。集韻以嘷為颮別體。
敖，俊〻。故宮本、敦煌本俊並作𠢕。咸按：篆隸名
義：𠢕，胡高反，俊。手鑑：𠢕，音毫，俊（原誤遂）。
豪，亦作豪，通俗作豪。敦煌本：亦作豪，通俗作豪。
咸按：玉篇：豪，此籀文，小篆作豪。集韻：豪、豪，籀从豕
作豪。或省作豪。此本亦作豪，當為亦作豪。

高，或作髙。咸按：掇瑣本：高，通俗作高。韻會：高，俗作高。掇瑣本誤。

嵲，山峰古亭。咸按：玉篇、廣韻、集韻：山俱作嵲，此誤。

橐，弢。掇瑣本作弢，咸按：廣韻：韜也。此本誤。

怜，局，知。掇瑣本：怓，口，知。咸按：廣韻：怓，知也，局也。集韻、怓、悍，局知也。則此本正文誤。掇瑣本缺局字。

牢，養牛馬。掇瑣本、內府本同。咸按：廣韻：馬下有圈字。集韻：牢，說文：閑養牛馬圈也。三本並省圈字。

耨，耘，亦作鎒。掇瑣本同。咸按：篆隸名義：鎒，呼高反。

蓐部：薅，茠字。茠，呼豪反，薅字，蒿字。今本玉篇：茠，除田草。薅，同上，出說文。金部：鎒，除草也。手鑑：薅，茠，耘也，去田草也。金部：鎒，鋤也。或呼高反，義同。集韻：薅，或作鎒。

髦，髮。掇瑣本同。咸按：篆隸名義、集韻並同此，本說文。

氂，〻牛。掇瑣本同。咸按：玉篇：氂，音毛，又音犛，又音貓。犛部：氂，犛牛尾。廣韻同。集韻：氂，犛牛尾也。

或作犛則二本牛下漏尾字。

嫠，汝周反。㹨犢本上有又字。咸按：手鑑嫠、牟、毛二音。

叨，饕ミ。㹨犢本無ミ。咸按：手鑑叨，他刀反，饕也。此本ミ字衍。

駋，行皃。內府本作馬行皃。㹨犢本作馬行。咸按：篆隸名義同此本。今本玉篇、廣韻同故宮本。手鑑同㹨犢本。集韻從說文同故宮本。

犥，（無子，）牛羊無子。又高來、九牢二反。內府、㹨犢二本俱作牛羊無子。高作昌。咸按：訓同玉篇、廣韻、集韵，此本衍無子二字。篆隸名義誤無牛羊。
㮬，〻棺。[木匋]。掇瑣本作搯捾，下同。[木匋]，作亦作掏。咸
按〻篆隸名義〻搯，他勞反，捾〻捾，於括反，搯捾。今本
王〻篇〻搯，搯捾也。捾，搯捾也。手〻鑑〻搯，搯捾也。掏，捾
出也。集〻韵〻搯，或作掏。又掇瑣本搯，搯捾。周書云，
師乃搯捾。捾，烏活反。廣韵全同。則此本㮬、棺、[木匋]俱
誤。
絛，編絲。掇瑣本作編絲繩。咸按〻同廣韵。手〻鑑〻縚，
正作絛，織絲為縚也。此本漏繩字。
平，進趣。掇瑣本作丰。咸按〻篆隸名義〻夆，敕高反，

進趣。今本玉篇本丑高切，説文曰，進趣也。从大从十，大十猶兼十人也。丰同上。廣韻、集韻並同，此本正文誤。

䈂，牛筐。掇續本筐作籇。咸按：手鑑作筐。廣韻作籇。集韻：䈂，飲牛器。方言：籇，趙、魏之間謂之䈂。

刀，一劍刃。掇續本、内府本皆無訓，此或衍。

搔，爮刮。咸按：掇續本、廣韻並同，手鑑作爮也，刮也。篆隸名義作刮，抓。今本玉篇但作刮也。故宫本爮作爬。今按：韻會、增韻：手爬也。説文，括也。

繅，絡繭取絲。咸按：掇續本、手鑑並同。廣韻絡作繹，取作爲，本說文。

慅，愁狀。掇瑣本作愁恐狀。內府本作愁恐皃。咸按：手鑑作愁也，恐也。篆隸名義、今本玉篇並云愁也。廣韵作恐懼。

裒，褒。內府本有亦作裒。咸按：手鑑：裒，俗；褒，正。集韵：褒，或作裒。又說文、廣韵作褒，此誤。

陶，正作匋。咸按：玉篇：陶，亦作匋。集韵：匋，瓦器也。通作陶。

逃，走〻。咸按：廣韵作去也。

𣚍，棺出。掇瑣本作掏，搯出。咸按：手鑑同。此本𣚍棺二字並誤。

騊，獻。咸按：爾雅作巘。

遭，須。掇瑣本同，內府本作遇。咸按：說文、玉篇並云：遇也。

⿰朿東，日出遭東方日明。咸按：集韻：日出明。掇瑣本[illegible]日出方遭東日明。

⿰衤曹，⿰衤戔。咸按：篆隸名義、今本玉篇並作⿰衤曹，帴也。從說文。集韻作⿰衤曹，或从巾作⿰巾曹。又名義、玉篇並云：帴，帔也。集韻下文作⿰衤戔。則此本⿰衤曹⿰衤戔二字並誤。

⿰巾曹，籍。二。掇瑣本無二字。咸按：篆隸名義、今本玉、篇並作籍也。廣韻作藉也。此本〃字誤。

熬，煎〃。掇瑣本無〃。咸按：篆隸名義、今本玉篇、手鑑、廣韻俱作煎也。此本〃字誤。又名義：煎熬。集韻引說文：熬，乾煎也。

鷔，鳥身白口赤。掇瑣本作白身口赤。咸按：廣韻作白身赤口。集韻同。

螯，解。內府本作蟹螯。咸按：篆隸名義、今本玉篇並作蟹鈴也。此本誤。手鑑、廣韻、集韻並作蟹大腳。

熬，衢大夫名。咸按：未詳。

鏊，釜〻。撥頭本無〻。咸按：集韵作釜屬。此本〻字衍。

爊，於刃反，埋灰火令熟。撥頭本作於刀反，埋物灰中令熟。咸按：手鑑熝，正，爊，今，烏刀反，埋物灰中令熟。廣韵作熝，於刀切。義同。則此本刃當刀誤，埋下漏物字，火當中誤。

曹，草〻。撥頭本無〻。內府〻本作名。咸按：篆隸名義〻，曹，在勞反，草。同撥頭本。廣韵同故宮本。

鶮，高〻。撥頭本無〻。咸按：同篆隸名義、手鑑。注篇作高足。

獶，深毛犬。又子交反。擬續本毛作色，子作乃。咸按：篆隸名義作乃膠反，犬多犬。今本玉篇作乃刀切，多毛犬。浮鑑作奴刀、女交二反，長毛犬。廣韵作奴刀切，義同。此本子誤。

巎，亦作峱。擬續本作峱。咸按：篆隸名義：峱，巎，同上字，嶩，同上。浮鑑：巎，奴刀反，山名也。峱，俗，奴刀反。今本玉篇、廣韵、集韵俱作峱，從說文引詩本字。

瓇，貪獸。擬續本作瓇，玉名。夒，貪獸。咸按：玉篇：瓇，奴刀切，玉名。夊部：夒，奴刀切，貪獸也。篆隸名義：

韻歌

夒，乃勞反，貪獸。集韻〻夒，奴刀切，說文，貪獸也。則
此誤合，並漏夒字。
尻，苦勞反。掇瑣本、內府本注俱有臀字。咸按〻同
手鑑。此漏。
慅，所以裹髻。掇瑣本作慅，義同。咸按〻廣韻同。玉
篇〻慅，七消切，慅頭也，斂髮也。此慅當慅誤。
恕，法〻。掇瑣本無〻。咸按〻篆隸名義、今本玉篇、
手鑑、廣韻、集韻俱作法也。此本〻當也誤。
牂，所以係舟。牂牁，牂牁郡名。牁，同上。掇瑣本作牂，所
以繫舟。牂牁，郡名。或作牁。咸按〻手鑑〻牂，又俗音

舸。舸音哥，所以繫舟。又牂舸，郡名。廣韻同。又云：牫，陸云，上同。則二諸字从諸牛皆誤。

戈，勾〻矛戟。掇瑣本作勾矛戟。咸按：韻會引禮記注疏：鉤孑戟。按：攷工記冶氏為戈戟注，戈今句孑戟也。則二本矛當孑誤。又此本〻行。

樏理。掇瑣本作摞。咸按：篆隷名義、今本玉篇、廣韻、集韻俱從博雅：摞，理也，同掇瑣本。手鑑：摞，力戈反，理也。或作樏，原誤摞字。

騾〻馬。或作驘。綴續本作驘。或按〻篆隸名義〻驘，
力戈反，馮頻。驘同上。騾同上。今本玉篇驘，力戈
切。驢父馬母所生也。驘同上。浮鑑〻騾，盧戈反，騾
馬也。瀛韻〻驘，落戈反，馬也。廣韻〻騾，騾馬也。驘上
同。集韻亦以驘、驘、騾同字異體。又浮鑑〻驘，赤體
也。温御〻躶，赤體也。玉篇〻躶，赤體也。亦作裸。則此
本驘誤。
⿱艹驘，草名，生水中。內府本作⿱艹驘。或按〻篆隸名義〻⿱艹驘，

力戈反，螺菜生水中。今本王韻作菜生水中也。廣韻：蘿⿱艹蠃，訓同此，本草並當菜誤，⿱艹蠃亦誤。集韻作菜名生水中。

⿰金蠃或作罶。掇瑣本作⿰金蠃或作鏍。咸按：罶殆鬲誤。然下文有⿰鬲斗，亦⿰金蠃。篆隸名義：⿰鬲斗，公禾反，土釜。鬲同上。今本王韻⿰鬲斗、公禾切，秦名土釜曰⿰鬲斗。亦作鬲。高麗本手鑑鬲部：⿰鬲斗，音戈，與鬲亦同。集韻：⿰金蠃、鏍。溫器。鬲，鎛錐、釜也。手鑑：鏍，或作⿰金蠃，小釜也。

⿰鬲見，⿰鬲見縷，委曲。咸按：王韻、集韻如此作。手鑑、廣韻並作覼，義同。篆隸名義〻覼，委曲。

腡，手裏〻文，内府本作手中腡文，咸按〻篆隸名義、今本玉〻篇〻聲類云，手理也。手鑑〻腡，手理。又音螺，亦手中文也。廣韻作手指文。集韻同。

𢗅，〻題，縣名，在涿郡。掇瑣本同。咸按〻同廣韻。玉篇作𢗅，桑戈切，縣名。正文誤。手鑑作𢗅，蘇禾反，𢗅題縣名。集韻作在清河郡，與漢志合。王引之謂當作𢗅，今作𢗅者，𢗅之省也。則諸書从心俱誤。

鈋，〻角。掇瑣本同。賊按〻篆隸名義、手鑑、廣韻俱作去角也。此〻當去誤。

罔，細鳥。掇瑣本作網鳥。咸按：手鑑作網鳥者媒。廣韻同。玉篇作鳥媒也。集韻：罔，説文，譯也，率鳥者，繫生鳥以來之名曰罔。此細當網誤。惟網鳥訓義亦不備。

蔿，草。掇瑣本同。咸按：玉篇、集韻並同。

薖，草名。掇瑣本同。咸按：同廣韻。玉篇、集韻並依説文作草也。

稞，青麥。掇瑣本、內府本並作青稞麥。咸按：手鑑、廣韻並作青稞麥名。集韻云：青州謂麥曰稞。

萪，〻藤生海邊，葉脉可為莨用。咸按：掇瑣本用作耳，手鑑、廣韻並作也。

蝌，〻斗。掇瑣本、內府本斗並作蚪。咸按：玉篇：蝌，蝌蚪，蛞蝀子也。蚪，蝌蚪。廣韻：蝌，爾雅曰，科斗活東，蝦蟆子也。手鑑作蝌蚪，水蟲也。此蚪當是俗字。

過，〻軸。掇瑣本同。咸按：同廣韻。集韻以為過或體。

涹，濁〻。掇瑣本、內府本無〻。咸按：廣韻、集韻並云涹，濁也。玉篇：涹，浘涹，濁也。浘，於回切；涹，於禾切，雙聲聯語。

傞舞不正。掇瑣本作傞，傞傞舞不止。咸按：篆隸名義、今本玉篇、集韻俱作舞不止。字鑑同此本，疑正皆止誤。

倗，漢書群盜倗宗。掇瑣本同。咸按：玉篇：倗音朋，又音倍。漢書南山群盜倗宗等數百人。亦作傰。洪頤煊云：按漢書王尊傳，會南山群盜傰宗等數百人。蘇林音朋，晉灼音倍，朋多字形相近，因譌作傍字，讀為多音，非也。咸按：廣韻登韻作倗，步崩切，又匹等切，正從蘇、晉之讀。

婆，老女稱也。掇瑣本女作母。咸按：集韻：一曰女老稱。玉篇、婆，婆母也。

魔，鬼〻同。廣韻。掇瑣本、內府本無〻。咸按：玉篇作魔，鬼也。字鑑作鬼屬也。集韻同二本。

髍，漏病。掇瑣本同。咸按：篆隸名義同。字鑑作水病。亦醫家所謂之水瀉，與漏病意同。又玉篇、廣韻並作䐤，漏病。集韻作䐤、痲，漏病。又本書有𤸫，偏病。廣韻、字鑑並同。玉篇作髍，瘺病。集韻、說文：瘺，病也。謂身支半枯。或書作𤸫。是本書訓解漏疾之髍實遠承野王原書，李強、陳彭年已加區別，未詳舊說矣。
駞，徒何反，駱駞似獸出北道，有肉鞍，日行三百里，負千斤，知水脈。攈續本、內府本無獸以下十九字。
鼧，鼠二。攈續本、內府本並無二。咸按：玉篇：鼧，大何切，鼠也。集韻作鼠名。此二衍。
軙，疾皃。咸按：篆隸名義：軙，徒多反，駈疾皃。今本玉篇、廣韻、集韻俱作疾馳。
跎，馬蹉尾二。攈續本、內府本俱無馬、尾二字。咸按：手鑑：跎，蹉跎也。集韻引說文同。玉篇作跎蹉跎。

暛，殘歲。殿版本、內府本並作殘歲田。咸按：同集廣韻、韻引說文。手鑑作殘歲田也。玉篇引說文云殘田也。此本注文漏田字。

瘥，小疾病。殿版本、內府本並作小瘥病。咸按：手鑑同此本。又篆隸名義：瘥，子耶反，小瘥曰瘥。今本玉篇作小瘥也。集韻同。

鹺，鹹〻。殿版本作鹹別名。咸按：玉篇：鹾、左河切，鹹也。亦作鹺。手鑑：鹾，古鹺，才何反，鹽曰鹹鹺。集韻引說文，鹹也。此本〻當作也。

虛，虎不信。掇瑣本信作柔。咸按：篆隸名義作不信。今本玉篇作虎不柔也。集韻從說文作虎不柔不信也。此本及掇瑣本所取殊異。

齹，齒。掇瑣本作齒跌。咸按：廣韻齹，昨何切，齒跌。又齹，古俄切，齒齹跌，出字統。手鑑訓同。玉篇：齹，在何切，齒差跌皃。集韻引說文訓同。此本齒下有缺漏。

䫏，齊齊。掇瑣本作齊。咸按：手鑑、廣韻並云齊也。集韻：䫏，一曰齊皃。此二衍。

它，蛇害人。掇瑣本下有書儀云無它謂此。咸按：

篆隸名義：蛇，時遮反，虵。今本玉篇：它，託何切，蛇也。上古草居而畏它，故相問無它乎？蛇，同上。它或从虫。手鑑：蛇，古。虵，正。廣韻：它，蛇，說文同上。則此虵蓋異體。集韻麻韻：它，或作虵。

欏，椽木。掇瑣本：欏，椽木。咸按：集韻：欏，一曰檖木別名。手鑑：椽，俗。檖，正。音：檖，陽檖，木名也。篆隸名義：欏，力多反，椽木。今本玉篇作檖木也。則二本作椽或椽，並誤。

梛，多〻。掇瑣本：絅，多。咸按：篆隸名義：挪，乃何反，搓。後郍：絅，奴多反，多。今本玉篇：搓、挪，上七何切，下奴多切，搓挪也。多郝：郍，奴多切，多也。手鑑：挪，搓挪也。多郝：郍，奴何反，多也。廣韵同。此誤合，又誤从木，二亦衍。

鸛，亦作暎。掇瑣本作膜。咸按：从日誤。

蚵，蜉作蚵。掇瑣本、内府本但作蜉。咸按：廣雅釋魚：蚵蠪，蜥蜴也。玉篇同。手鑑：蚵，音何，蜉蠪。篆隷名義：蚵，胡柯反，蠪蜥蜴。廣韵同手鑑，則此謂作蚵，類校語。

蚵，女字。掇瑣本同。咸按：見篆隷名義、今本玉篇、手鑑、廣韵、集韵。

波，水汶。掇瑣本作濤，內府本作淪。咸按：玉篇作水起大波為瀾，小波為淪。手鑑：濤，大波曰濤也。

痾，亦作阿。掇瑣本、內府本阿並作痾。咸按：玉篇：痾，病也。痾，同上。手鑑：疴，俗；痾，正。廣韻：痾，亦作疴。集韻同。此阿當痾誤。

鞾，鞾鞋。無反語。火戈反，又布波反，陸無反語。古今。咸按：火戈，泰定本、內府本、廣韻作許戈，篆隸名義作肝戈，今本玉篇作盱戈。又古今掇瑣本作今古，其上有何□誣於四字，□疑當為厚字。

欸，去。掇瑣本同。咸按：手鑑、廣韻注並作欠去也。

麻韻

玉篇作欠欸，張口也。五音集韻同。二本去上編欠字。

侳，子過反。掇瑣本同。咸按：篆隸名義、今本玉篇並作侳，子過反，安也。廣韻亦云安也。集韻同。則二本並漏訓解安也。

挫，小。掇瑣本作侳，小人。倉和反。咸按：上已有侳字，掇瑣本此侳字必誤。集韻：姓，少兒。此本挫或為姓誤，小癡為少誤。掇瑣本亦誤同。

釾，鏌鋣劍人。咸按：手鑑：釾，或作。鋣，正。鏌鋣，劍名。廣韻：釾，鏌釾。鋣，上同。集韻：釾，或从邪从耶。此人當名誤。

𦬊、菜〻。掇續本、内府本〻作名。咸按〻手鑑𦬊、或作𦬊、今。以遮反、草名。廣韻、集韻亦並作草名。此三本菜誤、應作草。此〻當名誤。

嗟、子邪反、亦作䜺。掇續本亦䜺、⿱差言。咸按〻篆隸名義〻嗟、咨。唐韻〻⿱差言、咨。今本玉篇〻嗟、嗟歎也。唐韻〻⿱差言、咨也、憂嘆辭也。䜺、同上。廣韻〻嗟、咨也。⿱差言、上同。集韻〻⿱差言、或作嗟、亦書作䜺。此本漏訓義咨也。

罝、亦作𦋺同。咸按〻篆隸名義〻罝、兎罟。𦋺同上。今本玉篇同。手鑑〻𦋺、⿱罒⿸厂且、二古。罝、今。兎罟網也。集韻罝、𦋺、古从糸。

嫿，驕。亦作怚。咸按：篆隸名義：嫿，子庶反，驕。或怚。今本玉篇作驕皃。廣韻作憍也。怚，上同。玉篇：怚，驕也。守鑑：怚，憍也。則此本怚沿舊王書誤。集韻：嫿，驕也。或作怚。

祖，縣名。咸按：玉篇：祖，子邪切，縣名。廣韻同。集韻作祖厲縣名。

譇，詠。詠。咸按：廣韻：譇，說文詠也。篆隸名義：譇，子邪反，詠。今按：說文言部、廣雅釋言、殘本玉篇、今本玉篇、集韻引說文皆作諑也。蓋諑誤為詠由來已久。

鏵，鍾。鋘，兩刃臿。或茉。咸按：篆隸名義：鏵，鍬。鋘，上文。鏵，臿。鍫，如上。今本玉篇：鏵，鏵鍫也。鍫，臿也。鏵，同上。手鑑：鏵、鋘，鍫也。宋魏之間謂鍤曰鏵。鈣，户花反，兩刃鍤也。鍤音楚洽反。鍤，俗。鍤，正。鍤，今楚洽反，鍫也。集韵：茉、鈣、鋘、鏵，説文，兩刃臿也。从木，丫象形。宋魏曰茉。是本書誤析為二條，鍾當鏵誤，垂當臿誤，茉為茉誤。又廣韵：鋘，鋘鍫，殆依手鑑誤。掇瑣本亦誤鋘。

瓜蓏屬。咸按：篆隸名義：瓜，蓏。今本玉篇：瓜，説文，曰，蓏也。廣韵同。

緺，青綬。咸按：篆隸名義、今本玉篇並作綬紫青色。廣韻作青綱綬，從手鑑。集韻依玉篇。故宮本同手鑑。

蝸，〻牛，小螺，女侍。咸按：故宮本作蝸，蝸牛，小螺。婐，女侍。此誤合。集韻：婐，女侍也。

花，樹采。內府本作古華。咸按：蓋謂花古作華。此本訓未詳。

姱，奢〻。咸按：玉篇、手鑑、廣韻〻皆作皃。篆隸名義但作奢。此〻當皃誤。

詉，譇詉，語。咸按：手鑑：詉，女加反，譇詉，語不正也。

譇，譇詉，語不正皃。廣韻但作語皃。此省皃字。

㚥，絲絮相牽。亦作詉、詨。咸按：廣韻：㚥，女加切，絲絮相牽。集韻：詉，博雅：譇、詉，拏也。手鑑、廣韻並云：詨，女加反，絲詨語不解也。然集韻有絮絲紊曰絮。詉，沓詉，一曰言不可解。或作詨。疑此詨即詉。殘本玉篇：詉，女加反，埤蒼：譇詉，言不解也。野王案：方言即謰謱也。為拏字，在手部。此拏即譇拏之拏。篆隸名義、今本玉篇並云：詉，女加反，譇詉，言不可解也。

䘲，衣。咸按：篆隸名義、今本玉篇、廣韻、集韻俱從説文作敝衣。手鑑作衣弊也。此注衣上漏敝字，或省其下漏弊字。擬續本作衣□，當落弊字。

猴，〻斗豕。咸按〻廣韻、集韻並作牡豕。集韻〻猴，或从犬。篆隸名義、今本玉篇豕部猴，牡豕也。此斗字誤。

迦，不得進。咸按〻同廣韻（擬續本又）。篆隸名義、今本玉篇、集韻俱從說文互令不得進也。惟互並誤牙字。則二本及廣韻並誤。

瑕，玉。故宮本作玉疵。咸按〻手鑑、廣韻並作玉病。此注玉下有奪文。

鰕，大蝦。擬續本作大鯢。咸按〻同廣韻

葩，草花，内府本下有白字。咸按，同廣韻。

蚆，蠃屬。[illegible][illegible]本作蠃屬。咸按，同集韻。

鵶，鴉，内府本作烏之别名。咸按，同手鑑、廣韻。

⿱宀亞，⿱宀余，姿態皃，内府本姿上有作字。咸按，同廣韻。玉篇作⿱宀亞⿱宀余，嬌態皃。

釵，婦人笄。咸按，玉篇作婦人岐笄也。集韻作婦笄。

䐒，瑕。咸按，詳佳韻。

⿰差刂，⿰賛刂，⿰差刂⿰賛刂。咸按，佳韻作⿰替刂⿰差刂，同手鑑。今按，篆隸名義⿰替刂⿰差刂，⿰差刂上。今本玉篇⿰差刂⿰替刂⿰差刂⿰替刂，⿰替刂⿰差刂也。此本

[illegible]當田[illegible]誤。
甄，〻甄。咸按〻篆隸名義〻甄，又佳反，㓷。集韻〻甄、甄
甄，磨垢也。手鑑〻甄，初兩反，甄石，甄洗物也。
桼，木名，在崑崙山。咸按〻廣(擬補本同)韻在作出，餘同。集韻
作桼棠，木名。玉篇〻桼所加切，桼棠華赤，實味如
李，無核，食之使人不弱，可衛水。弱當溺誤。篆隸
名義〻桼所加反，棠木。棠達郎反，黃花赤實，味如
李，无核。此注首應有棠字。
紗，〻絹。一纑。咸按〻廣韻〻紗，絹屬。一曰紡纑。手鑑
但作絹屬也。集韻亦有一曰紡纑，則此注纑上

漏曰紡二字。綴䌫本漏紡字。

䩖，履。綴䌫本同。咸按：集韵：䩖䩖，博雅：韊䩖，鞾也。今按：蒙隸名義：䩖，上字韊，䩖履。今本玉篇：䩖，所加切。韊，古狎切，韊䩖，履。手鑑：䩖，音沙，韊䩖、䩛鞾，履也。䩛鞾，鞾也。䩛，蘇各反，䩛鞾，胡履也。廣韵同手鑑。玉篇：靴，亦履也。鞾，同上。則二本注首俱應有韊䩖二字。

齖，齖齾，齒不正。咸按：集韵同。

戲，似指按。綴䌫本內府本似並作以。咸按：同廣韵。手鑑作以也。指按也，上也字衍。集韵作指按謂之⿰虘又。省以字。

⿰齒眞，牙齒不正。掇瑣本⿰虘齒，牙齒不正字。合齒在左。咸按：手鑑：⿰齒眞，⿰齒眞齖，齒不正也。玉篇作齒不正也。並省牙字。

柤，取。掇瑣本、內府本並作柤。咸按：玉篇、手鑑並同。篆隸名義：柤，取。殆即此本所誤沿。

摣，取。掇瑣本同。咸按：同。玉篇、篆隸名義、手鑑：摣又与⿰虘又、柤畧同。集韵作又取。

⿰木荼，春藏草，可為飲。用內府本作□□草葉可為飲，巴南人曰葭⿰木荼。缺文殆為春藏二字。咸按：手鑑々樣音茶，春藏草菜可以為飲曰樣。廣韵作舂藏葉可以為飲，巴南人曰葭樣。篆隸名義々樣、櫝。茶字。今本玉篇作苦樣也。

階，丘々。咸按々篆隸名義、今本玉篇並作丘也。手鑑、廣韵、集韵俱作丘名。

衺，又似嗟反。內府本無又字。咸按々反語玉篇無又字。手鑑作邪、牙二音。

秅，二秭。咸按々廣韵在宅加切，引説文，秭也。此誤。

闍，視奢反，德胡反，城上重門。德上掇續本、內府本並有又字。今按篆隸名義作之蛇、致胡二反，今本玉篇作市遮當胡二切，廣韻作視遮切，又德胡切。又手鑑、廣韻並作闍闉闍，城上重門也。說文作城曲。篆隸名義作城臺，今本玉篇作城門臺。則三本城上俱漏闉闍二字。

髽，婦人喪冠。咸按：同手鑑。廣韻作婦人喪髻。玉篇：禮記曰，男子免而婦人髽。以麻約髮也。

齹，牙〻。咸按：玉篇、手鑑、廣韻俱作齹齴。此倒誤，牙亦應作齴。

䣜，地名。咸按：同集韻。又玉篇：䣜，補柯切，沛郡縣也。手鑑：䣜，昨何反，縣名。篆隸名義作補加反。

觰，角上長下大。咸按：玉篇誤作䚝，下大也，角上長也。集韻作一曰下大者也，亦有奪誤。又篆隸名義作角上張。集韻：或説角上張。手鑑、廣韻並作角上廣也。

秜，開張。掇瓉下有屋字。咸按：同玉篇、廣韻。集韻作庀，義同。又篆隸名義作開屋。手鑑作開張，同此本。

呀，呀哈。呀哈字，呼哈反。咸按：玉篇：呀，虚牙切，哈呀，張口皃。廣韻、手鑑、集韻俱同。惟説文：呀，張口皃。乃單詞解詁，他書則為聯詞。又手鑑：哈，胡紺反。

覃韵

南，火南。掇瑣本、內府本並作火方。咸按：同廣韵。此注南當方誤。

⿺走參，⿺走覃〻，走皃。咸按：手鑑、廣韵及上文俱作⿺走參⿺走覃，走皃。此注誤倒。篆隸名義、今本玉篇並云：⿺走參⿺走參⿺走覃，驅步。

男，子稱，從田力。咸按：子稱，未詳。從田力見玉篇、集韵。

聃，耳曼。咸按：說文、玉篇並同。手鑑、集韵、類篇並作耳曼無輪。掇瑣本作耳漫。

抩，併侍。又生兼反。咸按：廣韵作併持。又本書注鹽反有䑋。

𦪇,龜距。亦作舺。咸按:廣韻作龜有距也。舺,上同。

篆隸名義作𪚻,人三反,甲緣甲邊。今本玉篇作

𪚻,而三切,龜甲邊。或作𤱸。集韻作𦪇,𤱸,或从甲。

此正文从舟並誤。

諳,訑。咸按:玉篇、手鑑、廣韻俱作詋。此誤。又玉篇、

手鑑、集韻俱有別體論。此本有亦作諳,諸書無,

殆論之譌。

盒,覆蓋。內府本作盦。咸按:篆隸名義作盦,今本

玉篇同。廣韻作盦。手鑑同此本。

極，〻桃。咸按：廣韻作棯。

䏒，排囊柄。同廣韻，惟正文作肣，並云說文同上。

咸按：汗鑑：䏒，俗。肣，正。胡南反，鞴囊柄也。集韻：肣、

䏒，肥牛脯領𣛍。說文，治槖幹。又按說文，肣，俗圅，

从肉今。䏒，治槖幹也。段注：治各本作冶，今正。治

槖謂排囊，治者以囊鼓火，其所執之柄曰䏒，或

譌作肣。而汗鑑以鞴囊柄釋之，廣韻沿之，改鞴

為排。此合二書而未正其誤。

䫲，輔車。亦作顄。咸按：篆隸名義、今本玉篇、廣韻

俱作顄，此誤。

淊，水澤名。咸按：廣韻作涵，水澤多皃。

圅，衘二。咸按：廣韻作圅，衘也。此二當也誤。

䶳，似瓶有耳。又渠劍反。咸按：本書梵韻無，掇瑣本丘嚴反，有䶳。玉篇：䶳，丘劍切，又胡耽切，似瓶有耳。手鑑：䶳，通；䶳，正。胡南反，似瓶有耳也。

熛，焦色。又墂。咸按：諸書俱無異文。

葴，草得風。掇瑣本末有皃字。咸按：同篆隸名義、廣韻、集韻，俱本說文。玉篇作草動皃。

蠶，篗二。内府本無二。咸按：篆隸名義、今本玉篇、廣韻俱作蠶篗，此誤倒。

踏，止ミ。内府本無ミ。咸按：篆隸名義：踏，止。今本玉篇：踏，止也。手鑑、廣韻、集韻俱從博雅同此。此本ミ當也誤。

躭，淫翫。咸按：玉篇：躭，俗耽字。廣韻：耽，或作躭。集韻：耽，俗作躭，非是。

媅，樂甚。咸按：篆隸名義、今本玉篇、廣韻、集韻俱從説文：樂也。擬讀本亦無甚字。

領，醜皃。一領顛。咸按：諸書俱作領，玉篇：領，醜也。手鑑作醜皃。又顛見集韻，此以誤書而誤合。

戡，翦ミ。咸按：玉篇：戡，苦耽切。戡，竹甚切又苦耽

旡曰
旡止

切。篆隸名義：戕，若䟫反。戕，竹甚反。本作戕，或作戡，增韻別出戕字，誤。此韻會所云。而廣韻、集韻俱別出。

䰉，不曉冠帶䰉。亦作𩬤。咸按：廣韻作不脫冠帶而寐。王篇作一曰寐不脫冠帶也。集韻：䰉、𩬤。

寝䰉

蝨，蠃大者。咸按：大，王篇、廣韻、集韻俱作小。

𢧵，持意。咸按：同廣韻。本書苦兼反作堅持，亦與廣韻同。

咸欠介

談韻

談，言語。咸按：篆隸名義、集韻並從說文：語也。王篇作論言也。廣韻作言論也。

惔，憂﹦。咸按﹕篆隸名義、今本玉篇、廣韻、集韻俱從説文憂﹕也。此﹦當也誤。

錟，長鋒。咸按﹕篆隸名義作長矛利。今本玉篇、手鑑、廣韻、集韻俱從説文作長矛也。故宮本鋒作鉾。手鑑﹕鉾、鉾，莫侯反，與矛同，長丈二，建於兵車也。韻會矛注云﹕字林，鉾古矛字。此本注鋒當鉾誤。

甗，小罌。亦儲。咸按﹕篆隸名義作小罌。今本玉篇作小罌。集韻﹕甗，通作儋。此儲殆儋誤。

襤，亦作繿、艦。跋項本作亦繿縷。咸按﹕玉篇﹕艦，亦作襤。集韻：襤或从糸。
婪貪。咸按：摭瑣本、內府本並無此字，廣韻、集韻
此紐亦無。篆隸名義：婪，力南反，貪婪之惏。今本
玉篇、手鑑並云貪也。此注貧誤。韻會云：音與藍
同。
聃，或聸。咸按：玉篇：聃，聸，說文聃同。手鑑：聸，俗；聃，
正。集韻：聃，或从甘。
䒣，葱〻。摭瑣本作蔥，別名。內府本作蔥。咸按：廣
韻同摭瑣本。集韻：䒣，艸名，葱也。
𥦵，籃。咸按：篆隸名義、今本玉篇並作𥦵籃、𥦵籃。

薄而大也。手鑑、廣韻並云𥨍⿱穴炎，薄大也。集韻作𥨍⿱穴炎，匾薄也。故宮本亦作𥨍⿱穴炎。則此注𥨍下應有〻字。

鏨，鏨〻。綴瑣本、內府本並無〻。咸按：〻手鑑作鏨屬也。篆隸名義、今本玉篇、廣韻但作小鏨。集韻作鏨也。

鷔，又在咸反。綴瑣本、內府本在作仕。咸按：篆隸名義、今本玉篇並作才三反。

⿱甚虫，桑菜上虫。咸按：見集韻。

⿸麻甘，和，又公含反，二反。咸按：集韻：⿸麻甘，和也。廣韻：⿸麻甘，和也。又口含、古三二切。

邯，阮湘人言。咸按：阮，廣韻作江。集韻：邯，方言，邯或也。沅澧之間，凡言或如此者曰邯如是。此誤。

炶，火上行。亦作⿰炎占。咸按：篆隸名義：炶，胡甘反，⿰炎占字。𤈤，胡甘反，火行。省上字。今本玉篇：炶，火上行皃。亦作⿰炎占。郯：甜，火行皃。手鑑：甜，俗。⿰炎占、炶，二正。音含。火行皃。廣韻同。玉篇、集韻：⿰炎占，火上行。或作炶甜。

嫯，貪妄。咸按：篆隸名義：嫯，火含反，貪，愛，妄。廣韻：嫯，貪，妄。玉篇作貪婪也。嫯疑妄誤。手鑑作貪愛也。集韻作貪也，愛也。依名義及集韻，婪字實有貪也，妄也，愛也三義，此本廣韻、浮鑑並有誤。

一 笘，食甘反。項跋本、內府本食作倉。咸按：篆隸名義作充甘反，今本玉篇作丁帖切，集韻作七甘切。今按類篇：笘，詩廉切，又蚩占切，則倉、食、七並誤。

陽韻

鍚，鋑在馬額。咸按：浮鑑：鍚，俗。鍚，正。音羊，馬額飾也，廣韻同。玉篇：鍚，鏤鍚，馬面飾。鍚，同上。篆隸名義：鍚，鍚，同上。集韻引說文：馬頭飾也。韻會引徐云：刻金華當馬額。

羊，羜。掇瑣本、內府本竝作羊豕。咸按：篆隸名義：羜，之与反，五月生羊。手鑑作羜，生羔正月也。正當五誤。玉篇作未成羊。

徉，儴徉。掇瑣本、內府本竝作儴。咸按：手鑑：儴徉，從原誤徒，倚也。篆隸名義：徉，彷徉，從倚。玉篇：儴，儴徉也。楚辭曰，聊逍遙以儴徉。廣韻同手鑑。集韻：徉，廣雅，彷徉，從原誤徒，倚也。同名義。

⿰革昜，馬額白。掇瑣本作馬額曰⿰革昜。

眻，槌。掇瑣本、內府本竝作样。咸按：篆隸名義、今本玉篇竝同。廣韻引廣雅云：样，搥也。集韻引彷㳂、槌、齊謂之梓。此本⿰日辛誤。

萆、藥草。掇瑣本同。咸按：篆隸名義、今本玉篇、廣韻、集韻注首俱有萆薢二字，二本並漏。

梁、亡瘤。咸按：當作杗。集韻引爾雅：杗瘤謂之梁。此亡亦當作杗。玉篇：杗、屋大梁也。廣韻作屋梁。

粱、ゝ米。亦作梁。咸按：集韻：粱、說文：米名。或从禾。此注梁當粱誤。掇瑣本粱亦作梁。

蜋、蜣蜋。掇瑣本、內府本下有蜋字。咸按：玉篇：蜣、蜣蜋、啖糞蟲也。廣韻、集韻並作蜣蜋。此注下應有蜋字。

量，〻數。亦量。擻瓆本量，數。集韻：量，古作量。鄉，土邑。擻瓆本作上邑。咸按：廣雅釋地：十邑曰鄉。

觴，酒。内府本作酒器。咸按：同手鑑、廣韻。此漏器字。

鬺，煑。亦作䰜。咸按：玉篇、廣韻並作䰜，此誤。

洶，水名。咸按：廣韻、集韻並作汈。類篇：汈，尸羊切，水名。汈，爾軫切，沴汈，深相著。又乃見切，水淺。灙，蓋尸羊切從氺，爾軫、乃見切從刃，無力京之音，且不足四，疑有誤。鍇本說文乃見切。

汌

魴，〻魚鱮。咸按：篆隸名義：魴，鮮。鱮，似魴弱。

慞，⿰忄嬰〻。內府本作慞懼。咸按：集韻：慞，慞惶，懼也。玉篇作慞惶也。手鑑、廣韻作懼也。此本正文注文並誤。

䓬，草名。咸按：集韻作草也。掇瑣本作草。

昌，處良反。盛，內府本數字作七。

鯧，鮍魚。咸按：篆隸名義作鮍鰛。廣韻作鯧鯸。集韻作鯧⿰魚焦。韻會同廣韻。

羗，西戎牧羊人。掇瑣本下有從羊從儿。奇字、加犬，非。

殭白死不朽。咸按：玉篇、手鑑、廣韵俱作死不朽也，無白字，此衍。

蠶蟲自死。咸按：集韵作蠶白死，廣韵作蠶白疑。此本自當白誤。

長杖。內府本作挺。咸按：篆隸名義、今本玉篇、廣韵俱作久。集韵引說文：久遠也。名義但作遠。

萇，萇楚，似桃，蔓生草。綴遺本無草字。咸按：手鑑作萇楚，蔓生也。廣韵、集韵亦無草，此衍。

餦，餦餭，餳。內府本同。咸按：篆隸名義：餭，餳，乾飴。餳，達當反，飴和饊。今本玉篇：餦，餌曰餦餭。餭，乾飴也。餳（原誤餳）徒當切，飴和饊也。手鑑：餦音張，餦餭，餳也。二本餳誤，廣韻亦誤，集韻作餦餭，餳也。

粻，道；；內府本無；；。咸按：玉篇、廣韻並云：道也。此；；衍。篆隸名義作長道。手鑑作道粻也。

蘘，；；荷，菜似薑；；。咸按：；；疑衍。

方，亦作汸。咸按：篆隸名義：方，汸，方字。今本玉篇：方，說文云：併船也。汸，同上。集韻：方，或从水。

昉，；；暗。咸按：廣韻：肪，脂肪。集韻：肪，脂也。此正文、注文並誤。

蚄，好〻。好，內府本作虸。咸按〻集韵〻蚄，虸蚄，蟲名，
食苗者。則此本好當虸誤。
襄，郡名。咸按〻廣韵〻襄，魏武置襄陽郡。此漏。
廂，序〻。咸按〻玉篇〻廂，序也。東西序也。此〻當也
誤。
儴，〻佯。咸按〻篆隸名義、今本玉篇並云〻儴，因也。
與此訓解牴牾。今按〻玉篇彳部〻⿰彳襄，先羊切，⿰彳襄徉
也。此正文、注文俱誤。
鬤，寇。咸按〻集韵寇作殺。
將，并。故宮本作行，擬續本作欲。咸按〻廣韵作行

也。

鯚，鱸魚。掇瑣本鱸魚。咸按：篆隷名義、今本玉篇、手鑑、廣韻、集韻俱同此本，作鱸，掇瑣本誤。

㨖，特扶。亦作㩳。掇瑣本特作持。咸按：玉篇：㨖，子羊切，扶也。今作將。㩳，同上。手鑑作扶㩳也。廣韻、集韻俱從說文作扶也。

朢，月與日相望。咸按：集韻作月滿與日相朢也。臣以日朝君。說文作臣字日字。段注作似云似諂以。

邙，洛北邙。掇瑣本同。咸按：玉篇作河南洛陽北土山上邑也。手鑑作邙邙山名。此刪。廣韻作洛邙山名。集韻作洛陽邙山名。

忘，又武放。掇瑣本、内府本下有反字，此漏。

朚，惡。咸按：篆隸名義朚無方、無桑反。惡。反上應有二字。

莊，通俗作庄。咸按：廣韻、集韻並云：俗作庄，非是。

妝，女。咸按：廣韻作女字。玉篇：妝，女字，又飾也。

粧，〻粉。咸按：廣韻：粧，粉飾也。玉篇作糚，飾也。集韻：妝，飾也。或作糚、粧。

霜，露，夕。咸按：掇瑣本作凝霜、内府本作凝露，同蒙鼓名義。王篇作露凝。此夕殆〻誤。
檣、船柱。亦作牆。撥續本柱誤拄。咸按：序鑑同二本。王篇作船檣帆柱也。蒙鼓名義、集韻並從埤。
艙作颿柱。又牀、集韻作牄，此誤。
嬙、婦人。撥續本作婦官。內府本同。咸按：序鑑作婦〻官名，廣韻同。此本漏官名二字。又集韻作婦官，同二本。王篇作婦官名。
奘、強大。撥續本奘誤焚，訓同。內府本作妄強大。咸按：同廣韻、集韻。此本注首漏妄字。
鏘、兵器。咸按：未詳。

佯，弱〻。咸按：擬寘本無〻。又擬寘本、內府本並在牆細末。

瑲，和鳴，玉聲。擬寘本、內府本並無和鳴二字。咸按：廣韵、集韵、今本玉篇、手鑑俱同二本。

牄，鳥獸來食。咸按：廣韵、集韵並從說文鳥獸來食聲也。此漏聲字。

匡，籠〻。擬寘本、內府本並無〻。咸按：廣韵：筐，筐籠。

框，棺土不虞框。擬寘本框，棺。禮記曰：王不虞框。咸按：土，內府本作土，蓋士之譌，見喪大記。虞當廣誤。又王篇、字鏡、廣韻、集韻俱云：框，棺門也。篆隸名義作所以棺亡人也。

殃，禍々。撥續本無々。咸按：廣韻作禍也。篆隸名義作禍惡。此々衍。

胦，脖曰。內府本作胦，脖胦。咸按：集韻：胦，脖胦，臍也。王篇：胦，脖胦。脖，脖胦，胦臍。篆隸名義：胦，臍。脖，胦。字鏡：脖，胦臍也。此本正文、注文俱誤。

彊，亦作壃。渠文反。撥續本壃作弜，渠上有又字。咸按：王篇：彊，巨章切，說文云，弓有力也。又其兩切。弜部：弜，渠良切，彊也。又巨兩切。篆隸名義同。

唐韵

手鑑：弜，巨丈反，強弜也。又其兩反，弓有力也。又廣韵：畺、疆，上同。壃，俗。集韵亦以畺、疆、壃三字異體，訓從畺，界也。則此壃誤。

蕩：諸良反，咸按：諸，俱作褚。

狂，正作狂。咸按：集韵狂作狴，此誤。

餹，餳〃。掇瑣本、內府本並無〃〃。咸按：玉篇、手鑑、廣韵俱作餳也。此〃當也誤。

搪，〃突。搪〃。掇瑣本作搪，〃突。咸按：內府本搪，搪揬。玉篇、手鑑、廣韵俱同。此本下搪〃，疑為傏揬之譌。集韵：傏，揬也。

搪，陂。掇瑣本糖，〻牛塘，陂。亦作隚。內府本搪，搪牛塘，陂。咸按〻手鑑搪，搪牛塘，陂塘。此誤合二本二字相接，此本塘字置於細末，又掇瑣本糖誤。

閬，門高。掇瑣本同。咸按〻同篆隸名義。今本玉篇作高門。手鑑〻閬，音郎，高門。又音浪，亦高門。集韻〻闛，高門謂之闛。或从良。廣韻〻闛，高門也。

𨺗，殿〻。掇瑣本、內府本俱無。咸按〻篆隸名義〻𨺗，徒郎反，殿。今本玉篇〻𨺗，今作堂。手鑑、廣韻、集韻俱作殿基。

𨍵，〻輡軑軨。掇瑣本䡈作軨。咸按〻篆隸名義〻𨍵，

徒朗反、輗、軞、軩。手鑑：輹、輅。轄、正。轄、輗、軞、軩。輗、轄
輗、車軞軩也。軞、兵車也。軩、車闌也。玉篇：轄、轄輗。
輗、轄輗、軞軩。軞、軩訓同。廣韻亦訓同。則此本沿
野王原書誤軩。

蜋、蝗。掇瑣本內府本下俱有蜋字、此漏。

峎、岐峎山、冬日所入。岐、掇瑣本作峻。咸按：岐、玉
篇、手鑑、廣韻俱作峻、此誤。

硠、々磕。掇瑣本同。咸按：玉篇：硠、硠磕、石聲。磕、硠
磕也。手鑑、廣韻同。二本、篆隸名義同玉篇。

筤、篋々。掇瑣本無々。咸按：篆隸名義、今本玉篇、
集韻：篋也。手鑑、廣韻作車篋。今按：廣雅釋器：筤

謂之笑。疏籃〻釋名，車弓上竹曰郎，蓋弓二十有
八，穚疏分布宦宦然也。籃當蓋誤，且落車字弓
字。篆隸名義〻笑，車反。玉篇作笑，他計切，車箟。廣
韻箟，一名笑。笑音替。集韻〻箟謂之笑。
簹，竹〻。擬績本作竹名，內府本同。咸按〻玉篇、手
鑑、廣韻、集韻俱云〻簹，篔簹，竹名。二本注首並漏
篔簹二字。又此本〻當名誤。
襠，衣。擬績本作裲襠。咸按〻玉篇〻襠，裲襠也，其一
當背，其一當胸。手鑑作兩（原誤㒳）襠，衣也。廣韻
同。此注首落裲襠二字。
蟷，蟷蜋。擬績本作蟷螳螂。亦作螳。咸按〻玉篇〻蟷

蟷蠰，螳蜋之别名。螀同上。蠰，蠽桑蟲。廣韻〻：蟷，蟷蠰，螗蜋别名。亦作螀。手鑑〻：螳，螳蜋也。螗，同上。螂，螗螂也。二本與手鑑並漏蟷蠰二字。

剛，俗剛。内府本作亦罡。擬續本正文作罡。

掆，舉〻。擬續本、内府本無〻。咸按〻：同廣韻。手鑑〻：掟，俗。掆，捎掆舁舉也。集韻、掆，舉也。此〻當也誤。

鋼，鐵〻。内府本但作鐵，無〻字。咸按〻：玉篇作鍊鐵也。廣韻作鋼鐵。擬續本同。此〻衍。

亢，星名。擬續本下有一曰亢父縣名。俗加點作亢，失。

邟，罌〻。擬續本、内府本並作頏。咸按〻：玉篇〻：頏，罌也。此〻衍，正文亦誤。

喪，亡字或从哭亡曰。掇瑣本但作亡。咸按：玉篇：

喪，亡也。哭，說文喪。集韻：哭，說文，亾也。从哭从亾，

會意。隸作喪。此曰字衍。

騂，馬色。掇瑣本同。內府本作黃白色馬。咸按：集

韻作馬色黃尾白。玉篇作馬尾白。篆隸名義、廣

韻同此本、掇瑣本。

康，亦作康。掇瑣本下作糠。

歁，穀不升謂之歁。咸按：同掇瑣本、廣韻、字鑑。依

襄公二十四年穀梁傳注首當有四字。

馬喪

㝩，㝗二。咸按：依上文當無二。

躴，長皃。掇瑣本同。咸按：王篇：躴，躴躿，身長皃。躿，躴躿。廣韻魯當切，躴，躴躿，身長皃。又手鑑：躿，躿躴，身長也。廣韻同。集韻：躿，長身謂之躿躴。躿，躴，疊韻聯語。躴躿、躿躴並為狀詞。

肓，心上鬲。掇瑣本作心上。咸按：廣韻作鬲下。然，亦誤。王篇、集韻從說文，心上鬲下。成公十年左傳釋文引如此，得之。

㠩，韓憙子名。掇瑣本同。咸按：廣韻、集韻俱以㠩為巟或體。

綂、絲延。掇瑣本同。咸按：篆隸名義、今本玉篇、廣韻、集韻俱作絲曼延。二本漏曼字。

皇、天謂大道治如。掇瑣本治上有色字。

璜、璧。掇瑣本同。咸按：同手鑑。篆隸名義、今本玉篇、廣韻、集韻俱從說文作半璧也。二本及手鑑俱漏半字。

遑、急。掇瑣本同。咸按：同玉篇、廣韻，集韻引說文訓同，蓋出新附。

艎、艎艅，吳舟。掇瑣本作艅艎。咸按：玉篇：艅，艅艎，船名。艎，吳舟。篆隸名義：艅，吳船。手鑑：艅艎，吳王舩名也。廣韻作吳王舟名。此本注文誤倒。

隍，城池〻。擬續本同。咸按：玉篇、手鑑、廣韻、集韻俱從說文作城池也，此〻誤。

堭，合殿。擬續本同。內府本無。咸按：篆隸名義同。廣韻作堂堭，合殿。集韻引博雅：堂堭，壂也。玉篇引爾雅云：無室曰榭，即今堂堭也。

媓，母。擬續本同。咸按：玉篇、集韻並同。

𤯷，榮。擬續本同。咸按：廣韻以𤯷為葟或體，集韻分列。

葟，草木盛。擬續本同。咸按：篆隸名義：葟，榮，美茂。

今本玉篇作葟葉亦花之美也。集韻引博雅：葟

葟，茂也。

翌，羽舞。擬續本、內府本俱作羽舞。咸按：玉篇作

羽舞名。廣韻同。此舞當舞誤。

僙，僙武。亦作趪。擬續本同。咸按：篆隸名義、手鑑、

集韻俱云：武也。玉篇：僙，作力皃。與趪同。走部：趪，

西京賦曰：猛虡趪趪。謂作力皃。又趪趪，武皃。手

鑑：趪，趪趪趪，舞皃。又張設皃。舞當武誤。名義走部：

趪，張（原誤能）設，武。省二皃字。

湯，沸水熱。擬續本、內府本俱作沸水。咸按：篆隸

名義〻湯、沸水、熱水。玉篇、廣韻作熱水。

垙、陌〻。㩼續本、內府本俱無〻。咸按〻玉篇、廣韻並作垙，垙陌也。集韻作陌也。此〻衍。

迒、獸迹。亦作迒。㩼續本作獸迹。亦作⿰⻊更。咸按〻廣韻、集韻並同，本說文。手鑑作兔獸之迹也。篆隸名義、今本玉篇並作迹也。⿰⻊更字。此本注獸下漏迹字。又名義〻迒、⿺辶更字。此注迒當⿺辶更誤。

胻、脛〻。內府本無。㩼續本誤⿰日行、胜。咸按〻篆隸名義、手鑑、廣韻、集韻俱作脛也。此〻當也誤。

邟、餘邟縣在吳郡。㩼續本郡作興。咸按〻同廣韻。

集韻作餘杭。

抗，今州名。又苦浪反。掇瑣本作杭。咸按：玉篇、手鑑、廣韻、集韻俱作州名。又隋置杭州。此正文誤。

㡛，帛。掇瑣本同。咸按：集韻：㡛，周禮㡛氏掌練絲帛。

郱，縣名，在藍田。掇瑣本作鄉名，在藍田。咸按：玉篇：郱，廣蒼云，鄉在藍田。藍田爲縣，此注縣當鄉誤。

傍，他。掇瑣本作依。又蒲浪反。咸按：集韻以傍、㥬異體同字。[illegible]縣名屬：傍，蒲郎反，依。今本玉篇作蒲郎、蒲登二切。此本他當依誤。浪當郎誤。

膀，膀胱。亦作肪。掇瑣本肪作髈。咸按：廣韻：膀，膀胱。髈，上同。手鑑：髈，俗。正作膀。髈，俗。正作肪。玉篇：膀，亦作髈。

趽，足。故宮本腳曲脛。掇瑣本腳脛曲。咸按：手鑑同内存本。廣韻作膝脛曲皃。集韻：足曲謂之趽。此注足下漏曲字。

旁，側。又亭名，在汝南。掇瑣本側。又亭名在汝南鮦陽。咸按：玉篇：鄭，汝南鮦陽亭。手鑑作亭名。廣韻作亭名，在汝南。集韻引說文：汝南鮦陽亭。則

庚韻

撥鐀本安、銅二字並誤。

昂、舉二。撥鐀本無二。咸按：手鑑、廣韻並作舉也。

此二衍。

骯、骨。撥鐀本作骯骲。咸按：集韻引搏雅，骯骭也。骲搏雅，骯骲骭也。疑此本骨當骭誤。汪、備、廣韻並云：骯骲，股骨也。

逕、徑。故宮本作寬徑。撥鐀本作逸徑。咸按：手鑑、廣韻、集韻俱作免徑也。三本並誤。

羹、亦作鬻。撥鐀本亦作羹鬻、鬻羹。咸按：汪、備：羹，亦作羹鬻。鄉：鬻，古行切，煮也，鬻羹，同上。篆隸名義鬻鄸〻蘭，五味和。手鑑蕄蘭，音夢。

鄳，縣名，在義昌。㩿纘本同。咸按：同廣韻。手鑑作鄳，音盲，古縣名。今按隋志，義陽郡鍾山注，舊曰鄳。則昌當作陽。又宋志州郡二鄳令二，漢屬江夏。晉太康地志屬義陽，並作鄳，音盲。永初郡國志，何並作鄳。疑作鄳。又手鑑：鄳，音音，縣名。廣韻：鄳，縣名，在江夏。集韻亦分列，鄳在江夏，鄳在義昌。則二本昌並陽誤。

鍠，鍾聲。咸按：同手鑑、廣韻。集韻作鼓鍾聲。韻會作鍾，鼓聲。

鑽，纖々。掇繢本作纖。咸按：同手鑑、廣韵。王篇：鑽，字書，藤屬，以織也。內府本作織縢。此本々殆縢誤。

彋，起皃。掇繢本同。咸按：手鑑作弸彋，開張皃。王篇、廣韵作弸彋，帷帳起皃。集韵同二本。篆隸名義作帷帳起。皆有刪省。王篇、廣韵訓解周備。

祊，廣門旁祭名。掇繢本、內府本俱作廟門旁祭。咸按：同手鑑、廣韵。此本廣當廟誤。篆隸名義但作門祭也。

嗙，謌聲。掇繢本同。咸按：手鑑、張園本廣韵並作喝聲。篆隸名義、今本玉篇並作訶聲。集韻亦云：一曰叱也。訓義皆近。則二本謁當喝誤。

嚝，〻啨聲。掇瑣本啨作嘖。咸按：同玉篇。此啨當嘖誤。

觥，古橫反，以兕角為酒器。通俗作觥。掇瑣本有觥，亦作觵。咸按：篆隸名義：觵，古橫反，礼罰以酒。觥，同上。今本玉篇、觵，兕角為罰酒爵。觥，同上。手鑑：觥，俗。觥、觵，二正。角為酒器，可受七升，有過者一舉而盡也。廣韻、集韻並作觵、觥。又按：四聲篇：觥音寺獸名。無此讀。此蓋以注云以兕角為酒器，遂合為此體矣。內府本注，或觵。

侊，小壺。掇瑣本作小壺。咸按：手鑑：侊，古橫反，小兒。廣韻：侊，小兒。春秋國語曰：侊飯不及壺湌。集韻：侊，說文，小兒。引春秋國語：侊飲不及一餐。段注說文謂當作大兒。玉篇：侊，國語云，侊飯不及壺湌。當湌誤。注：侊，大也。大飯謂盛饌。此二本注當作大壺湌。

[illegible]，亦作櫜。掇瑣本作櫜。咸按：同廣韻、集韻。此誤。

蟛蝟，似蟹而小。掇瑣本蝟作蝑。咸按：廣韻同此本。手鑑作蝟，當蝑之譌。內府本及篆隸名義今本玉篇、集韻俱作蟛蜞。

棚，々閣。撥殘本、內府本閣並作閣。咸按々玉篇、仔艦、廣韻閣俱作閣，此誤。

榜，笞打。又甫孟反，引船。榜輔。撥殘本內府本上作榜，下作榜。咸按々仔艦々榜，白盲反，榜輔也。又笞也，打也。沐御々榜，俗，白盲反，笞也。按々本書補孟反，棹人哥。玉篇作北孟切，榜人，船人也。篆隸名義々榜，擊。

簩，籠々。撥殘本、內府本無々。咸按々同篆隸名義、廣韻。集韻引博雅々籠也。此々衍。

湞，水名。又直耕反。掇瑣本、故宮本作湞。咸按：同玉篇、集韻，此本正文誤。

韺，六韺，陽氏樂名。掇瑣本、內府本湯作高陽。咸按：篆隸名義：韺，帝嚳樂。今本玉篇作帝嚳樂名六韺。廣韻、集韻作五韺，高陽同二本。此本湯誤。

恲，滿〻。掇瑣本內府本無〻。咸按：同廣韻。此〻衍。

楟，木弩。掇瑣本同。咸按：同篆隸名義。玉篇、集韻作楟，音義同。

澎，水聲。咸按：聲，廣韻、集韻作皃。手鑑作擊水勢。

蚲，蚲。咸按：篆隸名義：蚲，蠁，蚲。今本玉篇：蚲，蚲蠁也。蠁，蚲也，蚲也。俱從廣雅釋蟲。廣韻作蛘蚲。

京，大。古音經。通俗作京。咸按：古音經，未詳。通俗作京，五音集韻云轉體俗字。

明，淨皎字。從囧從月。綴韻本作皎淨。

盯，䁥，直視皃。綴韻本作䁥盯。咸按：篆隸名義：䁥，直視。盯，直視。今本玉篇：盯，䁥盯，視皃。手鑑、集韻並同。此本䁥下應有盯字。

䫿，狂風。綴韻本、內府本注首有䫻䫿二字。咸按：同。手鑑、廣韻、集韻作暴風。玉篇：䫿，暴風。䫿無義。篆隷名義：颿，狂風。則此依野王原書。

蝶，亦作螢。咸按：集韻：蝶，通作檠。未見爾雅釋蟲釋文，此本筆誤。

梡，鋬柄。內府本作橈。咸按：篆隷名義、今本玉篇、集韻、手鑑俱同，此正文誤。

勢，小薤。內府本小作山。咸按：玉篇、廣韻、集韻俱同，此本誤。

頠，頸〻。內府本無〻。咸按：篆隷名義、今本玉篇、廣韻、集韻俱無〻，此衍。

衡，車〻。咸按：手鑑、廣韻〻〻作也，此誤。

耕韻

鬤，鬡鬤。咸按：見集韻。

𥩊，可作縻纕。咸按：廣韻作藙，引說文可以作縻綆。

鏗，亦作鋗。咸按：鋗，集韻作鍞。手鑑誤鉺，鋗誤。

誙，莊子曰誙誙如。咸按：同廣韻。今按：匡繆篇如作然。

牼，牛骨。宋有司空牼。咸按：篆隸名義、今本玉篇並作牛膝下骨，集韻同。廣韻省下字。又說文引春秋傳空作馬。此本有漏誤。

摼，撞撞。咸按：篆隸名義、今本玉篇、廣韻俱作摼，撞也。此正文誤，〻當也誤。

畋，又□□，內府本□不重。

萌，竹。咸按：集韻竹作草。

蕄，在心。內府本無心字。咸按：玉篇、廣韻並引爾雅云：存存蕄蕄，在也。集韻作心所在也。

宏，亦作宖。咸按：手鑑宖，俗。正作宏，大也。集韻亦云：宏或从穴。

閧，巷。咸按：手鑑閧，巷也。又門頭也。今按：篆隸名義內府本並作巷門。今本玉篇作巷頭門、手鑑門頭有誤。

嶸，〻崢。內府本作崢嶸。咸按：汪篇：崝，崝嶸，高峻皃。崢，同上。嶸，崝嶸。手鑑作崢嶸，山峻皃。廣韻亦作崢嶸。此本注文誤倒。

翃，壯飛，內府本作蟲飛。咸按：上文已有翃，蟲飛。同手鑑、廣韻。而汪篇：翃，蟲飛也。集韻：翃或書作翃，篆隸名義亦有翃，飛省蟲字，則此本翃、翃實重出，壯當蟲誤。

宖，大屋，深響。咸按：汪篇：宏，宏，䆪，大屋也。又屋深響也。䆪，宏䆪。手鑑：宖，弘，䆪宖也。䆪，䆪宖，屋響音也。宏䆪、䆪宖並疊韻聯語，此注深上涉大屋而省屋字。注首應冠寶宖二字，玉篇、廣韻、集韻並有宖、屋響也，則從說文，為單詞。篆隸名義作宖，宏屋響。

㹨，牛膝下。咸按：下下應有胃字，評前。

玎，玎玲，玉。咸按：玉篇：玎，說文云：玉聲也。玲，太玄經云：七彼瓏玲。注謂瓏玲，金玉之聲。手鑑、廣韻並作玎，玉聲。集韻：玎，玎玲，玉聲。此注玉下漏聲字。

嫈，又諍。咸按：廣韻，又乙諍切，此漏乙字。

鸎，春鳥。咸按：集韻，鶯、鸎同體。手鑑：鶯，春鶯羽文鳥也，毛有斑文。

崢，亦作崝。咸按：詳前。

棦，剌。咸按：同篆隸名義、廣韵。

[illegible]，亂〻。咸按：廣韵在女庚切下，作[illegible]亂也。此〻衍。

姘，齊与女交罰金四兩曰姘。故宮本齊下有人字。咸按：此同廣韵。

抨，撣。咸按：篆隸名義、今本玉篇、集韵俱從說文：撣也。此撣誤。名義、玉篇並云：撣，觸也。廣韵則從手蠻〻，彈也，與撣訓異。

砰，〻磕如雷聲。或作硑。咸按：篆隸名義：砰、硑，同上。玉篇（集韻）同。手鑑：硑，或作。砰，正。砰礚如雷聲也。廣韻作砰磕，此本及手鑑礚誤。

䍈，使。咸按：篆隸名義、今本玉篇並同。廣韻、集韻作使羊也。

訇，水聲。內府本水下有石字。咸按：手鑑：渹，水聲。廣韻作渹，水石聲同。內府本此正文當渹誤。

繃，甫萌反。咸按：篆隸名義、今本玉篇、廣韻、集韻俱從說文：束也。此漏。

絣，亦作繃。咸按：篆隸名義：繃，絣。今本玉篇：繃，振繩墨也。手鑑：繃與絣同，振繩墨也。廣韻、集韻並作幽。

摚，撞。亦作敦。内府本作撐作𣪚。咸按：手鑑：摚，撞也，觸也。与𣪚、𣫋三同。皮部：𣫋、𣪚，撞也，觸也。木部誤收樘，丑庚反，撥也。又柱也。樘，宅耕反，憧也，觸也。又音亭，山梨木名。亦不見篆隸名義，今本玉篇、廣韻、集韻。

又，集韻：摚，或作敦、摚、𣫋。此本注敦當敦誤。

𣪚，撞。咸按：同篆隸名義，手鑑𣪚，字書撞，當作撞也。集韻：𣫋，或作𣪚，手鑑𣫋，正作𣫋。又玉篇𣪚，推也。

宖，鄉音，烏宏反。宖泓，水深。咸按：廣韻：宖，宖宖弘，鄉音也。

清韵

下泓，水深也。此誤合。

宖，室響。咸按：篆隸名義、今本玉篇、手鑑、廣韵俱從說文室作屋，此誤。

縎，縈ゝ。咸按：同手鑑。玉篇作結縈，廣韵作縈也。

晴，雲除。内府本日色。

姓，雨夜晴見星曰姓。咸按：玉篇出姓云：說文，雨而夜除星見。又，作晴。集韵同。廣韵分出。此正文誤从歹。

盈，作盈。内府本作滿。咸按：同篆隸名義、今本玉篇。此涅誤。

籯，俗曰作笭。咸按：玉篇籯亦作籯，笭籯也。篆隸名義：籯，笭。廣韵說文笭也。

瞀，或作覺。撥瀆本無或體。咸按：篆隸名義：瞀，惑。睍郎：覺，瞀人能聽。今本玉篇：瞀，說文云：惑也。睍郎〻覺，覺然能聽。集韻聽作視，聽誤。

𢡾，亂〻。咸按：篆隸名義、廣韻、集韻俱作亂也。此二行。

禎，禎。内府本注首有女字。咸按：篆隸名義：禎，女禎。玉篇、手鑑、廣韻、集韻俱同。

禎，祥。咸按：篆隸名義、廣韻並同。

櫻，木六。内府本作木名。咸按：手鑑、廣韻同。此六涉下數字六行。

赬，赤色。亦作泟。咸按：篆隸名義：泟，恥京反，赤色。今本玉篇：泟，恥京切，赤也。亦作⿰赤巠。赤部：赬，丑貞切，赤色也。赬(原誤⿺辶赬)、䞓並同上。名義赤部：⿰赤巠，恥掣反，淺赤。赬、䞓、泟(原誤述)並上。手鑑：䞓、⿰赤巠，二或作。赬，俗通。赬，正。丑貞反，赤也。是赬、泟、⿰赤巠、䞓異體同字。但集韻：浾，說文⿰赤巠棠棗之汁。或从正。以泟為浾之或體。今按：玉篇：浾，側加切，棠木汁。手鑑：浾，側加反，染棠木汁也。又子外反。則泟、浾音義皆異，集韻誤。

酲，病酒。咸按：篆隸名義、今本玉篇、集韻俱同。

𧿹、跉𧿹〻、行不正。内府本無〻。咸按〻手鑑〻𧿹、跉𧿹、行不正也。跉、跉𧿹、亦行不正皃。此本〻衍。

虰、蠆。咸按〻篆隷名義同。今本玉篇作蠆虰也，從爾雅釋蟲。

成、形。咸按〻未詳。

城、墉。亦作𩫖。咸按〻集韻作𩫖，此誤。

宬、屋容受。咸按〻篆隷名義、今本玉篇、集韻屋下俱有所字。此同廣韻。

⿰成頁、頸〻。咸按〻篆隷名義、今本玉篇、手鑑、廣韻、俱作頸也。此〻衍。

晟，日々。内府本無。咸按：王篇、集韵並作明也。
䢓，筵々。内府本作篂，無々。咸按：王篇、篆隸名義並云：篂，筵也。此䢓及々並誤。
聲，立音。通俗作聲。内府本作音，無異體。咸按：王篇從說文：音也。此立衍。
䎽，無形而響。咸按：手鑑：䎽、聻，古文聞字。王篇作䎽。集韵作䎽，無形而響。
征，作延字。咸按：王篇：延，今作征。手鑑：延，与征同，行皃也。人部：征，行皃也。篆隸名義：延，正行。廣韵作征延。集韵作延，征。

征，〻伀，遽行皃。咸按，手鑑：征伀，惶遽趍走皃也。廣韻作征伀，義同。玉篇：征，征伀，懼也。集韻：征引方言，征伀，惶遽。

鯖，侯鯖。咸按，手鑑、廣韻：侯上並有五字，此漏。

正，〻翔。內府本作正朔。咸按，同廣韻。此翔誤。

轚，去重。咸按，玉篇作不重也，廣韻作轚重。此蓋〻誤。

蹵，〻足行。內府本作一足跳。咸按，同篆隸名義。今本玉篇作一足行皃。手鑑、廣韻並作一足跳行。集韻作一足行。此〻疑作一字。

箳，箳〻篂，車轓。咸按：同廣韻。王篇：箳，箳篂，車轓，篂，桑經切，箳篂。集韻引埤雅：篂，桑經切，箳篂，蔽簹也。箳，箳篂，蔽簹。廣韻青韻：篂，箳篂，別駕車轓。

嫈，烏莖反。咸按：烏上，廣韻有又字。

箵，聲〻。咸按：篆隸名義、今本王篇、廣韻、集韻俱作聲也。此〻當也誤。故宮本無〻。

䈫，覆〻。內府本無〻。咸按：王篇、廣韻同。此〻衍。

瓊，玉〻。內府本〻作名。

焭，迴飛皃。咸按：迴，廣韻作迴，此誤。

㷀，特。咸按：篆隸名義：㷀，渠營反，特，或焭。今本王笧〻⿱𤇾儿，特也。古⿱𤇾丮字。此特當特誤。廣韻作特也。⿱𤇾車，擊規。內府本擊作檕。咸按同廣韻、集韻，從說文也。

騂，馬赤色。𤚩，赤。咸按〻手鑑〻騂，馬赤色也。牛部〻𤚩，牛馬赤色也。玉篇〻𤚩，赤牛。亦作騂。廣韻〻騂，馬赤色也。𤚩，上同。此誤析。

頸，頊。內府本頊作項。咸按〻同廣韻、集韻。此本頊當項誤。

青，正作靑，從生丹。咸按〻手鑑〻生部〻靑音青，東方色也。又千定反，義同。集韻〻青，从生丹。

鵛鶄〻。內府本無。咸按〻：王韻、廣韻、集韻俱從巠，雉作鵛頸鶄。此注誤倒，又漏鵛字。集韻作與。

刑，剄〻。內府本無〻。

型，鑄鐵。咸按〻：手鑑、廣韻下並有模字，此漏。

瓶，亦作甁、缾、鉼。咸按〻：篆隸名義〻：瓶，胡經反，酒器。甁，同上。金鄉〻：鈃，胡經反，似鍾頸長。活鄉〻：鈃，胡經反，酒器。今本王篇〻：瓶，酒器，似鍾而項長。頸，同上。活鄉〻：鈃，胡經切，義同。金鄉〻：鈃，說文曰：似鍾而頸長。手鑑〻：鈃，俗。鈃，正，音刑，酒器也。其形似酒鍾。廣韻〻：鈃，瓶、甁並同上。

郢，鄉名，在密。咸按〻玉篇〻郢，鄉名，在高密。廣韻〻郢，鄉名，在密。集韻作在密縣。

停，正〻。咸按〻廣韻〻作也。此衍。

莛，莁。內府本作莖。咸按〻同篆隸名義、今本玉篇。集韻從說文。廣韻作草莖也。此本莁當莖誤。

蝏，蟚蝏卧。內府本卧作眠。咸按〻廣韻引埤倉云〻蟚蝏

二眠。玉篇同。

娗，見〻。內府本作好也。咸按〻廣韻作好皃。

阝丁，五名。內府本作丘名。咸按〻同玉篇、手鑑、廣韻，此五當丘誤。

稈，稀ミ。內府本無ミ。咸按：廣韵：稈，稀稈。集韵：稈，禾稀也。此同廣韵。

醒，ミ酒。又所定反。咸按：廣韵作酒醒。又息定切。

箽，别駕車。咸按：車下漏轄字，詳前。

⿰彳甹，使ミ。咸按：內府本無ミ。篆隸名義：⿰彳甹，匹丁反，使。今本玉篇：⿰彳甹，匹丁切，使也。⿰彳粤，同上，俗。集韵：⿰彳粤，俗。⿰彳粤或作⿰彳甹，正。疋丁反，使也。与俜同。廣韵、集韵並作使也。此本ミ當也誤。

靈，亦作霊。咸按：集韵：俗作霊，非是。

柃，ミ楹，際欄木。或作櫺。咸按：集韵：柃、櫺，柃檀階隙欄楯也。廣韵及內府本隙上有一階字。

齡，十年內府本十作齡。咸按同手鑑。此十殆〻誤。

螟蛉，螟蛉，小青虫。亦作⿰虫霝，內府本無螟字。

⿰鼠令，⿰鼠冋⿰鼠令，鼠。咸按篆隸名義⿰鼠冋，公營反，斑鼠。⿰鼠令，力丁反，同上。今本玉篇⿰鼠令⿰鼠冋屬。⿰鼠冋，公熒切，斑鼠也。廣韵⿰鼠令⿰鼠冋⿰鼠令，斑鼠。集韵引博雅作⿰鼠冋鼠。則名義作⿰鼠冋誤。

笭，〻箐，小籠。咸按同手鑑、廣韵。今按篆隸名義、今本玉篇並作笭籠也。為單詞義。

軨，車檻。亦作轞。咸按〻：玉篇、手鑑、廣韻並作車闌。又篆隸名義、玉篇、廣韻並云〻：䡼同上。集韻〻：軨或从霝，司馬相如說。此本亦云云。

龗，龍〻，山神名。咸按〻：篆隸名義〻：龗，力丁反，神龗，同上，山神。今本玉篇〻：龗，靇，同上。鬼部〻：䰱，力丁切，神名。手鑑〻：䰱音零，神名，人面獸身。廣韻〻：䰱，山海經曰神名，人面獸身。或作靇。是龗、靇、䰱同字異體。集韻析立龗與䰱，誤。

岭，深〻。內府本無〻。咸按〻：篆隸名義〻：岭，力丁反，山深皃。手鑑、廣韻並同。集韻作山深也。此〻行。

醽，醁〻，酒名。內府本作渌無〻。咸按：玉篇、廣韻並作渌酒。

霝，雨客。咸按：篆隸名義：霝，力丁反，落，零，力各反，雨零落。今本玉篇：霝，力丁切，落也。零，力各切，雨零也。或作落。手鑑：霝，郎丁反，落也，墮也，象形字，或作零。零音洛，大雨零零也。廣韻：霝，落也，墮也。說文曰，雨零也。从雨，㗊象雨零形。此本客當零誤。

鈴，飾〻。內府本作鈴，餌。咸按：同篆隸名義、今本玉篇、手鑑、廣韻。此正文、注文俱誤。

紟，紼絲百廿。咸按：殘本玉篇：紼，絲繐百廿。今本玉篇作紟，紼絲繐。篆隸名義作絲繐百廿。廣韻作縛絲一百升。集韻：一曰絲細凍為給，布細凍為穗。又名義：縛，餝裳絡。則此本注文漏穗字。

鶵，鵗﹦。內府本作鶵鵗。咸按：王篇：鵗，寧鵗，亦名飛桑，亦名巧婦。無鶵字。廣韻從爾雅作鶵鵗，此誤倒。

蠹螻蛭。內府本蛭作姑。咸按：同廣韻。王篇：蠹，蠹也。虫部：螻，螻蛄也。蛄，古胡切。集韻：蠹，一曰螻蛄。

汀，水際平地。亦作矴。咸按：集韻：汀、矴，說文平也。謂水際平地。或从平。篆隸名義、今本王篇、手鑑、廣韻俱作水際平沙。

訂，平。咸按：篆隸名義、今本王篇、廣韻俱作平議，此注漏議字。手鑑作評議。

綎，絲綬帶綎。咸按：同廣韻。正篇：絲綎綬。篆隸名義、手鑑並作綬也。集韻：說文，系綬也。

廳，屋。〻內府本作廳屋。咸按：同廣韻。此誤倒。

頲，狹頭。咸按：正篇作狹頭也，集韻從說文，狹頭皃。

艼，葋。咸按：篆隸名義：艼，熒葋，葋艼熒。今本正篇：艼，艼熒也。葋，葋艼熒。集韻引說文作艼熒，朐也。此本殆沿野王原書誤葋。注首又漏熒字。

鯖，魚青色，頭有枕骨。咸按：集韻：鯖名，青色有枕骨。

娗，〻女。咸按〻篆隸名義〻娗，妄丁反，女。今本玉篇〻娗，亡鼎切，娗女，自持也。集韻〻娗，一曰娗女，面平。

⿱米危，漬米。咸按〻篆隸名義〻⿱米危，亡丁反，漬（原誤清）米。今本玉篇、集韻並同。此正文誤。

蛢，以翼飛虫。咸按〻手鑑、廣韻飛並鳴誤。

笲，竹〻。咸按〻玉篇作竹也。廣韻、集韻作竹名。

輧，韜〻。內府本作輜輧車。咸按〻手鑑、廣韻作輜輧，兵車。此本韜當輜誤。

蓱，水上浮萍。咸按〻艹洴，廣韻作蓱。篆隸名義〻苹，草，無根浮水曰萍。萍，無根浮萍。今本玉篇：萍，萍草，無根水上浮。萍，同上。

䍈，竹器。在亦作䍈。咸按：玉篇缶部：䍈，蒲丁切，竹器也。缶，此古文，今作缻，亦作缶。廣韻作䍈，織蒲為器。韻會：杜林云竹器。集韻：䍈，杜林以為竹筥，揚雄以為蒲器。或从并。

軓，𩙺。又音犯。咸按：玉篇：軓，音范，車軾前。手鑑：軓，音犯，車軾（原誤越）前也。𩙺未詳。

螢，虫々內。府本作光蟲。咸按：集韻作火蟲。玉篇作夜飛，腹下有光，腐草所化。此々衍。擬墳本無々。

瞥，或撥𧷤本或作惑。咸按：同篆隸名義、今本汪
滿、廣韻、集韻俱從說文訓。
䝟，貨々，財々。撥𧷤本作貨。咸按：同篆隸名義、廣
韻、集韻。
駉，駿馬，強也。咸按：手鑑：駉、駒，二俗。駧，正。駿馬也。
廣韻同。又篆隸名義：駫，古熒反，肥。駉，古熒反，肥。
此強疑肥誤。
坰，郊外，林外。本作冋。咸按：玉篇：坰，郊外曰坰。古
作冂。手鑑：垧、坰，二俗。坰，正。郊外曰林，林外曰坰
廣韻作野外曰林，林外曰坰。同，古文。集韻、冂、冋、

尤韵

坰，説文，邑外謂之郊，郊外謂之野，野外謂之林，林外謂之冂，象遠界也。

睡，縣名，在東萊。掇瑣本、內府本作腄。咸按〻王篇〻腄，馳偽切，縣名。手鑑〻腄，音尤，縣名。集韵、廣韵並同此。

訧，過〻。掇瑣本、內府本無〻。咸按〻王篇、手鑑、廣韵並同。篆隸名義〻訧，惡過。廣韵引埤雅曰〻惡也。此〻衍。

櫌，打塊椎。掇瑣本、內府本作櫌。咸按〻廣韵同。王〻篇〻，説文曰：摩田器也。呂氏春秋曰，鉏櫌白梃。櫌，椎也。此擾當櫌誤。
⿰禾憂，覆種。內府本作耰。咸按：廣韻：⿰禾憂，覆種。出玉篇。今本玉篇無，有耰於尤切，覆種也。
劉，名。今掇瑣本作殺。咸按：同說文、廣韻。玉篇作鉞，殺也。篆隸名義作鉞，漏殺字。名今未詳。
留，上，正畱字。掇瑣本作住。俗作畄。咸按：上，篆隸名義、畱，略周反，止。今本玉篇、廣韻、集韻俱從說文：止也。又（此上誤）韻會：毛氏曰：當作畱，今經史皆作留，傳寫訛也。此作畱，或本之。又手鑑：畱，止也，任也。任當住誤。

勠，并力。右傳，勠力同心。右，掇𤨏本、內府本並作左，此誤。咸按：篆隸名義、手鑑、廣韻、集韻俱同此訓并力。

䴎，〻離，鳥美長醜。掇𤨏本、內府本並作少美長醜。咸按：同廣韻、集韻，皆本於說文。此本漏少字。

駵，馬白腹紫〻。掇𤨏本馬白腹，內府本作赤馬黑腹。咸按：手鑑同掇𤨏本。玉篇作赤馬黑鬣。集韵從說文：赤馬黑毛尾。廣韵毛作髦。玉篇別有騮，音流，紫騮馬，疑誤析文。

𥻨，粰𥻨，饊。掇𤨏本、內府本饊作饊。咸按：同篆隸名義、今本玉篇、手鑑、廣韻、集韻，俱本博雅。諸書有饊無饑，此誤。

旒，亦作鎏。掇瑣本同。咸按：玉篇：鎏，今為旒。集韻：旒，或作鎏。

蟉，力又幽反，又渠糾反。掇瑣本作又力幽反。咸按：本書下力幽反有蟉。篆隸名義、今本玉篇：蟉，力幽反。此本反語力又二字誤倒。

裗，裞二。掇瑣本無二。咸按：篆隸名義作裗，衣裞原誤兒。今本玉篇：裞，衣裗也。裗，衣縷。手鑑：裗，裞裗也。同此本。廣韻：裗，爾雅曰：衣裗謂之裞。郭璞云，衣縷也。

懰，烈忍。𢽟𦆽本作烈然。咸按：篆隸名義：懰，力牛反，烈忍。烈，力結反，烈忍。手鑑：懰，烈忍也。廣韵作烈忍也。集韵作烈忍也。𢽟𦆽本誤。

𨆪，豆〻。𢽟𦆽本、內府本並無〻。咸按：手鑑：𨆪音流，𨆪豆也。篆隸名義：䟺，於凡反，𨆪豆名。𨆪，力周反，上文。今本玉篇：𨆪，力周切，𨆪豆也。豍，方迷切，𨆪也。

鼀，[虫去]蚥。亦作鼁。咸按：廣韵：爾雅曰：鼁鼀，蟾蠩。郭璞云，淮南謂之去蚥。玉篇作鼁鼀。集韵：夫鼁、[去虫]

名。戴東原毛鄭詩考正謂鼀當是鼁，嚴元照爾雅匡名改鼀為鼁，鼁乃去之後出字，非鼀之誤，戴、嚴說皆非。又此本蚑當蚥誤，篆隸名義〻蚥原誤蚑，扶甫反，蟾。今本玉篇〻蚥，方父切，蟾蠩。玄應一切經音義卷十引爾雅作父。綴續本誤蚑。

悠，遠〻。綴續本無〻〻。咸按〻手鑑、廣韻、集韻俱作遠也。此〻衍。

猶，大。綴續本同。咸按〻廣韻、集韻並作犬子。

庮，亦□。綴續本作亦作庮。咸按〻集韻作庮。

囮，細鳥媒。又弋久反。亦庮。綴續本內府本並作內鳥媒。玉篇：囮，余周、五戈二切，鳥媒也。⿴囗繇，同上。
篆隸名義：⿴囗繇，囮字。鹿媒。手鑑：囮，五禾反，納鳥者
媒。⿴囗繇音由，鹿媒。廣韵同。玉篇此本細當納誤，廼
亦誤。集韵亦以⿴囗繇、囮同字異體。
舀，臼。掇瑣本作抒臼。咸按：手鑑作抒水也。廣韵
同掇瑣本，此本臼上漏抒字。
⿱由户，空。掇瑣本作⿱由虍。咸按：廣韵作甹，集韵作⿱由巴，當
依廣雅釋詁二作甹。
柚，木更生。亦⿱由户。掇瑣作⿱由户。咸按：篆隸名義：柚，餘
周反，更生條。亦⿱由户。集韵：⿱由巴，說文：木生條也。从弓，

由聲。引隋書，若顛木之有甹枿。古文言由枿。徐鍇曰，説文無由，今書只作由枿。蓋古文省弓而後人因之，从弓，上象枝條華圅之形。或作柚。廣韻作柚。又按：今本玉篇弓部，甹，弋周切，草木更生條。名義弓部作甹，餘周反，木更生條，亦誤。二本殆沿其誤。

邎，餘九反。掇瑣本九下無反字。咸按：廣韻作邎。集韻同。

斿，十二斿。掇瑣本同，内府本十二下有旗字。

遒，草。掇瑣本、内府本作道。咸按：廣韻作遒。集韻、

⿱艹逌、⿱艹道。說文，艸也。或从首。

牛，大武。擬續本缺武字。咸按：韵會、禮記，牛曰一元大武。

鮂，鳥化爲，頂上有細骨，如鳥毛。擬續本故宮本爲下有魚字。咸按：集韵，鮂，鳥化爲魚者，頸有骨毛。廣韵作鳥化爲魚，頂上有細骨如禽毛。手鑑作白鷟化爲，頂上有毛也。此本爲下漏魚字。

蝤，蝤蛑，似蟹而生大海邊。擬續本作大生。咸按同手鑑、廣韵，集韵作蝤蛑，大蟹。此本生大二字誤倒。

湫，又子小反，溢。咸按：本書子了反，隘。王韻：湫，又子小切，湫隘也。手鑑同。廣韻：湫，水名。又子小切。篆隸名義：湫，在由反，隘。此本溢當隘誤。

揫，亦鍫。咸按：本書下文作鐎，同廣韻、集韻、篆隸名義、今本王篇，此鍫誤。

慆，傲〻。擬續本內府本無〻。咸按：廣韻：慠也。此〻衍。

迺，曰。亦作遒。擬續本亦作遒。咸按：篆隸名義：迺，徐留反，固。遒字。今本王篇：迺，疾留切，固也。遒，同上。集韻：遒，或作迺。此曰當固誤。

此本在二本之后。?

湭，夜。𢰅䪺本、內府本作液。咸按：手鑑：湭，祥由切，液也。集韻引埤雅：湭、㴅，液也。或作湭。此本夜當液誤。

媨，終。𢰅䪺本終作終。咸按：同篆隸名義。今本玉篇、集韻、手鑑同。此本作終。玉篇：終，今作終。

煪，燿〻。𢰅䪺本作熮。咸按：同篆隸名義。今本玉篇、手鑑、廣韻。此本燿當熮誤。

𧣴，亦作。𢰅䪺本亦作𧣴。咸按：諸書𧣴無異體。

緧，蝎〻。𢰅䪺本緧，馬紂。蝤，蝎。咸按：玉篇：紂，馬緧也。緧，牛馬緧也。亦作鞧。革部：鞧，今作緧。篆隸名義：鞧，馬紂。手鑑：緅，或作緧，正。緧馬。又俗音秋，亦牛馬緧。廣韻：鞦、鞧，車疑牛誤馬鞧也。与緅同。廣韻：緧、緅，說文，馬紂也。亦作鞧、鞦。又玉篇：蝤，蝤、蠐、蝎，木中蟲也。蝎，桑中蠹蟲也。廣韻：蝤，蝤蠐，蝎也。集韻：蝤，一曰蟲名，木蝎也。則此本誤合。

羞，亦作䐹。掇瑣本同。咸按：集韻：羞、䐹，或从肉。

⿰車羞，輕。掇瑣本同。咸按：玉篇：⿰車羞，⿰車羞輊，載喪車。廣韻同。集韻：⿰車羞，⿰車羞輊，載麥三箱車，河南穫麥用之。或說載喪車，非是。此二本輕當輊誤。

周，亦作⿹勹舟、凋。掇瑣本⿹勹舟作角。咸按：篆隸名義：角，周字。今本玉篇：舟，或作周、洀。水部：淍，或作周。集韻：舟，通作周。此本舟誤。

州，ㄑ水中可居。洲，ㄑ渚。撥：續本州訓同，洲缺注文。咸按：玉篇、篆隸名義、廣韻俱從爾雅訓水中可居為洲。集韻：州，說文水中可居曰州，周遶其旁，从重川。洲，渚也。通作州。

舟，船ㄑ。撥：續本、内府本無ㄑ。咸按：篆隸名義、今本玉篇並作船也。此ㄑ衍。

脽，尻。撥：續本作尻。咸按：同篆隸名義、今本玉篇、集韻。

䰎，弃。亦作𣀔。掇瑣本𣀔作鼔。咸按：玉篇：鼔，說文，棄也。𣀔，同上。手般：𣀔，俗。集韵：鼔、𣀔、䰎，說文，棄也。掇瑣本䶦誤。

䪴，面和二。掇瑣本無二。咸按：集韵：䪴，說文面和也。或从頁。此二衍。

腜，肥二。掇瑣本無二。咸按：同篆隸名義。此二衍。

收，取。正作收。掇瑣本通俗作收。咸按：廣韵：俗作収。

収

收。

[illegible]，又巨[illegible]反。掇瑣本、內府本並作巨鳩反。咸按：廣韵作去鳩切，此反語[illegible]字誤。

茾，草相繚。咸按：篆隸名義：茾，居稠反，草相繚。今茾本玉篇作茾，草之相繚也。廣韻幽韻同，集韻作艸相糾。在本韻。手鑑：茾或作萛。今居幽反，草之相丩。

⿰牛力，居虯反，大力。掇續本同。咸按：廣韻作⿰力勿，大力。居虯讀在幽韻。手鑑：物，居求反，大力也。玉篇作牛大力。居求切。此同集韻，在本韻。

茾，秦茾樂。或作摎，居由反。掇續本秦茾藥。或作茾摎。咸按：玉篇、廣韻並作茾，秦茾藥。此樂誤。又摎，集韻作樛。又居由，玉篇誤居包。

朳，亦樛，木下垂。殘本同。咸按：篆隸名義：樛，木
枝下曲。朳字，今本玉篇作木下曲曰樛。朳，同上。
手鑑：樛，俗通樛，正。木枝下垂者也。集韵：朳，或作
樛。

疒，腹中急病。殘本無病字。咸按：同玉篇、集韵。
廣韵病作痛。

掇，殘本、内府本俱作掇，从又。咸按：同玉篇、手
鑑、廣韵、集韵，此誤从攴。下餿、颼、溲諸字誤同。

鎪，鏤也。鏉，鉎也。咸按：集韵：鎪，鏤也。又集韵侯韵
鏉，或从叟，又廣韵：鉎，鐵衣也。玉篇：鏉，鐵鉎也。鉎，

廿

鍬也。

枓，枸〻。咸按：依廣雅釋器，枓，枸也。此〻衍。

鄒，亦俗作郰、郰、鄹。掇瑣本無郰郰二字。咸按：玉篇〻鄒、鄹同上。郰同上，俗。手鑑〻郰，俗。郰，通。鄹，今。鄒，正。韻會〻俗作鄹，非。又鹽韻注〻亦作鄹，非。禮部韻略〻亦作鄹。鄹字並見篆隷名義、廣韻、集韻。

騶，御。掇瑣本、內府本作御。咸按：同手鑑、廣韻、集韻，偶本說文。

蔴，麻莖。亦作菆。掇瑣本莖作莖，菆作䔲。咸按：同篆隷名義。玉篇莖作莖。此本誤。

菽，草名。攈鑕本同。咸按：同手鑑、廣韻。玉篇作草也。此二衍。

椴，又又垢反。攈鑕本又作义。咸按：本書倉垢反有椴，此為類隔。玉篇：椴，义垢、側九二切。

休，正。俗作加點作烋，謬。攈鑕本烋作休。咸按：篆隷名義：烋，義懼反，虛摎反。美。今本玉篇：烋，火虯切，美也。又火交切。集韻：烋，通作休。攈鑕本休當作烋。

庥，廕二。攈鑕本無二。咸按：手鑑：庥，玉篇。庥，今音休，庇庥樹陰也。廣韻：庥，爾雅曰：庇庥，廕也。郭璞曰，今俗呼樹蔭爲庥。此本ミ行。

脙，脊腹。擬饋本同。咸按ミ篆隸名義ミ脙，瘠。廣韻注篇同。手鑑ミ脙，彤之脊也。又釋言鄭注無腹字。但集韻作腹脊。玉篇亦云ミ齊人謂腹脊爲脙。當與二本同爲別義。

髤，赤黒ミ桼。擬饋本里作黒。咸按ミ玉篇ミ髹，許求切，赤黒漆也。髤，同上。手鑑ミ髹，或作髤，赤黒漆也。廣韻ミ髤，或作髹。此二本髤當髹誤。

瞍，汁面。擬饋本作膄，汗面。咸按ミ廣韻ミ溲，汗面。亦作膄。此本正文、注文並誤。

懵，慮。又似冬反。敦煌本同。咸按：王二紐殂冬切，廣韻在冬切。

幬，帳，二。敦煌本內府本無二。咸按：篆隸名義：幬，帳。今本王二廣韻作禪帳。手鑑禪作單。此本二衍。

裯，禪被。禪丹。敦煌本無禪丹二字。咸按：王二、廣韻同此。篆隸名義、手鑑作單被。又手鑑：禪音丹。疑此丹當丹誤，其上漏音字。

裯，概，二。敦煌本、內府本無二。咸按：篆隸名義：裯，概。手鑑、廣韻作概也。此二衍。

籌箅〻。擬績本、內府本無〻。咸按〻同篆隸名義、今本玉篇、手鑑。廣韻作籌箅。此〻衍。

嚋否〻。擬績本作否。咸按〻集韻：𠷎，或作嚋。說文，𠷎，詞也。引虞書帝曰𠷎咨。二本否或咨誤。又上俱有𠷎咨，廣韻同。

颵，風颵〻。擬績本、內府本無〻。咸按〻手鑑、廣韻並云〻颵，風颵。此本〻衍。

菷，茶草。擬績本、內府本同。咸按〻篆隸名義〻菷，才牛反，茶草可食。廣韻、玉篇草作菜。今按〻廣雅釋草〻菷，蒢地榆也。集韻〻菷，草名。手鑑〻菷，茶也。又菜名。則捕二義，諸書各取其一，非有譌誤。

姛，動。㩟續本、內府本同。咸按：同《象隸名義》、《集韻》，《手鑑》：姛音迵，引《爾雅》云，感之動也。

殹，亦作毄。㩟續本作殹，懸物。亦作毄。內府本作殹，縣名。又擊。咸按：《玉篇》：毄，縣物毄擊也。殹，同上。《象隸名義》：殹，懸物擊。毄，同上。《攴部》：毄，弃。《玉篇·攴部》：毄，殹，《說文》曰：棄也。毄，同上。《手鑑》：毄，懸擊也。《集韻》：殹，棄也。殹，縣擊物。三本並誤。

郪，郪江，在蜀。㩟續本作在蜀。咸按：《玉篇》：郪，蜀郡江原縣，郪水首受江。此本屬當蜀誤。

球，玉聲。擬續本同。咸按：篆隸名義、廣韻、集韻俱從說文：玉磬也。玉篇引虞書孔傳訓同，二本聲並磬誤。

艽，白茝。擬續本茝作苙。咸按：玉篇：艽，白芷也。苙，白止也。手鑑：苙，及、立二音，白止也。芷音止，白芷，藥名。廣韻作白芷，廣雅作白苙。是艽、苙、芷同物異名。芷或省作止。二本俱誤。

梵，荊。擬續本同。咸按：玉篇、廣韻並作荊梵，亭名。篆隸名義作梵亭。手鑑作地名。集韻：梵亭名，在蘄市。一曰荊也。二本同一曰訓義。

⿰谷九，⿰谷殳⿰谷九亭。擬瑣本⿰谷殳作⿰谷曼。咸按〻同。篆隸名義、今本王篇、廣韻、集韻作槾⿰谷九，亭名，在上黨。此本⿰谷殳當⿰谷曼誤。

絿，求。俗作〻。毬，皮裹毛。紌，引。擬瑣本絿，求。紌，引。咸按〻絿、紌本同字異體，集韻〻絿，說文〻急也。或从九。然篆隸名義〻絿，渠周反，急；求。紌，渠周反，引，是野王析立二字，各繫訓義。今本王篇沿之，訓解又有舛誤，絿，巨周切，急也。紌，巨切，引急也。引下應有也字。手鑑復其舊作〻紌、絿，音求，急引也。二同。廣韻依之作紌，急引也。絿，上同。惟急下落也字。文韵會、增韵、毛毬古謂之鞠。此當云、求、俗作毬、二字衍。下文毬蓋補出。玉篇、毬、巨尤切、毛毬也。

扎、緩二。撥續本無二。咸按、篆隷名義、今本玉篇、才手鑑、廣韵俱同。此二行。

罦車上輞。或作罘罳。撥續本罦、車上網。或作罳、罳。咸按、篆隷名義、罦車覆網。罳、同上。罘、扶流反、兎網。今本玉篇、罦、扶游切、覆車罔。罳、同上。罳、縛牟切、兎罟也。罘、同上。廣韵、集韵、罳為罦之異體。

牟、牛。撥續本、内府本牛下有聲字。咸按、同手鑑、L

此漏。

麮，麥〻。掇瑣本、内府本作麮麥。咸按：此誤倒。

堥，〻隴。咸按：各本俱作堆堥小隴。手鑑作丘隴，土阜也。集韻：堥，堆隴也。

勑，勵〻。掇瑣本無〻。咸按：篆隸名義：勑，莫候反，力强勉，勉勵。此本〻衍。

草，草〻。掇瑣本、内府本無〻。咸按：玉篇：草，草也。手鑑作草名。此〻衍。

醱，䤒〻。掇瑣本作䤒醱。咸按：篆隸名義：醱，榆醱。廣韻：醱，醱䤒，榆人醱。玉篇作醱䤒，醱也。集韻作

侯韻

醔䤚，揄醬也。

鬏，髮生至眉。或作髳。撥續本、內府本無生字。咸按〻同。玉篇、廣韻、集韻本說文。又諸書俱以鬏、髳異體。篆隸各異，以鬏、髳同字。

裒，蒲溝反。撥續本、內府本無。咸按〻：此蓋補。

侯，亦作候。撥續本作帿。咸按〻：玉篇〻帿，古作侯。廣韻〻帿，射侯。見上注。俗從巾。集韻〻矦，或从巾。篆隸各異，玉篇不以矦、候異體，此本候當帿誤。

糇，粮〻。撥續本、內府本無〻。咸按〻：手鑑、廣韻作糇粮。此注誤倒。

骺，〻骨。掇瑣本作骺。咸按：篆隸名義、今本玉篇並作骺骺。手鑑、廣韻作骨骺。集韻：骨端謂之骺。此本注文誤倒。掇瑣本骺下當有骺字。

鏂，鉗鏂丁。鉆〻。掇瑣本、內府本鉗並作鉜，篆隸名義：鏂，於侯反，鉜。鉜，扶侯反。今本玉篇：鏂，鉜鏂也。鉜，鉜鏂，發飾也。手鑑：鉜，音浮，鉜鏂，大釘。此本鉗當鉜誤。又鉆〻，二本並作鏂鉆，手鑑：鏂，鏂鉆也。鉆，鏂鉆，錏鍜也。玉篇：鍜，錏鍜也。錏，錏鍜，頸鎧也。篆隸名義：鉆，鏂鎧。此鉆〻當作鏂鉆。

甌，器〻。掇瑣本無〻。咸按：手鑑、廣韻並作瓦器。

此本〻衍。

歐，〻陽，姓。亦〻打。掇瑣本内府本無下義。咸按：

集韻：歐，一曰歐刀。

髏，亦作⿰婁頁。掇瑣本同。咸按：玉篇：髏，髑髏。髑，髑髏，頭也。頁部：⿰婁頁，⿰蜀頁⿰婁頁。⿰蜀頁，埤蒼云，⿰蜀頁⿰婁頁，頭骨也。手鑑：⿰婁頁，正作髏。集韻：髏或从頁。

膢，又方于反。掇瑣本内府本方作力。咸按：同廣韻，此本誤。

嘍，〻咲鳴聲。掇瑣本鳴作鳥。咸按：手鑑：嘍，落侯反，又上聲。嘍咲，鳥聲也。咲，亦嘍咲，鳥聲也。廣韻同。此本嗚當鳥誤。

䈂籠〻。掇瑣本無〻。咸按：篆隸名義、手鑑、廣韻並作籠也。此〻衍。

貗，求豕子。掇瑣本同。內府本作求子豬。咸按：同玉篇、廣韻。篆隸名義作求子豕。集韻同。此本及掇瑣本豕子二字誤倒。

鄛，縣鄉名，在南陽。掇瑣本無縣字。咸按：玉篇：鄛，南陽鄛縣鄉。集韻同。廣韻作鄉名。此注縣上漏鄛字。

僂，軀身。掇瑣本作軀僂。咸按：同廣韻。集韻：軀僂，傴也。

艛，舟々。撥瑣本、内府本無々々。咸按：同篆隸名義。玉篇、手鑑、廣韻、俱作舟名。集韻作舟也。此々衍。

𨻻，縣名。撥瑣本同。咸按：同玉篇、手鑑、廣韻、集韻。

𨻻，羸𨻻，縣名，在交阯。

鞻，鞮鞻氏掌夷樂。撥瑣本同。咸按：同集韻。故宫本作掌四夷之樂，同手鑑、廣韻。玉篇作掌四夷之樂官。

涑，束侯反。撥瑣本、内府本束作速。

[illegible]，文先幺。撥瑣本内府本下有反字，此漏。

嗾，或作⿺走蓋。掇瑣本、内府本⿺走蓋作⿰口造。咸按：王篇、嗾、方言云，秦晉、冀隴謂使犬曰嗾。⿰口造，倉侯切，或與嗾同。集韵：嗾，或从造。此本誤。

夠，多〻。掇瑣本、内府本作夠，無〻。咸按：同篆隸名義、今本玉篇、手鑑、廣韵、集韵，此本〻衍。

⿱敄糸縛。掇瑣本同。咸按：見篆隸名義、廣韵尤韵謀紐，此讀見集韵，縛當作縳。

緅，色。咸按：此訓亦見韵會、玉篇、手鑑、廣韵、集韵，俱作青赤色，此注首漏青赤二字。

緰，紫。掇瑣本同。内府本作紫布。咸按：當從說文作賨布。

⿰俞刂，剾⿰俞刂，足筋。又刻〻。掇續本作剜刻。咸按〻手鑑〻剾⿰俞刂，刀開物剜裏也。又足封也。廣韻作剾⿰俞刂，足節。又刀剜物。

投，擲〻。掇續本擲物，內府本投擲。

⿰巾俞，延身衣。掇續本、內府本作近身衣。咸按〻手鑑〻褕，褕狄，近身衣也。集韻〻褕，一曰近身衣，則三本正文俱誤，此本延當近誤。

歈，歌〻。掇續本、內府本並無〻。咸按〻篆隸名義、今本玉篇、廣韻俱作歌也，此〻衍。

緰，布。掇續本同。咸按〻同篆隸名義、今本玉篇、廣

⿰黹句。集韵作布名。

鉤，曲針。綴、續本同。咸按：手鑑作屈鐵，玉篇作鐵曲，⿰黹句⿰黹會作曲鉤。

篝，籠。二。內府本無。二。咸按：篆隸名義同，此二行。

⿱句黽鼈，似龜。綴、續本注首有⿱句黽字。咸按：同廣韵。玉篇作⿱句黽鼊，似龜而大，文如瑇瑁，可飾物。手鑑作⿱句黽鼊，似龜而無指爪，其甲有黑珠，文如瑇瑁，可飾物也。今按：鼈、鼊異物，此本鼈誤，其上又漏⿱句黽字。

句，俗作勾。咸按：篆隸名義同，又見⿰黹句⿰黹會。

吸，或作咎。咸按：玉篇：吸，嗚吸也。咎，同上。吼，吼吸，多言也。集韻：吺，或作咅。手鑑：吺，都侯反，多言也。又咮音朱，多言皃。又張留反，咅音兒，多言皃。兒殆皃誤。又此咅誤。

䁔：䁔，目汁凝。䁔字赤支反。亦作𧢼。咸按：玉篇、手鑑、廣韻訓俱同。赤支同廣韻。又𧢼，玉篇、集韻作覰，此誤。廣韻作覰，亦不以為䁔異體。

鯫，又子子溝反，又士垢二反，掇瑣本、故宮本無一子字，亦無下又字，此並衍。

幽韻

呦，亦作𣢘。咸按：篆隸名義：𣢘，鹿鳴。今本玉篇：呦，亦作𣢘。廣韻：呦，鹿鳴。𣢘，上同。集韻：呦，或从欠。又泑，廣韻、集韻及內府本俱云澤名，亦無別體，此正文當呦誤。

鹿，牝鹿。亦作麀。咸按：篆隸名義、今本玉篇、手鑑、集韻俱同。

虬，或作虯。咸按：集韻作虯，內府本同此。

斛，七曲。掇瑣本作匕角皃。咸按：玉篇：斛，角皃。斛，同上。手鑑作卮曲皃。廣韻作上曲皃。集韻作角曲皃。此本七當上誤，曲下漏皃字。

穊，禾生石。掇瑣本穊石作名。內府本亦作名。咸按：手鑑作禾生皃。廣韻作禾生也。集韻同。

飍，香幽反，又風幽二反，內府本二作一。瑊按：反語同廣韵，驚風。手鑑香幽、火紅二反，訓同。

休，美。加火失。瑊按：集韵：休，美也。通作烋。玉篇烋，美也，福祿也，慶善也。出玉篇。廣韵同。今按篆隸名義：烋，義懼反，虛樛反，美，嶶，福，慶，善，嘉。此說誤。

讙，千庚反，就。又于佳反。瑊按：又字以上同廣韵。按：詩北門釋文：摧，我。韓詩作讙，音干罪、子佳二反。此千、于二字並誤。

侵韵

侵，正作侵。瑊按：廣韵：說文作侵。韵會：本作侵。

尋，八尺曰尋。瑊按：同篆隸名義。涉園本廣韵作六尺曰尋。韻會同此。

箴，竹名。咸按：見手鑑、集韻。韻會：案箴字說文與鍼同，諸韻別出為箴誡字，蓋本玉篇，篆隸名義：箴，戒，刺，諫。今本玉篇：作規也，戒也，刺也。或作鍼。手鑑作規箴也，諫也。廣韻：箴規也。集韻：一曰誡也。又云：鍼通作箴。此本下有葴規誡，實注文誤植。

葴，規誡。咸按：葴，說文：馬藍也。篆隸名義：馬藍、酸漿。今本玉篇作馬藍也，一曰寒蔣。廣韻作酸蔣草。集韻：葴從說文訓。又[氵葴]，水艸名，酸漿也。本書下又出㵥、酸䣿草名。撥蹟本無名字。集韻〻㵥、水艸名、酸漿也。當爲葴之後出分別字。

黬、晳黑。又居咸反、内府本同。咸按〻手鑑〻黬黬、針緘二音、二同。今本玉篇〻黬、之林切、説文曰雖晳而黑也。又音緘。篆隸名義〻黬、居咸反、黑。省晳字。集韻〻黬、晳而有黑。

沉、除深反、没。又或捻枕反、姓。俗以出頭作姓隶。咸按〻玉篇〻沈、直林反、没也。又式枕切、姓也。沉、同上。又内府本作亦式稔反、此捻枕反誤。廣韻〻沈、沉、俗。集韻〻沈、俗作沉、非是。韻會〻毛氏曰、諸沉潛剛克。从儿，當作儿，非从几也。俗作沉，非。

恁，信〻。掇殨本、内府本無〻。咸按：王篇、手鑑、廣韵俱作〻信也。此〻衍。

壬，北方。咸按：集韵：説文：位北方也。

紝，機上縷。咸按：廣韵：紝，亦作絍。王篇：絍，機之縷也。絍，同上。手鑑：絍、絍，織機縷也。集韵：紝，機縷也。或从壬，亦書作絍。

苂，熱。咸按：篆隸名義：于炎、徒甘反，小熱。今本王篇同。手鑑：苂、苂，二俗，于炎，正。直廉、徒甘二反，字林云，小熱也。廣韵作苂。今按：廣雅釋詁三：于炎，熱也。曹憲音滛。段注説文云：羑从羊聲，今各書皆譌為羑矣。此从廾谽從谷作。

冘，行皃。從人出冂，音。掇瑣本行皃。从人出門，音□。內府本□作扃。咸按：篆隸名義冘，從人出門。韻會：从人出冂。此本正文冗當冘誤，音下漏扃字。

杺，車𨍏杺。咸按：篆隸名義：杺，思林反，車鈎心。今本玉篇、集韻並作車鈎心木。此本𨍏當鈎誤，注文杺又為心木二字之誤合。

祲，又姊禁二反。咸按：掇瑣本、內府本無二字。

䅦，錐〻。內府本無〻。咸按：同篆隸名義、今本玉篇、手鑑、廣韵、集韵，此〻衍。

㩕，楔。或作䃅。咸按：篆隸名義：櫼，子林反，楔，䃅字。楔，革黠切，櫻桃。今本玉篇作楔也。或殲字。楔，荊桃也。集韵：䃅，楔也。或从木。此本正文、注文並誤从扌。玉篇殲當䃅誤。

䲓，魚名。咸按：內府本作雞。篆隸名義、今本玉篇並同。手鑑作雞之別名。集韵：漢中呼雞為䲓。廣韵同此本訓。

鯵，大魚。咸按：玉篇：鯵，大魚為鮓，小魚為鯵。魿，同上。手鑑：鮓，側下反也。以盐釀魚為菹曰鮓。集韻：
魿、魿，博雅：魿，鮺也。一説大魚曰鮺，小魚曰魿。
鈂，掘地。亦作鈂。掇瑣本鈂，掘地。亦作鈂。咸按：篆
地名義梁鄙：鈂，才心反，掘地。今本玉篇鈂，掘地
也。亦作鈂。廣韻：鈂，掘也。鈂，上同。手鑑作鈂，俗。鈂，
正。鈂，今。
芩，黄芩。亦作菳。咸按：玉篇：芩，黄芩也。菳，同上。集
韻：菳，通作芩。篆隸名義、手鑑、廣韻訓同。
鈙，持止。掇瑣本同。内府本止作正。咸按：廣韻作
鈙，持也。集韻：鈙，説文持也。或从金。手鑑作鈙，持

也。三本注文俱誤。

靲，竹密。咸按：儀禮士喪禮注作[illegible]。

邻，亭名。咸按：玉篇：邻，渠今切，亭名，在重安。集韵同。

吟，亦作芩、韽。攗續本、內府本並云：亦作訡、韽。咸按：篆隸名義音部：韽，或訡。今本玉篇：吟，亦作韽、訡。言部：訡，或為吟。音部：韽，與吟同。廣韻：吟，訡，上同。此本芩當訡誤。

震，又牛皆。咸按：內府本下有反字，此漏。玉篇：震，牛皆、牛林二切。

今，古。故宮本注作古今。

襟，袍襦前袂。綴續本同。咸按：同廣韻。手鑑作袍襦之袂也。

黅，淺黃黑。咸按：廣韻作淺黃色。說文云，黃黑也。手鑑作黑黃色也。玉篇作黃黑，如金也。篆隸名義作黃黑。

霠，咸按：篆隸名義、今本玉篇、手鑑、廣韻俱同。集韻作霒。

喑，於。喑無聲。咸按：玉篇作喑，喑極無聲也。廣韻作極喑無聲。手鑑作喑喑泣無聲也。

蔘，人蔘，藥名。或作蓡。咸按：見集韵。篆隸名義：蓡，參字。今本玉篇：蓡，人蓡，藥。蔘同上。廣韵：蔘、蓡，古文。敦煌本同此。

槮，樹皃長。亦作篸。咸按：手鑑：槮，樹原誤𢓜長皃也。玉篇、廣韵、集韵俱從說文：木長皃。

㝯，穴。咸按：玉篇：㝯，式林切，竈突也。廣韵：㝯，突也。集韵作突，此注誤。

突

梣，亦作橬。内府本作亦欑。咸按：篆隸名義：欑，梣字。欑，梣字。橬，梣字。今本玉篇：梣，青皮木。欑、橬，並同上。欑，亦同上。又音岑。廣韵：梣、欑，上同。集韵：欑，或作橬，通作椮。

橬，連。咸按：篆隸名義：撍，側林反，疾，速。今本玉篇作急疾也。廣韻作速也。此正文、注文皆誤。

嵾，木齊皃。咸按：木，內府本作不，手鑑嵾嵾，嵾差，不齊皃也。廣韻同。集韻作嵾差，山不齊皃。此木誤。且漏嵾差聯語。

槮，木長。咸按：玉篇、廣韻並作槮，木長皃。集韻：槮，木長皃。或从篸。此注末漏皃字。

綝，纖。咸按：篆隸名義：綝，乃心反，纖。今本玉篇同。

鹽韻

鹽，亦作塩盬。咸按：篆隸名義：鹽，盬，同上。今本玉滿同。集韵：鹽、盬、壛，俗作塩，非是。

閻，里中門。咸按：王滿閻，說文曰，里中門也。集韵同。此正文誤。

簷，屋前。咸按：王滿簷，屋簷。與檐同。沐部檐屋檐也。廣韵同。韵會：檐，俗書作簷。釋名，簷也。搭接屋前後。此正文應作簷。屋前義未具。

壛，壛。咸按：見廣韵。

櫩，屋招。亦作檐。𪸩本作屋々。亦作櫩。咸按：王滿檐，屋檐也。櫩同上。篆隸名義：檐，梠。梠，屋檐。此招當梠誤。

匳，盛器。同按：手鑑奩，俗。匳，正。香匳、鏡匳，盛物匣也。廣韵作盛香器也。又鏡匳也。故宫本盛香器。此漏香字。

獫，犬長喙。又虛檢。内府本喙作喙。同按：篆隸名義作犬長喙。今本玉篇作犬長喙也。又力儉、虛檢二切。手鑑作犬長牙喙也。此喙當喙誤，檢下漏反字。

覝，察視。擬續本作覝。同按：玉篇、廣韵作覝。篆隸名義誤覝。手鑑覝、覝、覝，三或作覝，今集韵覝，𧢲文察視也。二本正文俱非範體。

槧，削板。又公斬反。咸按：本書七贍反有槧，故宮本作才敢反。王篇作才敢切，削板牘也。又七豔切。手鑑作才敢反，亦削板牘也。廣韻：削皮也。同手鑑，反語從王篇。此板下漏牘字。

僉，咸二。內府本無二。咸按：廣韻：僉，咸也。此二衍。

蟾，蟇蝦。內府本作蝦蟇。掇瑣本同。咸按：王篇、手鑑、廣韻、集韻俱作蝦蟆，此誤倒。

綅，白經黑緯。咸按：同廣韻。篆隸名義、今本王篇、集韻俱作黑經白緯，此誤。

襳，小襦。本衫子。咸按：篆隸名義、今本王篇、手鑑、廣韻、集韻俱無本衫子語，此衍。

纖，細〻。內府本無〻。咸按：廣韻、集韻並從說文、細也。玉篇作細小也。篆隸名義作小。手鑑作微細小也。此〻衍。

嬐，嬜美疾。咸按：篆隸名義、今本玉篇、集韻俱從說文，敏疾也。此有衍誤。

孅，銳細。咸按：手鑑、廣韻並作銳也細也。篆隸名義作小細。今本玉篇作細也。集韻引說文作兄細也。韻會作銳細。

攕，女手兒。擬續本同。咸按：篆隸名義、今本玉篇、手鑑俱從說文：好手皃。集韵作女好手皃。

苫，草覆。掇瑣本同。咸按：手鑑、廣韵下並有屋字，二本並漏。

襜，亦作袩、檢。咸按：篆隸名義：襜，檢，上字。袩，上字。今本玉篇：襜、檢、袩，二同上。手鑑：檢，或作襜，正廣韵：襜，袩，上同。集韵同手鑑。

妗，善皃。掇瑣本同。咸按：玉篇：妗，婆妗，美笑皃也。廣韵作善笑皃。集韵作喜皃。二本漏笑字。

惔，亦作袩。掇瑣本同。咸按：同玉篇、廣韵。又玉篇、集韵並云：憺，亦作袩。集韵以憺、袩、惔同字異體。

呥，唯皃。咸按：手鑑、廣韻、集韻俱作嗤皃。玉篇作呥呥，嗤皃。此注文誤。

䫇，美〻。咸按：韻會：舊韻本出顲，集韻或作䫇。

袡，纏〻。咸按：篆隸名義：袡，緣原誤祿。今本玉篇作緣也。手鑑、廣韻並作衣緣。此纏當緣誤。

冄，毛〻。内府本作毛冄〻。咸按：同玉篇、廣韻，俱從説文訓。

沾，〻預。咸按：未詳。

淹，没。内府本没作漬。咸按：同廣韻、集韻、手鑑。

崦，〻嵫。亦作淹、崦。咸按：崦，篆隸名義、今本玉篇、手鑑、集韻俱作崢，此誤。
噞，或作嶮，內府本、掇瑣本或作⿰魚僉。咸按：院本同。
集韻：噞，或从魚。此本誤。
尖，上小下大。掇瑣本同。咸按：韻會：徐曰，今从小
下大為韱字。案繫傳十一韱下云，此即今俗以
小上大下為韱字。
瀸，泉出。水出。咸按：手鑑、廣韻並作泉水出微皃。
⿱雨韱，漬。咸按：玉篇：⿱雨韱，漬也。⿱雨鑯，同上。手鑑、廣韻、集韻
俱同，此正文誤。
鑯，鐫〻。掇瑣本、內府本無〻。咸按：玉篇：鑯，一曰

鐫也。手鑑、廣韻並同。此二衍。

潛，水湫流。掇瑣本、內府本作伏。咸按：同廣韻。此湫誤。

箝，亦作拑、枯。咸按：集韻：箝，或作箝。手鑑：箝，俗。箝，正。玉篇：箝，箝，同上。此本注文拑、枯並誤。

鉏，持鐵。內府本作鉆。咸按：手鑑、廣韻並同。集韻鉗，或作鉆。

黚，淺黑。咸按：手鑑：黚，淺黑色也。

鴿，白鳥。掇瑣本作白喙鳥。咸按：手鑑作自喙鳥。廣韻作白喙鳥。爾雅釋文作句喙。

雂，鳥。掇瑣本同。咸按：內府本鳹注，亦雂。玉篇：雂，又巨今切。鳥部：鳹，求今切。手鑑：雂，玉篇又古林反。此誤分。

聆，音。掇瑣本同。咸按：手鑑：聆音琴，音也。

嬸，含怒。咸按：玉篇：嬸，含怒也。手鑑：嬸，誤。嬸，正。含怒皃。廣韻作𡡎。集韻從說文作嬸。此正文誤。

櫼，采細葉。掇瑣本櫼，采細葉。咸按：篆隸名義：櫼，櫼細葉。玉篇、廣韻並作櫼，木細葉也。集韻：櫼，木名，細葉。

𩋁，巾。掇瑣本作𢂱。咸按：篆隸名義作𩋁，玉篇、廣

添韻

韻並作[illegible]。集韻引博雅同。

蟾，蟾蚺吐舌。內府本作舚，舚舑。咸按：篆隸名義、今本玉篇、手鑑、集韻俱作舚，舚舑，吐舌。見此本正文、注文並誤。

⿱髟占，⿱髟占髮。咸按：玉篇、廣韻並作⿱髟占，⿱髟占鬑，鬢髮疎薄。見集韻：⿱髟占，⿱髟占鬑，髮疎。本書下文鬑，鬑鬢疎。則此分訓誤。

聑，耳垂。咸按：內府本作耳小垂。手鑑、廣韻並同。玉篇、集韻並依說文、埤蒼作小耳垂。此注耳上漏小字。

𢦏，稱量。咸按：同篆隸名義。今本玉篇、手鑑、廣韻、俱作𢦏掇，稱量也。此沿野王書。

詁，轉語。掇瑣本同。咸按：同廣韻。手鑑作丁兼反，轉言。今按：方言十下云轉語也。疏證：廣韻於謊字下云轉語，則誤讀方言。集韻：詁，方言謰謱，拏也。南楚謂之詁謊。

帪，亦作裖。掇瑣本同。咸按：篆隸名義：帪，衣領耑。今本玉篇：帪或作裖。廣韻：帪、裖，上同。手鑑：裖，通；裖，正。

恬，靖：掇瑣本內府本無：咸按：手鑑作靖也。

廣韻同。此二行。

萿，藥草。掇瑣本萿誤菧。咸按：篆隸名義：萿，徒兼反，藥草。廣韻：萿，藥名。玉篇作萿，古活切，萿麋舌，春生葉似舌。集韻同名義。

溓，薄。亦作濂。咸按：篆隸名義：濂，薄水。溓，同上。今本玉篇：濂，薄也。溓，同上。手鑑：溓，薄也。濂，力忝反，薄水。廣韻亦濂、溓分立。集韻二字異體。

熑，[忄柔]軸絕。咸按：篆隸名義、今本玉篇並云：熑，絕也。手鑑作煣，軔也。廣韻：熑，煣軔。說文曰：火煣車網絕也。此[忄柔]當煣誤。

熑，火不絶。咸按：篆隸名義、廣韻、集韻俱同，爲單詞。今本王篇熑，熑烣，火不絶。手鑑同，爲聯語。

㰝，堅持。掇瑣本作縶，持意。咸按：集韻：縶，堅持意，口閉（王篇同）。廣韻作堅持意。手鑑誤慳也。此正文㰝當縶誤，注末漏意字。掇瑣本注首漏堅字。篆隸名義作堅持意，口閉，原誤開。

飳，飳內府本作餅。

䭨，氣香。內府本作香氣。咸按：同手鑑、廣韻。此注誤倒。

縶，持意。咸按：注首漏堅字，詳前。

烝韵

䁠，香。掇瑣本作⿰甘兼。咸按：同玉篇。手鑑作香美。廣韵作美香。集韵引博雅，馦馦，香也。此正文誤。

⿸疒兼⿸疒胡，⿸疒叟。掇瑣本同。咸按：同篆隸名義。手鑑作⿸疒胡⿸疒叟，物在喉中也。玉篇、廣韵作⿸疒兼，⿸疒胡⿸疒兼也。⿸疒胡，⿸疒胡⿸疒叟，⿸疒兼也。物阻原誤趄咽中也。

蒸，衆。丞字。咸按：篆隸名義、今本玉篇、手鑑、廣韵俱云：蒸，衆也。又玉篇、蒸，⿱艹丞，同上。此注丞當⿱艹丞誤。

廣韵蒸，⿱艹丞，說文同上。

烝，冬祭，又熱氣上。此是丞衆字。咸按：手鑑：烝，熱氣也，又冬祭也。又篆隸名義、今本玉篇、廣韵、集韻俱從說文，火氣上行也。此注上字下漏行字。

又此謂是烝衆字。今按：韻會注：惟薪蒸字無作烝字者，其餘本皆作烝，後世假借通用耳。

腍，熟〻。内府本無〻。咸按：廣韻作熟也。此〻當也誤。

蘫，菹〻。内府本無〻。咸按：廣韻作菹也。此〻當也誤。

脊，癡〻。掇瑣本、内府本無〻。咸按：篆隸名義〻脊，之仍反，癡。汗鑑、廣韻並作癡皃。此〻衍。

烝，熱氣。咸按：此重出。内府本有蒸，竹炬。集韻同。

玉篇、廣韻並作竹。

澄，水清定。內府本作清，撥續本作水清。咸按：韻會引增韻：水靜而清。篆隸名義作清湛。玉篇、手鑑、廣韻、集韻俱從說文，清也。同內府本。

陵，曲阜，又欺。亦作夌。撥續本欺。咸按：曲，玉篇、廣韻、集韻俱從說文作大。廣韻：夌欺，夌俗。篆隸名義有犯，暴。今本玉篇有犯也，陵遲也。廣韻有犯也，侮也，侵也。集韻有侵尚也。蓋即欺矣。又玉篇：或作夌。集韻夌、夌同字異體。

淩，澌。撥續本作歷。咸按：同手鑑、廣韻，此誤。

凌，氷﹅。掇瑣本内府本作氷。咸按：同手鑑，廣韵，此﹅行。

䭈，馬食穀。掇瑣本同。咸按：集韵作馬食粟。玉篇廣韵並依說文：馬食穀多氣流四下也。手鑑省多、四二字。

祾，馬福。咸按：篆隸名義，手鑑，集韵俱作福也。此注馬衍。

膺，亦作膺。掇瑣本膺誤膺。咸按：篆隸名義：膺，親，當，受。今本玉篇：膺，親也，受也。亦作膺。集韵膺或从胃。又注﹅四，而有三字，蓋漏應當。掇瑣本、故宫本並有。廣韻訓同。
憑，託。撥績本作憑託。咸按：同廣韻。
磳，磞磳。又子騰、奇兢二反。撥績本同。咸按：手鑑、
廣韻仕兢反，五音集韻士兢切，集韻作七冰切，
[illegible][illegible]仕冰切，七當士誤。此蓋落反語。
棚，盛箭器。又薄登反，棧閣也。撥績本同。咸按：汪
[illegible]：棚，皮埜、部登二切，閣也，棧也。手鑑：棚音氷（原
誤水），盛箭器也。又薄登、薄庚二反，棧也閣也。二
本棧下漏也字。
掤，覆矢。亦作弸。咸按：手鑑：掤，音氷，以手覆矢。又

弓強也。弓韻：繃，薄萌反，弓強。原誤弱皃也。又篆
隸名義、今本玉篇、廣韻、集韻俱從說文作所以
覆矢也。此注首漏所以二字。又名義、玉篇、集韻
俱云：弸，弓強皃。不以為掤異體。惟此與手鑑同。
憴，譽〻。掇瑣本無〻。咸按：玉篇：憴，正譽也。或作
譝。信韻：譝，譽也。此〻衍。
升，正作。內府本正升。咸按此作下漏升字。
勝，亦稜。內府本亦務。掇瑣本艕，亦作務。咸按：集
韻：勝，古作變。此衍禾旁。又集韻：務，麻屬。則故宮
本、掇瑣本並誤。又掇瑣本正文亦誤。

《广　　》《寰辅间评》云：许慎注《淮南子》云，'楚人谓袍为裋。'《说文》云'裋，粗衣'。《广韵》：'裋，敝衣褐也'。《荀子》乃作竖褐者，别借竖字耳。《汉书》'裋褐不完'，注亦云裋者，僮竖所著布长襦也，此前注之误耳。"

芳，陳草。㩶䪾本、内府本同。咸按：集韻：一曰陳草相因。三本偈漏相因二字。

𣃘，旌旗柱皃。咸按：廣韻作旌旗柱。說文本丑善切，旌旗杠皃。手鑑、集韻作旌旗杠。

敳，召〻。咸按：集韻引說文：古文敳。㩶䪾本無〻，此衍。

氷，堅〻。㩶䪾本注作冰堅。内府本作凝。咸按：集韻：冰，說文：水堅也。或从疑。玉篇訓同。此注文誤倒。

興，又許膺反。㩶䪾本膺作應。咸按：同玉篇、廣韻，此誤。

蔢，根可纏器物用。纏，各本作緣，俱無用字。咸按：蔢，廣韻：草名，根可緣竹器。集韻作草名，根可緣器。此用字衍。

僜，又曾鄧二反。撥殯本、內府本作魯鄧反，無二字。咸按：同廣韻。此誤，又衍二字。

硱。撥殯本內府本作碅，此誤。

登韻

登，上。撥殯本同。咸按：同篆隸名義，今本玉篇。

𤼷，咸按：撥殯本作𤼷，集韻同。玉篇、𤼷，籀文登。說文禮器。

棱，方木。或作棱。掇瑣本楞，四方木。或作棱，通俗作楞。咸按：玉篇：楞，木楞也。亦作棱。廣韻：楞，棱，上同。此正文誤，注首漏四字。

棱，廉，謂威棱。掇瑣本同。咸按：玉篇：棱，俗棱字。集韻：棱，俗作棱，非是。五音集韻：棱，棱俗。韻會引漢書李廣傳：棱憎乎鄰國。廣韻：棱，威棱。

棱，柧。掇瑣本作棱，柧棱。咸按：玉篇：棱，柧棱。柧，柧棱木也。手鑑、廣韻同。此正文、注文並誤，柧下又漏棱字。

增，昨滕反。昨，掇瑣本作在。咸按：廣韻昨作作。玉縆，作登切，篆隸名義作恒反。

磳，山皃。綴瑣本同。咸按：篆隸名義：磳，硱，硱，石皃。二硱並當硱誤。今本玉篇磳，硱磳。硱，硱磳，石皃。注鑑作山石狀也。廣韻、集韻並作石皃。二本皃上並漏石字。

熷，蜀人取生肉以竹中炙。綴瑣本無以字。咸按：注鑑以作於，竹作筒。廣韻以作於。此以應作於字。

翿，飛〻。綴瑣本〻作皃。咸按：同篆隸名義。今本玉篇。此〻當皃誤。

蕄，〻無光。撥韻本瞢，〻〻無光。咸按：集韻：曹，曹
𣊺，日無光。又手鑑：蕄，古；瞢，正。目不明也。撥韻本、
手鑑正文有誤。
層，又昨滕反。撥韻本又作滕反。
鞃，亦作靷。撥韻本亦作鞃、靷。咸按：篆隸名義：鞃，
鞃，上字；靷，上字。今本玉篇、手鑑並同。此漏鞃字。
儚，或作顭。撥韻本同。咸按：篆隸名義：儚，惛迷。儚，
薨顭，惛迷。同上。頁部：顭，迷。今本玉篇：儚，迷惛也。
儚，鄭樸云：皆迷惛。頁部：顭，字書云：惛也。或作儚，
手鑑：顭，俗；顭，正。惛迷也。集韻：儚、顭，異體同字。廣

咸韻

韵，析立。

⿱鼓虫，聲鼓。掇瑣本作鼓聲。咸按：玉篇：⿱鼓虫，鼓聲。或作鼕。手鑑：⿱鼓虫、鼕二俗，鼕通，鼕今，鼓聲也。此本注文誤倒。

⿰月⿱𡗗魚，魚〻。掇瑣本⿰舟⿱𡗗魚，魚。咸按：玉篇：⿰月⿱𡗗魚，魚似鯆，蒼文赤尾。廣韻作魚名，蒼身赤尾。此本〻衍。

峘，〻山，北岳名。掇瑣本同。咸按：手鑑：峘，又音恒，山名。諸書北岳義訓在恒下。

諴，至誠，感神。掇瑣本又五咸反，誠誤諴。

⿱欿糸，慳恡〻。掇瑣本作慳恡。咸按：此本〻衍。

𨘋，〻𨖍。撥縯本尷〻尬，咸按〻篆隷名義作𨘋，〻𨖍。
今本玉篇、手鑑、廣韻俱作尷，尷尬。此尬誤。
椷，梏。不胡椷反。撥縯本椷，又胡緘反。或作揙。咸
按〻篆隷名義：椷，古咸反，梏。今本玉篇作古咸、胡
緘二切，杯也。此不當又誤。又廣韻〻：椷，㮝，上同。撥
縯本揙當㮝誤。
黬，又上林反。撥縯本上作止。咸按〻同篆隷名義。
𢬵手鑑作針、緘二音。止、針雙聲，上字誤。
㩸，女手。撥縯本手下有皃字。咸按〻手鑑、廣韻、集
韻俱作好手皃。二本並誤。

九

霎微，小雨。掇瑣本作霙，微雨。咸按：篆隸名義：霎，所咸反，微雨。今本玉篇：⿱雨戈，所咸切，微雨也。⿱雨韱同上。集韻：⿱雨韱，或作⿱雨戈、⿱雨彡。廣韻、手鑑則⿱雨韱、⿱雨戈與⿱雨彡分列。此本依野王書，惟衍小字。掇瑣正文誤。

⿸虍咸，羊絕有力。掇瑣本同。咸按：集韻：⿸虍咸，雄虎絕有力者。廣韻：⿸虍咸、⿸虍咸上同。篆隸名義：⿸虍咸，熊有力。手鑑：⿸虍咸，豹絕有力。

鵮，鳥啄物。掇瑣本、內府本作鵅。咸按：手鑑：鵅或作；鵮，正。鳥啄物曰鵮也。玉篇、集韻並作鵅。

儳，貪。掇瑣本、內府本同。咸按：諸書俱此訓。

銜韵

鵮，或作歉。掇瑣本、内府本同。咸按：集韵：鵮，或作欿、歉。廣韵：鵮、欿，上同。

嵌。咸按：各本無。

銜，馬勒口。掇瑣本同。故宮本無口字。咸按：篆隸名義作馬口中鐵。今本玉篇作馬銜鐵。廣韵、集韵並從說文：馬勒口中。从金从行，銜，行馬者。

𤮊，乾瓦屋。掇瑣本、内府本同。咸按：同篆隸名義、手鑑、廣韵。

汵，潛。掇瑣本同，内府本無。咸按：手鑑：牛，牛馬跡有水曰汵也。集韵作跈，跡水也。

攙，初咸反。掇瑣本同。內府本作攙。咸按：廣韻初作又士。

鼸鼠，黑白䙳〃。掇瑣本鼠黑耳白要。內府本作黑身白䙳。咸按：篆隸名義作黑耳䙳白。今本玉篇同內府本。此本〃衍。

縿，旌旗。掇瑣本、內府本同。咸按：篆隸名義、廣韻、並從說文旌旗之游。今本玉篇、集韻作旌旗之游。三本並漏游字。

⿰目監，瞻。又格懺反。掇瑣本同。內府本格作檻。咸按：篆隸名義：⿰目監，瞻。今本玉篇、廣韻、集韻俱從說文：

視也。

䨲微雨。掇瑣本同。咸按：同篆隸名義。今本玉篇、汙鑑、集韻俱作䨲微雨也。

瞰視。掇瑣本、内府本同。咸按：詳前。

嚴韻

杴，〻钁。古作𣠑。掇瑣本、故宮本同。咸按：玉篇：杴，鍬屬。𣠑同上。廣韻同。集韻：杴或作𣠑。此〻衍。

𨥁，又丘凡反。掇瑣本同。咸按：篆隸名義今本玉篇並作丘含反。廣韻作丘广切。

凡韻

欲，多智。掇瑣本、内府本同。咸按：篆隸名義、今本玉篇、集韻並同。廣韻作多智慧也。

氾，水名。掇瑣本同。咸按：同篆隸名義、今本玉篇。集韻作汜，在甫凡切下。

切韻卷三 上聲

八語：呂與虞同。咸按：虞，掇瑣本作麌。

廿七篠：李夏侯與小同。咸按：掇瑣本李上有陽字。

卅七梗：夏侯靖同，今別，依呂。咸按：侯下掇瑣本有與字，今別作呂別今。

卅八耿：掇瑣本作呂與靖迥同，與耿別，夏侯與梗靖迥並別，今依夏侯。

卌一有：呂厚同，掇瑣本作呂與厚同。

卌五琰：呂與忝范頭同。咸按：頭，掇瑣本作顩。

五十一广：虞掩，㩜𧴪本作俺，依本韻當作埯。

五十二范：陸無下㩜𧴪本有反字。

董韻

蠓，蠛蠓，蟲。故宮本蠛作蠛。咸按：同蒙隸名義，今本玉篇、廣韻、集韻俱本說文，此誤。

鸏，小鳥。故宮本小作水。咸按：同蒙隸名義，今本玉篇、手鑑、廣韻、集韻此誤。

孔，後。㩜𧴪本作甚，又穴，內府本作甚也，通穴也。咸按：廣韻作孔，穴也，甚也。集韻作說文通也。一曰甚也。玉篇：穴，孔穴也。內府本通下漏也字。

侗，長皃。擬續本、内府本皃作大。咸按：同廣韻。篆隸名義但作大。

揔，俗作捴。咸按：玉篇：揔，捴，同上，俗。篆隸名義有捴無揔。集韻：俗作捴，非是。

嵸。衆立。内府本作嵸。咸按：同手鑑、廣韻、集韻，此正文誤。又玉篇作衆皃。

蓯，奉〻，草皃。内府本作菶。咸按：同廣韻、集韻。此奉當菶誤。

鬆，〻角。亦作鬆。咸按：篆隸名義：鬆，髮從字；鬆，兩角髦。手鑑：髮從，俗；鬆，正，音物忽角也。集韻：鬆，一曰鬆角。

或作騣。此本鬉誤。

熜、愠。咸按：篆隷名義：熜、熅。今本玉篇：熜、熅也。廣韵同。此愠當熅誤。

𢈢、屋會。咸按：同廣韵。詳東韵。

輳、輪〻。内府本無〻。咸按：玉篇作輪輳也。手鑑、廣韵作輪也。二本各有所依。

澒、水溶皃。内府本作溶水皃，擬鎖本同。咸按：廣韵作濛澒，大水。

汞、水銀。咸按：集韵：澒、水銀也。或作汞。玉篇：澒、水銀謂之澒。廣韵：汞、水銀滓。

暡,氣盛曰。咸按:手鑑、廣韻並作氣盛皃。此本曰誤。撥續本作皃。

⿰多邑,⿰多邑⿰多農,多。咸按:篆隸名義、今本玉篇並作⿰多邑⿰多農,盛多皃。手鑑、廣韻作多皃。此注多下漏皃字。

琫,亦作鞛。咸按:篆隸名義:琫,刀上飾也。華鄙:鞛,琫字。今本玉篇:琫,佩刀下飾也。華鄙:鞛,亦作琫。集韻:琫或作鞛。

紂,小兒履。又繩履。咸按:篆隸名義、今本玉篇並作小兒履。廣韻、集韻履上有皮字。又說文臬履也,即此繩履。

腫韻

俸，屏俸。跋項本同。咸按：同廣韻。玉篇、作屏俸，小兒。集韻作併俸，小兒。篆隸名義作屏俸，上小兒。

唪，大聲。咸按：同篆隸名義，今本玉篇、集韻。

種，類生。內府本生作也。咸按：同篆隸名義、集韻。此，生當也誤。今本玉篇、廣韻作種類也。

踵，足後跟。亦作歱。咸按：玉篇、廣韻作腳後。篆隸名義：跟，腳跟踵。集韻作跟也。又名義止部：歱，踵。玉篇止部：歱，今作踵。集韻：歱通作踵。此本歱當踵誤。

寵，愛々。內府本無々。咸按：集韻：一曰愛也。廣韻作寵愛也。此本〻衍。
沈、塗〻內府本作滝，無〻。咸按：玉篇：沈，禹牛切
水名。滝，莫江切，水名。手鑑：沈音尤，水名。篇義皆
與此不協。今按：篆隷名義：滝塗，力奉反，塗。今本玉
篇、廣韻、集韻俱同。二本正文並誤。此〻衍。
宂從㝐從人。內府本作從人。咸按：集韻：宂，說文散
也。从宀，人在屋下無田事。此當從（作）宀，從人。
[illegible]，不肖。或作㩰、茸。咸按：廣韻作[illegible]。集韻作[illegible]，通
作茸。
䄎、稻、稍。內府本稍作稍。咸按：篆隷名義：䄎、稍。今

本王䆲作稻稱也。廣韻、集韻並作稻稰。此本稰當稰誤。

䩵，亦作毲䙰。又而反。內府本蘘作䙰。而下有尹字。咸按〻篆隸名義，毲，而尹反，䩵，而刃反。今本王篇毲、毲䦅同上。韻會〻䩵本作毴，今文作䩵。增韻注、作毲，誤。又按〻集韻〻毴、䩵、說文引虞書，鳥獸毴髦；又毲，說文引虞書，鳥獸毲毛。或作䙰。此書䙰或䙰之誤。

鼵，鼠〻。咸按〻鼵，如勇切，鼮鼠也。手鑑作鼵鼠也。廣韻同。內府本無〻此行。

重，直龍反，直用二反。掇貭本直隴反，又直龍、直用二反。咸按：廣韵無龍下反字，此衍。

塚，墓々，內府本無々。咸按：手鑑：塚，墓也。玉篇作塚，墓也。此々衍。

捧，掏，掬。咸按：集韵：捧，掬也。此掏衍。

甬，草花欲發。㧓，墮，本作花草欲發。咸按：廣韵下有兒字，二本並省。集韵，從說文：艸木華甬甬然也。

拲，兩手械。亦作桊。內府本作兩手共，械。咸按：同廣韵。篆隸名義、集韵並作兩手同械（本說文合），又今本玉篇：拲，桊也。本書誤依之。今按玉篇木部：桊，兩手同荼。亦作拲。集韻：拲或作荼。

岩，水邊石。掇瑣本、內府本並作碧。咸按：篆隸名義、今本玉篇、集韻俱作碧，水邊石，從說文。手鑑、廣韻作水邊大石。此本正文誤。

蛬，亦作蛩。咸按：同掇瑣本。篆隸名義：蛩，蛬字。蛬，蟋蟀。今本玉篇：蛬、蛩，同上。同內府本。此本、集韻則從博雅。

珙，璧〻。內府本無〻。咸按：手鑑、廣韻、集韻俱作璧也。此〻衍。

𢪍，兩手。咸按：玉篇：𢪍，說文云與収同。収部：収，亦作拜。廣韻：拜，說文，从兩手也。此同之。集韻出廾、拜云，說文竦手也。从兩手。

㼦。咸按：原缺義訓。今按：手鑑：㼦，音拱，瓨也。集韻作瓶也。

𢪏，抱。咸按：集韻，巩、𢪏、巩，說文褱也。玉篇丮部：巩，記奉切，抱也。或為𢪏。篆隸名義：巩，記奉反，抱。

鞏，内：咸按：廣韻：鞏，輗也。集韻作車網也。此：衍。

慫驚：内府本作敬無：咸按：手鑑：慫：驚也。廣韻、集韻同。俱依說文。此本：衍。又篆隸名義：今本玉篇並敬也，即內存本所從。

聳，高〻。咸按：手鑑聳，高也。廣韵、集韵同。故宮本掇瑣本無〻〻，此衍。

縜，絆前足。咸按：集韵：縜，獸前絆謂之縜。亦書作縜。玉篇、廣韵並作縜，絆前兩足也。此本前下漏兩字。掇瑣本誤絆前定。

㩳，執，亦推。掇瑣本同。咸按：集韵作執也，推也。玉篇、廣韵並作執也。

⿰忄隻，懼〻。內存本無〻〻。咸按：篆隸名義：⿰忄隻，懼，悚，⿰忄隻字。今本玉篇：⿰忄隻，說文曰：懼也。㦼，同上。又所江切。

手鑑：愯，所江反，懼也。廣韻：愯，懼也。亦作愯。此本〻衍。

從，從〻，走皃。內府本作從。咸按：同篆隸名義。今本正寫。又手鑑：從，〻〻，走意也。廣韻同。集韻作從從，疾皃。疾當走誤。此本正文注文並誤。

駷，馬搖銜走。又思口二反。內府本無二字。咸按：廣韻：駷，何休云：馬搖銜走也。集韻后 手鑑：駷，蘇走反，馬搖銜也。又須隴反，挽銜馬也。今按公羊定八年傳注：捶馬銜走也。駷即竦之後出字。

栞，穫。渠恭反。咸按：栞，廣韻、集韻並作栞，此誤。又渠蒸反同篆隸名義、廣韻，此上漏又字。

⿰重隹，鳥飛。内府本作小鳥飛。咸按：同手鑑、廣韻、集韻作⿰多鳥飛皃。此本注首漏小字。

⿰忄松，或作忪、⿰衤忩。咸按：篆隸名義：⿰忄松、⿰衤忩。⿰忄忩。上字。今本玉篇：⿰忄松、憁，同上。衣部：⿰衤悤，或作憁。手鑑：⿰衤忩，俗。衳，正。廣韻：憁、⿰忄松，上同。集韻同。此本正文⿰忄松當⿰忄松誤。

衳，褌衣。内府本作褌衣。咸按：玉篇：衳，褌衣也。手鑑作單衣也。廣韻、集韻同内府本。此本誤。

講韻

港，水流。咸按：手鑑：溝，俗，音講。溝，水流也。港，正。同上。廣韻作水派。集韻作水分流。

耩，〻地。咸按：篆隸名義、今本玉篇並作穮也。穮，耘也。廣韻、集韻並作耕也。

蚌，亦作蛖。咸按：集韻：蚌，或作蛖。掇瑣本或作蛖、蜯。

鷈，〻鴟。咸按：玉篇：鷈，鷈鴟也。鴟，鳶屬。手鑑作鴟鳥也。廣韻作鷈鴟鳥。集韻作鷈鴟，鳥名。似鷹而白。

紙韻

紙，蔡綸所造。咸按：廣韻綸作倫。

坻，隴坻。咸按：手鑑、廣韻、集韻俱作隴坂。玉篇引埤蒼云：〻坂也。篆隸名義亦作坂。則此注坻當坂誤。內府本作隴坂。

軹，縣名，在河南。咸按：廣韻作河內。

枳，刺〻。咸按：韻會引顯志賦注，枳，木高而多刺。

洔，水名，出拘扶山。咸按：集韻：水名，山海經拘扶之山，洔水出焉。廣韻作枸扶山。山海經東山經作枸狀之山。

㳄，□正。內府本作皆止。（擬續本）咸按：同篆隸名義。今本玉篇、手鑑、廣韻。此本注文缺誤。

鴃，鳥如烏烏也。內府本無烏也二字。咸按：中山經：有鳥焉，狀如烏而赤足，名曰鴃餘。篆隸名義作鴃，如烏白。今本玉篇作烏狀如烏，赤足，名鴃餘。廣韻作鴃餘，鳥如烏，赤足，可以禦火。見山海經。集韻作鴃鵌，鳥名。赤足，善禦焚。則此注首漏鴃鵌二字，末衍鳥也二字。

是無非。咸按〻玉篇、廣韻並作是非。

氏，是。咸按〻內府本及廣韻作氏族。玉篇作姓氏，集韻作姓也。

諟，審〻。咸按〻內府本及玉篇、手鑑、廣韻、集韻俱作審也。此〻當也誤。

靡，乘輿金耳。撥續本□□輿金耳。咸按〻篆隸名義、廣韻並同此本。今本玉篇、集韻從說文，乘輿金馬耳。

𢕟，亦作𢖴。𢊍𩔰本𢕟，亦𢕟。咸按：集韻：𨇁，或作𢖴。

𢕟，通作靡。篆隸名義、今本玉篇並云：𢕟，今作靡。

此本或體當作𢖴，𢊍𩔰本𢕟當𢖴，誤。

燬，火。亦作㷄、𤈦。咸按：篆隸名義：𤈦，火，㷄同上。燬，

𤈦字。火。今本玉篇：𤈦，火也。㷄、燬並同上。手鑑：㷄、

𤈦，二或作。燬，正。火盛皃。集韻或體同。

𡟤惡口。內府本無口字。咸按：今本玉篇、手鑑、廣

韻、集韻俱從說文：惡也。此口字當也，誤。

檓，椒木。咸按：玉篇：檓，大椒也。椒，木名。爾雅云：檓，

大椒。集韻、檓，木名。爾雅：檓，大椒。今椒樹叢生實

大者名為[illegible]。

毇舂，內府本作毀。咸按：同玉篇、廣韻、集韻。又廣韻以毇、毀異體。篆隸名義作毇。集韻、毇舂謂之毇，或作糳，亦省。

⿰丸咼，鳥吐毛如丸。咸按：玉篇丸部：⿰丸咼，於詭切，鷙鳥食已吐其毛如丸也。集韻作鳥食吐毛如丸。廣韻從說文：毛上有皮字。此本吐上應有食字。

骫，骨曲。咸按：手鑑⿰丸骨，俗；骫，正。音委，骨曲也。玉篇、廣韻、集韻俱作骫。韻會云：毛氏曰：从入九之九，从丸者誤。又案繫傳云：丸，屈也。韻會改為九。字鑑、增韻从九，誤。

蜲，鼠婦。咸按：篆隸名義：蜲，於詭反，蛜蝛。⿰虫黍，同上。今本玉篇：蜲，蜲⿰虫黍也。手鑑作蜲⿰虫頁，蟲名。廣韻：蜲，黍負。爾雅云：蛜，威，委黍。字或从虫。今按說文：蛜，蛜威，委黍，委黍，鼠婦。則此注首落黍字。名義蛜蝛當蛜蝛誤。

垝，垝垣。亦作陒、⿱穴危。咸按：廣韻：垝，垝垣，毁垣也。又作陒。陒，上同。玉篇：垝，亦作陒。集韻同。又按：⿱穴危，玉篇、集韻並云：穴也。則此以為垝異體者誤矣。

觤，獸角不齊皃。亦亦⿰革危。咸按：玉篇：觤，或作⿰革危。韋部：⿰革危，角不齊。手鑑：觤，居委反，獸角不齊也。韋部：

觤，居委反。廣韻、集韻並作羊角不齊，從說文。或从羊作羪。

㧪，短矛。擬續本作桅，短矛。咸按：廣韻：桅，短矛。或作䂚。集韻：䂚，短矛。此㧪當桅誤。

髓，骨肉行。亦作膸。肉府本作骨汁。咸按：玉篇、手鑑、廣韻、集韻俱從說文，骨中脂也。此本肉行當為中脂之誤。又篆隸名義、集韻別體作膸，玉篇、廣韻從說文作髓。集韻同。又別有膸，則此作膸誤。

巂，越巂郡。咸按：廣韻同。又韻會云：禮韻舊出巂字。今按：手鑑：巂，越巂郡名。韻會失稽。

靃，々靡，草弱皃。咸按：玉篇雔部：靃，綏彼切，靃靡，草隨風皃。手鑑作靃靡，草木柔弱皃。廣韻無柔字。集韻但作弱皃。

標，似小盤，中有隔。咸按：廣韻無小字。集韻作盤隔，器名。玉篇：扁榼謂之標。

纂，法者纂可以納人心。咸按：廣韻同。玉篇：纂，法也。集韻：纂，法也。一曰法可以纂网人心。李舟說。

倚，立々。綴續本、內府本無々。咸按：廣韻同。集韻作倚，立也。易參天兩地而倚數。王肅讀此々行。

旖，旗。又阿我反。咸按：篆隸名義：旖，何我反，缺義。

今本玉篇：旖，於我切，又於蟻切，旌旗旖旎皃。手
鑑、廣韵、集韵俱作旖旎，旌旗從風皃。
剞，曲刀。亦作刻。咸按：集韵：剞，說文：剞劂，曲刀也。
或作刻。廣韵訓同。手鑑作剞劂，工人曲刀也。玉
篇：劂，剞劂也。劂，同上。剞，刃曲也。刻，同上。篆隸名
義：劂，鏤刀。劂，同上。剞，刀。刻，同上。
庋，食閣。咸按：同手鑑。切三作食閣。集韵作閣藏
食物也。玉篇作閣也。
綺，綾二。内府本無二。咸按：韵會：師古曰：今細綾。
比二行。

敧，去。咸按：同集韻。廣韻作弃去。從説文。

婍，好。亦作裿。咸按：玉篇引埤雅云：婍，好也。廣韻作皃好。集韻：通作裿。玉篇：裿，好也。亦作婍。篆隸名義：裿，好。據續本婍，皃好。亦作裿。此裿誤，又漏皃字。

㥓，減。又去奇反。咸按：廣韻㥓減。又去奇切，儉意也。此同廣韻。

⿰鬲攴，釜。亦作鈘。内府本作⿰鬲攴。咸按：玉篇：⿰鬲攴，魚倚切，釜也。金部：鈘，釜也。與⿰鬲攴同。篆隸名義：⿰鬲攴，原誤⿺辶⿰鬲攴，魚倚反，足釜。手鑑：⿰鬲攴，音蟻，釜也。廣韻：⿰鬲攴，釜也。亦作鈘。説文曰：三足鍑也。此正文誤。

蘤，花〻。内府本無〻。臧按、手鑑、廣韻並作花也。

此〻當也誤。

闖，門。亦作闧。内府本門作闢。臧按、同玉篇、手鑑、廣韻。集韻引說文闢門也。此注首漏闢字。又手鑑闧或作闖，正闖。今集韻亦云或从毀。

紫，鳥啄。内府本作鳥喙。臧按、同篆隸名義。今本玉篇、手鑑、廣韻。此注啄誤。㩤遺本作喙，不誤。

佌，小皃。内府本作佪。臧按、同篆隸名義。今本玉篇、廣韻、集韻，從說文。此正文誤。

越，淺度。内府本度作渡。臧按、同篆隸名義、今本

束

玉篇、手鑑、廣韻、集韻、俱從戕攴。此度當渡誤。

冢、蟲冢〻。內府本無〻。咸按〻同手鑑、廣韻。此〻衍。

褫、奪衣。掇瑣本同。咸按〻篆隸名義、今本玉篇、手鑑、廣韻、集韻俱作奪衣。今按周易、褫、釋文鄭本作拕、徒可反。惠棟云〻拕亦訓奪、見淮南子。則二本作奪並誤。

糘、黏〻。內府本無〻。咸按〻同篆隸名義、今本玉篇、廣韻、集韻。手鑑作黏皃。此〻衍。

陊、山崩。掇瑣本同。咸按〻同廣韻。玉篇、集韻並從

說文，小崩也。手鑑作山崩落也。崩下漏也。字。篆

隸名義：阤，落崩。

柁，折薪。又達可反。咸按：玉篇：杝，直紙切，詩云，析

薪杝矣。謂隨其理也。篆隸名義作柂。廣韻：杝，析

薪。集韻同。此正文當柂誤，注文折當析誤。

阤，落：內府本無：。咸按：篆隸名義、今本玉篇、

廣韻俱作落也。此：當也誤。

䚛，角端不正。咸按：同手鑑、廣韻。集韻作角不端。

廌，又子見反。咸按：玉篇、廣韻並作宅買切。

袘，中衣袖。掇瑣本同。咸按：廣韻作衣中袖。反韻

及玉篇無中字。本書皮韻但作袖。

䏔，引腸。莊子曰長洪〻。咸按：玉篇、手鑑同訓。又廣韻䏔，引腸。莊子云，長弘䏔。集韻同。此及擬隤本皆誤。

椸，架。咸按：玉篇：椸，音移，衣架也。

⿰忄虒，不憂事。咸按：同篆隸名義、今本玉篇、廣韻。此為單詞。手鑑、集韻並作怟⿰忄虒，不憂事也。則為聯語，義同。本說文。

邐，迤連山。咸按：迤上疑有〻字。篆隸名義：邐，山列。

屣〻不攝根。亦作𩌦。擬頊本同。咸按：手鑑作不攝跟履也。（內府本作𡱐）廣韻作履不躡跟。集韻履作屣。又象隸名義、今本玉篇並云：屣，亦作𩌦。

簁〻籮〻。咸按：廣韻作籮也。手鑑作羅物竹器也。

此〻當作也。

俾，彼。咸按：彼，手鑑、廣韻、集韻俱作使，此誤。

渳〻水。咸按：（擬頊本同。）韻會無此義。玉篇、廣韻並作水皃。

𨷲，力攜反。咸按：廣韻作𨷲，力攜。

庳，下。或作埤。又音被。咸按：手鑑庳音婢，下也。廣韻作下也。或作埤。又音卑。集韻：通作埤。玉篇：庳音婢。篆隸名義作裨彌反，與此又音近。
庱，廣〻。咸按：手鑑、廣韻、集韻俱從説文，廣也。此〻衍。玉篇作廣大也。内府本無〻。
豙，豕。咸按：篆隸名義、廣韻並作豙，豕也。
𧲞，𧇡。亦作豶，𧲞。咸按：篆隸名義：𧲞，𧇡，虒同上。𧲞，同上。今本玉篇：弛，虒，同上。手鑑作虒，集韻：弛，或作𧲞，虒。則此異體豶當虒誤。
呰，弱。謹書曰，呰窳媮。撥續本、内府本謹並作漢，媮下有生字。咸按：此謹當漢誤，媮下落生字。匡謬則引史記語，媮作偷同。

扺。梓。內府本作捽，掇瑣本作孝茄人。咸按：篆隸名義、今本玉篇、廣韵、集韵俱作捽也，從說文。字鑑作又音紫，捽也，誤。此本梓亦誤。又字鑑側是反，孝加人也。掇瑣本茄誤。

揣，度。亦作𢿱。掇瑣本、內府本同。咸按：集韵：揣，或从攴。今按：篆隸名義：揣，丁果反，試，度，攴部：𢿱，丁果反，試，揣字。今本玉篇：揣，初委、丁果二切，試也。攴部：𢿱，初委切，試也。字鑑：揣，初委反，試也。攴部：𢿱，都果、初委、尺兖三反，試也。廣韵：揣，試也。初委切，又丁果切。𢿱，試也。是𢿱、揣異體同字，本書及集韻遠承野王書說。手鑑、廣韻則沿玉篇分列。

又此二反，二字衍。

㱟，枝折。枝，掇瑣本、內府本並作披，咸按：手鑑、廣韻同此本。今本玉篇作㱟折也。篆隸名義、集韻並作折也。

紴，有補柯反。掇瑣本、內府本作又補柯反。咸按：篆隸名義同。此有補當又補誤。

⿰言比，離，具。咸按：廣韻：仳，仳離別之意。⿰言比，具也。此殆誤合。

芛，草木初生。掇瑣本、內府本同。咸按：玉篇、集韻

旨韵

並作草木華初生者，此漏華字。

跬，去彌反。舉一足。亦作趌、蹞，半步。掇瑣本同。咸按：玉篇：蹞，相俞切，足行也。與此音義不協。篆隸名義、玉篇、集韵得作跬、蹞，同上。二本蹞誤。手鑑跬或體作蹞，亦誤。

硊（磈）二，石皃。咸按：廣韵作磈硊。

視，望見。掇瑣本、內府本無見

几，曲机杖。掇瑣本、內府本作几杖曲馮。咸按：韵澮引徐云：人所凭坐。

犰，獸如兔。掇瑣本作獸名。咸按：廣韵作獸名，如兎喙蛇尾。集韵無如字。篆隸名義作如兎鳥喙。今本玉篇但作似兎，東山經作犰狳。郭音仇餘。

碌，石隤聲。掇瑣本、内府本同。咸按：同廣韵。集韵作砆，義同。玉篇作碌，石落聲。又残本玉篇山柏反，説文所責反。

秭，万億。掇瑣本作秭。咸按：玉篇、集韵並作數億至萬曰秭也。手鑑作千億也。廣韵同。

𥘯，以豚祀司命。掇瑣本、内府本豚作豚。咸按：同玉篇、手鑑、廣韵、集韵，俱本説文。此豚誤。

髀，股外之旁礼反。咸按：廣韵、篆隸名義並云：髀，股外。又之，廣韵作又，此誤。
軏，居洧反，法。從右尗音壐省，非從几。㩳殰本作
從古文囗囗省，非從九。咸按：篆隸名義：軏，法。手
鑑軏，說文、字樣皆從九。今本玉篇、廣韵、集韵俱
依說文。
晷，日。㩳殰本同。咸按：篆隸名義作日景。廣韵作
日影，同。並從說文。手鑑作影也。此日下漏景字。
厬，厬泉或作漸。㩳殰本、內府本同。咸按：手鑑、殰
韵並云：厬，厬泉或作漸。集韵：厬，說文，仄出泉也。
或作漸。

頯，小頭。掇瑣本作額。咸按：同廣韻。

沈，水涯枯土。掇瑣本、內府本同。咸按：同廣韻、手鑑、集韻，俱本說文。

屎，糞。亦作戻。掇瑣本同。內府本糞誤草。咸按：篆隸名義：戻，施視反，糞。今本玉篇：戻，俗又作屎。手鑑：戻，俗。屎，今糞也。

死，止歸。掇瑣本作亡歸。

水，流津。掇瑣本、內府本同。咸按：同玉篇。

猚，抗抗。掇瑣本、內府本抗作犺。咸按：集韻：猚，獸名，似犺，卬鼻長尾。

鼺，飛生，鳥名。飛且乳也。㩗續本、内府本並無也字。咸按：同廣韻。集韻、說文：鼠形，飛走且乳之鳥也。

虆，藤〻。㩗續本、内府本無〻。咸按：手鑑、廣韻並無〻，此衍。

讄，禱。亦作讄。㩗續本、内府本同。咸按：玉篇：讄讄，同上。集韻：或作讄。

嫢，細。咸按：篆隸名義：規，懼祭，聚惟二反，細。廣韻：嫢，細也。又聚惟切。玉篇、集韻並作嫢。此及㩗續本、内府本正文俱誤。

湀，泉出通川。又水名。掇瑣本、内府本同。咸按：廣
韻：湀，泉出也。湀，居誄切，通流。集韻：湀，頍誄切，水
通流。篆隸名義、今本玉篇並作湀，間流泉。此川
字或流之誤，又水名未詳。
踓，蹵々。掇瑣本蹵作[illegible]，無々字。内府本亦無。咸
按：篆隸名義、今本玉篇、手鑑、廣韻俱作蹵，無々
字，此衍。又掇瑣本[illegible]亦誤。
柅，絡絲樹，湯金柅。内府本樹作柎。掇瑣本湯下
有曰字。咸按：玉篇作絡絲柎。廣韻亦作絡絲柎。
湯曰，繫于金柅。則此本樹誤，又漏曰字。

否。方久反。撥䫶本、内府本方上有又字。
圮，岸毁。亦作嶏。撥䫶本作嶏。咸按：廣韻訓義同。
又說文：嶏，崩也。集韻：嶏，普鄙切，壞也。嶏，部鄙切，
說文：⿰阝朋也。崩、毁、壞義同。列子黃帝篇：口所偏肥，
晉國黜之。殷敬順釋文：肥音皮美反，說文、字林
並作嶏，皆毁也。字從其省。此本嶏誤，字書偏旁
舟、月常相混作。又篆隸名義：嶏，原誤⿺辶嶏，皮鄙反，
毁。⿱山配，妨味反，崩聲。⿱山配為嶏孳乳字，今本玉篇：嶏，
普味切，崩聲。又皮鄙切，毁也。或作圮。
⿰忄匕，⿰忄癸裂。撥䫶本作忯，作⿰忄祭。咸按：篆隸名義、今本

玉篇並作⿰忄匕，從說文。廣韻作⿰忄比，同掇瑣本。⿰忄比、⿰忄匕同。

崔，徂罍反，嵬。掇瑣本罍作壘，嵬下有崔字。咸按：篆隸名義、今本玉篇並作嶉，山皃。此為單詞義。又集韻：崔、嵬崔，山皃。乃聯語義。

噽，大。掇瑣本、內府本作嚭。咸按：手鑑同此本。篆隸名義、今本玉篇、廣韻、集韻俱從說文作嚭。

⿰比攴。掇瑣本、內府本注：破。又匹支反。咸按：廣韻缺義，有又匹支、符鄙二反。篆隸名義作匹之反，器破未離。今本玉篇作匹之、皮美二切，器破也。

⿰禾不，一稃二米。又卿悲反。掇瑣本作秠，音義同。咸按：手鑑杯，俗。桮，正。此本同玉篇、篆隷名義。廣韻、集韻同掇瑣本。

蕊，草木實節生。掇瑣本同。咸按：同廣韻。

蓶，以馬薤而黄，可食。掇瑣本以作似，薤作韭。咸按：篆隷名義作似馬韭黄。廣韻作草，似馬韭而黄，可食。集韻無草字，可食二字，餘同。今本玉篇作菜名，似韭而黄。則此以、薤二字並誤。

壝，埒。又逵位反。掇瑣本埒作埒。咸按：廣韻、集韻並作埒。手鑑作以追、以水二反，埒也。切三作以隹反。

㦂，愚戇多態。掇瑣本同。咸按：王篇、廣韻並作愚

戇，愚多態。又王篇、手鑑心部：戇，愚；愚戇。五音集韻戇

作胡。集韻作愚而多態。篆隸名義省作多態。

歀，歀歁，驢鳴。掇瑣本二歀字作歀。咸按：同廣韻。

集韻歀歀歀歁，驢鳴。或省。王篇、手鑑並作歐歁，

驢鳴。歀、歐雙聲。

㗅，鳥，㗅。掇瑣本誤鳥啐。咸按：廣韻同此，集韻作

鳥喙。一曰鳥聲。

齝，胝几反。胝，掇瑣本作眂。

𢿧，刺，刺。掇瑣本作𢿧無，無。咸按：同廣韻、集韻，並

𢿧

從說文。此〻衍。

⿸广棘，蠶就寬。𢷹䞓本同。咸按：廣韵作⿸广棘，注首有移卉字。集韵作⿸广棘。玉篇𠬸鄒衺⿸广棘蠶⿸广棘。篆隸名義作⿸广棘，蠶桑⿸广棘。字形同此本。

跽，暨几反。長。或作旨。又暨軌反。𢷹䞓本長下有跽字。暨軌作墍軌。咸按：手鑑作䠊跽也。䠊音長，䠊跪拜也，膝著地也。廣韵作䠊跽。篆隸名義、集韵從說文，長跪也。玉篇：䠊，東郡謂跪曰䠊。䠊，𧺆拜也。𧺆，長跪也。巨鄙、其奇己切，長跪也。或作跽也。則此本長下漏跪字，旨當其誤。

止韵

瞲，一恚視。掇瑣本作瞲，無一字。咸按，同廣韵。今本玉篇瞲，許季、許癸二切，恚視也。此正文誤，又衍一字。

跽，上跪。亦作曁。跪，掇瑣本同，內府本作踞。咸按，曁當曁誤。

時，蔡地。蔡，掇瑣本、內府本作祭。咸按，同篆隸名義。此本蔡誤。

阯，郊阯，郡名。郊，掇瑣本、內府本作交。咸按，同手鑑。廣韵亦作交阯郡。此本郊誤。

䛭，訐訐。掇瑣本、內府本作許，無訐訐。咸按，篆隸名義、今本玉篇、手鑑、俱作許也。三本注文並誤。

恃，依〻。掇瑣本、內府本無〻。咸按：同手鑑。

苡，薏〻。苢〻。苃，掇瑣本、內府本作芣。咸按：篆隸

名義：芣，服丘反，馬舄、車前草。苡，餘止反，如李食，

芣苡同名實果。蕮，芣苡。今本玉篇：苡，芣苡。芣，芣

苡，馬蕮，一名車前。蕮，馬蕮，車前。手鑑：苡，薏苡，蓮

實也。又云車前。廣韻同。此本苃當芣，誤。

跂，大堅。掇瑣本、內府本同。咸按：同手鑑、廣韻。玉

篇、集韻並作大剛卯。

祀，年。一曰祭。掇瑣本、內府本末有名字。咸按：手

鑑：祀音似，年也。一曰祭祀也。篆隸名義作祭也。歲。今本玉篇：祀，引爾雅云祭也。又年也。廣韻依浮鑑。

氾音似，在成皋東，是曹各所度水。音凡者，在襄城縣南氾城，是周王出居城曰南氾。音匹劒反者，在中牟縣氾澤，是晉伐師于氾曰東氾。三所各別，陸訓不當。亦作汜字。掇瑣本各作咎，度作渡，漏澤字。伐下有鄭字。所字佚，當下有故不錄句。咸按：錢氏養新錄四云：氾、汜兩字音聲全別。而張守節史記正義發字例舉一字三四音有云，汜音似，水在成臯。又音凡，邑名，在襄城。又孚劍反，為水，在定陶，高帝即位處也。又音夷，楚人呼上為汜橋，是誤合為一字矣。其音祀、音夷者，當从巳旁，其音凡與孚劍反者當从已旁。又按，纖說是也。釋文：左僖二十四年于汜，音凡，南汜也。三十年汜南，音凡，東汜也。初無符劍反之音。群經音辨云：汜，詩傳曰決復入為汜，說文曰水別復入水也。一曰汜，窮瀆，从水巳聲，音似。今鄭西有汜水縣，縣境有周襄王廟。案春秋傳襄王辟叔帶之難，出于鄭，處汜，左氏傳書汜从巳乎之巳，而釋文音凡。案說文氾字孚梵切，訓曰濫也。从水，㔾聲。㔾乎感切。今地名音凡，則亦當从㔾乃得聲。豈鄭地本為氾从㔾，而傳誤書从巳，或本从巳，而釋文誤書凡歟。然則氾水音祀，相傳久矣。又按：玉篇：氾，孚劍切，氾濫也。亦作泛。氾，詳子切，水名。集韻：氾，象齒切，說文：水別復入水也。一曰氾，窮瀆也。引詩江有氾。氾，養里切，水決復入。與錢說合。

㠯，說文。跋項本、内府本無文字。咸按：篆隸名義、今本玉篇、廣韻俱作說也。此本文字衍。

裏，内。擬續本、内府本同。咸按：同篆隸名義。今本玉篇、廣韻、集韻俱從説文：衣内也。

箆，竹箆曰箆。擬續本箆作篾。咸按：玉篇箆作篾、手鑑篾，俗箆。正擬續本篾當篾誤。又正文集韻誤菓。

葈，胡々。亦作菓。擬續本々作草。咸按：集韻：葈，胡葈，草名。枲耳也。或作菓。

峙，從。擬續本、故宮本從作聳。

偫，且。亦作時。擬續本作看所望而往。具。亦作時。内府本作看所望。具。亦作時。咸按：篆隸名義、今本王篇、廣韻且俱作具，此誤。又王篇貝部：䝰，或作恃。恃當偫誤。又廣韻作看所望而往，同掇瑣本。內府本漏而往二字。

畤，儲々。掇瑣本、內府本無々。咸按：同廣韻。王篇作畤，偫儲也。此々衍。

杞，木。苟杞。掇瑣本、內府本作木名。又苟杞。咸按：王篇：杞，苟杞也。枸，枸杞也。本作枸。廣韻：杞，木名。又苟杞。此注末下漏名字。

玘，珮玉。掇瑣本、內府本同。咸按：同廣韻。王篇作佩玉。

邔，又梁渠記反。擬續本、內府本無梁字。咸按：汪篇：邔，丘紀、渠記二切，南郡有邔縣。廣韻作縣名，在南郡。又渠記切。手鑑作起、忌二音，縣名。此梁字衍。

柹，木名。擬續本、內府本同。咸按：手鑑作柿，音士，果木。廣韻作柹，果名。

俟，待。禁史反。擬續本無。咸按：待字在反語前，衍。

戺，靁外。擬續本、內府本作戺。咸按：汪篇、手鑑、廣韻戺同，从户，此本正文誤。又靁外未詳。

屣，縄履。擬續本、內府本同。咸按：同廣韻。手鑑：屣，

義同。方言四：西南梁益之間謂之屝。錢繹云：說
文屝，履也。从糸，户聲。亡百切。廣雅、屝、屐、屣，屩也。
曹憲音乎馬反。屝當作屝，涉下文屐、屣、屨而誤
从尸耳。咸按：廣韻、手鑑作屝，殆又為屝之誤。篆
隸名義、今本玉篇並作屝。是以集韻仍作屝，其
讀如侯者，蓋誤為从尸聲矣。
朿，草木盛。掇績本作朿。
英，蒿々。掇績本無々。內府本作莫，亦無々。咸按：
同廣韻、集韻、玉篇：英，徒結切，無此讀及莫，篆隸名義
有英，因理反，蒿。玉篇作英，徐雉切，蒿也。則二本

正文英並誤。此本〻衍。

齒，牡牙。內府本同。㩧䪺本作牝牙。咸按：說文：牙，牡齒也。則齒烏可為牡牙。

祉，福〻。㩧䪺本、內府本無〻。咸按：篆隸名義、今本玉篇、手鑑、廣韻俱作福也。此〻當也誤。

剌，劃聲。㩧䪺本、內府本同。咸按：手鑑：剌，力之反，玉篇，劃也。篆隸名義剌，楚乙反，劃〻今本玉篇作（並從博雅。）剌，楚乙切，劃聲也。廣韻作剌，劃聲，初紀切。則〻剌本正文俱誤。

歠，齧齒聲。㩧䪺本、內府本無聲字。咸按：手鑑、廣韻

尾韻

並作齧也。集韻作齕也。此本聲衍。

滓，料。料，撥纘本作粈，內府本作籾。咸按：篆隸名義、今本玉篇、手鑑俱云：籾，粉滓也。此本及撥纘本作料，作粈，並誤。

餛，微〻。撥纘本內府本無〻。咸按：玉篇、手鑑、廣韻俱作微也。此〻當也誤。

豈，無有。咸按：未詳。

⿱艹豈，菜〻。撥纘本內府本無〻。咸按：玉篇、集韻並取說文：菜之美者，有雲夢之⿱艹豈。廣韻作菜似蕨，生水中。此〻衍。

僾，〻狶，見不了皃。掇瑣本狶作俙。咸按：手鑑：僾，音愛，見不了也。俙，僾原誤僾俙。廣韻作僾俙，看不了皃。篆隸名義作髣髴見。集韻作僾俙，彷佛也。此本狶當俙誤。

幾，何。俗作幾。掇瑣本、內有本無何字，幾作幾。咸按：廣韻作幾，何。篆隸名義幾作幾。此本誤。

朏，月亦朏。掇瑣本無異體。咸按：玉篇、手鑑、集韻俱從說文月未盛之明。又手鑑、廣韻作月三日明生之名。此本月下漏未盛之明四字。又手鑑：朏，朏，同上。集韻作古作朏。

悱，口〻說。掇瑣本說作悱。咸按：同玉篇、手鑑、廣韻。此本說當〻誤。又篆隸名義作悱，心欲動。集韻作心欲也。韻會引增韻作欲言也。

蜚，虫。或作斐。掇瑣本斐作斐。咸按：篆隸名義、今本玉篇蟲部，蠹或作蜚。集韻亦云或从虫。二本並誤。

煒，光〻。掇瑣本煒誤偉，無〻。內府本亦無〻。咸按：此本同廣韻。

偉，大〻。掇瑣本、內府本無〻。咸按：玉篇、手鑑、廣韻俱作大也。此〻衍。

瑋，玉〻。掇瑣本、内府本無〻。咸按：手鑑、廣韻並作玉名也。此〻衍。

㨓，廷追。掇瑣本、内府本作逆追。咸按：篆隸名義、今本玉篇、廣韻、集韻俱作逆追，此本誤。

鬼。點無於鬼，正作𩲡。咸按：上四字未詳。掇瑣本、内府本無。又玉篇、集韻鬼，䰟古文，或从示鬼。手鑑：䰟，古文，音鬼。此本𩲡或䰟譌。

娓，美。忘秘反。忘，掇瑣本作妄。咸按：玉篇作亡利切，利當秘誤。又篆隸名義作妄秘反，同掇瑣本。

虫，鮮介總名。掇瑣本作鱗介總名。咸按：同手鑑廣韵，此鮮當鱗誤，又為介俗字。

顗，又魚豈反。撥續本、内府本無又字。咸按：篆隸名義、手鑑作魚豈反。又名義、今本玉篇作牛豈反。

嵔，嵔嵟，山高下曲。撥續本、内府本同。咸按：廣韵作山高曲下。篆隸名義：嵔，山下曲。嵟，高皃。集韵作嵟，山曲也。嵔，山皃。玉篇：嵔，嵔嵟，高也。山高下盤曲皃。

穬，稻紫莖不黏。撥續本、内府本作穬。咸按：篆隸名義、今本玉篇、廣韵俱同。手鑑作紫莖稻不黏

韵語

也。

藇，藇苑〻。擬縯本作苑。咸按：玉篇、手鑑、廣韵俱從說文篽，禁苑也。此注菀當苑誤，衍〻字。

衙，楚辭云：導飛廉之衙。擬縯本內府本作導飛廉之衙〻。咸按：見九辯。此導當導誤，衙應重疊，洪興祖補注云：衙衙，行皃。朱氏通訓定聲云：衙有行列之義。此缺詁詞。

鋤，鋤〻。擬縯本內府本作鉏鋤。咸按：集韵：鋤，說文鉏鋤也。手鑑作鉏鋤，樂器也。玉篇：鋤，樂器也。

篽，翳亞亦呂〻。擬縯本作翳羽，亦作籞。咸按：篆隸名義：篽，魚旅反，翳羽。手鑑、集韵作籞，翳羽也。廣韵：籞，籞翳。此翳亞當翳羽誤。

膂，脊ㄑ。掇瑣本作擠，脊ㄑ。內府本無ㄑ。

⿱竹旅，背器。亦作⿱竹閭。掇瑣本作⿱竹囪，正文作⿱竹旅。咸按：篆隸名義、今本玉篇、集韻別體俱作⿱竹囪，二本並誤。

穭，野自生出。掇瑣本作自生。故宮本作自生稻。

咸按：同玉篇、手鑑、廣韻、集韻作禾自生，篆隸名義作不種自生（原誤莛？）。

梠，桶木。掇瑣本、內府本作桶端木。咸按：同手鑑。此注木上漏梠字。

儢，心不勤。掇瑣本作儢，心不力。咸按：韻會引蕕子，儢儢，心不力。手鑑作儢，心不欲為。一曰心不

擠

平也。

庴，晉大夫名。攑殰本作瘖。咸按：今本玉篇引埤蒼云：瘖，晉大夫冀叔瘖也。篆隸名義同。手鑑作瘖，正作庴，人名。廣韻、集韻及玉篇广部俱作庴，晉大夫名。

㮵，箭笴。攑殰本同。咸按：今本玉篇：㮵，木名，中箭笴。（集韻同。）篆隸名義俱作中箭笴。廣韻作木名，可為箭笴。

絽，緋〻。攑殰本、內府本無〻，〻緋誤絆。咸按：廣韻、集韻並從廣雅：絽，緋也。此本〻〻衍。

盆，器。亦作盬。綴緍本作器數。亦作盬。咸按：篆隸名義、今本玉篇：盆，器也。又名義、盧部、盬器。玉篇盧部盬，或作盆，集韵同。綴緍衍數字，盬亦誤。

坾，塵〻。綴緍本、內府本無〻。咸按：篆隸名義：坾，塵。今本玉篇、字林曰塵也。手鑑：坾，香嚴小土也。當尘誤，塵俗字。此本〻衍。

蒖，〻蓄燕。或作𦿀。綴緍本作〻〻蓄燕。或作𦿀。咸按：手鑑蒖，音與蓄燕，廣韵音訓同。又篆隸名義：蒖，或𦿀。醼字。今本玉篇：蒖，亦作醼。酉部有𦿀字。酉部、醼，亦作蒖。廣韵、集韵並以蒖、𦿀異體，則二本擧、與並誤。

陼，丘〻。掇瑣本、内府本無〻。咸按：玉篇、手鑑、廣韻俱作丘也。此〻衍。

渚，沚〻。掇瑣本、内府本無〻。咸按：廣韻：渚，沚也。玉篇：沚，小渚也。

黍，黏禾。掇瑣本、内府本同。咸按：廣韻引說文：禾屬而黏也。

杵，擣〻臼。九。内府本作舂米。咸按：篆隸名義：杵，舂柄。今本玉篇作舂杵也。又九，掇瑣本、故宮本作二。

處，在所。擬續本、內府本作居所。咸按，篆隸名義、今本玉篇、手鑑、廣韵俱作居也。

㤜，知〻。擬續本、內府本無〻。咸按，篆隸名義、今本玉篇得作知也。集韵作智也。此〻衍。

𤭁，𢄼載盛黍。亦作𤭁。擬續本黍作米，𤭁作𤭁。故宮本𢄼作𢄼，黍作米，𤭁作𤭁。咸按，廣韵：𤭁，說文曰：𢄼也。所以盛米也。𤭁，上同。手鑑：𤭁，或作。盛米器也。集韵：𤭁，說文：𢄼也，所以載盛米。从宁从甾，甾，缶也。或从缶。玉篇、篆隸名義並云：𢄼，載米𤭁也。則此本𢄼、黍、𤭁皆誤。

杼，栩。撥瑣本內府本同。成按：篆隸名義：楮，穀木。杼字穀惡木，楮。今本玉篇集韻亦以楮、杼異體。手鑑：栩，柞木。玉篇又云：栩，柔也。柔，栩也。今為杼。名義：栩，杼。柔，栩，杼，柞。集韻：杼，木名，栩也。是杼有栩義。

諝，智。亦作慉。撥瑣本、內府本同。成按：廣韻：諝，才智之稱。慉，上同。玉篇訓同。集韻：諝，說文：知也。或从心。

醑，多麗酒露皃。撥瑣本醑，莤酒。滑，露皃。成按：廣韻：醑，麗酒。滑，露皃。集韻：醑，釃酒也。滑，一曰露皃。引詩，有酒滑我。玉篇：滑，零露皃。今按：此本當麄誤，麄為麤借字。掇瑣本皆為麁之譌，玉篇麄，麁同上。則此字(淶)注文實誤合醑、滑二字訓解，亦可證其後於掇瑣、內府二本也。

苣，々蕂胡麻。蕂字掇瑣本同。咸按：玉篇：苣，苣蕂，胡麻也。蕂，苣蕂，胡麻也。廣韻同。集韻作苣藤，草名。二本蕂字俱誤。

齗，傷醋。掇瑣本內府本同。咸按：玉篇、廣韻、集韻俱從說文注首有齒字。三本並漏。

䵉，鮮々。掇瑣本作䵉，無々。咸按：廣韻引說文：會五綵皃。集韻引說文合五采鮮色，並作䵉。此誤。

黹

俎，豆〻。掇瑣本、內府本無〻。咸按：廣韻作俎豆。此〻衍。

趡，邪出前。掇瑣本同。咸按：手鑑：趡，俗；趲，正。傍出前也。篆隸名義：趲，邪出前。今本玉篇：趲，傍出前也。張園本廣韻：趡，邪原誤雅進出前也。說文作趲。二本用俗字。

租，嬇。掇瑣本、內府本作租。咸按：篆隸名義、廣韻並作租，嬇也。此正文誤。

簴，養蠶。掇瑣本、內府本下有器字。咸按：玉篇：簴，居渚切，養蠶器也。亦作筥。集韻：籧，俗作簴，非是。

方言十三：注：篆，古管字。呂氏春秋季春紀高注：員底曰篆，受桑器。手鑑：篹，養蚕竹器也。王篇同管。篆隸名義作篹，養蚕器。此注漏器字。

皃，共舉。通俗作舁。擬續本作𦥑，通俗作舁。咸按：同集韻。王篇、手鑑並作舁。此正文及異體並誤。

𣲘，泄水。擬續本抒，渫水。咸按：廣韻：抒，渫水。俗作汙。篆隸名義：抒，渫。省水字。此正文殆因偏旁：而妄改作水。

瀷，浦名，在洞庭。擬續本同。咸按：二本上有瀫，水浦。王篇：瀫，浦也。瀷，同上。水名在洞庭。手鑑：瀫，水

七

浦也。廣韻同。集韻〻潊，水名。或从與。二本分列未
詳。
去，正厺、𠫓。攈續本作公。咸按〻廣韻〻說文从大厶
也。玉篇〻厺，說文去。篆隸名義作公。此本畀體二
字並誤。
紵繼。又除反，又丘據。攈續本、內府本無又除下
六字。咸按〻廣韻作繼入也。集韻同三本。
紵，莊子云，狙公賦紵。攈續本紵，神與反，又式余
反，綏。杼，莊子，狙公賦杼。咸按〻此本誤合。又紵，篆
隸名義、今本玉篇、手鑑、廣韻、集韻俱云〻緩也。攈

麌韵

續本綏當緩誤。

祤,祋〻縣名,在馮翊。祋字都會反,況羽反。綴續本、故宮本並在瑀字下,祤上,此漏,或補寫于此。咸按:篆隸名義:祤,于矩反,縣名。今本玉篇作祋祤,縣名,在馮翊。廣韵、集韵並同。

羽,鳥〻。綴續本、內府本作五音。咸按:韵會:毛居正曰,俗以舊韵上聲羽字下不注其義,去聲羽字下云翼毛也,遂以上聲為宮羽字,去聲為羽毛字。案詩蜉蝣之羽,衣裳楚楚,本叶上聲。廣韵去聲羽字下云羽音。然則羽字合於二聲通押。

據此，似擬頌本、內府本同舊韻，此則似毛說。玉
篇：羽，于翊切，鳥毛羽也。北方名羽音，在冬時。又
王遇切。
禹，夏也。擬頌本、內府本作夏王。咸按：集韻云：夏
王之後。廣韻作又姓，夏禹之後。玉篇：禹，夏禹也。
同此本。
宇，四垂。籀亦作寓。擬頌本宇，四垂。籀文作此禹。
故宮本寓作寓。咸按：韻會：陸德明曰，屋四垂也。
籀亦作寓。篆隸名義：寓，宇字。今本玉篇：宇，寓，籀
文。字鑑：宇，与寓亦同。寓，与宇大同。集韻：宇，籀从

禹。此注首漏屋字。異體寓當寓誤。掇瑣本漏誤同。

栩，〻陽，地名。掇瑣本、內府本並作栩。咸按：同廣韻、集韻。此正文誤。

頨，孔子頭如反〻。掇瑣本、內府本無如字。咸按：說文，頨，頭妍也。从頁，翩省聲，讀若翩。段注云，端韻，匡矩一切。蓋有認為羽聲者耳。廣韻注云，孔子頭也。又附會以為孔子圩頭之圩。今按：書傳多言孔子反宇，作此頨字云，頭頂崖峻起，象尼丘山。是廣韻以下俱從鍇說。

楀，椇木。掇瑣本、内府本同。咸按：王篇、廣韻但作木名。集韻從説文，木也。

萭，萭餘粮，藥名。内府本注作枳。咸按：篆隸名義：萭，羽草。王篇、廣韻、集韻俱從説文：草也。

𩂣，雨々。掇瑣本故宮本雨皃。咸按：同篆隸名義、今本王篇、廣韻。集韻：説文，雨皃。方語也。手鑑作雨下皃也。此々當作皃。

聚，又似喻反，鄹。鄹，新豐亭名。掇瑣本無又音，餘皆同。咸按：本書才句反訓積，此鄹字衍。下文鄹當作鄹。王篇、廣韻並云鄹，亭名，在新豐。集韻作鄒，義同。

斧越〻。掇瑣本、內府本作鉞，無〻。咸按：同，手鑑、廣韻。此越當鉞誤。

俯俛。掇瑣本同。故宮本作俯仰。咸按：廣韻、漢書又作俛，篆隸名義：俯，俛。手鑑俛，俯也。俯，俛俯也。集韻：俯，或作俛。

鯆，大。掇瑣本作大口。咸按：玉篇、手鑑、廣韻、集韻俱作大魚也。二本大下漏魚字。

頫，低頭。又靡卷反，又他叫反。掇瑣本無下又音。咸按：篆隸名義作頫，靡卷反，仰。今本玉篇、廣韻、集韻俱從說文，低頭也。手鑑：頫，他吊反，低頭聽也。又音府，低頭，頫首也。

武，止戈為武。俗作武。撥續本作戈。咸按：韻會引說文作武，此正文誤。而止戈為武同廣韻。

嫵，媚々。撥續本內府本作々媚。咸按：同篆隸名義。今本玉篇、手鑑、廣韻、集韻，俱從說文。此注文誤倒。

煤，憮々。撥續本同，內府本無々。咸按：篆隸名義：煤，莫主反，憮。二本々衍。

瞴，微視。又妄尤反。撥續本內府本同。咸按：同廣韻、手鑑、集韻，為單詞訓詁。說文作瞜瞜，微視之皃。玉篇作瞜瞜，微視也。則為聯語。

罾，雉内。掇瑣本、内府本同。咸按：同篆隸名義。今本玉篇、手鑑、廣韻、集韻。

無森蕃滋。掇瑣本作無森蕃滋。咸按：集韻作無森，廣韻作蕃滋。篆隸名義無森，蕃滋。

膴，周京二二。掇瑣本京作原。咸按：集韻：膴，美也。詩周原膴膴。此京誤。

父，天乾矩。掇瑣本無天乾二字。咸按：篆隸名義、今本玉篇、廣韻、集韻俱從說文，矩也。

輔，朏。掇瑣本、内府本同。咸按：手鑑、廣韻作朏，輔也。

䩉，頰⿰車頁。䩉亦作輔。掇瑣本無⿰車頁字，輔作⿰甫頁。咸按：今本玉篇：䩉，亦作輔。篆隸名義：䩉，頰。頁部：⿰車頁，䩉字。頰骨。玉篇頁部：⿰甫頁，頰骨也。手鑑：⿰甫頁，或作⿰面頁，正。頰骨也。面部：⿰甫面，俗。䩉，正。与⿰面頁、⿰甫頁同，頰骨也。廣韻：䩉，頰骨。⿰甫頁，上同。集韻：輔，或作⿰甫頁、䩉。

㕮，咀嚼皃。咸按：皃，手鑑、廣韻、集韻俱作也。

⿸疒腐，病。故宮本作⿸疒府。咸按：篆隸名義：⿸疒府，頭病。今本玉篇、廣韻並從說文，俛病也。手鑑：⿸疒府，病也。集韻依博雅、瘍也。此本正文誤。

𩬅，鬘皃。掇瑣本作䯽，內府本作𩬅。咸按：手鑑䯽，芳武反，鬘皃。又𩬅，芳于反，鬘好皃。玉篇𩬅，芳于、芳武、薄侯三切，鬘好也。或作𩬅。廣韵：𩬅，說文云，鬘皃。芳武切。又步侯切。集韵亦𩬅，或作𩬅。則此正文當𩬅誤，而用說文訓詁。

庚，倉逾。掇瑣本、內府本同。咸按：手鑑：庚，倉庚也。廣韵同。篆隸名義作小倉。今本玉篇作大曰倉，小曰庾。集韵：庾，或作庾。三本逾當庾誤。

瘐，囚以飢寒。漢書曰囚瘐死獄中。掇瑣本存囚以飢寒四字。咸按：篆隸名義：瘐，飢寒死。集韻：瘐，漢律，囚以飢寒而死曰瘐。韻會：宣紀，瘐死獄中。此本注文寒下應有死字。

貐，猰貐，食人迅走。貐如貙，音如嬰兒啼。見天下大水。咸按：見東山經，剡山有獸焉，其狀如貙，其名曰合窳，其音如嬰兒，是獸食人，亦食蟲蛇，見則天下大水。廣韻：貐，獸名。龍首食人。說文曰：猰貐，似貙，虎爪，食人迅走也。

㼌，本不勝末。撥饋本、內府本未作末。咸按：手鑑、廣韻並作微弱，本不勝末也。集韻引說文，本不勝末微弱也。三本涯首俱漏微弱二字。

⿰齒禺，亦⿰牛禺。故宫本作亦⿰牙禺。咸按：篆隸名義牙部：⿰牙禺，⿰齒禺字。集韵：⿰牙禺，或从齒。此⿰牛禺當⿰牙禺誤。

乳，肉津。掇瑣本同。內府本作肉汁。

窶，貧無礼下。掇瑣本、內府本無下字。咸按：手鑑，窶，貧無礼也。正從穴作。穴部：窶，貧無礼也。廣韵作窶，訓同。此本下字衍。

矩，或作側。內府本側作則。

漊，汝南謂飲酒習之下醉為漊。內府本下作不。咸按：同廣韵、集韵。手鑑漏不字。玉篇但作飲酒不醉。此本下當不誤。

莤，小蔞。掇續本同。咸按：廣韻：莤，小蒿草。正文亦誤，當作茵。玉篇：茵，小蒿草。集韻：茵，草名，香菽也。篆隸名義：莤，蔞字。水草。大抵本書及廣韻沿襲玉書而誤作李，強輩始訂正之也。

縜，絆前兩腳。掇續本同。咸按：篆隸名義、集韻並從說文⿰糹須，絆前兩足也。漢令蠻夷卒有⿱須糸。或省作縜。廣韻作縜，義同。

姥韻

媽，母〻。內存本無〻。咸按：篆隸名義、今本玉篇、手鑑、廣韻、集韻俱從⿰女雅：母也。此〻衍。

芏，似莧，生海邊。掇瑣本、内府本同。咸按：王篇、廣韵、集韵莧俱作莞，三本俱誤。

靯，⿰革薄。掇瑣本、故宮本作靯。咸按：玉篇：靯，靯⿰革薄鞇。⿰革薄，靯⿰革薄也。篆隸名義：⿰革薄，靯。廣韵：靯，一云靯⿰革薄。集韵：靯，一曰車中薦。此本靯當靯誤。

虜，北虜，又卒名。咸按：韵會：北狄曰虜。

鹵，鹵薄。掇瑣本同。咸按：玉篇：鹵，車駕出有鹵簿。廣韵作鹵簿令。惟手鑑作鹵，鹵薄也。疑與此書薄字皆誤。

惜，憣惜。内府本無惜。咸按：篆隸名義、今本玉篇、廣韻、集韻俱依博雅〻懎也。此〻行。

鼓，動。鼓，鐘〻。咸按〻手鑑〻鼓，通。鼓，今。鐘鼓也。從皮者，非也。這郎〻鼓，音古。篆隸名義〻鼓，動。鄭僧鼓引前漢律歷志，庋曰鼓。師古曰，鼓者動也。鼓，⿰壴寺，鼓鐘于宮，鼓瑟鼓琴。

⿰羊古，羊〻。撥韻本作⿰羊古羊。咸按〻篆隸名義、廣韻、集韻俱從說文〻夏羊牡曰羖。⿰羊古，俗。玉篇、羊部則云〻羖，羖䍽羊。⿰羊古，同上，俗。手鑑〻羖、⿰羊古，羖羊，羝羊也。此本〻當作也字。

盬，器〻。內府本無〻。咸按〻玉篇〻⿱古皿，器也。盬，同上。

手鑑、廣韻、集韻俱本說文訓同。此二行。

乏，多質利。內府本質作貨。咸按：廣韻質作債，集韻：秦以市買多得為乏。

五，丑古反。內府本作吾古反。咸按：篆隸名義作吾鼓反，今本玉篇作吳古切。

旿，明二。咸按：手鑑、廣韻、集韻俱作明也。此二行。

伍，亦作。掇瑣本無异體。咸按：廣韻：伍，作，又伍、仵皆姓。出姓苑。集韻：伍，亦姓。仵，亦姓。此誤。

簿，文二。掇瑣本、故宮本作簿籍。咸按：同廣韻。

伹，浅。內府本作伹。咸按：廣韻、集韻並作伹，浅也。

此正文誤。

捔，長角。助角反。亦作觪。咸按：玉篇：䚥，仕角反，悅狡，角長皃。捔，助角切，攙捔也。又古學切，觪同上。䚥當作牄，段注云：牄，从爿聲，古盖讀如倉。轉寫譌作觕，其音讀才古反，其義本訓長角。據此，則此訓長角徂古反裴古反，其字當作觕。若助角反，其字當作捔。牛才形近，遂誤合矣。廣韻作觕，牛角直下。集韻作牛角直皃。玉篇：捔，古岳切，犄捔。手鑑：犄，犄角也。

滸，水岸。亦作汻。𢇍續本同。咸按：篆隸名義：汻，呼古反，水涯。滸，今許。今本玉篇：許，滸，同上。廣韻：滸，水岸。

軥，頭中。咸按：篆隸名義作軥，（疑車誤）頭中。今本玉篇作頭中骨。手鑑作車頭中也。廣韻作車頭中骨。集韻：一曰車首。此注殆依野王書及手鑑而漏車字。

砮，石可作矢。掇瑣本同。咸按：手鑑、廣韻、集韻並作石可為矢鏃。玉篇作石中矢鏃。篆隸名義省作矢鏃。二本矢下俱漏鏃字。

怙，恃〻。掇瑣本、內府本並無〻。咸按：篆隸名義、今本玉篇、手鑑、廣韻、集韻俱作恃也。此〻衍。
峗，山多草木。亦作岵，內府本峗，山卑而大。岵，山多
草木。咸按：同手鑑、廣韻。篆隸名義、今本玉篇：岵，
山多草木。集韻引說文：岵，山有草木。又玉篇：峗，
山貌。此誤。
鳸，鳥。掇瑣本缺注。內府本殘存竊亦二字。咸按：
篆隸名義：鳸，雇字。鶚，同上。今本玉篇：鳸，北鳸，鳥
名。鶚，同上。隹部：雇，亦作鳸。手鑑：鳸、鳸，鳥名。二同。
廣韻：雇，說文曰：九雇，農桑候鳥，扈民不婬者也。
桑雇，竊脂。鳸，上同。亦作鳸。鶚，亦同。集韻亦云：雇，

或从雩、从鳥，亦書作雁、鳫。但此本下復有鳫，鷂脂鳥。亦作鷊。則本書實誤分。

婆，貪〻。掇瑣本內府本無〻。咸按〻：手鑑、廣韻並 婆作貪也。此〻衍。

滬，靈龜負書水。掇瑣本水作一曰水名。咸按〻：手鑑〻：滬，水名，靈龜負河圖出處也。篆隸名義作龜負書，即此水。廣韻作靈龜負書出玄滬水。玉篇但作水名。

譜，載職。亦作。咸按〻：手鑑〻：譔，或作譜，正。籍錄也。集韻〻：譜、諩，或省。此漏諩字。

薺韻

[illegible]，希。咸按：篆隸名義：[illegible]，力躰反，希。

欚，海中大船。内府本海作江。咸按：同王篇。廣韻集韻並從說文，船下有名字。此海當江誤。

蠡，箄。内府本作箄。咸按：篆隸名義：蠡，力西反，箄。

箄、箄箕物，此本誤。

齊，手洒。内府本手下有擲字。咸按：同廣韻。手鑑作以手擲洒也。王篇作手出其汁。此手下漏擲字。

牴，亦作牴。咸按：手鑑：牴、俗。牴，通。牴，正。此是體當牴誤。

堤，帶。咸按：篆隸名義、今本玉篇、廣韻俱作滯也。此本誤。

涕，涙〻。内府本作目汁。咸按：同廣韻。手鑑：涕，涕涙，目汁也。玉篇：涕，目汁出曰涕。篆隸名義：涕，自目出。韻會引蒼頡云：涕之與泣，譬人兄弟，急則俱流，生則俱生。據此，則泣為涙，涕為鼻液。

闕，智劣。或作閑。故宮本作知少。咸按：廣韻作智少力劣。集韻同，俱本說文。集韻又云：或作閑疑。二本注文俱有漏畧。

栅，絡絲。内府本下有趺字。咸按：玉篇、廣韻並作絡絲柎也。篆隸名義作柎絡絲趺。集韵引說文，絡絲欄。通作柅。玉篇木部：柅，絡絲柎。則此注文木漏趺字。

⿰車芒，⿱䜌口垂皃。咸按同玉篇。集韵：⿰車爾，⿱䜌口垂也。通作⿰車芒。篆隸名義：⿰車芒，⿱䜌口垂。手鑑、廣韵：⿰車爾，⿱䜌口垂也。

弟，悌。咸按：廣韵、集韵俱訓兄弟。

玼，色鮮。或作皉。咸按：玉篇、手鑑、集韵俱作玉色鮮也。此注首漏玉字。又玉篇白部：皉，或作玼。

綮，兵闌〻。內府本作棨，無〻。咸按：手鑑：綮，棨或作。

棨，正。棨，今。兵欄也。玉篇：棨，音啓，兵闌也。廣韵同。

集韻：𧝎，或作[illegible]。則此正文誤，又〻衍。

𧝎，曰戰衣。咸按：手鑑、廣韻並作一曰戰衣。此注首漏一字。

䭫，首至地。亦作稽。内府本作䭫。咸按：篆隸名義：䭫，首〻䭫，觸地。玉篇作首至地。今作稽。廣韻作䭫，首至地也。稽，上同。此正文誤，内府本是。

依，開衣領。亦作。咸按：集韻：𧟍，開衣也。或作移。此正文誤。異體漏移字。又集韻衣下疑漏領字。

謑，恥辱。亦作𩮖。咸按：玉篇、集韻作謑，手鑑作謑，此誤。

匕，有所挾藏。咸按：玉篇：匚，衺徯，有所挾藏也。集韻引說文，衺徯有所俠藏也。手鑑、廣韻但作有所藏也。此從玉篇訓，注首漏衺徯雙聲聯語。又正文應作匸。

洣，水名，在蔡陵。咸按：玉篇作茶陵，廣韻、集韻並作茶陵。

蘇，草〻。內府本無〻。咸按：篆隸名義：蘇，草。集韻作蘇，蔜，草名。此〻衍。

陛，陛階。咸按：手鑑、廣韻並作階陛。此誤。

⿰扌坒，揩⿰扌坒，行皃。故宮本作⿰扌坒拉，馬行。切三作梐栝，行馬。咸按：玉篇、手鑑、廣韻、集韻俱作梐枑，行馬。此本及內府本並誤。

蜌，蚌。內府本作蚌。咸按：篆隸名義作蚌長細。今本玉篇作蚌長者。此蚌當蚌誤。

訡，譍々。內府本無々。咸按：篆隸名義：訡，譍。集韻引埤雅，譍也。此々衍。

晲，明。亦作呢。咸按：篆隸名義：晲，明。今本玉篇：晲，眖，同上。廣韻：晲，明也。亦作眖。集韻作一曰明也。此本異體呢誤。

獬，鯛々。咸按：玉篇：獬，獬豸也。魚部：鯛，直龍切，鱧

蟹韻

魚也。手鑑、獬、亦獬豸獸名。廣韻：獬，陸作獬豸也。
集韻同手鑑。此誤合。
扠擎。咸按：玉篇、手鑑並同。
濆，水名，在豫章。咸按：玉篇、集韻並依漢書地理
志作濆，水出豫章。
鸊，鴟子。咸按：玉篇：鸊，鸊鷉，子巂也。篆隸名義：巂
字。集韻引博雅：鸊鷉，子巂也。廣韻作鸊鷉，鳥名。
此注鴟當鷉誤，子下漏巂字。
芎，口戾。咸按：廣韻作戾也。
猈，犬短項。一曰案下狗。咸按：項，玉篇作脛，廣韻

芎

作頸，集韻從說文作脛。又桀下狗同廣韻。

庴，座。咸按：手鑑作坐倚皃。廣韻同。集韻作倚坐。此誤。

覭，視。咸按：同玉篇。集韻引博雅同。

薢，英蔆。咸按：玉篇：薢，爾雅，薢茩，芵光。郭璞云芵明也。葉黃銳，赤華，實如山茱萸。或曰蔆也。關西謂之薢茩。蔆亦作菱。隸名義：蔆，芰，水中薢茩。芰，芰蔆。集韻：薢，薢茩，草名。又玉篇：英，英光，英明也。花黃。名義：英，芫，薢茩。據此，則此注英下漏芫字，蔆上漏芰字。

嶰，谷名。咸按：同手鑑、集韻。

駭韵

駭。咸按，此衍。

𩕄，擊鼓。咸按：篆隸名義、今本玉篇並云：𩕄，雷擊鼓也。集韵作疾雷擊鼓曰𩕄。此漏。

鍇，鐵〻。咸按：玉篇引說文，九江謂鐵曰鍇。集韵同。此〻衍。

鍇，堅。咸按：篆隸名義、集韵並同。

柺，孤買。咸按：下漏反字及老人拄杖也，見手鑑、廣韵。此乃蟹韵字補寫寄此。

賄韵

脜，脮〻，大腫皃。脮，都罪反。咸按：同廣韵、手鑑、篆脜隸名義：脜，竹罪反，大腫。脮，化罪反，大腫。玉篇：脜，都罪切，脮，火罪切。集韵：脮，虎猥切。脜，覩猥切。是腲乃呼猥，脮乃都罪。廣韻互誤，新出切韻莫不同之。

腲，〻腇。咸按：玉篇、手鑑、廣韻、集韻俱作腲脮。篆隸名義作腲腇。手鑑云：腇，与脮同。

㛱，〻婑，好皃。咸按：手鑑、廣韻並作㛱娞，義同。集韻作㛱娞，妍也。

⿰歹畏，〻婑，不知人。咸按：同手鑑、廣韻。

⿺尢畏，〻⿺尢委，病扉。咸按：篆隸名義、今本玉篇並作⿺尢畏⿺尢妥，病痱。此注扉當痱誤。

⿰石委，〻鍡。亦作碨。咸按：手鑑，碨、⿰石委，碨磊，石皃，二同。廣韻作碨磊，石皃。此鍡誤。篆隸名義作碨，礧、磊。

碨，或作磊。衆石。咸按：集韻引說文：磊，衆石也。或从磥。廣韻：磥，衆石皃。磊，上同。此為單詞。玉篇：磊，磊砢，砢磊砢，衆小石皃。手鑑作磊砢，衆石皃。此為雙聲聯詞訓詁。（內府本作磥。）

礧，〻啓，大石皃。內府本作礧碚。咸按：同手鑑、廣韻。此為雙聲聯詞。集韻：礧，大石皃，篆隸名義、今本玉篇：碚，山上大石。此為單詞。此本啓當碚誤。

灅，水名，在古北平。咸按：古，廣韻作右，是。

儽，垂皃。咸按：玉篇：儽，說文云：垂皃。集韻同。

鐓，矛戟。咸按：玉篇作鐏也，矛戟下銅也。手鑑作涕下銅也。廣韻作弟戟下銅鐏。集韻作弟戟平底。此注訓義不備。

陮，高。亦作崔。咸按：集韻：陮，陮隗，高也。或作䧯。又篆隸名義、今本玉篇、手鑑俱云：隗，高也。則此注首漏陮隗聯詞。又異體崔當䧯誤。

浼，流皃。咸按：玉篇：浼，亡罪切，水流皃。廣韻作水平流皃。此注首漏水字。

每，俗作每。咸按：韻會：今書作每。

跜，碎莫。咸按：玉篇、手鑑並作碎其。廣韻作豆碎其。此莫當其誤。又篆隸名義作碎箕，誤。

㾓、重。咸按〻篆隸名義、手鑑、集韻俱同。

崣、山長皃。咸按〻篆隸名義崣、他罪反、長皃。省山字。手鑑作他果反、義同。反語有誤。今本玉篇作他罪切、山長也。此正文誤。

⿱竹鬼、竹扶節。綴瑣本竹狹節、内府本同此。咸按〻篆隸名義作竹肤節。手鑑肉部〻肤、徒結反、骨肤也。玉篇〻骨差也。此延扶當肤誤。綴瑣本狹亦誤。

隗、姓〻。綴瑣本、内府本無〻。咸按〻手鑑作姓也。此〻衍。

潅、水深。亦作滐。咸按〻手鑑、廣韻作水深皃。此漏

海韻

皃字。又篆隸名義、今本玉篇、集韻滓俱作滓，此誤。

濞，新〻。內府本無〻。咸按：集韻：濞，通作濞。濞，說文新也。此〻衍。

㾐，痛叫。素罪反。內府本痛下有而字，素作胡。㨮䐢本作痛而叫。咸按：同廣韻。此叫上漏而字。

肶，面顡。㨮䐢本作面頰。咸按：篆隸名義、今本玉篇、集韻俱作面顡也。此注及㨮䐢本皆誤。

膭，美〻。咸按：廣韻作肉美。

嚜，〻喑，言不正。內府本作嚜喑。咸按：玉篇：嚜，他亥切，㘆⿰口息，言不正。⿰口息，㘆⿰口息。手鑑作⿰口息㘆，言不正（原誤止）。⿰口息，㘆⿰口息。⿰口息㘆誤倒。廣韻沿誤止。集韻⿰口息，言不正。篆隸名義：㘆（原誤噎），不正。省言字。此本⿰口息當⿰口息誤。

乃，古作詾。咸按：未詳。

疓，病〻。内府本無〻。咸按：玉篇、手鑑、廣韻、集韻俱作病也。此〻衍。

⿰車襄，撓〻。咸按：手鑑：⿰車衣音乃，撓也。又奴可反。⿰車襄，奴可反，撓也。誤分文⿰車衣、⿰車襄為兩字。集韻有⿰車襄，撓也。此〻衍。

頍、頍、〻。咸按：同廣韻。集韻作頍下。

賅、奇非常、亦作侅。摋𧸖本無。或體。咸按：蒙隸名義、今本玉篇並作奇也、非常也。亦作侅。即此所本。

寀、寮〻。摋𧸖本作寮寀。咸按：廣韻作寮寀、官也。手鑑作寀寮。集韻同、俱本爾雅。

悷、恨〻。摋𧸖本、内府本無〻。咸按：蒙隸名義、今本玉篇、手鑑、廣韻、集韻俱作恨也。此〻衍。

辰、藏〻。摋𧸖本、内府本無〻。咸按：蒙隸名義、今本玉篇、手鑑、廣韻、集韻俱作藏也。此〻衍。

軫韻

軫、憂慮。俗作軟，內府本有車枕二字。戴按：玉篇、手鑑、廣韻、集韻俱作車後橫木。篆隸名義車作輿。又諸書異體同此。憂慮未詳。

胗、之忍反。戴按：手鑑胗，通。胗，正。之忍反，又居忍反。廣韻又音緊。同居忍反。

⿰石㐱、顏色⿰酉㐱⿰酉粦。內府本有⿰頁㐱，注作⿰頁㐱⿰頁粦。戴按：玉篇⿰頁㐱，說文云，顏色⿰頁㐱⿰頁粦，慎事也。亦作⿰㐱頁⿰頁粦、⿰頁㐱⿰頁粦。又手鑑⿰頁㐱，之忍反，⿰頁粦，或作。顏色胗⿰頁粦也。廣韻⿰頁㐱義本說文。又手鑑石部⿰石㐱，之忍反，磷⿰石㐱。磷，力刃反，薄石。此注文⿰酉㐱⿰酉粦當為⿰頁㐱⿰頁粦之誤。此誤合⿰石㐱、⿰頁㐱二字及其訓解。

聡，礼記ゝ於鬼神。咸按：手鑑：聡，俗。聜，或作。聄，正。之忍反，告也。篆隷名義：聜，之忍反，告。今本玉篇：聜，之忍切，埤蒼云，告也。禮記曰，聜於鬼神。亦作聄。集韻聄、聜引禮記同。此正文用俗字。

訡，ゝ候。亦作脉ゝ。咸按：玉篇：診，訡，同上俗。手鑑亦云：訡，通。診，正。候也。廣韻作診，候脈。龍龕：候脉曰診。故宮本作診候脉，此當同。

偆，富ゝ。掇瑣本、內府本無ゝ。咸按：篆隷名義、今本玉篇、手鑑俱從說文，富也。此ゝ衍。

韻準

踳雜〻。掇瑣本、内府本無〻。咸按：集韻：踳、雜也。

或作舛、僢、蹖。

惷、推〻。掇瑣本、内府本無〻。咸按：篆隸名義作蠢蟲草。集韻作草名。三本訓推、未詳。

𢧐、出。亦作蠢蟲。掇瑣本作𢧐。咸按：篆隸名義作𢧐、𢦏出。今本玉篇：𢧐、亦蠢字。與鑑同。掇瑣本、廣韻、集韻並作𢧐。

𢧐、亂〻。掇瑣本、故宫本無〻。咸按：篆隸名義、與鑑、廣韻、集韻俱作亂也。此〻衍。

純、緣〻。掇瑣本、内府本無〻。咸按：篆隸名義、今本玉篇、廣韻、集韻俱作緣也。此〻衍。

尹，官，又人姓。內府本作官名。

筍，弱竹。亦作箰，又作笋，竹。掇瑣本竹下有萌字。

咸按〻篆隸名義〻筍，萌。弱竹。今本玉篇〻筍，竹萌也。

箰，同上。手鑑〻箰，通筍，竹筍也。廣韻〻筍，竹萌。笋，俗。

此次竹下漏萌字。

隼，鳩鳥。掇瑣本、內府本同。咸按〻篆隸名義、今本

玉篇、集韻引說文誤作祝鳩。此誤。

椇，懸鍾悲心。掇瑣本、內府本悲作慈。咸按〻篆隸名

義作縣鍾磬者也。今本玉篇〻栒，栒虡，縣鍾磬，橫

口吴

者曰栒。亦作簨栒，同上。集韻亦作縣鐘磬。此本及二本作悲作慜，皆誤。

憫，亦作惆。咸按：手鑑：惆，莫本反，惆，憂也。与懣同。是憫、惆非異體。集韻：憫，或書作悶。此誤。

簢，竹中空。亦作愍。咸按：玉篇：簢，竹中空。愍，同上。手鑑：⿱竹愍，或作簢。廣韻同。正集韻：簢，或作⿱竹愍、⿱竹慜。篆隸名義：簢，竹中空，⿱竹慜字。此愍誤。

暋，不畏死。咸按：集韻：敃，說文：冒也。引周書敃不畏。篆隸名義：敃，冒，勉。今本玉篇：敃，勉也，暋，同上。此正文誤。

轒，伏兔下草。掇瑣本漏車字，草作革。咸按：篆隸名義、今本玉篇、廣韻、集韻俱從說文，車伏兔下革也。此注首漏車字，草當革誤。手鑑作車軾兔下靼也。又軾，車軾兔上。車屐

腘，腹中脂。掇瑣本、內府本同。咸按：玉篇作腹中腘脂也。篆隸名義作腸中腘脂。集韻：一曰腸中脂。

紖，亦作𦀌、紲。掇瑣本牛紖。亦作緣、𦀌、紲。咸按：手鑑：紖，牛紖也。此漏。又篆隸名義、今本玉篇：紖、紲、緣上字。

又按：緣即緣訛，見周禮封人。

蚓，亦蚯。掇瑣本亦作螾。咸按：集韻：螾、蚓，蟲名。

戟，長瘡。亦作皷。掇繢本、內府本同。咸按：篆隸名義：戟，長瘡。皮部：皷，長創，瘡。諸書長下皆漏創字，創又為槍誤。手鑑、廣韻並云戟，長槍也。

矧，況。亦作𥎦、訠。掇繢本、內府本𥎦矤。咸按：篆隸名義：矤，尸忍反。矧，同上。（言部：訠，況也。或作矧。）況，長。敓，上文。今本玉篇：矤，況也。矧，同上。敓，同上。手鑑：敓，俗；矤，正；矧，今。況也，長也。言部：訠，況也，長也。今按：廣韻引，矤，上同。則三本異體𥎦與正文重複，當作敓。集韻：矤，或作矧、敓、訠。

緊，亦作綫。掇繢本作紾。咸按：集韻：緊，或作紾。篆隸名義：縝，紾。紾，居忍反，緊字。手鑑：紾，之忍反，或作縝。縝，之忍反，与紾亦同。此本及掇瑣本作綾、作紾皆誤。

跛，細理。或作脕。掇瑣本、內府本同。咸按：手鑑：跛，細理也。今本玉篇：跛，皮理細跛跛。篆隸名義：跛，皮跛然。集韵：跛，細理也。廣韵同。

蜃，蛤〻。掇瑣本、內府本無〻。咸按：玉篇：蜄，大蛤也。亦作蜃。手鑑作海蜃，大蛤屬也。

㰮，指〻。掇瑣本、內府本無〻。咸按：玉篇、廣韵並作指而笑也。手鑑指作㧢。三本疑有漏畧。

𥬇，笑。撥瑣本、內府本作笑。咸按：篆隸名義：𥬇，于忍反，笑。即此所依。集韻同。又今本玉篇：𥬇，笑皃。笑，私召切，喜也。亦作咲。廣韻：𥬇，笑皃。同撥瑣、內府二本。

麇，束縛。撥瑣本、內府本同。咸按：篆隸名義、今本玉篇：麇，丘隕反，束縛也。集韻：麇，搏維，束也。三本正文俱誤。

賭，睴富。撥瑣本作賭賱富。咸按：篆隸名義：賭，賱。賱，賭。今本玉篇、手鑑（廣韻）：賭，賱賭，富有也。集韻作賱賭，富也。此注睴當賱誤，其下漏賭字。撥瑣本賭賱

吻韻

誤倒。

轀，軸。撥殰本、內府本同。咸按：篆隸名義：轀，軸。今本玉篇、手鑑：車軸也。

吻晗作。撥殰本、內府本作腤。咸按：腤，玉篇、廣韻、集韻：吻，通作腤。三本異體俱誤。

扙，式。撥殰本、內府本作拭。咸按：篆隸名義、今本玉篇、手鑑、廣韻俱作拭也。此本式誤。

勾，覆〻。撥殰本、內府本無〻。咸按：同篆隸名義、今本玉篇、廣韻、集韻，此〻衍。又手鑑：勾，音抱。

粉，如麵。撥殰本如作為。

黺，〻絲文。擬瑣本內府本同。咸按：同廣韵。玉篇作黺絲也。

坋，分。擬瑣本同。咸按：篆隸名義：坋，分，原誤企。內府本坋誤坊。

㡒，田穀囊滿裂。擬瑣本同。咸按：集韵：㡒，說文，以囊盛穀大滿而裂也。玉篇裂上有坼字。廣韵作盛穀囊滿而裂也。

獖，狗。擬瑣本內府本狗作狗。咸按：篆隸名義：獖，狗。狗，之藥反，豹人首。今本玉篇：狗，獸豹文。手鑑：狗，之若反，獸名。集韵引博雅：狂，獖，犬屬。則獖有狗、狗二義。

忿，怨。撥續本、內府本作怒。咸按：篆隸名義：忿，恚。今本玉篇、手鑑、廣韻、集韻俱作怒也。此誤。

蘊，〻藏、韇。撥續本、內府本作蘊，藏，韞〻韇。咸按：篆隸名義、今本玉篇並云：蘊，藏也。廣韻：蘊，藏也。蘊，俗。集韻：蘊，或作蘊。又手鑑：韞，輼櫝（原誤犢）。廣韻作韞櫝，則此本誤合，韇為櫝借字。

榅，柱。撥續本、內府本同。咸按：篆隸名義：榅，於忿反，柱。今本玉篇：榅，於運切，柱也。

賱，賰贉，富。撥續本贉作賱。咸按：賱，是。詳前

隱韵

⿰堇頁，〻而急。掇瑣本作⿰堇頁〱面急。咸按：玉篇：⿰堇頁，說文曰，面急⿰堇頁⿰堇頁也。⿰堇頁，同上。集韵：顐，顐顐，面急也。混韵：顐，顐顐，面急。又玉篇頁部、廣韵並引說文云：面色顐顐也。集韵準韵：顐，說文，面色顐顐皃。

⿱癶急，病。掇瑣本同。咸按：集韵：㥯，憂病也。此正文當作㥯。

㥯，謹。掇瑣本、內府本同。咸按：同玉篇、手鑑、廣韵。

⿰黍斤，黏皃。掇瑣本黏作⿰黍古。咸按：篆隸名義、今本玉篇並作黏也。集韵引博雅同。廣韵作黏皃，同此本。手鑑作黏黍皃。又玉篇：⿰黍古，黏也。

菫，菜〻。掇瑣本〻作名。咸按：手鑑、廣韻並作菜也。此〻衍。

近，一。掇瑣本二作一。

脪。掇瑣本末有〻字。廣韻此字在準韻。

炘，熱。掇瑣本同。咸按：篆隸名義、今本玉篇、集韻：博雅：熱也。見廣雅釋詁二。

阮韻

⿰元兔，小皃。掇瑣本、內府本同。咸按：同廣韻。廣雅釋〔獸〕：⿰元兔、娩、⿰兔兔，兔子也。曹音五丸。王引之云，娩者新生弱小之稱。今按：篆隸名義、今本玉篇並云：⿰元兔，五丸切，兔子。玉篇女部：娩，說文云，兔子也。⿰元兔、娩義同，故云小兒，蓋从兒，元聲。

偃，仰。十三。摋𧸖本作偃仰。八。咸按：二本字數並誤。蓋此紐實九字，摋𧸖本誤合鰋、褗為一，故云八。然湕下有居偃反三字，此本漏。

放，旌旗杠旒。摋𧸖本無杠字。咸按：手鑑作旌旗之旒。廣韻作旗旌之旒。此本杠字衍。

鼴，勹名。摋𧸖本注作鼠。咸按：玉篇：鼴，大鼠也。此注勹當鼠誤。

劧，吃。摋𧸖本內府本同。咸按：同篆隷名義、今本玉篇，為一訓義。惟字从力，不从刀，三本俱誤。玉篇又云：劧，亦作謇。言部：謇，吃也。名義亦云：謇，吃。

謰字。集韻：謰謱，方言，吃也。或作謰謱。至于手鑑：劥，吃語也。廣韻同，乃引申之義耳。

幰，車亦作忏。殘頁本作車幪。咸按：篆隸名義：幰，布張車上。忏，上字。今本玉篇：幰，車幰也。忏，同上。又二書并云：幪，莫紅反，蓋衣也。則幪當幪誤，此本車下漏幪字。手鑑作車上幔覆也。廣韻：蒼頡篇云，帛張車上為幰。集韻作張繒車上為幰。

脫，色肌澤。殘頁本作色肥澤。咸按：同玉篇、廣韻。此本肌當肥誤。集韻作色美澤。

[illegible]，皮悅。殘頁本悅作脫。咸按：同玉篇、手鑑、廣韻、集韻引博雅：離也。謂皮脫離，則此注悅誤。

坂，大坂。阪。擬續本無阪字。咸按：廣韻：阪，大阪不平。坂，上同。手鑑：坂，坂也。玉篇作坂，坂坂也。坂，坂坂也。篆隸名義作阪，阪也。

婉，美。亦作醃。擬續本、內府本同。咸按：篆隸名義：醃，婉字。今本玉篇：醃，今作婉。廣韻：婉，美也。集韻：醃，通作婉。

裷，幭。擬續本同。咸按：篆隸名義、手鑑、廣韻、集韻俱同。此為單詞。又玉篇：裷，裷襎。襎，裷襎，幭也。此乃聯語，義同。

綣，相近皃。禾。擬續本無禾字。咸按：廣韻同。玉篇、

上聲・阮

集韻並作禾相近。此禾字殆爲後來補寫者，應在注首。

蘿，蘆菔。亦作蘿。掇瑣本蘿作蘿。咸按：篆隸名義：蘿，蘆菔。廣韻同。玉篇：蘿，江東人呼蘆菔（原誤蔔）爲蘆蘿。集韻：萑葦之類初生者皆名蘿，郭璞說。則此正文當作蘿。

糙，亦作粗。掇瑣本粗作粇。咸按：篆隸名義：糙，粇，上文。今本玉篇：糙，粇，同上。手鑑：糙，或作糙。正集韻：糙，或作粇。

晅，況晚反，日氣。又古鄧反。掇瑣本同。咸按：同廣韻。今按：湯釋文：日以晅之。晅，況晚反。本又作暅，除古鄧反。則此从亘，須緣切則讀況晚反。从恆，則讀古鄧反。除以隸體形似，故讀古鄧反，實誤。字鑑：暅，許晚反，日氣也。又古鄧反。集韻：晅，或作暅。凡此皆循除誤。

愃，寬閑心。掇瑣本內府本同。咸按：廣韻依玉篇：愃，寬心也。集韻從說文：寬嫺心腹皃。

烜，火。掇瑣本同。咸按：同篆隸名義。今本玉篇作火盛皃。

軬，車軬。掇瑣本作軬，車軬。咸按：同玉篇、廣韻。手鑑：軬，

混韻

或作。夆、今。音飯，車夆也。集韻作車上蓬。篆隸名義作車帳，原誤張。

混，陰陽未分。掇瑣本陰上有一曰混沌四字。咸按：同廣韻。手鑑下有混而為一也五字。此注首應有沌字，連正文讀。

鯶，亦作鯤。掇瑣本鯤作鯇。咸按：集韻：鯇，或作鯶。手鑑：鯇，魚名。胡本反。鯶，胡本反，魚名。玉篇：鯇，户本切，魚似鱒而大。鯶，乎衮切，魚。異名同物，音讀亦近。

緷，大束緯長也。掇瑣本無緯長也三字。咸按：同玉篇、廣韵。篆隸名義但作朿，然省大字。

掍，同〻。撥續本作〻同。咸按：同廣韵。篆隸名義、今本玉篇、集韵引博雅：同也。此〻當也誤。

滾，流兒。撥續本作滾，流泉。咸按：集韵：滾，大水流兒。或作混、渾。此本正文誤，撥續本正文、注文並有誤。

㮯，未析。亦作鯤、儇。撥續本㮯，未折。亦作䚠、儇。咸按：玉篇、手鑑、廣韵俱作木未破也。又玉篇角部：䚠，古㮯字。手鑑角部：䚠，與㮯同。廣韵㮯、䚠亦上同。儇、儇未詳。則此鯤當䚠誤。撥續本正文誤，折或析之論。

忖，度。掇瑣本同。咸按：集韻：忖，度也。或省。

畨，草器。亦作畬。掇瑣本畨，亦作畬。咸按：廣韻：畨，草器。畬，上同。篆隸名義、今本玉篇並作畨，畬同上。集韻作畬，或作畬。此正文、異體俱誤。

痒，痒瘷，寒。瘷，掇瑣本作瘷，惡寒。瘷字。咸按：篆隸名義作瘷，山革反，寒病。今本玉篇：瘷，山革切，瘆瘷，寒病。瘆，山錦切，寒病。痒，同上。手鑑：瘷，所責反，瘆瘷，寒皃。痒，所臻反，寒病也。廣韻、集韻並作痒瘷，惡寒。此寒上漏惡字。掇瑣本二瘷字皆誤。

搏，從。掇瑣本同。咸按：手鑑：搏，促也。二本從並促字誤。

盾，視。掇瑣本同。咸按：未詳。

㡒，貯ミ。掇瑣本無ミ。咸按：廣韻：㡒，貯也。此ミ衍。

笔，篪ミ。掇瑣本無ミ。咸按：集韻：笔，說文：篪也。或作囤、䈜。一曰篪也。玉篇：篪，管有七孔也。手鑑：篪，或作。篪正，音池，樂器，以竹為之，長尺四寸。小者尺二寸，有七孔。訓義同二本，為笔之一義。廣韻作遞也。說文：篪也。乃笔之別義。

鱒，魚魚魴。掇瑣本作魚名。咸按：玉篇、廣韻、集韻俱本說文，赤目魚也。篆隸名義作魚目赤。魴，赤尾魚，與鱒異。此注次魚字當名誤，魴字衍。

喗，大口。掇瑣本同。咸按：同篆隸名義、今本玉篇、手鑑、集韵。

緄，緄帶織成章也。掇瑣本但作帶。咸按：同廣韵。集韵從說文，織帶也。篆隸名義作織成帶。今本玉篇作織成章也，同此本。

輥，轂齊等皃。掇瑣本同。咸按：玉篇、集韵引說文、廣韵轂並作轂，二本俱誤。

碮，高聲。掇瑣本同。咸按：玉篇：周禮曰，凡聲，高聲硍。韻會引周禮同。

睴、〻怨，行無廉隅。掇瑣本同。咸按〻玉篇〻怨，力本切，睴怨，行無廉隅。廣韻、手鑑、集韻俱同。二本怨當怨誤。

惀，怨。掇瑣本同。咸按〻玉篇、集韻並作思也。

捆，織。掇瑣本捆誤梱。咸按〻同篆隸名義、今本玉篇。集韻〻捆，齊等也。孟子，捆屨織席。

䠗，〻蹭。又口冰反。掇瑣本䠗，椽足。硱，石磳。又口水反。咸按〻篆隸名義〻䠗，口衮反，椽足。石部〻硱，口本反，石皃。磳，硱。今本玉篇〻硱，口本、口冰二切，硱磳，石兒。磳，硱磳。手鑑：磳，硱磳，山石狀也。磳，硱磳也。今按：諸書有蹭蹬，見玉篇、手鑑，而無𨂓蹭聯語，此𨂓蹭當為硱磳之誤，蓋誤合𨂓硱而遺其詞義也。

倖，麁夫。掇瑣本夫作兒。咸按：同廣韻，此夫誤。

麼，牝。掇瑣本作牝麻。咸按：集韻作牝麼。麻誤。此本牝下漏麼字。

稹，穩稹。掇瑣本無稹。咸按：篆隸名義同。

貇，墾耕。掇瑣本無墾。咸按：同篆隸名義、今本玉篇、廣韻、集韻。手鑑作耕貇也，同此本。

很韻

旱韻

懇，〻惻，誠至。掇瑣本同。咸按：手鑑、廣韻惻並作惻，二本誤。

㟏，山名，在南郡。掇瑣本郡作鄭。咸按：同廣韻、集韻。玉篇作山在南陽縣。唐南陽縣屬鄧州南陽郡。

暖，大目。掇瑣本同。咸按：玉篇：暖，大目皆也。篆隸名義但作皆，集韻作大目，則暖實有大目及皆二義，玉篇目應有也字。

篗，篛〻。掇瑣本作篛。咸按：廣韻緩韻：篗，篛篗，篅也。集韻：篛，博雅，篛篗，篰也。篗博雅同。此篛誤。

䝯，䝯〻，小有。掇瑣本同。咸按：篆隸名義：䝯，小有。

⿰貝耑，同上。

斷，當々。掇瑣本作々當。咸按：未詳。

⿰扌㡭，轉簇。掇瑣本作轉籰。咸按：篆隸名義、今本玉篇作轉籆，同集韵。廣韵作轉籰，同掇瑣本。籆、籰實異體同字，此本簇誤。

算，數々。掇瑣本無々。咸按：玉篇、集韵並從說文，算，數也。此々衍。

款，申。掇瑣本同。咸按：篆隸名義、今本玉篇、字鑑、廣韵俱云叩也。二本申並誤。

裉，襱々。掇瑣本無々。咸按：集韵在此紐。

餪，女嫁食。掇瑣本同。咸按：手鑑：餪，女嫁二日送曰餪女也。二當三誤，送下漏食字。廣韻作女嫁三日送食曰餪。集韻：女嫁後三日餉食為餪女。篆隸名義、今本玉篇並作餽女。

鄰，百家。掇瑣本同。咸按：玉篇、集韻並從說文，百家為鄰。鄰，聚也。廣韻作五百家也。

晥，〻晄。掇瑣本作晥，〻晄。咸按：此晥、晄並當晥晄誤，詳前。

粄，肴米餅。掇瑣本肴作屑。咸按：同手鑑、廣韻、集韻，此肴當屑誤。

瓬，牝瓦。掇瑣本牡瓦。咸按：玉篇、集韻同此本。廣韻同掇瑣本。

暵，熱氣。掇瑣本同。咸按：同玉篇。手鑑作日氣。廣韻作日乾也。篆隸名義、集韻並作乾也。

脘，胃府。掇瑣本同。咸按：同集韻。

琯，玉。掇瑣本同。咸按：手鑑：琯，音管，玉名。

疃，鹿迹。亦作墥。掇瑣本亦作疃。咸按：玉篇：疃，鹿跡也。疃，同上。土部：墥，鹿踐地。亦作疃。篆隸名義墥，鹿所踐地。集韻：疃，或作疃、墥。

蹤，行速。掇瑣本作行皃。咸按：篆隸名義、今本玉

[illegible]、手鑑、廣韵俱作行速也。

扶、耦々。掇繢本無々。

懣、又亡本二反。掇繢本二上有亡頓。咸按、篆隸名義、懣、亡頓反。此本漏。

閴、闅々。咸按、玉篇、[illegible]、廣韵並作闌也、門傍櫎、所以止扉也。手鑑作闌也。門傍之櫎、所以闌扉也。

担、昝々。掇繢本無々。咸按、廣韵、担、昝也。此々行。又篆隸名義、集韵從博雅擊也。今本玉篇作拂也。

但、語第。掇繢本同。咸按、玉篇、[illegible]、廣韵作語辭也。

笪，篆篨。掇瑣本同。咸按：玉篇作籧篨也。此篆當籧誤。

皯，面黑。掇瑣本皯誤皯。咸按：廣韻：皯，面黑。集韻引說文作面黑气也。

䕨，草。掇瑣本同。咸按：同篆隸名義，為䕨之一義。又玉篇、手鑑、廣韻俱作草莖也，為䕨之別義。又集韻引說文，禾莖也，則為本義。

散，亢象。亦作𢿱。掇瑣本同。內府本亢作冗。咸按：亢象未詳。又手鑑：𢽳、𢿱音散。說文：𢿱，一曰飛𢿱也。韻會：又冗散、閑散。此或冗閑之誤。

饊，餅〻。掇瑣本無〻。咸按：玉篇、廣韵作饊飯。手鑑作饊飰。餅、飯、飰異體同字，此〻衍。

饊，弩牙。掇瑣本作弩緣，內府本作弩緩。咸按：篆隸名義、手鑑、廣韵俱作弩牙緩，集韵作弩機緩，謂之饊。則此牙下漏緩字。掇瑣本緣當緩誤，又漏牙字。內府本亦漏牙字。

淳，菜〻。掇瑣本注伕。內府本無〻。咸按：集韵作菜名。

鷍，難。咸按：玉篇：難，說文又作鷍，鳥也。集韵：鷍，鳥名。

潸韻

麲，全麥麴。咸按：王篇作麥麴，集韻同此。

阪，坂。咸按：坂，王篇、廣韻並作阪。

殘，[illegible]々。掇瑣本無々。咸按：王篇、廣韻、集韻俱從說文[illegible][illegible]也。此々衍。

莧，莞尔，笑皃。掇瑣本作莧，注佚。咸按：廣韻：莞，莞爾而笑。集韻：莧，莧爾，笑皃，或作莞。

產韻

汕，魚浮。咸按：手鑑、廣韻並作魚浮水上。王篇作汕，說文曰：魚游水皃。此注末漏水上二字。

硍，而石聲。掇瑣本無而。咸按：同篆隸名義、今本王篇、廣韻、集韻，此本而衍。

暕，明〻。撥殰本無〻。咸按〻：同篆隷名義、今本玉篇、集韻，此〻衍。

襇，〻〻郡。咸按〻：玉篇〻：襇，帬襇。廣韻作襴，帬襵。集韻作帬幅相攝。此郡當帬誤，注文又誤倒。

鏟，平木鐵。咸按〻：篆隷名義〻：鏟，平木器，平鐵。今本玉篇、手鑑、廣韻並作平木器。集韻〻：一曰平鐵。韻會〻：平木鐵器。此漏器字。

丳，炙肉鐵。咸按〻：廣韻作炙肉器。

虥，竊毛。咸按〻：篆隷名義、廣韻並作虎竊毛。此注首漏虎字。

眼，目。亦作皃。咸按：玉篇：眼，目也。𥃩，籀書眼字。集韻：眼，古作𥃩。此皃誤。掇瑣本亦誤皃。

醆，或作盞、琖字。三。咸按：廣韻、集韻下[illegible]、[illegible]俱別[illegible]為組，則此三當作一。

[illegible]，又色產反。咸按：廣韻所簡切、初綰切俱有[illegible]、[illegible]二字，則此又上當有初綰反三字。

艮，口恨反。大府本殘存反語作狠四字。咸按：篆隸名義：齦，口限反，齧。牙部：狠，口限反，齧。今本玉篇：齦，口很切，齧也。牙部：狠，口限切，齧也。手鑑、廣韻並作齦，起限反，齧聲也。集韻齦作齧。此正文

銑韵

當䟃誤，又漏釋義。

銑，金〻。咸按〻玉篇銑，先典切，金也。此〻衍。

毨，鳥獸秋毛。咸按〻集韵〻說文，仲秋鳥獸毛盛。

洗，沽〻，律名。咸按〻手鑑〻洗音跣，姑洗，律名也。廣韵同。此沽當姑誤。

𥳍，箸筩。掇瑣本佚正文。咸按〻集韵〻笧，竹器。博雅，𥳍謂之笧。篆隸名義〻笧，竹器。𥳍籍原誤籍，竹器。今本玉篇〻笧，竹器也，似箱而麤。

鮮，筲〻。掇瑣本作筲鮮。咸按〻篆隸名義〻鮮，户籍。

簡，籍。蘚。今本玉篇、手鑑並作簡鮮，户籍也。廣韵作簡鮮，今人户版籍也。集韻：鮮，博雅，簡鮮，籍也。二本簡當簡誤。

琠，王二。攟殘本同。咸按：玉篇、手鑑、廣韻俱作玉名。集韻依説文，玉也。二本注文琠衍。

典，亦𥳙作敟。咸按：篆隸名義：典，常經。竹部：𥳙，經典，常。攴部：敟，主。今本玉篇：典，經籍也。竹部：𥳙，經也。攴部：敟，常也。今作典。廣韻𥳙典別出。集韻：典，古从竹。敟通作典。

䁙，視。咸按：篆隸名義：䁙，烏見反，視。廣韻作䁏，視也。集韻：䁙，古作䁏。

𥝖，亦作枅。掇瑣本誤𥝖。咸按：篆隸名義禾部：枅，𦯍，原誤𦯍字。束部：𦯍，小束。今本玉篇束部：𦯍，小束也。或作⿰禾幵。手鑑：⿰禾幵、穓，小束也。集韻：𦯍，說文小束也。或作𥝖、⿰禾幵。廣韻：𦯍，小束。𥝖，俗。

趼，行傷。咸按：集韻：趼，一曰足指約中斷傷為趼。

䔱，罰。咸按：篆隸名義、今本玉篇、廣韻俱從爾雅釋草作䔱⿱艹罰。集韻：䔱，草名，⿱艹罰也。此注字誤。

檷，紵署袍。咸按：手鑑、廣韻並作續著衣也。此注上二字誤。

晛，注文漫漶。掇瑣本作小兒歐乳。咸按：同廣韻。

詪，語。撥續本同。咸按：同篆隸名義。

堇，里。撥續本作熏，黑白。咸按：宋本廣韻作黑皃。篆隸名義但作黑。今本玉篇、集韻作黑皴也。此正文、注文皆誤。

現，注文漫漶。咸按：集韻：現，山名。此或同。

顯，今上諱。咸按：唐會要一：中宗諱顯，顯慶元年（公元六五六）十一月五日生。儀鳳二年（六七七）十月三日改名哲。聖曆元年（六九八）依舊名顯。景龍四年（七一〇）崩。

蹤，蹀蹀。撥續本無蹀。咸按：同篆隸名義。手鑑、廣韵並作蹀躞，或此所依。
芇，又亡寒反。撥殨本同。咸按：廣韵作亡弦切。
匾，匾匾字。咸按：玉篇、手鑑、廣韵俱作匾，匾匾。匾，
匾匾，薄也。
碥，又亦作碥。咸按：玉篇：碥，亦作碥，手鑑作碥，石
也。集韵：碥，乘石皃。通作碥。
泫，光。咸按：手鑑、廣韵並作露光也。
𧆸，獸名。似犬多力。西國人家養之。一曰對爭皃。
或作𧆸。咸按：篆隸名義、今本玉篇𧆸部並作有
力。手鑑：𧆸，或作𧆸，今獸名。似犬多力。一曰對爭。

出西海。末三字應在多力句下，廣韻作獸名，似犬，多力，出西海。一曰對爭也。說文：从虤，對爭貝也。此誤。

玹，玉名。咸按：五音集韻無。玉篇作玉色。

⿰目縣，童子。掇瑣本作縣，誤。咸按：玉篇、手鑑、廣韻注首有目字，說文作盧。此有佚漏。

隕，坑。掇瑣本隕，院。咸按：篆隸名義、今本玉篇、廣韻俱作隕，坑也。集韻引博雅：隕，坑也。二本正文、注文皆誤。

扁，蜀人呼鹽。咸按：手鑑、廣韻並作⿰鹵扁，蜀人呼鹽。

此正文漏書偏旁。
毹，毛領。咸按：手鑑：毹，毹⿰美毛，毛領也。⿰美毛，毹⿰美毛毛領也。廣韻作毹⿰毛業，毛領。今按玉篇：毹，毹⿰美毛，毛毨也。毨，長毛也。篆隸名義：毨，毛長結。手鑑：毨毛結不理也。集韻亦云：毹，毹⿰毛業，毛不理。據此，則領為借字，毨為正字。

獮韻

詃，誘二。咸按：手鑑、廣韻、集韻並作誘也。此二行。
狠，豤地。掇鎖本同。咸按：同篆隸名義。今本玉篇作豕豤地。手鑑作豕豤也。廣韻、集韻並作豤也。
演，廣。正作演。咸按：諸書俱無異文，此疑衍。

諴，謟。咸按：同手鑑。廣韻作謟也。掇瑣本同此。

餞，酒食送。掇瑣本同。咸按：手鑑作以酒食送人也。廣韻作酒食送人。此漏人字。

俴，駟馬不著甲。咸按：見詩秦風小戎釋文。

嫸，萹帔。咸按：廣韻作偏忮。玉篇作伎也。

顓，倨視。咸按：玉篇、廣韻、集韻俱依說文，倨視人也。手鑑作倨視也。此同，惟倨當倨誤。

瞎，視止。掇瑣本同。咸按：篆隸名義：瞋，視不止。廣韻引說文：瞋，視而不止。瞎，上同。玉篇、集韻並引說文作視而止也。

橏，木榴。咸按：同篆隸名義。玉篇、廣韻、集韻俱作木瘤。

⿰羽戔，武，又摯。咸按：廣韻作武也。又鷙鳥擊勢也。集韻引博雅，⿰羽戔⿰羽戔，武也。玉篇：⿰羽戔，鳥摯擊勢也。篆隸名義但作武。

醆，盃〻。咸按：篆隸名義：醆，盞字。皿部：盞，小盃。今本玉篇：盞，杯也。廣韻同。此〻衍。

皻，皮寬。咸按：同廣韻、集韻引博雅。手鑑作皮起也。上旨善反皻，皮。即漏寬字。

趁，居展反，蹍。咸按：居，手鑑、廣韻並作尼。

踉，蹌。蹡，履。擨頊本同。咸按：篆隸名義：踉，蹌。蹡，履。今本玉篇：踉，足蹌兒。蹡，蹌也。手鑑：踉，蹌也，履也。集韻、趍，踐也。或作蹡踉。名義、玉篇並云：趍，履也。是宋以前踉、蹡訓義猶與趍分立，廣韻始云：趍，亦作踉，原誤碾，歸為異體同字。

燀燒〻。咸按：手鑑、廣韻並作燒也。此〻衍。

饘䊵。又進。咸按：篆隸名義、手鑑、廣韻俱作饘，黏也。集韻：饘、館，一曰粘也。始歸為同字異體。又進未詳。

掔牛佷。擨頊本作車輿。咸按：篆隸名義、廣韻並作牛很不從引。

玉篇無引字。手鑑作牛很不從原誤從皃。
僊姿。又布戰反。咸按：本書視戰反有僊。玉篇作
時演切。此布當市誤。
謇，亦作譂、扨、卷字。咸按：篆隸名義：謇，譂、蹇，原誤
謇字。集韻：譂，或作譂、謇、蹇。又玉篇：扐，或作譂。篆
隸名義：扐，譂字。此扨當扐誤。
攇，滅。撥纈本攆，〻撚。咸按：手鑑：攇、攆，攇，滅也。廣
韻同撥纈本。玉篇：攆，撚也。篆隸名義：攆，滅。集韻：
攆，說文撚也。
攆，切。咸按：同篆隸名義。廣韻：撈，切也。俗。

蒲，王彗。咸按：篆隸名義：蒲，篲。今本玉篇：莆，王彗—
草，可為帚。蒲，同上。廣韵：蒲，王彗，草名。集韵誤二
彗。此正文誤。
微，物。咸按：未詳。
健，雙生子。咸按：篆隸名義作雙生二子。手鑑、廣
韵並作畜雙生子。
繟，又善昌反。咸按：據上文，當作昌善。篆隸名義、
今本玉篇俱作昌善，此誤倒。
齴，齒露。咸按：手鑑、廣韵並云：齴，齒露。玉篇作齴，
露齒皃。此正文誤。

辯，詞。從言在辡，音衍，問。咸按：篆隸名義、集韵詞並作諂，本說文。集韵：从言在辡之間。衍疑當作辯。

諞，巧言。又得蟬反。咸按：篆隸名義：諞，裨蟬反，巧言。得、裨紐異。玉篇作符善切，手鑑作房連反。符、房輕脣音，裨重脣音，古無輕脣音。得當裨誤。

緬，亦作絤。咸按：手鑑：絤、緬，遠也。篆隸名義：緬，紡，上字。廣韵：緬，遠也。沔，汅俗。玉篇：緬，絤，同上。此紡當絤誤。

湎，酖酒。亦作䤄。咸按：玉篇：䤄，或作湎。手鑑、廣韵湎，沈湎。集韵：湎，説文，沈於酒也。或作⿰酉面。

臇，臛少汁。或作雋。咸按：廣韵：臇，⿰火雋，上同。此誤。

雋，蔔雋菜。咸按：手鑑：雋，蔔雋也。蔔，音福，雋也。廣韵作蔔雋，雋菜名。集韵同。此正文、注文並誤。

公，山澗泉泥。咸按：廣韵作山澗泥也。玉篇、手鑑、集韵俱從説文，山間陷泥地。从口从水敗皃。

駇，馬毛逆。咸按：同玉篇。廣韵、集韵並作馬逆毛。篆隸名義作逆毛。省馬字。

輭，亦作⿱兵瓦、輾。咸按：集韵：輭，或从耎。此輾當輭誤。又⿱兵瓦蓋為甇誤。

蝡，虫動。亦作蠕。咸按：手鑑：蠕，俗。蝡，正。虫動皃。集韻：蝡或作蠕。

愞，亦作⿱艹兖。咸按：廣韻渠篆切有⿱艹兖，耎也。而集韻巨卷切無，疑⿱艹兖即⿱艹兗之誤，故云耎也。

舛，舛剝。咸按：同廣韻。

敳，又初委二反。咸按：篆隸名義：敳，丁果反，試。今本玉篇：敳，初委切，試也。手鑑作都果、初委、尺兗三反，試也。廣韻作又初委切。無二字。疑此漏都果二字。

腨，腨腸。咸按：據上文，腨當作腓。玉篇作腓腸。廣韵作腸腸。

鄟，亦作鄟。咸按：王篇：鄟，邾婁之邑。𨸏部：傳，地名。

集韵：鄟、傳，或从𨸏。此異體當傳誤。掇瑣本無異體。

𠪚，小危有蓋。咸按：王篇、廣韵、集韵俱從說文同

此，篆隸名義皆小字。

隊，道邊陴。咸按：王篇作道邊庳垣也。集韵同。手

鑑、廣韵並作道邊埤也。此異體誤。

剸，細割。害作剬。咸按：害當亦誤。

膞，切。掇瑣本作切肉。咸按：王篇、手鑑、廣韵、禮部

韵略、集韵俱從說文：切肉也。此漏肉字。

闗，開閉門利。咸按〻闗字廣韻、集韻俱從說文〻闗，義同。手鑑〻闗，或作闗，今開閉門利也。玉篇門作户。篆隸名義〻闗，開閉門户利。

選，或作僎。咸按〻集韻〻僎，通作撰。

撰，本作巽。咸按〻集韻〻撰、巽，或省。

鱄，魚名。咸按〻玉篇同。廣韻作鱓，士免切，魚名。汙鑑〻鱄，魚名。又士免反。鱓，士免反，魚名也。

趧，又九出撥[illegible]本下有反字。咸按〻篆隸名義〻趧，[illegible]

九出反，走。此漏。

辦，憂。撥[illegible]本同。咸按〻集韻〻辦，說文，憂也。或作𢤻。

揙，擊。又兩賢反。咸按：篆隸名義：揙，甫賢反，擊。今本玉篇作甫善、甫延二切，擊也。此兩當甫誤。

𢶍，基善反。咸按：廣韻有九輦切，此別出補于此。然廣韻建首字為搌，此落，當增。篆隸名義：𢶍，紀善反，言極。搌，丑善反。𢶍，展極。集韻知輦切、丑展切，並有搌。搌，𢶍，展極也。本博雅。九件切有𢶍、搌，𢶍，展極也。掇瑣本同此本。

㫃，旌旗杠。掇瑣本作扵，義同。咸按：同廣韻。手鑑：扵，旌旗杠。集韻：扵，說文旌旗杠皃。

蕆，備。一曰去貨。咸按：篆隸名義、今本玉篇並云蕆，敕展反，備也。手鑑：蕆，丑善反，備也。廣韻作備也。一曰去貨。集韻：蕆，一曰去貨。

韃，驂具。又丑反。咸按：篆隸名義：韃，丑井反，驂具。今本玉篇：韃，丑井切，又丑善切，騎具也。廣韻作韃，驂具。又丑井切。手鑑同此本。

蚩，行〻。咸按：手鑑：蚩，俗；蚩，正。廣韻作伸行。集韻依說文，蟲曳行也。

辿，安步。又刄延反。咸按：廣韻：延，安步行之。又丑延切。玉篇：延，丑延切，延延，安步也。篆隸名義：延，丑展反，安步延也。延原誤延。此正文及又音刄字並誤。

㫃，旗偃。咸按：玉篇：㫃，蹇舞皃，今為偃。

⿺走烏，走，二。咸按：篆隸名義、今本玉篇並作⿺走烏，於杜反，走輕也。手鑑作⿺走烏，安古反，走輕皃。今按：廣韻作⿺走㫃，於蹇切，走也。集韵作走意。則此正文當⿺走㫃誤，二字衍。

⿰女然，女自姿。咸按：廣韻作女姿態。集韵作姿也。

篠，細竹。俗作篠。咸按：篆隸名義：筱，先鳥反，小竹。篠。今本玉篇：筱，篠同上。手鑑：筱筱篠，先鳥反，細竹也。二同。廣韻：篠，細竹也。筱，上同。集韵：筱，或作篠。

篠韻

謏、又所六。正作謏。咸按〻手鑑〻謏、正。謏、通。蘇口、所
六二反。廣韻、集韻並同。此六下漏反字。
憿、行縢。〻脛。咸按〻篆隸名義、今本玉篇〻憿、憿脛、
行縢也。手鑑、廣韻並作行縢、憿脛布也。集韻作
行縢謂之憿。
鐃、鐵。掇瑣本鐵下有文字。咸按〻篆隸名義、今本
玉篇、手鑑、廣韻、集韻俱從說文鐵文也。此正文
誤、又漏文字。掇瑣本鐃亦當鐃誤。
鬮、絞〻。咸按〻篆隸名義〻鬮、絞。集韻引埤雅、絞也。
此〻衍。

譎，糾。咸按：篆隸名義、集韻並云：譎，糾也。

曒，明。亦作暞。咸按：篆隸名義、今本玉篇：曒，明也。暞，同上。集韻同。手鑑：曒，明也。廣韻則依手鑑作皦，明也，皎也。又珠玉白皃也。合曒、皦為一字。

怮，垂ニ。咸按：廣韻：怮，垂心。五音集韻ニ作也。此ニ衍。

蔦，樹上寄生。亦作樢。咸按：篆隸名義：蔦，女蘿松柏寄生。樢字。木部：樢，蔦字，寄生。今本玉篇木部：樢，亦蔦字。廣韻作樹上寄生。集韻：蔦，或从木。

撩，快。咸按：廣韻、集韻並云：撩，抉也。此快當抉誤。

漻，小衣。咸按：廣韻作小水也。篆隸名義：漻，小水名。此爲單詞。今本玉篇：漻，漻澥，小水別名。此衣當水誤。此爲聯語。

磟，〻鳥重。咸按：篆隸名義：磟，力膠反，鳥重。

憔拭。咸按：篆隸名義、今本玉篇、廣韻、集韻俱作憔拭也。此正文誤。

袑，被。咸按：方言：小袴謂之䘨袑。玉篇：袑，䘨袑。䘨，䘨袑，小袴也。篆隸名義：袑，䘨。䘨，小裁袴。手鑑：䘨袑，行縢，小袴也。廣韻作袴也。此被當袴誤。

朓，月見西方。掇瑣本同。咸按：玉篇、集韻並從兆文，晦而月見西方。手鑑、廣韻並作月行疾出西方也。此注首應有晦而二字。

鐃，鐵〻。掇瑣本同。咸按：廣韻、集韻並作鐵文。又上文鐃亦漏文字。

僄，〻褭身弱好皃。掇瑣本儴，僄儴。咸按：篆隸名義、今本玉篇、手鑑、廣韻、集韻褭俱作儴，此誤。

騕，儴，神馬。亦作⿰馬幼。咸按：篆隸名義：騕，神馬。手鑑：騕，騕褭，神馬，日行千里也。廣韻同。今本玉篇：騕，騕褭，良馬。⿰馬夭，同上。集韻：騕，⿰馬夭，騕褭，古之良馬。手鑑：⿰馬夭，或作。騕，正。⿰馬幼，烏了反，⿰馬幼驂也。褭，或作。奴了

反驕馬長也。正作褭字。本書似誤從以騴為驕之
別體。
騴、〻駣、長而不勁。掇瑣本同。內府本不作大咸
按〻廣韻作騴駣長而不勁。玉篇作騴駣，集韻作
騴駣。今按〻手鑑〻騴、騴駣。駣、或作駣、正。騴駣也。
旗、〻掇瑣本作旗屬。咸按〻同玉篇、集韻。手鑑、廣
韻並作旗類。此誤。
駣、〻騴。掇瑣本作騴駣。咸按〻此誤倒。
褭、驕〻馬。褭偠〻。掇瑣本作褭偠褭。褭、驕褭。咸
按〻玉篇〻偠、偠褭、細腰也。手鑑〻褭、偠褭也。偠、偠褭、

小韵

細腰，好皃也。廣韵作偠⿰亻褭，好皃。集韵：偠，偠⿰亻褭，美皃。是偠⿰亻褭為贊美人體狀詞。至於玉篇：褭，騕褭，乃陳說良馬之聯語。此本正文⿰亻褭褭及其注文相互錯植。綴瑣本不誤。

⿰扌褭，擿〻。咸按：集韵作擿也。廣韵作擿也。此〻衍。

莉，䓝茈草。亦作蔱。咸按：集韵：莉，草名。說文：鳧茈也。或从殼。此正文誤。

⿰木小，忽高。綴瑣本作木忽高。咸按：同廣韵、玉篇。集韵：⿰木小，一曰忽高。同此本。

沼，水止。咸按：諸書俱作池也。

犪，牛柔。咸按：玉篇、廣韻、禮部韻略、集韻俱從說文作犪，末有謹字。此漏。

顠，⿱劦貝前。擬續本顠，髮白皃。亦作䯽。膘，脅前。又子小反。咸按：玉篇、手鑑：顠，髮白皃。廣韻無皃字。又篆隸名義：膘，脅前。廣韻同。此誤合，故缺膘字。⿱劦貝當脅誤。

蔈，苕花。咸按：集韻引說文，蔈，苕之黃花。玉篇作黃花也。篆隸名義作穀華黃。

瞟睽。咸按：手鑑：瞟，摽昭反，瞟睽，明視也。睽，篆隸名義、今本玉篇、禮部韻略、集韻俱作⿰目祭。

眇，小。咸按：玉篇、廣韵、禮部韵畧、集韵俱從説文，一目小也。此有漏誤。

藐，草。擬續本作草聲。咸按：篆隷名義、今本玉篇、廣韵俱作草細。集韵作草細茎者。此注疑漏細字，擬續本聲亦當作細。

蟜，毒虫。咸按：篆隷名義、今本玉篇同。

敿，盾。咸按：同手鑑、廣韵。今按：説文，敿，繫連也。周書曰敿乃干。又按：書疏、韵會引徐曰，干，盾也，連盾綫也，謂以紛小組帶所以繫盾鼻。手鑑紹用錯説而刪節太甚。玉篇繫連繫連。

表，方小反，又方矯反。咸按：禮部韻畧：表，彼小切。集韻，俾小切，彼小切，並有表字，此同。廣韻表，陂矯切。褾，方小切，是反語，又同。

褾，紬端。亦作⿰衤少。掇瑣本作袖，餘同。咸按：手鑑：⿰衤少，俗；褾，正。袖端褾也。褾字衍。廣韻作袖端。方小切。禮部韻畧：俾小切，袖端。集韻同。此紬當袖誤。

覭，目自省見皃。掇瑣本作目察省見。咸按：玉篇、集韻並作目有察省見也。手鑑、廣韻並依字林，目有所察也。此注自當察誤。

殹，歐。咸按：殘本玉篇殹，其表反，埤蒼，歐也。篆隸名義：欲，於垢反，歐，吐。今本玉篇作歐，吐也。手鑑、廣韻、集韻俱同。廣雅，吐也。曹音亦其表反，芆草亦作𠬪。又物。掇瑣本𠬪誤受，又誤夭，物下有落字。咸按：篆隸名義：芆，裨繞反，落，蔗草。今本玉篇：芆，平表、毗小二切，落也。正作𠬪。手鑑爪部：𠬪，平表反，物落皃。廣韻同，又云：芆，芆草。又零落也。集韻：芆，落也。或作𠬪。據此，則此物下漏落皃二字，掇瑣本落下漏皃字。

狢，獪〻。掇瑣本無〻。咸按：篆隸名義：狢，渠表反，獪。今本玉篇、廣韻、集韻俱作獪也。此〻衍。

𧳜，似狐，善睡。咸接：同玉篇、廣韻、集韻。手鑑：𧳜，平表反，似豕善睡。

舀，抒臼。或作昭。掇遺本舀抒舀。或作昭。咸接：篆隸名義、今本玉篇、廣韻俱從說文抒臼也。集韻：舀，說文，抒臼也。或作昭，當作舀。

釥，好々。掇遺本無々。咸接：方言　釥，好也。青、徐謂之釥。廣韻作好也。此々衍，正文亦誤。

勦，絕。亦作剿。掇遺本勦絕。亦作剿。咸接：玉篇：剿，絕也。剿，同上。篆隸名義：剿，勦字。絕。手鑑：剿，或作。勦，正。勦，絕也。廣韻：勦，絕也。勦，上同。出說文。集韻作剝、剝。掾此，此本正文，或體並誤，掇瑣本或體亦誤。

勠，勞。咸按：同篆隸名義、今本玉篇、廣韵、集韵俱本說文。

擽，截。咸按：集韵：擽，說文，拘擊也。或作擽。手鑒：擽，正。擽原誤擽，或作擊也。玉篇：擽，擊也。

灑，盪。掇瑣本作灑，盪。咸按：篆隸名義：灑，釃酒，盪。正今本玉篇：灑，釃酒也。手鑒：灑，盪酒也。廣韵同，集韵：灑，說文，釃酒也。一曰盪也。此正文誤。

嬌，好〻。掇瑣本作嫽，好皃。咸按：玉篇：方言云，青徐之間謂好為嫽，廣韻作嫽嫽，好皃。疑此嬌當嫽誤。

𩈎，＝，面皃。擬瑣本作𩈎𩈎，面白。咸按：同手鑑、廣韻。汪鑑作面白𩈎𩈎也。此皃當白誤。

巧韻

聊，日出。咸按：未詳。

敫，交炊木。擬瑣本同。咸按：集韻引說文炊作灼。篆隸名義：敫，古卯反，交頌木。頌疑炊，或灼誤。

拗，手撥。擬瑣本同。咸按：撥，手鑑、廣韻、禮部韻略、集韻俱作拉。

皃，深目。擬瑣本同。咸按：同廣韻。集韻：窅皃，或作見。

骲，又白骰反。掇瑣本又白角反。咸按：手鑑：骲，步角反，箭頭也。又普木反，骨鏃名也。篆隸名義：骲，平爲反，骨鏃。玉篇：又蒲校切。廣韻防教切，有骲，此白骰或白教誤。

[illegible]，垂地。掇瑣本作臿地。咸按：同廣韻。此垂當臿誤。

齩，亦作[illegible]。掇瑣本同。咸按：手鑑：齩，齧也。[illegible]，同上。集韻：齩，或从堯。

[illegible]，乾。亦作焣、[illegible]。掇瑣本亦作鬻。咸按：手鑑、[illegible]、

𩰲，正；⿰鬲丑，今。初巧反，𩰲乾也。鬲部：䰞，初巧反，䰞乾也。玉篇、廣韻並以𩰲、⿱𩰲灬與䰞別出。集韻：𩰲或作䰞、聚，亦書作⿱芻灬。

𢿎，攪。亦𢿎。掇、𢿎本作𢿎，無異體。咸按：玉篇：𢿎，攪𢿎也。廣韻：𢿎，一云攪也。亦作𣪠。集韻作𢿎。此正文、異體並誤。

皓韻

⿸虒土，土釜。亦作⿸號土。掇、𢿎本⿰土虘，大釜。亦作⿸號土。咸按：篆隸名義、今本玉篇並作⿸號土，土釜也。廣韻作⿰号虘，土釜。亦作⿸號土。集韻：⿰号虘，亦作⿸號土。手鑑作⿸號土，正；⿰土虘，今。土釜也。此正文⿸虒土當作⿰号虘。掇、𢿎本正文同，大當土誤。
𥡴，細〻。掇瑣本𥡴，細。緘按〻正文此本同廣韵、集
韵，掇瑣本誤。注文，集韵作網飾，廣韵作網綴。
轚，車軸。掇瑣本同。緘按、同手鑑、廣韵。篆隸名義
作車蓋。集韵從說文，蓋弓也。一曰輻也。禮部韵
略作車蓋弓也。王箋作車輻也。
頊，廣大。掇瑣本同。緘按〻篆隸名義、今本王箋、集
韵俱作顊，廣大皃。二本頊當顊誤。廣韵誤同。
嘐，草〻。寥靜。掇瑣本作嘷嘐，寥靜。緘按〻篆隸名
義、集韵〻嘷嘐，寂靜也。又名義〻嘷，嘷嘐，言无人。今

本玉篇作嗥嘐，無人皃。手鑑、廣韻並作嗥嘐，無人。此草當作嗥。

惱，碼々寶石。掇瑣本惱，懊惱。碯，馬碯，寶石。咸按：廣韻：惱，懊惱。碯，碼碯，寶石。此誤合。又集韻：碯，或作瑙、⿰石⿱巛止、⿰王⿱巛止。手鑑作碼⿰石⿱巛止，禮部韻略、玉篇並作碼瑙。篆隸名義作碼⿰石⿱巛止。掇瑣本馬當碼誤。

擣，築。亦作舂々。掇瑣本亦作舂壽，誤。咸按：篆隸名義、今本玉篇、手鑑、廣韻、禮部韻略俱作築也。集韻：舂壽，博雅：舂也。掇瑣本誤舂壽為二字。

嫂，老稱。正作嫂，俗作⿰女更。掇瑣本同。咸按：手鑑、廣嫂並作兄嫂。玉篇作兄之妻也。集韵作兄妻也。禮部韵略同。惟篆隸名義作嫂，桒道反，老人稱。二本殆省人字。

燥，乾。正作燥。撥續本同。咸按〻篆隸名義〻燥，乾。今本玉篇、廣韵〻禮部韵略俱作燥。手鑑〻燥，俗；燥，正。乾燥也。集韵〻燥，俗作燥，非是。

掃，刷。埽，除。撥續本同。咸按〻篆隸名義、今本玉篇、手鑑俱以掃、埽分屬扌、土二部，音義同。廣韵〻埽，掃，上同。集韵亦以為異體。

蓃，蔜草。撥續本蓃蔜。咸按〻廣韵〻蓃，蔜蓃草。說文〻

葠，草也。玉篇〻葠，蔎葠䕤。蔎，爾雅，蔎葠䕤。注，今蘩
䕤也。䕤，蔎葠䕤。篆隸名義〻蔎，葽蔞。葠蔎曰 廣韻
草上落䕤字。二本注文亦刪省太甚。
藻，文藻。〻菜。掇瑣本作藻，水菜。內府本水作木。
咸按〻廣韻〻藻，文藻。說文同。下藻，水草也。俘鑑〻藻，
文藻也。藻，菜似薺。正文省氵旁。藻藻，析文。篆隸
名義〻藻，藻字。今本玉篇〻藻，水中菜也。藻，同上。集
韻從說文，藻，水草也。或从澡。禮部韻畧訓同。內
府本木誤。此本〻當水誤。
蚤，狗虫。掇瑣本作狗蚤。內府本亦作𧖴。咸按、篆

隸名義：蚤，狗蚤也。此本虫誤。又玉篇：蝨，亦作蚤。廣韻、集韻並同。內府本誤。

璪，玉飾。綴續本同。咸按：玉篇璪，說文云，玉飾，如水藻也。集韻引藻下有之文二字。篆隸名義作雜文玉。

𣒃，赤棯。綴續本作赤棯。咸按：赤棯未詳。𣒃當棗誤。

璞，石似玉。綴續本似誤以。咸按：說文作石之似玉者。玉篇、廣韻並作石次玉。

稾，草。綴續本同。咸按：篆隸名義：稾，草。今本玉篇：又稾，草。又廣韻：又稾本草，秆之本。韻會：文草曰豪,文草之未修治也。二者並引申義。
臭,白澤。擬韻本同。咸按:篆隸名義、今本玉篇、廣韻、集韻俱從説文,大白澤也。
𠦬,相吹。咸按:篆隸名義、今本玉篇、廣韻、集韻俱從説文,𠦬相次也。此吹誤。
儥,有二。擬韻本無二。咸按:篆隸名義、今本玉篇、廣韻俱作有也。此二衍。
駂,馬驄。擬韻本作鴇,烏驄。咸按:玉篇:駂,驪白雜毛,今之烏驄也。廣韻:駂,郭璞云,今烏驄。集韻:駂,馬名,烏驄也。或書作駂。手鑑:駂,今烏原訓馬烏驄馬也。此涯馬當烏誤。掇瑣本鳽當鳽誤。
鳺，烏二。掇瑣本鳺，烏。咸按：玉篇、鳺，烏名。手鑑、廣廿六
韵俱同。集韵引說文烏也。此二衍。
栲，木名。亦作朽。掇瑣本亦作杬。咸按：篆隸名義：
栲，山栲也。杬，栲字。今本玉篇：栲，杬，同上。集韵：杬，
或从孝。此本或體朽誤。
丂，氣吹舒。掇瑣本吹作欲。咸按：篆隸名義、今本
玉篇、集韵俱從說文，氣欲舒出，丂上礙於一也。
畧有減省。此本吹當欲誤。
攷，校。掇瑣本攷，校對。咸按：廣韵：考，校也。攷，古文。

哿韵

五音集韵作⿰歹攴，⿰歹攴杖。

⿰歹攴擊，掇瑣本⿰石攴擊。

頛，面大醜。掇瑣本醜作配。咸按：廣韵頛，瓜蔓苗頭。集韵作瓜蔓。大面醜未詳。

鬌，亦鬌。小兒前髮。掇瑣本作小兒剪髮。咸按：集韵：鬌，嬰兒前髮謂之鬌。又玉篇、手鑑並作小兒剪髮謂之鬌。

⿱竹朵，竹名。掇瑣本同。咸按：手鑑：⿱竹朵、⿱竹隋，竹名。玉篇：⿱竹朵，

徒果切，竹名。集韵：⿱竹隋，竹名。

⿱竹隋，竹。掇瑣本同。咸按：篆隸名義、今本玉篇析文

粢、𩟄，二本依之。

隋，祭則藏。掇瑣本同。咸按：周禮守祧：既祭則藏其隋。集韻：隋，裂肉也。

隓，山皃。掇瑣本作隓。咸按：集韻、集韻並從說文，陸，山皃。此正文誤。

頗，頗能。掇瑣本同。咸按：以韻會：差多曰頗，多良久曰頗久，多有曰頗有。五音集韻注云多有例之，則此正同。

跛，亦作⿺尢皮。掇瑣本作⿺尢皮。咸按：韻會：說文或作⿺尢皮，篆隸名義：⿺尢皮，跛字。今本玉篇：⿺尢皮今作跛。此⿺尢皮誤。

隓

禍，亦作⿺旡咼。攟續本同。咸按：篆隸名義：禍，禍。今本玉篇：⿺旡咼，今作禍。⿰咼旡，同上。禮部韻畧：禍，亦作⿺旡咼。韻會：亦作⿺旡咼，通作⿺旡咼。二本偏旁誤，當从旡，非无、九。

頭視皃。攟續本皃誤白。咸按：玉篇作傾頭視皃。集韻皃作也。手鑑、廣韻並作傾頭皃。二本並漏傾頭二字。下呼紬頭，傾頭視，不誤。

炧，𤇯，亦炨。攟續本同。咸按：篆隸名義：炨，待可反，炧，同上。手鑑：炨，正。炧，今。集韻：炨，或从也。

她，婐她，女。攟續本無女字。咸按：手鑑、廣韻並作㐌。她，婐她也。婐，婐她，身弱好皃。集韻：她，一曰好也。

此女或好誤。
旑，旗旑。掇瑣本同。咸按：：手鑑、廣韵並作旌旗旑
皃。集韵作旑㫊，旌旗皃。
橠，：：橠，木茂。亦作裹懷，乃可反。掇瑣本橠橠橠，
木茂盛。亦作裹橠，乃可反，橠橠。咸按：王篇、廣韵、
集韵倚可切，並作橠橠橠，木盛皃。集韵則可切，
橠橠橠，木茂皃。奴、則雙聲，則此本懷當橠誤，或
下漏皃字。掇瑣本亦漏。
㑩，㑩。掇瑣本作㑩。咸按：王篇、廣韵、集韵俱從㑩
雅：：㑩，㑩也。此正文誤。

姽，好皃。五果反，又五委反。綴遺本作姽，五作牛，餘同。咸按：篆隸名義：姽，牛委、牛果二反，好皃。宇鑑：姽，居委、魚毀二反，好皃也。又五果反。廣韻作姽，好皃。五果切，姽，名義訓弱。今本玉篇：委皃也。姽當姽誤。綴遺本姽亦姽誤。

嚲，垂皃。亸，厚。綴遺本同。咸按：玉篇：亸，垂下皃。今作嚲。宇鑑字鏡：嚲，垂下皃也。廣韻：嚲，垂下皃。亸，古文。篆隸名義：亸，厚也。集韻：嚲，古作亸。則嚲、亸同字異體，二本别出誤。又垂下二本漏下字。

哿，急。綴遺本同。咸按：集韻：哿，急也。

馬韻

硝，小石。掇瑣本同。咸按：玉篇、手鑑、廣韻、集韻俱作碩，小石。二本正文並誤。

䄊，丁果反。掇瑣本下有秦晉之間語。咸按：集韻：䄊，秦晉之間，凡人語而過謂之過。此見方言一，音于果反，篆隸名義省作于果反，凡人語而過。手鑑，胡果反。廣韻同，即戶果切，二本作丁誤。

野，以者，又埜反。掇瑣本作以者反，澤。咸按：集韻野，古作埜。又當反，誤，下反字衍。澤未詳。

也，詞詞。掇瑣本作詞絶。咸按：廣韻、禮部韻略作語助辭之終也。集韻作語助。

雅、楚。綴韻本下有鳥字。咸按：同玉篇、廣韻、集韻，但本說文。禮部韻畧作楚鳥。此脱鳥字。

庌，廳〻。綴韻本無〻。咸按：同手鑑、廣韻，此〻衍。

疨，痄疨，口不合。綴韻本作痄合疨口不。咸按：玉篇、集韻並云：疨，痄疨。痄，痄疨，病甚也。又手鑑、廣韻並云：痄，痄瘡，不合也。又手鑑厂部、廣韻並云：庌，厏庌，不合。集韻作厏庌，不相合。此殆誤合。綴韻本誤尤甚。

叚，大〻。綴韻本作假借。咸按：禮部韻畧作大也。集韻：叚，通作假。假，一曰大也。又篆隸名義、今本玉篇、廣韻、集韻俱從說文，借也。此〻行。
跒，跁〻，行皃。掇瑣本同。咸按：同手鑑、廣韻。
婢，短人皃。掇瑣本皃作立。咸按：同廣韻。玉篇：婢，
說文，傍下切，短人立䠋䠋皃，集韻引同。
餕，飴。掇瑣本飴作餡。咸按：同篆隸名義。今本玉
篇〻手鑑、廣韻俱作餡飫也，集韻作餡飲也。飲當
飫誤。此飴誤。
姐，慈野反。掇瑣本同。咸按：慈，玉篇、廣韻並作茲，
集韻同。二本。
嘅，大口。掇瑣本同。咸按：集韻：嘅、[illegible]大口曰嘅。

篆隸名義、今本玉篇、手鑑俱同二本。

輠轉。又明罪反。掇瑣本明作胡，餘同。咸按、手鑑作車轂頭轉皃。廣韻作轂頭轉皃。禮部韻略作轂轉皃。集韻作車轂轉皃。二本俱刪略。又明、篆隸名義、今本玉篇、手鑑、韻略、廣韻俱同掇瑣本，此誤。

⿰魚果鯉二。掇瑣本無二。咸按、集韻引説文，鱧也。玉篇同。篆隸名義、⿰魚果，鯉、鱧。又鱧，似鯉。此二行。

麲麵二。掇瑣本無二。咸按、同篆隸名義、今本玉篇、集韻。廣韻作麵名。

寡，無夫。擬饋本同。咸按：韵會：大戴禮，五十無夫
曰寡。爾雅，無夫無婦並謂之寡。
讁，訏。擬饋本同。咸按：手鑑、廣韵並作讁，詐，訶兒。
二本並漏訶兒二字。
庤，：庤，廚舍。擬饋本無：庤二字。
奓，大目。擬饋本作自大。咸按：同篆隸名義。今本
玉篇、手鑑、集韵俱作奓奓，自大。此本誤。
䄻，車下反。擬饋本下作者。咸按：同手鑑。玉篇作
充者切，廣韵作昌者切，此下字誤。又二本訓寬
大，同（禮部韵略）廣韵、集韵。玉篇作大寬也。篆隸名義、手鑑

並作寬也，大也。

措擎〻。擬績本無〻，咸按：篆隸名義、今本玉篇、手鑑、廣韵、集韵俱作擎也。此〻衍。

綾絮相着皃。擬績本作絮（綾）相着皃。咸按：同，手鑑、玉篇、廣韵、集韵作綾絮，絝絮相箸也。又絮，綾絮，絝，絮相箸皃。

另，跨步。擬績本作牙。咸按：說文作开。篆隸名義同。今本玉篇、廣韵、集韵作卄。二本並誤。

砼、又瓦反。擬績本又作义。咸按：玉篇、手鑑、廣韵俱同。此誤。

感韵

贛，酒味。掇瑣本鱕，酒味。咸按：篆隸名義、廣韵、集韵從說文俱作醰，酒味淫也。今本王篇淫作苦。二本正文並誤，味下漏苦字。

窞，易曰入于埳、窞。掇瑣本埳作掐。咸按：禮部韵略埳作坎。廣韵、集韵俱同。王篇：埳，亦與坎同。掇瑣本誤。

萏，菡〻，荷花。亦作藺萏。掇瑣本同。咸按：王篇：萏，菡萏。藺，同上。菡，菡萏，荷華也。萏，同上。手鑑：萏、藺，菡萏，芙蓉未發者也。菡〻萏，芙蓉半開皃也。廣韵、禮部韵略並作菡萏，荷花未舒。二本漏未舒二字。

腩，亦作腤。撥隤本亦作醃、腤。咸按：玉篇、腩、腤同上。酒部：醃，亦作腩。手鑑：醃，正作腩。集韵：腩或从酉。亦作腤。

萳，長弱。咸按：玉篇、廣韵、集韵俱作草長弱皃。此誤刪減草、皃二字。

醓，〻醢。亦作醓。咸按：廣韵、盬、盬、醓。亦作醓。集韵：盬或作醓。此正文、或體並誤。

魿，大魚。撥隤本同。咸按：同手鑑、廣韵。今按：集韵鯵、魿，博雅，鮝也。說文魚部：大魚為鮝，小魚為魿。

王篇作大魚爲鮓，小魚爲鯵。魿，同上。鮺鮓，同上。
此蓋誤，手鑑、廣韵同誤。
彄，弓弦。彄，擬續本同。咸按：同手鑑、廣韵。
惛。擬續本注作痛。咸按：同篆隸名義、今本王篇、手鑑、廣韵、禮部韵畧、集韵，俱本說文，此鈌漏。
黲，瞋色。擬續本同。咸按：廣韵作暗也。
替，曾〻。擬續本無〻。咸按：同廣韵、集韵，並依說文訓義。
顉，傛顉，搖頭。擬續本作顉傛，餘同。咸按：王篇：顉，左氏傳杜預曰：顉，搖其頭。廣韵作頷，顉頷，搖頭。

媕，含奴。掇瑣本作含怒。咸按：玉篇、集韻從說文，含怒也。手鑑、廣韻也作皃，此奴當怒誤。

𨓷，遠。掇瑣本同。咸按：篆隸名義、今本玉篇、手鑑、廣韻俱作速也。集韻引說文，居之速也。二本注文並誤。

粽，窖藏木瓜。掇瑣本作粽，餘同。咸按：同手鑑、廣韻。集韻作窖漬瓜實曰粽。此正文誤。

媕，々害惡性。掇瑣本作媕害性惡。咸按：手鑑、廣韻並同此本，掇瑣本性惡二字誤倒。

撼，動々。掇瑣本無々。咸按：篆隸名義，撼，搖動。今本玉篇、禮部韵畧、集韵俱從説文，捉也。又手鑑、廣韵並作動也。此〻行。

戶嘽。掇瑣本作戶。咸按〻玉篇、手鑑並作吚，嘽也。廣韵〻启，启嘽，乳汁狀。

蒁，〻蒁，亦作蒁、蘭。掇瑣本同。咸按〻韵會〻本作蘭，隸作蒁。正文盖蘭誤。

惙，亦作𢙇。掇瑣本惙，壅耳。亦作𢙇。咸按〻篆隸名義、廣韵〻惙，壅耳。今本玉篇〻惙，壅耳。或作𢙇。掇瑣本壅當作壅。集韵作巾擁耳也。

庫，草木實皃。掇瑣本庫，草木垂實。咸按〻集韵〻康，

康　棗

說文，木垂花實。从木弓，文鉉本同。二本並誤。

欲，欲得，貪嘾，得難厭。掇瑣本欲，欲得。咸按：同篆隸名義、手鑑、廣韵、集韵：一曰欲得。今本玉篇作貪惏，曰欲。諸書無得難厭三字。貪嘾、貪惏義同。

衴，被。掇瑣本同。咸按：手鑑、廣韵並依埤蒼：被緣也。玉篇作被緣也。篆隸名義作被被緣。是衴有被緣及被緣二義。二本被下漏緣字。

顑，飯不飽。掇瑣本同。咸按：集韵：顑，顑，或省。篆隸名義、今本玉篇並從說文：顑，飯不飽，面黃起行也。手鑑、廣韵作顑，食不飽。二本飯當作食。

敢韻

敢，正作敢。咸按：玉篇：敢，𣪊，出説文。廣韻：敢，𣪊，上同。或此誤。

覽，俗作覽。咸按：四聲篇海見部：覽，力敢切，此俗作當如是。

擥，亦作攬。咸按：玉篇：擥，攬，同上。手鑑：擥，正；攬，今。廣韻、集韻亦以擥攬同字。

芫，藩蕁。又余林反。咸按：玉篇：芫，除林切，蕁芫藩，生山上，葉如韭。一名知母。蕁，蕁芫藩，蕁同上。廣韻：芫，蕁芫藩。此蕁當蕁誤。注文二字又倒誤。又按本書除深反有芫，草名。又丁敢反。

鶬，應忠鳥。咸按：廣韻作應福鳥名。此應忠下漏福字。

黲，暗皃。掇瑣本作日暗色。咸按：同廣韻。此漏日字，又皃當色誤。

噉，工覽反，可。咸按：集韻：噉，博雅，可也。此正文疑誤。

養韻

養，亦作䍩。咸按：集韻：養，古作䍩。篆隸名義：䍩，養字。今本玉篇：䍩，古文養。

象，正作爲。咸按：玉篇：象，爲，古文。集韻同。

橡，木實。亦作樣。掇瑣本同。咸按：篆隸名義：樣，橡。今本玉篇：樣，栩實也。橡，同上。栩，一曰樣也。集韻：樣，說文，栩實也。或作椽。二本木賨當作栩實。
椽，飾〻。擬：續本無〻。咸按：同篆隸名義、禮部韻
略。玉篇作首飾，廣韻、韻略並云、未笄冠者之首
飾也。集韻引說文，飾也。此〻衍。
兩本作兩。咸按：廣韻：兩，兩，上同。集韻同。則此異
體兩當作网。
倆，伎〻。咸按：集韻、五音集韻並作伎倆功也。
勥，人壯。擬：續本作勨勥。
鞅，牛項羈。擬：續本羈作韁。咸按：廣韻作牛羈也。
玉篇、集韻作頸靼也。說文作頸靼也。此合誤。

怏，纓。咸按：蒙隸名義、今本玉篇：紻，纓也。此正文誤。

炴，氣流皃。咸按：同蒙隸名義、今本玉篇、手鑑、集韵。

漺，淨=。掇瑣本無=。咸按：廣韵、禮部韵略、集韵俱作淨也。此=衍。

允，反爪。咸按：廣韵作亢。

爽，亦覸。咸按：未詳。

敞，闓。咸按：禮部韵略、集韵作開也。

踼，踞。咸按：手鑑、廣韵並作踼，踞也。玉篇、集韵作踃，踞也。篆〻隸名義作趟，踞。此正文誤。
蠁，虫〻。掇瑣本無〻。咸按〻手鑑作蠁，虫蠁也。
蠁，亦作蚼。掇瑣本蚼作鄉，內府本作珦。咸按〻篆
隸名義、今本玉篇並云〻蠁，蚼，同上。集韻〻蠁，司馬
相如作蚼。此誤合。掇瑣本、內府本並誤。
鑗，錢〻。咸按〻手鑑〻鑗，錢也。又孟康云，鑗，錢貫繩
也。廣韻〻鑗，俗作鑗。玉篇、篆隸名義並作纚，錢貫
也。此〻行。
膙，筋膙。咸按〻篆隸名義、今本玉篇並云〻膙，筋膙
也。手鑑、廣韻並作筋頭也。集韻作筋強也。此正

文注文並誤。

杖，傷。咸按：集韻：杖，傷也。此正文誤。

仗，馮。咸按：廣韻：仗，直兩切，憑仗。本又音去聲。韻會：毛氏曰，憑仗之仗無上聲。廣韻注馮也，誤。禮部韻略：仗，除兩切，一曰憑也。集韻：仗，雉兩切，一曰憑也。皆沿廣韻誤。

孃，亂。（又如章反。）攍繢本同。咸按：篆隸名義：孃，如章、如掌二反，亂。

罔，亦作冈、𦊨、𦊓、宆。攍繢本亦作□、□、网、冈。内府本亦作□、罔、冈、宆。咸按：篆隸名義：罔，罔，古文。𦋬、罓、网，皆古文。今本玉篇：网，𦊨，同上，今作網。罔、𦉪，並同上。罔，古文。手鑑：冈，俗。罔，正。此字與四部相濫，故從俗者也。廣韻：网，五經文字作罔，俗作冈。集韻：网，或作罔、網、冈，籀作𦉫，古作𠓝、罒、𦋹。今按：此或作第二字當作𦋹，第三字殆罔之譌。

罒，罟々。咸按：集韻、篆隸名義罒、𠓝並出。

仿，古作仫。咸按：廣韻：仿，仿放，上同。禮部韻略：仿，亦作放。此以當放誤。

汪，々罔縣在鴈門。咸按：廣韻罔作陶，集韻同。此誤。

欸，佞人。居攜反。咸按：廣韵欸，佞人。此誤。又本書古攜反，欸則此居上落又字。

𢻰，曲侵。咸按：篆隸名義𢻰，於往反，曲侵。今本玉篇作𢻰。廣韵、集韵並作𢻰曲侵。此殆沿野王書而微誤。

徃，古㞷。咸按：篆隸名義㞷，往字，古文。今本玉篇㞷，古文往。集韵：徃，古作㞷。

怳狂。亦作⿱艹兄。掇瑣本同。咸按：篆隸名義⿱艹兄，肝往反，狂。

詤，蔑言。掇瑣本作夢言。咸按：同篆隸名義，今本玉篇、手鑑、集韻。廣韻作夢中言也。此義誤。

僫，恶。咸按：廣韻、集韻並作惡也。手鑑作恶人也。此蓋俗書惡為悪而誤為恶。

𨇾，渠往反。乖。咸按：篆隸名義：𨇾，渠往、九放二反，乖也。今本玉篇：臦，居況切，說文曰：乖也。从二臣相違。此正文誤。

徃，往。咸按：篆隸名義：徃，渠往反，往。手鑑引玉篇：又渠往反，枉也。枉當往誤。

⿰臼昜，大舂。咸按：篆隸名義、今本玉篇、手鑑、廣韻、集韻俱作舂也。此大衍。

蕩韻

簜，竹䈁。咸按：廣韻、集韻注首並有大字。

𪔃，鼓無皮匡木皮。掇瑣本作鼓匡木。咸按：廣雅釋器：中〻鼓𪔃謂之柧。疏證〻：𪔃曹憲音穎，字或作𪔃。衆經音義卷二十四云，今江南名鼓匡為𪔃。今按：廣韻：𪔃，鼓匡木也。𪔃上同。篆隸名義、今本玉篇並作𪔃。手鑑𪔃，鼓匡木也。此本正文誤，注文無皮實為贅詞。末皮字衍。

穎，顊〻。掇瑣本無〻。咸按：篆隸名義、今本玉篇、手鑑、廣韻、禮部韻畧、集韻俱從説文顊也。此〻衍。

毴，毛片。咸按：玄應音義一：毛毴謂之毛布也。此片或布誤。

鬔，鬔鬞：：。咸按：篆隸名義：鬔鬤，今本玉篇作鬔鬤，髮亂。廣韻作鬔[襄毛]，亂毛。集韻：鬔[襄毛]髮亂。

螃，似蝦蟆。咸按：廣韻、集韻似字並作陸居。

駔，會馬市人。俗作驡。咸按：廣韻並作會馬市人，同此。玉篇作會兩家之買賣，如今之度市也。又云子朗切，駿馬也。廣韻亦云：駔，徂古反，駿馬。篆隸名義：駔（原誤鉏）子朗反，駿馬。驡，同上。據此，此稱駔俗作驡，殆即沿野王書之誤。

簜，竹器。咸按：手鑑：簜，他朗反，竹器也。集韻作一
曰盛洒竹器。篆隸名義：簜，徒黨反，盛酒。省竹器
二字。
帑，帑，舍帛金帛舍。咸按：廣韻作金帛舍。手鑑作
字書：帑，乇回切，金帛所藏舍也。
金帛藏也。禮部韻略作金幣所藏。玉篇作金布
所藏之府。此：下舍帛二字衍。
瞨，無二目。咸按：集韻、玉篇二並作一。篆隸名義
作無目。
瞨，無日光。咸按：玉篇、廣韻、手鑑俱作日無光。此
注無、日二字誤倒。

欓，又他黨反，筩（據續本同）。咸按：集韻作木筩。

眏，眏䁪，不明。咸按：篆隸名義：眏，不明；䁪，眏。今本玉篇：眏，於朗切，眏䁪，不明也。廣韻、集韻並同。此正文誤。

泱，翁泱，水皃。咸按：手鑑、廣韻、集韻得作滃泱，水皃。禮部韻略：泱，水皃。釋云：水滃泱也。

⿱廣心，大。又口廣。咸按：篆隸名義：⿱廣心，口浪反，大。今本玉篇、集韻作口朗切，禮部韻略作苦晃切，廣韻作丘廣切。口、丘雙聲。又此正文誤，廣下漏反字。

⿰車亢，⿰車卬。咸按：篆隸名義：⿰車亢，⿰車卬；⿰車卬，轎。今本玉篇：⿰車亢⿰車亢

梗韵

䡊。䡊，轎䡊。此䡊當䡊誤。

横，丘闌。咸按：廣韵、集韵並作兵欄。此誤。

髈，又髀，吳人云。咸按：又，廣韵無，此衍。

哽，咽〻。咸按：廣韵作哽咽，此〻衍。

鯁，刺在喉。亦作腰。咸按：手鑑、廣韵訓並同。又篆隸名義：腰，古杏反，骨留咽中。今本玉篇：腰，或骾，食骨留咽中也。本从魚。魚部：鯁，古杏切，魚骨也。

䔰，莖。咸按：篆隸名義、今本玉篇、五音集韵俱作芋莖也。廣韵、集韵在耿韵。此注漏芋字。

丙，南方。咸按：集韵：說文，位南方，萬物成炳然。

昞，光。亦作昺、苪。咸按：玉篇：昺，明也。亦作昞。又廣韻：苪，著也。別出。

邴，邑名，在秦山。咸按：玉篇、禮部韻略、集韻俱云：邴，宋下邑也。本說文。又秦，廣韻作泰。

璥，起〻。咸按：篆隸名義、今本玉篇、廣韻、集韻俱作玉名。

影，物蔭。咸按：禮部韻略、集韻並作物之陰影也。

省，所景反，減。咸按：玉篇、廣韻、集韻俱云：㛭，減也。本說文。此正文誤。

眚，灾。咸按：玉篇、廣韻作眚，此誤。

臩，大。箋按：廣韻：臩，火也。集韻作火名。此正文、注文並誤。

臩，驚走。箋按：篆隸名義：臩，鷄迥反，驚走。今本玉篇夰部：臩，俱永切，驚走也。集韻同。此正文當作臩或臦。

猛，剛健。箋按：篆隸名義、今本玉篇並作健也。

鼆，魯邑。箋按：手鑑：鼆音猛，魯邑名也。禮部韻略：鼆，勾鼆，魯邑。又此及下鄳字，廣韻、集韻皆在武幸切、丑耿切下，五音集韻乃合。

鄳，亦磺〻。磺，亦作磺。箋按：篆隸名義：磺，磺原誤礦，同上。今本玉篇同。手鑑：礦，俗；磺，正。集韵：礦或作磺、鑛。此亦礦々三字衍。

⿰麥廣，々麥地。咸按：手鑑、集韵地作也。此誤。

獚，在魚陽。咸按：魚，廣韵作漁，此誤。

穬，穀芒。一曰稻未舂。咸按：稻未舂見集韵。

打，又都行反。咸按：手鑑：打，江外音都挺反，廣韵又音同。

鮮，白魚虫。咸按：玉篇作鮊魚也，廣韵作鮊魚，魚別名。此虫字衍。

耿韵

耿，明。咸按：韵會：詩，耿耿不寐。錢氏曰，耿耿，小明。

幸，寵。正作牽。咸按：韻會：幸，寵也。正作牽。又云：本𡴘作牽。

⿰幸瓦，瓶有耳。咸按：⿰幸瓦（手鑑），正。⿰幸瓦，今⿰幸瓦⿰番瓦，有耳瓶也。廣韻作⿰幸瓦⿰番瓦，瓶有耳。集韻引博雅：⿰幸瓦⿰番瓦，瓶也。此注首應有⿰番瓦字。

竝，且。或作并、並。咸按：玉篇：竝，俱也。廣韻：竝，俱也。或作併。集韻：竝、並，或省。此注且當俱誤。

鮩，蛤蛤。亦作。咸按：手鑑、廣韻訓並同。玉篇虫部：螷，蚌也，蛤也。或作𧈿、鮩。禮部韻略：螷，蛤屬。則此亦作下漏螷字。廣韻：鮩、螷，上同。𧈿亦同。

靜韻

皏，皏⿰白曷，薄皃。咸按：同年盤、廣韻。今按：集韻：皏，愽雅，白也。廣雅釋器疏證：素問風論王冰注云，皏，薄白色。篆隸名義：皏，白⿰白曷淺色。今本玉篇：皏，皏⿰白曷，白也，又淺薄色也。⿰白曷，皏⿰白曷也。則皏⿰白曷有二義，諸書依取各異，非有舛誤。

靜，正作靜。咸按：此正文當作靜。

睜，⿰目各〻，不悅視。咸按：年盤：睜，眳（原誤昭）睜，不悅視也。廣韻同。集韻：睜、睛，字林，眳睜，不悅視也。或从青。玉篇：眳，眳睛，不悅皃。此注⿰目各當眳誤。

姘，潔〻。咸按：集韻：愽雅，絜也。

郢、亦作。咸按：篆隸名義：郢，邔，固上。今本玉篇、集韻並同。此亦作下漏邔字。

涇、寒：。咸按：篆隸名義、今本玉篇、集韻俱從溥雅、寒也。此二衍。

徑、雨後徑。咸按：同手鑑、廣韻。

陉、險阪。咸按：篆隸名義、今本玉篇、集韻俱訓阪也。

屏、蔽。亦作帡、屏。咸按：玉篇：屏，屏蔽也。广韻：屏，蔽也。或作帡、屏。手鑑：屏，必井反，蔽也。集韻以屏與庰、帡析立。

頃，又少間。咸按：集韻：頃，俄頃，少選也。通作頃。

𢺞，竟〻。咸按：篆隸名義、今本玉篇、廣韻俱作（𢺞）竟也。此〻衍。

䌖，亦作萵。咸按：篆隸名義：苘，枲屬。（䌖）字。今本玉篇：苘，草名。亦作䌖。蔃，同上。廣韻同。此萵誤。

邦，〻地名。咸按：手鑑：邦，邦邢，地名。又俗刑、𨜶二音。廣韻同。今按：段注說文邦下云，疑即二志常山郡之井陘縣。又按：集韻：邦，邦陘，趙、魏地，山嶮名。則段注是。

瘻，病。咸按：廣韻作瘤。集韻瘻下有膢，云或从肉。

此列廖下誤。

睛，昭二。咸按：昭當昭誤，詳前。

睈，仁二，昭視。咸按：玉篇作睈睈，照視也。丑郢切。篆隸名義：睈，丑井反，照視。集韻同玉篇、廣韻：睲，息井切，睲睲，照視。集韻無，疑有誤。此昭當照誤。

慏，慏悜，意不盡。咸按：玉篇：慏，慏悜。悜，丑井切，慏悜，意不盡也。廣韻、集韻並同。

徎，雨後徎。咸按：玉篇作徑也。字鑑、廣韻並作雨後徑也。此注雨、徎並誤。

浧，通。咸按：廣韻同。玉篇：浧，通也。文井切。集韻：浧、

迥韵

浧，通流也。或省。此正文誤。

泂，力鼎反，迥，又清。咸按：王篇：泂，手頃切，遠也。亦與迥字同。韵會：迥通作泂。禮部韵略：迥，户頂切，遠也。泂，遠也。廣韵同。

𥈭，目驚。咸按：手鑑：𥈭，或作㬌，正。古迥反，目𥈭驚也。廣韵作目驚皃。此正文誤。

泂，冷〻。咸按：篆隸名義、今本王篇並作冷也。此〻衍。

蝙，〻𧓍。咸按：篆隸名義：𧋍，蛙小。𧓍，𧋍。今本王篇作𧋍𧓍似蛙而小，䗷之腹脹。廣韵作𧋍𧓍似蛙。

集韻：⿰虫冋，蟲名，似蛙。此正文誤。

茗，亦作榠。咸按：集韻茗或作榠，禮部韻略同。

廮，展二。咸按：篆隸名義、今本玉篇、手鑑、廣韻、集韻俱作展也。此二行。

町，田二。咸按：篆隸名義：町，區。禮部韻略作田區。

玉篇、集韻從說文，田踐處也。手鑑作田丘畝也。

廣韻省作田畝。又云：町，田堰。

⿱罒丁，二⿱罒令，小空。咸按：玉篇：⿱罒丁，⿱罒丁⿱罒令，小空皃。此漏皃

字。

濙，小水。亦作澄。咸按：手鑑：濙，洴濙，小水皃。廣韻、

禮部韻略並同。集韻：濙，浒濙，小水皃。亦作濴濙。手鑑：濴，小水也。玉篇：濴，絶小水也。濴，同上。篆隸名義：濴，小水。濴，上原誤薆字。此或體濴當濴誤。

廎，小堂。亦作。擬續本同。咸按：篆隸名義、今本玉篇高部：高，空井反，小堂也。集韻：高，說文，小堂也。或作廎。手鑑：廎，小作堂也。作衍。則二本或體當作高。

漀，出酒。咸按：玉篇：漀，口冷切，出酒也。即此所依。又篆隸名義：漀，口冷反，側出酒。

蕭，蝙蟕〻虫似蛙。咸按：本書前蝙，〻蟕。此誤合。

有韻

笭、箵：籠。咸按：同廣韻。玉篇：笭、籠也。篆隸名義：箵、籠。笭、籠。

竝、通作並。綴續本同。咸按：玉篇：竝、並同上。篆隸名義：竝、捕茗反、併。並、蒲鯁反、併。韻會：舊韻本出竝字。

⿱有皿、又余㪷反。咸按：同玉篇、廣韻。又本書尤㪷反有⿱有皿。

栯、木服之不□。咸按：玉篇：栯、山海經、太室山有木、葉狀如梨而赤理、名曰栯木。服之不妒。廣韻、集韻並作食之不妒。此缺字當為妒。

瀏，清水。咸按：手鑑、廣韻作水清。禮部韻畧作水清皃。集韻引說文，流清皃。此注二字誤倒。

綹，廿絲。綴瑣本廿作十。咸按：同篆隸名義，今本玉篇、廣韻。但集韻：綹，說文，緯十縷為綹。一曰絲十為綸，綸倍為綹。是綹有二義，此從一說，綴瑣本則依說文。

嬼，妖。咸按：篆隸名義：嬼，妖美。手鑑、廣韻並作妖美，蓋誤讀野王原書，妖、美各增一也字。

熮，火爛。咸按：同手鑑、廣韻，篆隸名義作火爛皃。

狃，相狎腸。咸按：手鑑、廣韻、禮部韻畧俱作相狎也。

䙖，習々。掇䪼本無々。咸按：篆隸名義、今本玉篇、手鑑、廣韻俱作習也。此々行。

莥，蔍實。亦作⿱艹䏌。掇䪼本下有䏌，食肉。耶，地名。咸按：廣韻引玉篇云，鹿豆也。篆隸名義：莥，鹿豆實。蔍，鹿藿，鹿豆。今本玉篇：莥，鹿藿實。⿱艹䏌，同上。蔍鹿豆莖。集韻：莥，爾雅，蔍，鹿藿，其實莥。或从䏌。又䏌、耶同集韻訓。

⿸疒肘，腸痛。咸按：手鑑作腸病也。廣韻：疛，說文曰，小腹痛。⿸疒肘，上同。篆隸名義作腹疾。今本玉篇作心腹疾也。內部：膞，小腹痛也。名義內部：膞，㽞字。少當小誤。迻膓痛，本書及手鑑殆沿野王原書誤。

杇，亦作朽。咸按：篆隸名義：朽，杇。今本玉篇：朽，或作杇。手鑑、廣韵、集韵俱作朽。此或體誤。

顛，人初產。掇瑣本作頶。咸按：玉篇：頶，人初産子。廣韵、集韵並同。此正文誤。

頁，人頭，象形。掇瑣本作百，人頭似象形。咸按：玉篇：百，說文云，人頭也。象形。廣韵：百，人頭，象形。此正文誤。

醜，芺葀。咸按：篆隸名義、今本玉篇、集韵俱作菝蓍。此注文誤。

婦，屈狄於夫。咸按：韻會引禮記，士妻曰婦人，服事於夫。

負，亦作偩。咸按：玉篇：負，或作偩。集韻、韻會並云：通作偩。

萯，玉〻。咸按：玉、篆隸名義、廣韻、禮部韻略並作王，宋本廣韻及集韻引說文作王。

烝，蒸〻。咸按：同手鑑、廣韻。

鴇，鳩。咸按：玉篇同。廣韻、集韻鳩上有鴇字，或鴇字。

不，鳥飛上不下。咸按：廣韻：說文作不，鳥飛上翔不下來也。集韻同。

菜、蘾〻菜不切。掇瑣本同。咸按：同廣韻。

糗，乾餅屑。掇瑣本作餅屑。咸按：餅，廣韻作飯。玉篇：飯、餅、飰，並同上，俗。篆隸名義：餅，卑井反，飰飯。此殆沿襲王原書誤。手鑑：糗，乾飰也。

臼，窳〻。故宮本作碓臼。咸按：玉篇：窳，器空中也。手鑑作器中空也。

麔，牝麋。咸按：同玉篇、手鑑、廣韻，段注改牝為牡。

紂，謚法曰：賊多殺巳曰紂也。咸按：殘本玉篇引謚法、賊民多殺曰紂。此誤。

箹、蔦根而死。撥續本、内府本蔦作竹易。咸接、廣韻、竹易根而死也。集韻同。此蔦乃竹易二字、誤併者。

楢、積木燎。咸接、廣韻作積木燎以祭天也。集韻燎下有之也二字。

羑、文王所拘〻里、在陽陰獄。咸接、手鑑作羑里文王所拘處。又羑水並在湯陰。韻會、羑里地名、在河南蕩陰。一曰殷名獄曰羑里。此誤。集韻亦蕩陰。

遊、遺玉。又餘周反、餘昭二反。撥續本周下反字無、

厚韻

餘同。咸按：手鑑：遊，音由，遺（原誤貴）玉也。
遊，言意。咸按：篆隸名義，今本玉篇、廣韻俱作歗，
言意也。
綬帶，佩綺〻。內府本作組綬。咸按：同廣韻、禮部
韻畧。
㥦，姿。咸按：手鑑：㥦，姿容也。此漏容字。
帚，掃。掇瑣本、內府本下有彗字。
掫，持。咸按：同篆隸名義。
厚，亦作垕。掇瑣本厚，亦作垕，俗作厚。咸按：玉篇：厚，
厚，同上。手鑑：厚音厚。集韻：厚、厚、垕，云隸作厚，古

作垕。玉篇土部：垕，古文厚。

母，牝。咸按：韻會：禽獸之牝皆曰母。玉篇：牝，畜母也。手鑑同。

某，私稱。咸按：未詳。內府本作某甲。

罙，內周。作宋字。掇瑣本同。咸按：說文：罙，周行也。宋或从內。武移切，無此讀。五音集韻有罙，張網也。玉篇：罙，莫厚切，罔。集韻同。

篰，牘〻。掇瑣本、內府本無〻。咸按：玉篇作竹牘也。剖同上。篆隸名義：剖，牘。此〻衍。

黈，冕垂纊。亦作斢。掇瑣本同。咸按：篆隸名義：黈，

⿱艹斷原誤⿱艹⿺走黄字也。今本玉篇：⿱艹斷，⿱艹⿺走黄，同上。手鑑、廣韻亦並作前。集韻：⿱艹⿺走黄通作⿱艹斷。禮部韻略：荀子有⿱艹⿺走黄續。

茩，芰奏名薢茩。綴續本、內府本芰作芰，奏作秦。戚按：篆隸名義：茩，芰也。芰，蔆芰。水中薢茩，決明，葉黃銳，赤華，實如茱萸葯。今本玉篇：茩，薢茩。薢，爾雅，薢茩，英光。郭璞云：英明也。葉黃銳，赤華，實如山茱萸。或曰蔆也。關西謂之薢茩。芰，蔆也。蔆，芰也。蔆，同上。亦作菱。手鑑：芰蔆，生水中，有子可食也。此芰奏當芰蔆誤。二本秦亦誤。

⿰骨后，乳間骨。掇續本同。咸按：篆隸名義：⿰骨后，肩前兩乳間骨。本書殆即依野王原書而擅删肩前二字，致注義失備。今本玉篇以次諸書則從說文，肩前骨。段注：凡肩後統於背，前為⿰骨后。

甌，盎〻。掇續本無〻〻。咸按：篆隸名義、今本玉篇並作盎也。手鑑、廣韻作盎名。此〻衍。

穀，母虎。掇續本作㝅。咸按：韻會：左傳，鬬穀於菟，子楚人謂乳為穀。又作豰。集韻：豰，通作穀。虎乳也。母虎之訓，其用是歟。

⿰氵乳，乳〻。掇續本無〻〻。玉篇作水名。廣韻：水也。集韵，一曰酒也。
陋，象〻。內府本無〻。咸按〻，手鑑、廣韵同此本。集
韵〻象也。
籔，亦作篗。掇瑣本同。內府本亦作籍、篗。咸按〻，篆
隸名義〻籔，籍、篗。今本玉篇、集韵並同。此及掇瑣
本並漏籍。
嗾、亦作[口造]。掇瑣本同。咸按〻，玉篇〻嗾，[口造]，或與嗾同。
手鑑〻[口造]，或作嗾，正。廣韵〻嗾，[口造]，上同。集韵〻嗾，或作
[口造]。二本並誤。
駷，搖銜走。掇瑣本同。咸按〻，篆隸名義同。手鑑作

馬搖銜也。廣韵銜下有走字。集韵作搖馬銜走，誤。

棵，車轂空。掇瑣本同。咸按：廣韵空上有中字。集韵：棵，車轂中曰棵。通作轂。

呴，吐。掇瑣本同。咸按：王篇、呴，胡口切，吐也。手鑑：呴，胡口反，欲吐也。

欱，吐。掇瑣本同。咸按：篆隸名義、集韵並從說文，吐也。今本王篇、手鑑作歐吐也。

摳，次表。掇瑣本摳，次衣。咸按：王篇摳，次衣也。集韵引埤雅：摳，格摳，次衣也。廣韵作次衣。此正文、

汁

注文並誤。

簍籠二。掇瑣本、内府本無二。咸按：篆隸名義、手鑑、廣韻、禮部韻畧俱作籠也。此二衍。

箁竹皮。掇瑣本同。咸按：篆隸名義：箁，蒲侯反，竹皮。五音集韻在蒲口切。此蓋部紐所遺而補寫於此。

口吻次。掇瑣本同。咸按：本書吻，口吻。此次字或衍。

釦金飾。掇瑣本同。咸按：同廣韻。篆隸名義、禮部韻畧並作金飾器。玉篇、集韻俱從說文，金飾器口。

鯫，士垢反，士溝反。掇瑣本同。咸按，廣韻作七溝切。史記項羽紀，鯫，徐廣云，士垢反。張良世家同馬貞云，鯫，趨勾反。漢書張良傳服虔云，鯫，七垢反。師古云才垢反。以其聲紐錯迕，故為改作。又史記貨殖列傳司馬貞云，鯫，昨苟反。咸謂此士垢之士當作才，即本師古。士溝之士當作才、本書徂鉤反有鯫，是廣韻作七亦誤。

棷，棸。又側溝反。掇瑣本棷䃴。反語同。咸按，廣韻作棸也。反語同。玉篇、集韻棸作柴。又按廣雅釋

黝韵

扷〻椒，柴也。又苟反。玉篇又垢切，又亦類隔。廣韵
俟韵側作子，則側實則誤。
蚴，〻蟉。擬續本有亦作蚴。咸按：篆隸名義〻蚴，蟉，
龍見原誤白。玉篇：蚴，蚴，同上。蟉，蚴蟉。
愀，茲糾反，又在由反，子了二反，色變。擬續本、內
府本茲作慈，擬續本由下無反字。作變色。咸按：
玉篇：愀，在九、子小二切，色變也。又廣韵、集韵愀
俱在宥韵湫細。
糾，〻告。擬續本作糾。內府本作糾，繩合。咸按：合
上當有三字。玉篇：糾，三合繩也。手鑑作繩三合

寑韵

也。

葚，覆〻。掇瑣本無〻。咸按：同廣韻、集韻，此〻衍。

鋟，爪刻鐨板。掇瑣本同。咸按：公羊定八年傳注：以爪刻鐨斂板。此落斂字。

懍，力稔反。敬，掇瑣本獮反語。咸按：手鑑、廣韻，力稔切。

禮部韻畧，力錦切。

醂，藏果實。咸按：掇瑣本及廣韻、集韻俱在感韻壈紐下，此衍。

顉，面黄肩。掇瑣本肩作瘠。咸按：同本書感韻，此誤。

燅𤎼，火。又舒甚。掇瑣本誤火舒又力甚反。咸按：手鑑：燅𤎼，力稔反，火舒也。廣韻同。篆隸名義、集韻並作侵火也。玉篇作火皃。此又舒二字誤倒。甚上漏力字，下漏反字。

醋，孅也。敕酒反。掇瑣本作子甚反，小甜。亦作䐡、䐡。咸按：篆隸名義：醋，孅，歃酒。集韻：醋，甘也。一曰歃酒。廣韻作小甜也。此作敕作反誤。

𩒹，白懊劣。掇瑣本白作皃。咸按：篆隸名義：𩒹，劣皃。玉篇作𩒹類，懊劣皃。廣韻作自懊劣皃。手鑑誤𩒹類，無皃懦劣也。此白當皃誤，且應在劣字下。

踸，亦作跣。掇瑣本作踔行無常皃。亦作踸。內府本趻作跉。咸按：廣韻、禮部韻略、集韻並作踸踔，行無常皃。從說文。玉篇作踸踔，趻者行，說同上。篆隸名義作行脚長短。又集韻，或作跉。二本作趻、跉皆誤。

忎，念〃。掇瑣本無〃。咸按：篆隸名義、今本玉篇、手鑑、廣韻俱作念也。此〃衍。

嬋，下志。掇瑣本同。咸按：廣韻、集韻並作志下。

䀎，暕〃。掇瑣本䀎，暕。咸按：玉篇暕，瞬，同上。䀎，亦同上。廣韻作暕也。此〃衍。

魿，大魚。亦作魜。掇瑣本魜作魫。咸按：校語詳感韻。

甚，大過。食枕反。食，掇瑣本作植。此同集韻。

訦，信。又持林反。掇瑣本持作特。咸按：玉篇：訦，時林切，信也。亦與諶同。篆隸名義：訦，特林反，諶字。諶，時林反，信。手鑑：訦，音甚，信也。廣韻：訦，信也。此持當特誤。

椹，桑葚。亦作㪊字。掇瑣本葚作實。咸按：玉篇：椹，或作㪊。又時枕切，桑子也。廣韻：葚，說文曰桑實也。𪏁，上同，俗又作椹。

噤，渠飲反，寒，唫，口急。亦唫。擬貞本作寒。亦作唫。又口急。咸按：篆隸名義：噤，渠飲反，唫字。集韻作寒，無唫字。此衍。又玉篇、廣韻、集韻俱從說文：唫，口急也。」

凚，寒。擬貞本無。咸按：同篆隸名義。廣韻引玉篇作寒極也。此衍。

蕈，葚錦反，菌生木上。又渠飲反。擬貞本此讀在㾕紐上渠飲反，又有蕈，此誤刪。咸按：篆隸名義：蕈，葚荏反，菌生木上也。玉篇又商錦反。今本玉篇作葚荏切。廣韻同篆隸名義。集韻作渠飲切，菌生木上。」

㾕，寒皃。擬貞本㾕，寒皃。咸按：同篆隸名義今本玉篇、廣韻、禮部韻略、集韻俱云：痒，寒病也。又諸書無訓寒皃之㾓，此正文誤。瘮，寒病。掇瑣本同。咸按：玉篇：瘮，寒病。痒，同上。廣韻同。二本漏寒字。

琰韻

顩，醜皃。掇瑣本作顩顩，醜皃。咸按：同玉篇、手鑑、廣韻、集韻，此漏聯語顩顩。

⿰足炎，庢行。掇瑣本作疾行。咸按：同廣韻。集韻作⿰足炎，疾行也。手鑑作疾，疾行皃。此庢當疾誤。

㢘，戾。掇瑣本同。咸按：手鑑作㢘㢘，户牡也。玉篇、廣韻並作㢘㢘，户牡也。此戾當㢘誤。

姎，袴姓不端良。掇瑣本作姎姱姓不端良。咸按：同廣韻。集韻作姓不端良謂之姎姱。此袴姓當姱姓誤。

譣，〻謏。掇瑣本謏作詖。咸按：同手鑑、廣韻、篆隸名義、今本玉篇、集韻俱從博雅，詖也。

广，因巖為室。掇瑣本室作屋。咸按：同手鑑、廣韻。篆隸名義亦省作屋。今本玉篇巖作广，餘同。此室誤。

嬐，重頤。掇瑣本作嬐。

噞，魚口喁上下見。掇瑣本作魚喁上下白。咸按：

手鑑、廣韻並作噞喁，魚口上下皃。此喁當在注首。掇瑣本魚喁誤倒，又落口字，白當皃泐誤。

檢，〻抜。掇瑣本作撿，撿抜。檢，書檢。咸按：廣韻：檢，書檢，印窠封題也。又檢校，俗作撿。禮部韻略：檢，書檢。

媕，婦名。咸按：篆隸名義：媕，烏斂反，婦女名。疑此漏女字。

[illegible]，[illegible]漸〻。掇瑣本無〻。咸按：玉篇：[illegible]，[illegible][illegible]，[illegible][illegible][illegible]，味薄也。廣韻同。集韻作味醨。本〻漸當[illegible]誤。

陵，不媢。掇瑣本作陖。餘同。咸按：篆隸名義、今本

陖

玉篇、廣韻竝同。集韻從說文，不媚，前却陝陝也。

此正文誤。

謟，曲媚。謟，訣。掇瑣本同。咸按：篆隸名義：謟，謟。謟，

謟字。今本玉篇：謟，謟，同上。手鑑：謟，俗；謟、謟，二正。

廣韻、禮部韻略、集韻亦俱以爲異體同字。曲媚

未詳。二本析之誤。

閹，官。二掇瑣本作官名。內府本作宮官。

旃，掩。掇瑣本作旃。咸按：廣韻作旃，掩也。

掩，桂。掇瑣本作椄。咸按：集韻引博雅：掩，檻，棕也。

篆隸名義、今本玉篇、廣韻俱作奈。

腌，〻屋省。掇瑣本省作雀。咸按：〻篆隸名義、今本玉篇、手鑑、廣韻俱作屋腌雀，此〻屋二字誤倒，省亦當雀誤。

罨，网〻。掇瑣本無〻。咸按：玉篇〻罨，罕也。罕，罔也。此〻行。

裺，褔。掇瑣本同。咸按：集韻〻說文，褔謂之裺。此正文、注文並誤。

醎，酢〻。掇瑣本無〻。咸按：同篆隸名義，今本玉篇此〻行。

𩟗，薄味。掇瑣本同。咸按：同篆隸名義。

忝韻

忝，發語詞。掇瑣本同。咸按、未詳。

銛，取。掇瑣本同。咸按、廣韻集韻並云：銛，取也。二本正文並誤。

㛼，弱。ゝゝ。掇瑣本無ゝゝ。咸按：廣韻作弱也。此ゝ行。

叜腦盖。正作叜。掇瑣本叜，腦蓋。正作叜。咸按：廣韻：叜，腦蓋也。俗作叜。集韻：叜、叜，腦蓋也。或作叜，此叜當作叜。掇瑣本正文從文並誤，或體亦誤。

肯，可。一。掇瑣本下有能，奴等反，多一。

㺨，涂ゝ。掇瑣本作塗。咸按：同篆隸名義、今本玉篇、手鑑、廣韻、集韻，俱從博雅。此ゝ行。內府本亦

等韻　蹖韻

無。

湛，々然，齊物。掇瑣本作整物。撖厄，々。掇瑣本作撖危。咸接々，同廣韻。集韻々，撖危，也。此正文、注文並誤，々亦衍。

澰，臉澰瀲。掇瑣本無臉字，咸接々，同廣韻。玉篇、集韻並云澰瀲，水聲。此臉衍。

闞，火檻。掇瑣本、內府本作虎聲。又火檻、苦暫二反。

欿，笑々。掇瑣本、內府本無々。咸接々，同手鑑、廣韻、集韻。此々衍。

檻韵

摻，〻。掇瑣本、內府本作執袂。咸按：同玉篇、手鑑。此〻下當有執袂二字。

喊，聲。掇瑣本同。咸按：同玉篇、集韵。

僴[illegible]，〻。掇瑣本無〻。咸按：同篆隸名義、今本玉篇、手鑑、廣韵、集韵。此〻衍。

檻，欄〻。掇瑣本作闌，無〻。咸按：同玉篇、廣韵。此〻衍。

[illegible]，勇〻。掇瑣本無〻。咸按：篆隸名義：[illegible]，胡黯反，健勇。此〻衍。

𨼒，橝〻。掇瑣本、內府本無〻。咸按：篆隸名義：𨼒，

范韵广韵

饘也。飡郎〻饘，糜也。正篇同。手鑑誤㯺，䊪誤擅。廣韵作䊪也。此〻衍。

獭，莫檻反，小犬吠。掇瑣本莫作荒，餘同。咸按〻同廣韵。此莫當荒誤。

嵁，〻絶。掇瑣本同。

欽，崖。掇瑣本、内府本作欠崖。

範，模〻。掇瑣本無〻。咸按〻手鑑作模也。集韵〻一曰模也。此〻衍。

范，蜂〻。掇瑣本、内府本無〻。咸按〻同廣韵。

切韻卷四 去聲

二宋：陽與用、降同。咸按：敦煌本、內府本降作絳。此誤。

十二泰：咸按：內府本泰在祭後。

十三霽：李與杜與祭同。咸按：李與杜三字衍。

十七夬：與會同。咸按：敦煌本在怪下，作夏侯與泰同，杜別，今依杜。

廿霰：咸按：敦煌本作陽、李、夏侯與線同，呂、杜並別，今依呂、杜。

廿二嘯：咸按：敦煌本有陽、李、夏侯與笑同，夏侯与効同，吕杜並別，今依吕杜。

卅四効：咸按：掇瑣本有陽与嘯、笑同，夏、杜別，今依夏矦、杜。

卅漾：咸按：平聲，掇瑣本下有陽、唐。入聲，掇瑣本下有□□□並別漾上，掇瑣本有去聲二字。今按：上聲養下作入聲藥、鐸，則衍一□。

卅八幼：杜与宥同。掇瑣本下有候字。

送韻

送：從。咸按：掇瑣本、內府本無此訓。

虹：縣名，沛郡。咸按：掇瑣本、內府本沛上有在字。

箠，杯答。撥饋本箠，桮答。咸按：篆隸名義：箠，桮答。

答，桮器籠。廣韵作杯答名。此答當答誤。

櫝，格二。撥饋本、内府本作櫝，格。無二。咸按：廣韵：

櫝，格木。二本格下並漏木字，撥饋本二衍。柴本正文誤。

嗙，二口。咸按：手鑑作鳥鳴。廣韵：部云，鳥吟。禮部

韵略作鳥聲。

甕，瓬二。内府本作瓦器。咸按：玉篇作大甕也。篆

隸名義但作甕。廣韵從說文，罌也。又手鑑：瓬，瓦

也。

迵，遇二。咸按：篆隸名義、廣韵並作過，無二字。此

誤。

舩，舩纜所繫。咸按：注同廣韻。手鑑繫下有木也二字。廣韻、手鑑正文作舩，正誤。篆隸名義、玉篇、集韻作舩。

瞷，轉目。咸按：同手鑑、廣韻。玉篇作轉目視。內府本作瞋目視，吳楚間云。按：集韻：說文，吳楚謂瞋目顧視曰瞷。手鑑同。

嘞，歌大。咸按：篆隸名義作哥聲，廣韻作大歌聲。

䵷，好。咸按：同篆隸名義、集韻，今本玉篇作好皃。

諷，諫。咸按：同集韻。

夢，草澤。擬續本注作莫鳳反，草澤四。咸按：集韻：一曰草中曰夢中。當如此作澤。

䠓，䠓夢。咸按：上文作𨇖䠓，㾓行。玉篇足部：𨇖莫仲切，𨇖䠓，㾓行皃。篆隸名義：𨇖莫仲反，䠓，㾓，原誤䠓行。手鑑、廣韻並作𨇖䠓，㾓行皃。此從夢誤，二字亦誤倒。

賵，亦作䀄。咸按：篆隸名義：鳳，賵字。今本玉篇：賵，鳳，同上。集韻（廣韻）：古作鳳，此誤。

𢋴，兵。內府本同。咸按：廣韻：閧，俗作𨶹。手鑑：閧、𨶹，原誤𢋴，二同。此正文誤。

齈，多涕鼻中病。咸按：手鑑作多涕鼻疾也。廣韻、集韻並同，此中衍。

宋韻

癑，病。咸按：病，篆隸名義、今本玉篇、手鑑、廣韻俱作痛，此誤。

劇，垂屬。咸按：篆隸名義作垂屬。今本玉篇、廣韻並作錘屬。此蓋作垂或錘。

謥，〃詷。咸按：手鑑：謥，謥詷，詷言急也。詷，謥詷，言急過也。玉篇：謥，謥詷，言急。詷，謥詷。禮部韻畧亦作謥詷。

豵，豕〃〃。內府本作豕三歲。咸按：玉篇、廣韻、韻會並作牡豕。手鑑：豵（原誤豵）雄猪也。此注首漏牡字、〃

用韵

衍。

霿，地氣上天不應。咸按：手鑑霿，莫用反，下應也。又地氣上，天也。下應當作不應，又錯植于句上，也字亦衍。

碚，隆，岩〻，石聲。丘中反。咸按：同篆隸名義、今本玉、廣韵。集韵作石落聲。手鑑作石落，漏聲字。

用，以〻。咸按：廣韵以作也。

𩫖，用，或為庸字。公。咸按：玉篇𩫖，今作庸。集韵𩫖，自用也。公，未詳。

誦，讀〻。咸按：同廣韵。周禮瞽矇注，諷誦詩謂闇讀之不依詠也。是誦訓讀。玉篇：讀，讀誦也。

訟，訂〻。咸按：集韻：一曰訶訟。此注首字當作訶。

縫紩衣。內府本作衣縫。咸按：同廣韻。又篆隸名義：縫，以鍼紩衣。今本玉篇作以針紩衣也。紩，縫衣也。

儱，他用反，行不正。咸按：玉篇：儱，力用切，儱偅，行不正也。偅，儱偅。此注首脫聯語儱偅。

⿰革耳，毳飾。或作茸。咸按：篆隸名義、今本玉篇、廣韻俱作⿰革茸，毳飾。集韻毳上有⿰革茸字。又玉篇：⿰革茸，或作⿰糸茸。集韻同。此正文或體並誤。

絳韵

惷，蕄蕩。咸按：本書宕韵蕄作𧄏。篆隸名義、今本玉篇、手鑑、廣韵、集韵俱作𧄏碭，此誤。

降，亦作夅。咸按：玉篇：夅，今作降。廣韵：降，夅，上同。集韵：夅，博雅，差也。

䡴，車。内府本作衝城戰車。咸按：同廣韵。禮部韵畧、集韵並作衝城車。篆隸名義、今本玉篇並作戰車。此注首脱漏戰字。

胖，〻脹，臭。咸按：廣韵臭下有皃字，集韵同。玉篇作胖脹也。

䎫，又降。咸按：下當有反字。

寘韵

忮，傷害懻心。咸按：王篇：忮懻，忮，害心。懻，懻忮也。廣韵作懻忮，害心。集韵作一曰懻忮，狠害也。手鑑作懻忮，恨也，害也。懻忮雙聲聯語，此從文懻應植遲首。其下應有二文。

伎，害。詩云詢人之忒。咸按：篆隸名義：忮，害。手鑑同。又今本王篇作鞠人伎忒。廣韵作鞠人忮忒。此詢、之二字並誤。

詖，不知。咸按：同集韵。王篇作何為不知也。

比，次。咸按：集韵：比，次也。

荔，又薛。咸按：篆隸名義：薛，荔，香草。今本王篇同。

韵會又薛荔，草名。
離，遠。咸按：韵會、增韵，漸相遠離。
欣，歐。撥續本、內府本作欣，咸按：篆隷名義、今本玉篇、手鑑、集韵俱作欣，歐也。此正文誤。
杫，肉机。後書漢郎無被杭杫。咸按：玉篇：杫，肉几也。廣韵：杫，肉机。後漢之亂，尚書郎無被枕杫也。此書漢二字倒植，又漏尚字。正文、注文杫字並當杫誤。
賜，賭。亦作貺。咸按：篆隷名義：賜，貺，同上。手鑑：賜，俗。貺，或作。賜，正。集韵：賜，或从危。

跂，居委反，戴。咸按：篆隸名義作戴閣。今本玉篇：
跂，居委切，載也。手鑑作居委反，枕也。居偽反，載
物也。廣韻作戴物反居委切。
庪，毀。咸按：篆隸名義、今本玉篇、手鑑、廣韻、集韻
垝同。
詖，險〻。敪續本同。咸按：同廣韻、禮部韻畧。手鑑
作譣詖也。韻會云：徐按：詩譣詖，私謁之心譣詖。
岳珂本作險詖。
鞁，裝束〻。咸按：廣韻下有馬字。手鑑作裝束馬
也。玉篇作鞍上被。

弢，絲弢弓。咸按：集韵作絲皮飾弓也。

備，御〻。咸按：此義未見。韵會：備，平祕切，次髮細下，引增韵：預辨也。玉篇、篆隸名義並作預也。此或從之。

裝，褶〻。咸按：篆隸名義作褶。廣韵作衣不展也。此〻衍。

累，緣〻。咸按：廣韵作緣坐也。禮部韵略、集韵並作事相緣及也。此〻衍。

騎，乘〻。撥續本作乘。咸按：同玉篇，此〻衍。

輢，枕〻。撥續本同。咸按：廣韵作枕輢。然廣韵於義切、於綺切下枕並作車。

康門邊别木。掇瑣本康，偏康屋。咸按：廣雅釋室：康，舍也。衆經音義十五云：廣雅，庵，舍也。埤蒼：庵，康也。喪服四制引書：高宗諒闇，鄭注：闇謂廬也。喪禮通故云，按，倚廬者，以豎木數本斜倚東墉，其垂至地處有横木，横束之下卧于地，即所謂楣。既虞乃柱其楣，而謂之梁。又云：鄭玄云，倚木為廬，在中門外東方北户。此云門邊别木，其約禮説之見於注者歟。

束，小芒。掇瑣本作束，木芒。咸按：同廣韵、集韵。正正文及注文小字並誤。

莿，針。綴韻本作莿針，咸按：玉篇、廣韻並作草木針也。

庛，長尺一寸。綴韻本庛，耒〻。咸按：玉篇：庛，耕具也，長尺一寸。此殆約取廣韻作周禮車人為耒庛，長尺有一寸。綴韻本耒庛當依此。

截，或作蠽。咸按：篆隸名義、今本玉篇並同。集韻云，或作蠽。

諫，數〻。綴韻本諫，數諫。咸按：同廣韻、集韻，俱本說文。此正文誤，〻亦當作諫。

伿，惰〻。綴瑣本無〻。咸按〻：篆隸名義、廣韻作惰也。集韻誤惰。玉篇〻：伿，說文云墮也。手鑑誤墮。此〻衍。

䙰，䙰。綴瑣本同。咸按〻：篆隸名義〻：䙰，䙰衣，面衣。廣韻作䙰，面衣。集韻〻、博雅，䙰謂之幓帞。玉篇巾部〻：幓，幓䙰，面衣也。名義巾部〻：幓，面衣。

誼，漢有賈誼，年盡十八能文。綴瑣本無年以下諸字。

義，訓文。又宜。綴瑣本同。咸按〻：篆隸名義〻：義，宜。禮部韻略義，亦作誼。釋云，宜也。名義言部〻：誼，宜。手鑑：誼，宜也。古文義字。訓文之義未詳。
漬，潤。潑殨本同。咸按：手鑑：漬，浸，漚，潤，漬也。宋漬
字衍。
殨，骨。或作骴、殊。潑殨本亦作體、殊。咸按：廣韵作
骨也。集韵：骴，或从肉。亦作髊、殨、殊。或書作胔。篆
隸名義：殊，骴字。骨部：髊，胔字。骨。今本玉篇：殨，又
與胔同。殊，今作骴。骨部：胔，作骴同。髊，聲類云此
亦胔字。則此本殊殆沿野王原書誤，當作殊。潑
殨本殊誤亦同。體當髊譌。
胔，爛〻。咸按：手鑑：⿰月闌，正作爛。篆隸名義：爛，熟，爛，

同上。今本玉篇：爛，熟也。此瀾當爛誤，二行。

智，心惠。掇瑣本同。內府本作明察。

縋，繩。內府本下懸字。咸按：同手鑑、廣韻。篆隸名義但作懸。今本玉篇作懸索。此注首漏懸字。

吹，唬氣。掇瑣本作嘘氣。咸按：玉篇：吹，出氣也。嘘，吹嘘。聲類曰，出氣急曰吹，緩曰嘘。篆隸名義：嘘，吹嘘。集韻：吹，嘘也。此唬當嘘誤。

籥，習管。掇瑣本作籥，習管。咸按：集韻：籥，歙，通作吹。篆隸名義：籥，吹。今本玉篇亦云：今作吹。

蚑，行喘息。掇瑣本作吱。咸按：手鑑：吱，行喘息皃也。廣韵同。集韵：跂，行喘息。或从口。此蚑誤。踶亦作提。掇績本同。咸按：篆隸名義、今本玉篇、手鑑、集韵俱同。䗐，米中申虫。掇績本申作甲。咸按：同篆隸名義。今本玉篇作米中黑甲蟲。此申當甲誤。𨄋，屨不攝。掇績本下有根字。咸按：手鑑作不攝跟屨也。廣韵作屨不攝跟。集韵同。此漏跟字。䧳，雅鳥。掇績本同。內府本作䧳鳥。咸按：手鑑作雅鳥別名。宋本廣韵作雅鳥別名。集韵：一曰雅鳥。二本烏當鳥誤。內府本䧳當雅誤。

縻，靡寄反。掇瑣本下有羈字。咸按：集韻靡作糜。
夘，慶。掇瑣本同。咸按：玉篇夘，大有慶也。廣韻同。集韻作有大度也。度當慶誤。此據玉篇刪節。此正文誤。
瀡，渭。掇瑣本渭作滑。咸按：同玉篇、廣韻、集韻，此誤。
桵，四把。掇瑣本同。咸按：同篆隸名義。今本玉篇、手鑑、廣韻、集韻四上有禾字。
諈，諉〻。咸按：同手鑑。篆隸名義、今本玉篇、廣韻、集韻俱作諈諉，從說文。諉諈、諈諉疊韻聯語，上下二字可以互換。

至韵

𢐈，彼〻。掇續本作㢸𢐈。咸按〻篆隸名義〻𢐈，㢸𢐈。
㢸，張弓。集韵作張弓皃。廣韵作弓皃。玉篇〻𢐈，㢸
𢐈。㢸，彼𢐈所以張弩也。此彼當㢸誤。
𢸍，擊。内府本擊作持。咸按〻同篆隸名義、今本玉
篇、手鑑、廣韵。禮部韵略、集韵從說文，握持也。此
擊誤。
鷙，擊鳥。或作𪅀。咸按〻廣韵、禮部韵略並作擊鳥。
集韵作擊殺鳥，本說文。手鑑〻鷙，執鳥也。謂鷹鸇
之屬能執衆〻鳥者也。本廣雅釋鳥。又玉篇、手鑑、
集韵俱以𪅀爲鷙異體。

鰲，魚〻。掇瑣本無〻。咸按〻玉篇、手鑑、廣韻、集韻俱作魚名。此〻當名誤。

鞜，杠絲。亦作鞕。掇瑣本同。咸按〻篆隸名義〻鞜，榼杠絲。鞕，上字。玉篇作蓋杠絲也。鞕，同上。集韻〻鞜，說文，蓋杠絲也。徐鍇曰，絲其繫系也。或从至。手鑑、廣韻並省作杠絲名。

⿰忄疌，怒。掇瑣本作懥。咸按〻篆隸名義〻⿰忄疌，丁四反，怒。鷙字重。此俗依野王書。今本玉篇、廣韻並作懥，怒也。集韻〻疐，亦作疌。則⿰忄疌、懥同。

贄，國名。亦作⿱執女。掇瑣本作國名亦持。咸按〻手鑑、廣韻、集韻此義在摯下。又集韻：𡠗，亦作贄，通作摯。玉篇：贄，亦作摯。篆隸名義：𡠗，摯字。

位烈。掇瑣本作列。咸按：篆隸名義：位，列。今本玉篇、廣韻、集韻俱依說文，列中庭之左右曰位。此烈誤。

鄙在扶風。今音眉。掇瑣本同。咸按：玉篇、集韻並作在右扶風，此漏右字。今廣韻作又，玉篇同。按：崧高釋文鄙，武悲反，又亡冀反。手鑑鄙音眉，同二本。

眉，竹之。內府本作竹名。咸按：同廣韻、集韻。此二當名誤。

箭，筍冬生地中。內府本作箭竹出漢中，筍冬生。咸按：篆隸名義作筍冬生地中掘食。今本王篇作竹長節深根，筍冬生。廣韻作笋冬生名。集韻依王篇。

熠，焅。咸按：手鑑、廣韻並作焅熱。集韻引博雅：焅謂之熠。一曰旱熱。按：王篇、篆隸名義並云，焅旱氣。手鑑同。此焅當焅誤。

旞，亦作旗。綴續本旗作旞。咸按：篆隸名義：旞，旞，同上。今本王篇同。集韻：旞，旞，或从遺。此旗誤。

璲、玉〻。掇瓆本無〻。咸按ミ廣韵作玉也。此〻衍。

穗、秀稻。掇瓆本作秀。正作采。咸按ミ玉篇ミ采、禾成秀也。穗、同上。手鑑ミ穗、禾秀也。廣韵采、穗、上同。集韵同。

檖、楊檖、木名。子可食。掇瓆本同。內府本下有似梨二字。咸按ミ手鑑作陽檖、木名也。廣韵作陽檖、木名。一曰赤羅子。似梨小酢可食。禮部韵畧ミ檖、釋云、赤羅子、似梨、小酢可食。

𨻉、塞上亭遂火。咸按ミ篆隸名義𨻉、燧字。玉篇作𨽿、今作隧。阜部ミ隧、或作𨽿。廣韵ミ𨽿、說文曰、塞上亭守𤏶者。燧，上同。禮部韻略、集韻燧下有火字。又云，燧，古作𤏶，通作燧。又玉篇火部：𤏶，𤏶燧，候表，邊有警急，則舉之。燧、𤏶，同上。𤏶，同上。此逢當𤏶誤。

㒕，𨘷蓫。綴繸本作蓫，餘同。咸按：同篆隸名義。今本玉篇：蓫，𨘷蓫也。亦作蓫。集韻：蓫，或作篴、蓫。廣韻作篴。此㒕當蓫誤。

轊，囊組。又齒苟反。內府本作又口苟反，餘同。咸按：篆隸名義、今本玉篇並作囊組。集韻作櫜紐。廣韻同此。集韻：韝，囊組謂之韝、𩏄、韝異體。廣韻：韝，或作轊。轊當𩏄誤。

穟，稻〻。咸按：手鑑、廣韻並同。
檇，木有所擣。又子迴反。擬續本木上有以字。咸按：集韻：檇以木有所擣。廣韻作檇。此正文誤。又本書所回反有字。
誶，言。詩云可以誶止。擬續本亦作言。咸按：同玉篇。手鑑：誶，言也。詩云，歌以誶止。廣韻同。此注可當歌誤。
粹，亦作睟。內府本無此語。
淚，悲〻。擬續本〻作涕。咸按：篆隸名義、今本玉篇、手鑑、廣韻俱作涕淚也。

䏲祭名。掇瑣本名作肉。咸按：同篆隸名義。集韻：

䏲，一曰師祭，殆即此所云祭名。

閟閉〻。掇瑣本、內府本無〻。咸按：同篆隸名義、

今本玉篇、手鑑、廣韻、禮部韻略、集韻，此〻行。

柴，地名。咸按：手鑑：柴音秘，魯東郊地名也。玉篇

桒，音秘，又地名。柴同上。廣韻：柴，又魯東郊地名。

說文作桒。集韻：柴，地名。桒、柴無地名訓。

壝壇，埒又以水吸。掇瑣本同。咸按：篆隸名義：壝，欲鬼反，壇。

今本玉篇：壝，欲癸、欲追二切，壝猶壇也。手鑑：壝，

以追、以水二反，埒也，壇也。禮部韻略、集韻並作

墤，堛埒也。依以水反，知本書沿野王書誤，轒，強〻。掇瑣本無〻。咸按：篆隸名義轒，渠位反，強。手鑑〻轒、轒，求位反，強原誤弦也。此〻衍。掇瑣本同〻。滿，敗皃。咸按：廣韻〻滿，敗皃。玉篇、篆隸名義並同此。集韻滿〻滿〻沄，敗皃。廣韻作漏亦誤。𨌲，車軾。亦作𨌲。掇瑣本𨌲，車軾。亦作𩋵、鞴、絥、軑等。又並扶福反。咸按：篆隸名義、今本玉篇並云：𨌲，車軾也。集韻〻絥，說文車絥也。或作茯、鞴、𨌲、𩎗〻絥，說文車絥也。鞴，上同。鞁，上同。玉篇革部〻𩋵，車𨍷。亦作絥、𩋵、𨌲、鞴，同上。糸部〻絥，車絥也。亦作軟、軟。車部：軟，軾也。廣韻軙當軟誤。

牖、輪模。咸按：篆隸名義作輪塻。今本玉篇作牖摸也。手鑑作牖，牖也。廣韻依玉篇。集韻作牖也，摸也。名義塻當摸誤。

愧、亦作䁛媿謉掇瑣本作聭。咸按：手鑑：聭，居位反，慚也。廣韻：媿、愧、聭、謉並上同。此䁛當聭誤。

騩、馬色。掇瑣本同。咸按：同手鑑。

䯣、昧加地。掇瑣本作涑加地。咸按：手鑑作膝柱地也。廣韻作膝加地也。集韻：一說以膝至地。昧當膝誤。

樻、樻木腫節可為杖。掇瑣本同。咸按：篆隸名義、集韻並從說文，椐樻木腫節可為杖。今本玉篇：椐，樻也。樻，木可為杖。手鑑、木部：樻，[illegible]樻椐，木名。又腫節可為杖也。廣韻作樻椐木，腫節可為杖。

此二上當有椐字。

膩，肥。擬續本、内府本作膩。咸按：篆隸名義：膩，上肥。手鑑作肥也。集韻從說文，上肥也。

㐌，㐌。咸按：玉篇、廣韻並云：㐌㐌也。此正文誤。

𤢗，許偽反。擬續本同，内府本偽作位。咸按：同手鑑、廣韻、集韻。

燹，火。又息淺。擬續本下有反字，此漏。

視比。掇瑣本同。咸按：同篆隸名義。

眎，視：。掇瑣本無：。咸按：篆隸名義：眎，視。今本玉篇：眎，亦古文視。此：衍。

蒞，臨：。掇瑣本作蒞，無：。內府本作涖。咸按：廣韵：莅，臨也。亦作蒞。禮部韵略：莅，臨也。亦作涖。玉篇：莅，臨也。與涖同。此正文誤，當作蒞。：衍。

涖，臨聲。掇瑣本涖，：：聲。咸按：廣韵、玉篇並作涖涖，水聲。集韵：：一曰涖涖，下瀨水聲。篆隸名義作下瀨二字，刪削太甚。

屁，氣洩。或作⿰米賛。掇瑣本、內府本洩上有下字。咸按：同手鑑、廣韵。又玉篇作泄氣也。

躓，礙，頓。掇瑣本、內府本無頓字。咸按：廣韵作礙也，頓也。篆隸名義：躓，頓。手鑑作躓頓。掇瑣本、內府本並漏頓字。

摯，亦作輊。掇瑣本、內府本輊作輊。咸按：同篆隸名義、今本玉篇、手鑑、廣韵、集韵，此誤。

𨀁，趴。掇瑣本同。咸按：篆隸名義：𨀁，於進反，趴。足部：趴，匹付反，赴。今本玉篇：𨀁，於進切，又竹四切，仆也。走部：趴，芳付切，亦作赴。手鑑：趴，芳付反，又仆也。廣韵：𨀁，陟利切，赴也。又於進切。玉篇訓仆，誤。集韻〻㯴，卧也。
㩇，到。㩇縝本到作刲。咸按〻篆隸名義〻撥，智剩反，
到。手鑑作到也。
結，多〻。㩇縝本誤結，多。內府本無〻。咸按篆隸名義、今本缶，
並作多也。集韻引埤雅〻結，多也。此〻衍。
䙺，晚禾。亦作稉。㩇縝本稉作穲。咸按〻手鑑〻䙺、穲，
二俗。穲，正。晚禾也。廣韻〻穲，晚禾。禮部韻略〻穲，幼
禾。詩閟宮〻植穉菽麥。傳〻後種曰穉。正、偏〻穉，幼禾也。
稉，同上。集韻〻䙺，亦作稉。
嚜，〻尿，多許。㩇縝本同。咸按〻手鑑〻嚜，〻尿，尿原誤

㞙，小兒多許也。廣韻〻：屎，屎𡀗，多許。集韻〻：𡀗〻屎，
欺也。
緻，履底。撥績本同。咸按〻：篆隸名義〻：緻，除利反，緉。
緉，緻，履底。今本玉篇〻：緻，緉緻。緉，履底。緉當作緻，
在注首。緉緻聯語。廣韻〻：𩌦，履𩌦，底也。緻，上同，注
𩌦衍。玉篇〻：𩌦，履底。
[illegible]，分蠶。撥績本作[illegible]，訓同。咸按〻：廣韻〻：綴，分𧖻。玉
篇〻殳部〻：綴，𧖻綴。集韻〻：綴，𧖻析曰綴。或从攴。二本
正文並誤。
懫，忿戾。撥績本同。咸按〻：篆隸名義〻、今本玉篇〻、集

韵俱從說文，忿戾也。

愼，強直。掇瑣本同。咸按：集韵作彊直皃。手鑑作彊力皃。廣韵同。禮部韵畧作彊力也。釋按，馬遷氏俗愼佞言強直也。

臮，與詞。掇瑣本作彖與詞。咸按：同廣韵。禮部韵畧作彖詞語也。篆隸名義作辞，与暨字。今本玉篇作與也。韵畧從說文。

洎，至。掇瑣本至作潤。咸按：手鑑作洎，渠器反，至也，及也。廣韵作潤也，及也。

湶，水名。掇瑣本同。內府本作湪。咸按：同廣韵玉篇篆篆隸名義作溴，渠致反，殆即此本、掇瑣本所依。集韻從説文溴，水也。

鱀，魚，大腸。掇瑣本腸作腹。咸按：集韻作魚名，鱁也。大腹喙小，銳而長，齒羅生上下相銜。此腸當腹誤。

澤，下濕。掇瑣本作不濕。咸按：玉篇、廣韻、集韻俱作下濕也。二本並誤。

髤，以續所以朱絹者。掇瑣本髤，以漆塗器。紁績所朱絹者。内府本作髤，以漆塗器。下亦有紁績所朱絹。咸按：手鑑：髤，今髹，正。以漆塗器也。玉篇：

紩，續也，所以緝也。廣韻同。二本此誤合。

鬈，鬈髮。掇瑣本鬈，鬈髮。咸按：同廣韻、手鑑：鬈，美髮也。此正文、注文並誤。

饐，餅傷熱。掇瑣本餅作餅。咸按：篆隸名義、禮部韻略、集韻俱從說文，飯傷溼也。玉篇：饐，饐餲，臭味變。餲，飯臭也。手鑑、廣韻並作食傷熱。釋器釋文引字林，飯傷熱，溼。此餅當餅誤。內府本下有又傷溼二字。

欭，喑歎。掇瑣本欭，喑欭歎。內府本同。咸按：同手鑑、廣韻。此注漏欭字。

擡，擧手。掇瑣本同。內府本有下手二字。咸按：同韻會所引説文，手鑑作拜舉手揖也。

柶，角上。擬須本同。咸按：上，廣韻作匕。集韻引説文：禮有柶。柶，匕也。禮部韻略引周禮同。二本並誤。

肂，埋官次下。擬須本作肂，埋棺坎下。咸按：集韻：肂，或作殔。玉篇：肂，埋棺坎下也。廣韻同。篆隸名義：殔，埋棺之坎瘞。此官次二字當棺坎誤。

｜，上下通。又他外反。咸按：見擬須本。今按：玉篇：｜，思二切。説文曰：下上通也。引而上行讀若囟，引而下引讀若退。篆隸名義：｜，思貳、他外二反，上下通。

器，去冀反，四。綴瑣本四作皿。咸按：篆隸名義：器，祛冀反，四。即此所依。又今本玉篇引說文，皿也。續韻、集韻、禮部韻略訓俱同。

季，末。綴瑣本同。咸按：韻會，又末也。凡時之末月為季月，世之末曰季世。

鼻，面中岳。綴瑣本同。咸按：韻會：增韻，面之中部。

比，近，有四音。綴瑣本作近。又必履、毗脂、扶必三反。咸按：篆隸名義：比，近。今本玉篇：脾至切，近也。又步之、毗吉、必至三切。續韻作房脂、必履、扶必三切，禮部韻略同。

襣，褌〻。掇瑣本無〻。咸按：同篆隸名義。集韻襣，幝也。幝當褌誤。手鑑：褌音昆，內衣也。坒，地相次。或作毞。掇瑣本坒誤比，餘同。咸按：玉篇、廣韻、集韻俱從說文，地相次坒也。手鑑作地相坒次也。又集韻：枇，或作毞。此誤。

𩑋，首。掇瑣本同。內府本蒼頡篇云，首子曰自。咸按：篆隸名義：𩑋，首子。集韻同。內府本自當𩑋誤。玉篇作人初產子義同。又手鑑、廣韻並云：𩑋，首也。疑即依此本及掇瑣本，玉篇引方言云，人之初生謂之首。乃𩑋之別義。

畀，𢌚。亦作畀。掇瑣本畀，與。咸按：同玉篇、廣韻。集韻：古作畀，此正文誤。

庛，蘑：。掇瑣本、內府本無：。咸按：集韻引說文蘑也。此：衕。禮部韻略亦云蘑也。

瘴，足氣。掇瑣本同。咸按：廣韻作足氣不生，篆隸名義、今本玉篇並作足氣不至轉筋也。集韻作足氣不至病。手鑑作足瘴病也。疑二本刪省太甚。

地，古作埊。掇瑣本、內府本無異體。咸按：手鑑：埊，古文，音地。集韻：唐武后作埊。手鑑殆依此。

䨘，見雨止息。掇瑣本同。咸按：篆隸名義、今本玉篇、手鑑、廣韻、集韻俱從説文見雨而止息。段注説文校作比息。

䋾，重。亦作縻。掇瑣本同。咸按：篆隸名義、今本玉篇並作重也。殘本玉篇：䋾，説文以為亦縻字。又按：廣雅四：䋾，曹音以豉，重也。説文：縻，牛轡也。䋾、縻或从多，是縻或作䋾，靡為切。而䋾亦可作縻，故廣韻、集韻皆無此語。

录，猪名。掇瑣本作希。咸按：今本玉篇：希，豬也。篆隸名義希部作录，此录殆依野王書。

貤，重物次第。掇瑣本同。咸按：手鑑：貤，羊至、神至二反，重物次第也。同廣韻。集韻寘韻依說文，重次第物也。下同。

庾，倉庾。掇瑣本同。咸按：玉篇、廣韻並作倉也。集韻作廥也。二本注文實含倉、廥二義。

示，指。掇瑣本作垂信。咸按：廣韻作垂示。禮部韻略同。

謚，易名。從盖。掇瑣本謚，易名。從盖省，从益非。咸按：玉篇：謚，諡同上。韻會云：本作謚，或作諡。集韻亦云：謚，諡，或省。

貤音。從痓反二。撥縝本、內府本作貤，重物次第。自痍二反，從。二。咸按：此誤連自字。正文、注文並擅刪改。」

懟，亦作謝。撥縝本同。咸按：篆隸名義：謝，懟字。今本玉篇：謝，或作懟。集韻：懟，或从言。

達，前頞。又口點反。撥縝本達，前頞。又口點反。咸按：篆隸名義：謀，口點反，前頓。今本玉篇：謀，口點切，前頓也。集韻：速、速、謀。說文：速，前頓也。此正文、注文並誤。撥縝本頊亦誤。二本又音亦誤。手鑑謀，先叶反。則作點是。

瀳，瀳清矣，出漢書王子侯表。撥縝本無出字。咸按：此同廣韻。

志韻

屍，以皴。掇瓆本以作似。咸按：廣韻、集韵並作似皴皃。此誤。

皴，栗體。掇瓆本同。咸按：同篆隸名義、今本玉篇、手鑑、廣韻。

誌，認認。掇瓆本作言意。咸按：玉篇、廣韻、集韻俱從說文，記誌也。手鑑作記也。禮部韻畧同。此認當記誤。言意未詳。

笥，虫篋。掇瓆本作篋笥。內府本作笥篋。咸按：此蓋篋篋之誤。

伺候〻撥續本內府本無〻咸按〻手鑑〻伺候察
也察上漏也字廣韻作伺候也集韻伺覗一曰
候原誤伎也篆隸名義〻覗伺字此〻衍
弒逆殺撥續本同咸按〻廣韻作大逆亦作殺
幟旌撥續本內府本幟旗咸按〻禮部韻略作旗
也廣韻作旗幟集韻同韻略撥續本亦同此旌誤
憖憂〻撥續本無〻咸按〻廣韻憖憂也集韻憖
憂也說文心部楚潁間謂憂曰憖此〻衍
字支撥續本支作文咸按〻未詳
牸〻牛撥續本同咸按〻同手鑑篆隸名義今本

玉篇並作母牛。廣韻作牝牛。

芓亦作字。掇瑣本字作孶。咸按：篆隸名義：芓、孶字。今本玉篇：芓、孶同上。廣韻：孶、芓上同。集韻：芓，古作孶。此本字當孶誤。

珥，珥飾。掇瑣本作耳餌。咸按：廣韻作耳飾。珥作耳飾璫也。璫，耳璫也。篆隸名義：珥，耳璫也。此〻當作耳。掇瑣本餌當飾誤。

毦，氅毦。掇瑣本作氅毦。咸按：宋本廣韻作氅毦，羽毛飾也。玉篇作以毛羽為飾也。禮部韻略：一曰兜牟上飾。集韻作兜鍪上飾。

佴，次〻。𢵦續本無〻。咸按〻同篆隸名義、侍鑑、廣韻。今本玉篇作佽也。此〻衍。

䲸，阜窔。𢵦續本窔作突。咸按〻同篆隸名義。廣韻作山阜突也。今本玉篇作阜突也。突當窔誤。又玉篇穴部〻窔，穴也。廣韻同。此泆或為別義。

㲋，獸似貍。亦作貄。𢵦續本作㲋。餘同。咸按〻玉篇㲋部〻㲋生莫切，獸似貍。豸部〻貄山吏切，或作㲋。篆隸名義〻㲋似貍，原誤狼。豸部〻貄山吏反，狄。侍鑑〻貄、貄、貉也。集韻〻貄江東呼貉為貄、貄或作㲋。二本正文當作㲋。

异〻我，歎。又退。敦煌本、內府本我作哉。餘同。咸按〻篆隸名義〻异，餘之反，退，手鑑〻异，又音異，异哉，歎也。廣韻作异哉，歎也。退也。此我當哉誤。

置，一。敦煌本作二。下列[illegible]字同。

事，鋤吏反。敦煌本末有二字。

餕，妝。敦煌本妝作牧。咸按〻集韻〻餕，糚飾。玉篇米部，糚，飾也。二本注文並誤。

侍，小立。敦煌本作承。咸按〻同篆隸名義、今本玉篇、廣韻、集韻，俱依說文。小立未詳。

蒔，種〻。亦作秲、蒔、蒔。敦煌本但作蒔，種。咸按〻同篆隸名義。今本玉篇作更種也，更下漏也字。禾部：持，亦作蒔。名義禾部：持，蒔字，種。禮部韻略：蒔，種也。釋：按說文，更，別種。集韻：蒔，或作待、時、蒔、蒔。廣韻：蒔，種蒔。持，上同。

縋，連針。掇瑣本同。咸按：同手鑑、廣韻。篆隸名義、今本玉篇並作連鍾也。為別義。

惎，繫。掇瑣本作惎。咸按：同廣韻、集韻。此惎當惎誤。

畀，舉。掇瑣本作畁。

幟，旗。亦作恄。掇瑣本同。咸按：集韻、幟，旗也。或从志。篆隸名義：懺，怯，懺字。今本玉篇：懺怯，同上。

戲，又猗秋反。内府本秋作秩。

唭，唭疑反，聞見。擬讀本作唭唭嶷無聞見。咸按：玉篇：唭，唭嶷，無聞見。手鑑：唭，唭嶷也。嶷，唭嶷，無聞見也。廣韻同。集韻作唭嶷，無聞見皃。此本反字（疑當作嶷）衍，聞上漏無字。

憙，情好。擬讀本作憙，訓同。咸按：廣韻作好也。

咥，笑。擬讀本同。咸按：篆隸名義：咥，虛記反，笑。

萁，連莒。擬讀本作連莒。咸按：篆隸名義：萁，連草。草上漏翹字。今本玉篇、手鑑、廣韻、集韻俱作連

未韵

䵖草。二本並誤。

⿰禾尾，亦作屎。掇瑣本作屎，咸按：集韵：⿰禾尾，博雅，饘也。或作⿰禾尾，亦書作屎。廣韵：⿰禾尾，亦作⿱尾米。玉篇米部：⿱尾米，⿰米尾，同上。禾部：⿰禾尾，饘⿰禾尾也。手鑑：⿰禾尾，正。⿰禾尾，今。二本異體並誤。

蝟，絡絡，虫名。掇瑣本蝟，蟲。一曰蟚蝟。咸按：手鑑：蝟，虫名，毛如針。又彭蝟。集韵：蝟，蛒蝟，蟲名。又彙或作蝟。廣韵同。此誤合，絡亦誤。

⿱亩木，草木孛。亦作⿱亩木。掇瑣本孛作李。咸按：廣韵：⿱亩廾，草木⿱亩廾孛也。集韵：⿱亩廾，說文，草木⿱亩廾孛之皃。或作東。掇瑣本李誤。

胃，類。掇瑣本同。咸按〻篆隸名義〻胃，彙字。集韻〻彙，一曰類也。禮部韻略〻彙，類也。

緭，繒〻。掇瑣本無〻。咸按〻篆隸名義〻緭，胡貴反，繒。手鑑、廣韻，繒也。集韻〻緭，說文，繒也。此〻行。

胃，亦作⿰亻胃。咸按〻手鑑〻⿰月胃，俗通胃，正。禮部韻略、集韻並云亦作⿰月胃。此誤。

沸，水涫。掇瑣本同。咸按〻篆隸名義、今本玉篇、手鑑俱云〻涫，沸也。集韻〻沸、涫也。

祓，亦作襏。掇瑣本同。咸按〻同篆隸名義、今本玉篇、集韻。

髴，光。擬續本作髴。咸按：篆隸名義：手髴、廣韻、集韻俱作髴，曰光。此正文誤。又二本注首並漏曰字。

熨，火之。擬續本作火熨。咸按：玉篇：尉，熨同上。廣韻：尉，俗作熨。尉，出說文。熨，俗。集韻：尉，隸作尉。韻會：尉，今俗又加火作熨。

蔚，文。擬續本同。咸按：韻會易其文蔚也。

鬱。擬續本同。咸按：玉篇作鬱。廣韻作鬱，鬱，上同。集韻作鬱，略似此。

非，又芳非反。掇瑣本、內府本無反字，此衍。

蜚，亦作⿱非巾。掇瑣本同。咸按：玉篇：⿱非巾亦作厞。集韻同。二本或體誤。

⿰禾奏。稻不黏。掇瑣本作⿰禾奏。咸按：同玉篇、手鑑、廣韻、集韻，此誤。

毅，致果。掇瑣本作敢果。咸按：篆隸名義、今本玉篇並作致果。禮部韻略：毅，春秋傳，致果曰毅。又手鑑、廣韻並作果敢也。掇瑣本誤倒。

藙，菜果。掇瑣本作茱萸。咸按：篆隸名義、今本玉篇並作煎茱萸。廣韻：藙，說文曰，煎茱萸也。藙，上同。集韻同。此菜果當茱萸誤。
豙，怒毛。掇瑣本同。咸按：篆隸名義、今本玉篇、廣韻、集韻俱從說文，豙，怒毛豎也。二本刪省過當。
餼，生餉。亦槩。掇瑣本亦作槩。咸按：禮部韻畧、餼，饋客䭪餼。釋：按說文，饋客芻米也。生曰餼，熟曰饔。詩牲牢饔餼。篆隸名義：餼，饔餉。今本玉篇作饋餉也。手鑑作餉也。又廣韻、集韻並作槩，此本槩誤。
愾，怒傳。掇瑣本作大息。咸按：玉篇、手鑑、廣韻、禮部韻畧、集韻俱從說文，太息也。大當太誤。篆隸

御韻

名義作歎息。又撥鐀本下有鎎怒。今按：玉篇：鎎，怒戰也。手鑑、廣韻、集韻同，俱依說文。則怒下漏戰字。此本傳寫戰誤，且為鎎義之誤合。

衣着。撥鐀本着作依。咸按：同篆隸名義、今本玉篇。又廣韻作衣著。韻會增韻，著衣也。

據俗作據字。咸按：撥鐀本、內府本俱首御紐，此同韻會。又集韻：據，俗作據，非。

鋸，又鐻。咸按：篆隸名義：鐻，鋸字。

語，又魚舉二音。撥鐀本、內府本又魚舉反。咸按：同篆隸名義。玉篇、廣韻作魚巨切，則此云二音誤。

櫖，山〻。掇瑣本作山藟。咸按：王篇：櫖，山櫐也。似葛而麤大。草部：藟，藟藤也。篆隸名義：櫖原誤櫨，藟藤似葛大。草部：藟，藟藤，似葛而大。手鑑：蘽，藟藤也。廣韻：櫖，山櫐也。集韻同。此〻當作櫐。

驢，人。掇瑣本作傳馬。咸按：篆隸名義：驢，傳。集韻：傳謂之驢。此注人字誤。

去，正作厺。咸按：王篇：厺，說文去。此誤。

麩，麥汁。掇瑣本同。咸按：同廣韻。手鑑作麥粥汁也。

署，〻書。掇瑣本作記。咸按：此同廣韻。王篇作書檢也。此々衍。

曙曉々。掇瑣本〔內府本〕無々。咸按：同廣韵。此々衍。

恕，々心。掇瑣本、內府本同。咸按：韵會引伊川程氏曰，如心為恕。篆隸名義：恕，仁如。如下省心字。此々蓋如誤。

著，又特畧反，張畧三反。掇瑣本又持略、張略二反。咸按：上反字衍，三當作二。

䲡，筐々。掇瑣本、內府本無々。咸按：廣韵作筐䲡。同此本。

䲡，犬靡。掇瑣本作犬糜。咸按：同手鑑、廣韵、集韵、此靡當糜誤。

蟱，番〻。掇瑣本無〻。咸按〻：篆隸名義〻：𧍪，番。今本玉篇〻：蟱，番也。手鑑䖝部、由部並有𧍪，番原誤遙也。𧍪，番原誤遙也。廣韻亦𩸞、蟱析列。內府無此，殆以為前𩸞字重複故也。

疏，書義。掇瑣本同。內府本義作疏〻。

瘀，〻血。掇瑣本同。內府本作血瘀。咸按〻：同廣韻。

醧，私宴。掇瑣本同。咸按〻：廣韻作私醧。說文作私宴飲。

挔，擊〻。咸按〻：篆隸名義〻、今本玉篇、集韻並作擊也。廣約作拔擎。此ゝ衍。
襮、掇瑣本作襮。咸按ゝ同篆隸名義、今本玉篇、廣韻、集韻，此誤。
莫、奠ゝ。掇瑣本無ゝ。咸按ゝ玉篇、廣韻並作奠草。此ゝ當作草。
絮、麁綿。掇瑣本無麁字。咸按ゝ手鑑作綿絮也。玉篇、篆隸名義、廣韻、禮部韻畧俱作敝緜也，本說文。
㔹、亦作筋。咸按ゝ集韻作䔑。掇瑣本同此。
怛、心吹。掇瑣本作憍子。內府本作憍。咸按ゝ同手鑑、廣韻。篆隸名義、今本玉篇、禮部韻畧、集韻俱從說文，驕也。

頊，安ニ。嫛頊本、內府本無ニ。咸按ニ同乎鑑、廣韻、禮部韻畧、集韻，此ニ衍。

譽，毀。嫛頊本下有譽字。咸按ニ譽為褒義詞，毀為貶義詞，未能以毀釋譽。作毀譽者乃謂正文訓義若毀譽之譽耳。

⿸尸予，履屬。嫛頊本下有嘘，缺音義。內府本嘘，虚據反，吹也。又許渠反，亦歔。一，咸按ニ篆隸名義ニ嘘，熙居反，吹嘘。今本玉篇作香居切，吹嘘。廣韻ニ嘘，吹

遇韻

噓。許御切。名義欠部：歔，噓字。集韻：噓，吹也。

瘵，痴不達。掇瑣本作痴瘵，不達。咸按：同。廣韻、集韻。手鑑作痴瘵，不進不達皃。此痴下漏瘵字。

楚，心利。掇瑣本同。咸按：集韻：憷，心利也。通作楚。

悆，憂。掇瑣本作憚憂。咸按：玉篇：悆，憂也。集韻同。

樹，木〻〻。掇瑣本作木總名。咸按：同廣韻、玉篇。

侸，立〻〻。掇瑣本無〻〻，或作侸。咸按：篆隸名義：侸，時住反，立。或樹。今本玉篇：侸，說文作侸，立也。今作樹。手鑑：侸，音樹，立（原誤丘）也。廣韻：尌，立也。侸，上同。集韻：尌，立也。或作佰、侸。此〻〻衍。

附，依。掇續本同。咸按：玉篇、韻會、增韻俱云：依也。
坿，之附夫反。掇續本之作又，此誤。
裕，和。掇續本作饒。内府本作饒，寬。咸按：篆隸名
義：裕，饒。廣韻、禮部韻略同。又玉篇、手鑑、廣韻並
云：寬也。和訓未詳。
乳，育小。掇續本同。咸按：禮部韻略、集韻並作育
也。此小當也誤。
檽，〻莖。掇續本作擩。咸按：手鑑作擩莖，手進物
也。廣韻同。集韻：擩，手進物也。此正文誤。
⿱兔⿰兔兔，疾〻。掇續本作⿱兔⿰兔兔，無〻。咸按：篆隸名義、集韻

並依説文疾也。此二衍，正文亦誤。

趺顛。掇瑣本同。咸按：玉篇：趺，之付切，趺顛也。注趺字重正文。廣韻同。手鑑：趺音注，趺顛（原誤題）也。集韻：趺，顛也。

[illegible]，疾。掇瑣本同。咸按：篆隸名義、今本玉篇、集韻俱從説文疾也。其與前[illegible]同字異體，見玉篇、廣韻、集韻，此別出。不詳所本。

婺，亦州名。咸按：見集韻。

霧，天氣。掇瑣本同。内府本作霧露。咸按：不詳。

蟱，蝥。掇瑣本作蝝。咸按：手鑑：蟱，蝥名也。廣韻、集韻並同。此蟸當蠡誤。

臞，癯。掇瑣本同。咸按：玉篇：瘦，說文曰臞也。瘠，瘦也。篆隸名義：臞，瘠。手鑑：臞，瘦也。廣韻、集韻並同。

內府本作瘦。

賦，詩之流。內府本作斂也，聚也。咸按：篆隸名義、手鑑、廣韻、集韻俱從說文斂也。又禮部韻略：漢書不歌而頌曰賦。廣韻同。

傅，訓保。內府本作傅，相。咸按：同廣韻、禮部韻略、集韻。

搏，擊〻掇瑣本無〻。咸按：同廣韻。集韻作擊取也、與捕同字。此二衍。
趣、向。亦作敗。綴續本敗作取。咸按：手鑑：趣、趣向
也。廣韵同。又韵會：趣、通作取。此敗誤。
足、案緅字、陸以子句反之。此足字又以即具反
之音既無別、故併足。見綴續本勘字條上。內府
本緅作緅。咸按：廣韵：緅、子句切。足、足添物也。則
緅當緅誤。則廣韵實依切韵緅、篆隸名義作側
鳩反、今本玉篇作仄尤切。手鑑作子庾、側求、子
句三反。皆異於陸音。
暮、日夕。綴續本、內府本作晚。咸按：廣韵作日晚

暮韵

也，冥也。篆隸名義作冥。今本玉篇禮部鄍（作日入也。）冥、集韻俱從説文曰且冥也。

募，勇，征。内府本作勇。字林，廣求也。咸按：禮部韻略：募，廣求。集韻同，從説文。

度，准。擬殨本作法。咸按：同篆隸名義。今本玉篇作法度。此准疑法誤。

度，蠹蠹。擬殨本作蠹度。咸按：篆隸名義：度，蠹，蠹蠹度。今本玉篇、廣韻並同。廣雅釋器：度謂之簪。疏證云：衆經音義十四引通俗文云：綴衣曰蠹。咸按：名義、簪連。

路，途。擬殨本無。内府本作容，三軌。咸按：集劉〻一曰道容三軌。
輅，車〻。掇縜本無〻〻。咸按〻廣韻作車輅。
蕗，葵。咸按〻篆隸名義〻蕗，蘩路蕬癸。蕬〻口露葵，白
華紫實。今本玉篇、廣韻並作蕬〻葵，蘩蕗。此應作
蕗、蘩〻，蕬〻葵。
肫，大腹。掇縜本、內府本注首有肫胍二字。咸按〻
同篆隸名義、今本玉篇。廣韻作肫胍，腹大。手鑑
作胍肫，大腹也。肫胍疊韻聯語，可以互易其位。
此注漏胍字。
莬，莬〻葵。內府本作莬絲藥名。咸按〻同玉篇。手鑑、
廣韻並作莬絲草名也。集韻作莬絲，藥草。此葵

當從誤。

鵂鶹。咸按〻集韵作鶹鵂軌。敦煌名義〻鵂，軌。手鑑、廣韵並作大鵂鳥有毛角。

酤，酒。咸按〻手鑑〻酤，酤酒也。敦煌名義、今本玉篇、韵會俱云〻一宿酒也。

椆，射鼠斗。敦煌本同。咸按〻說文，椆斗可射鼠。廣韵同。二本玉篇作椆斗可以射鼠也。

唔，朗〻。内府本無〻。咸按〻手鑑、廣韵並作朗也。

此〻行。

逜，干。又吾古反。咸按〻玉篇、廣韵、手鑑俱作干逜也。集韻：爾雅，寤也，謂相干寤。此干下應有二。
護，嫪。咸按：玉篇作救護也。禮部韻畧、集韻從說
文救視也。廣韻作救也。此誤。
瓠，生皃。內府本無生字。咸按：同玉篇、廣韻、禮部韻
畧、集韻從說文。
姻，惜。內府本作嫪惜。咸按：手鑑、廣韻並作姻嫪，
戀惜也。篆隸名義：姻，戀惜。又嫪，姻惜，戀不去。今
本玉篇：嫪，說文姻也。姻，嫪也。集韻同內府本。此
注首漏戀字。
乎，差。掇瑣本、內府本作互，差互。咸按：廣韻：互，差

互。俗作乐。《禮部韻畧》訓同。此注末漏互字。

濩，布濩。又湯藥反。（下頀樂名）擬韻本缺下四字，咸按：《篆隸名義》：頀，湯樂。今本《玉篇》作湯樂名。亦作濩。《禮部韻畧》同。《廣韻》：頀，大頀，湯樂。《周禮》作濩。《集韻》：頀，大頀，湯樂名。通作濩。此誤。又《手鑑》：濩，布濩，多霤下皃。《集韻》作布濩，散也。《韻畧》同。

拞，門外行馬。內府本作枑。咸按：《廣韻》：枑，門外行馬。《玉篇》、《禮部韻畧》、《集韻》俱從《說文》作枑。此从才誤。《手鑑》：梐，梐枑，行馬也。拞亦誤。

竿，所以紡絲。內府本紡作收。咸按：同《手鑑》、《廣韻》。

玉篇、集韻依（類篇集韻俱）說文，可以收繩也。此誤。

韄，佩刀。咸按：同集韻。篆隸名義、今本玉篇下有絲字，手鑑、廣韻則作飾字。

泝，逆流上。內府本逆流而上。咸按：同玉篇、手鑑、廣韻。此漏而字。

愬，行。亦作遡。內府本下無三字。咸按：手鑑：愬，行也。辵部：遡，行也。今按：篆隸名義：愬，譖，（言部：譖愬。）今本玉篇：愬，譖也。說文與訴同。言部：訴，亦作愬。廣韻：訴，訟也，愬，譖也。說文同上。集韻：訴，或作愬。方言十二：遡，行也。二本暨手鑑並誤。

⿰豸素，生白。咸按：廣韵：⿰豸素，牲白也。亦作素。

傃，經。又向。咸按：篆隸名義：傃，向，經。今本玉篇、廣韵、禮部韵畧俱作向也。

飵，相謁食。咸按：同廣韵、手鑑。玉篇作楚人相謁食麥曰飵。篆隸名義省作食麥曰飵。

虘，往。咸按：集韵：⿰豦且，說文，且往也。廣韵誤虘。

奴，瞋。內府本作怒。咸按：手鑑：瞋，怒也。篆隸名義：瞋，怒。此正文誤。

秖，禾稼皃。咸按：同篆隸名義、廣韵。集韵作禾稼也。

制，裁衣。咸按：篆隸名義、今本玉篇、廣韻、集韻俱作裁刀也，此誤。

謼，相毀。亦又烏故反。咸按：玉篇作烏古切，相毀惡皃。手鑑作烏故反，相毀也。鉉本說文作安古切，集韻作烏故切。亦字衍。

鋪，設。正作佈。咸按：廣韻布紐有佈，佈編也。

跻，踞々。咸按：篆隸名義：跻，口護反，踞。此々衍。

步，或作捗，步。咸按：集韻：捗，捗攄，收斂也。又步作步。

⿰魚夲，魚名。內府本作鮬。咸按：手鑑：⿰魚夲，正；鮬，今；音步，魚名。篆隸名義：鮬，蒲故反，同上。鱊，小魚，似鮒。今本玉篇：鱊，爾雅曰：鱊鮬，鱖鯞，小魚也，似鮒子而黑。鮬，蒲故切，鱖鯞也。又此本下有鮬，魚。又别出，實誤。

泰韵

泰，安。咸按：韵會：增韵：泰，安也。

盖，正作蓋。咸按：玉篇：蓋，葢，同上。廣韵：蓋，俗作盖。

丐，或作匃，亦作匄。咸按：玉篇：匄，丐，同上。廣韵、禮部韵略、集韵俱同。此或作匃三字衍。

藹，美色。内府本作臣盡力之美也。咸按：集韵：説文，臣盡力之美。禮部韵略作人臣盡力之美。又美色未詳。

堨，清二。咸按：篆隸名義：堨，埃，隟，清。此二行，集韵：青土謂之堨。乃別義。

⿰鼠曷，小鼠相銜而行。咸按：篆隸名義：⿰鼠曷，於盖反，小鼠相銜行。手鑑：⿰鼠曷音雜，小鼠相銜行也。玉篇、廣韵並作⿰鼠盍⿰鼠曷，小鼠相銜而行。集韵銜下有尾字。

㮈，木名。內府本注首有　咸按：集韵：說文果也。俗作㮈，非是。玉篇、廣韵並以柰、㮈同字異體。

軑，車轄。亦作戾。咸按：手鑑、廣韵並作車轄也。集韵：戾，輕車旁户。又云：戾，說文輜車旁推户也。

鈦，鉗〻。咸按：篆隸名義、今本玉篇、廣韻、禮部韻略、手鑑、集韻俱作鉗也。此〻衍。

害，復。咸按：篆隸名義、今本玉篇、廣韻、禮部韻略、集韻俱從說文傷也。此復當傷誤。

，夆相遮要。咸按：篆隸名義、今本玉篇、集韻俱作相遮要害也。廣韻省作相遮也。此注末漏害字。

艜，搥。咸按：廣韻：艜，艇船。⿰木帶，槌也。此誤合篆隸名義、集韻：⿰木帶，槌也，從博雅。手鑑：艜，艇船。

貝，古者貝為貝字。咸按：廣韻：古者貨貝而寶龜。禮部韻略、集韻同。玉篇省者字。此恐為其句之謡。

狽，狼〻。亦狒。咸按：未詳。

眜，不明。咸按：同篆隸名義。今本玉篇作不明皃。廣韵、集韵並作目不明皃。

跙，步行。咸按：玉篇作步行獵跋也。廣韵、集韵並依說文作步行躐跋也。篆隸名義但省作躐。手鑑作步行皃。此注末端皃字。

擓，木置右投敵。內府本右作石。咸按：手鑑、廣韵並作木置石投敵也。此右當石誤。禮部韵畧、集韵亦並作石。

宬，極好。咸按：五音集韻最俗作宬。

旆旗。內府本作旌旗，垂皃。咸按：篆隸名義作垂皃。省旌旗二字。（韻會：詩胡不旆旆，注：旆，垂皃。）手鑑旆旗也。掇瑣本同。

頭，頼ゝ行不正。掇瑣本頭頭行不正。咸按：手鑑（廣韻）作頼頭行不正也。集韻作蹞頭行不正。掇瑣本頭當蹞誤。

軑，祭道神。內府本作軷。咸按：廣韻：軷，祭道神。玉篇：祭神道。手鑑軷，行祭名也。集韻作出祭道神也。篆隸名義作行祭。此正文軑當軷誤。

礚，浪ゝ。內府本作硠。咸按：篆隸名義礚，石聲硠。

石聲。今本玉篇：磕，硠磕。硠，硠磕，石聲。廣韻同。集韻：磕，說文：石聲。或从蓋。禮部韻畧訓同。此硠當硠誤，〻亦衍。

轄，車〻。內府本作車聲。咸按：同玉篇、廣韻、集韻。此〻當聲誤。

愒，貪〻。內府本無〻。咸按：篆隸名義：愒，枯帶反，貪。手鑑作苦蓋反，貪也。廣韻、集韻訓同。此〻衍。

鶔，鳩。咸按：同玉篇、廣韻、集韻。

瀨，湍〻。擬續本作湍瀨。咸按：同手鑑、廣韻。禮部韻畧。玉篇：湍，急瀨也。

䊪，糲，麁米。掇瑣本、内府本無䊪。咸按：篆隸名義：
糲，粗米。廣韻同。玉篇、手鑑並作麤糲也。此䊪殆涉
注文麁而衍誤。
藾，〻蒿。籟，篙。又力求反。咸按：藾，〻蒿，已上見。又
籟，篆隸名義：簫，三孔籥。篙，刺船行。今本玉篇同。
籟、篙訓義各別，不容粘合。此必衍。
莿，又力求反。咸按：玉篇、廣韻並云：藾，莿，同上。集
韻：藾，或作莿。則當見注中，不別出。掇瑣本亦誤。
㸊，毒〻。咸按：玉篇：㸊，毒也。手鑑作火之毒㸊也。
廣韻作火之毒皃。

飻，食皃。擬續本作食臭。咸按：同玉篇、廣韻。篆隸名義、集韻並作物臭也。

駾，馬行。擬續本作馬疾行。咸按：玉篇作馬行皃。禮部韻略作馬疾行皃。集韻依說文，馬行疾來皃。唐韻、廣韻並作奔突也。二本行下並漏皃字。

昧，忘艾不明。擬續本作忘艾反，目不明。咸按：篆隸名義：昧，亡達反，不明。有目字。今本玉篇作莫達切，目不明也。此艾下漏反目二字。

䆐，千外反，塞。咸按：篆隸名義、今本玉篇並作竅，穴千外反，塞也。廣韻在襊紐，此別出。

霽韻

濊，注〻烏。咸按〻：廣韻作汪濊，深廣。玉篇〻：濊，多水兒。汪，水深廣也。手鑑作水深廣大也。篆隸名義作澤注。

隮，升〻。擻鐼本無〻。咸按〻：玉篇、手鑑、廣韻俱作升也。此〻衍。

嚏，氣歕。亦作𪖐。擻鐼本嚔，氣歕。亦作𪖐。咸按〻：篆隸名義〻：嚏，噴鼻。鼻部〻：𪖐，嚏、𪖐同。今本玉篇〻：嚔，噴鼻也。鼻部〻：𪖐、𪖓，二同。鼻噴氣。本作嚔。手鑑〻：嚔，嚔或作嚏，今嚏，噴鼻氣也。廣韻〻：嚔，鼻氣也。嚏，俗。集韻〻：𪖐、𪖓，鼻疾。亦書作𪖐。

蔕、草木實。掇瑣本、内府本作實綴。咸按：王偏、廣韵并作草木綴實。此本下漏綴字。二本作草木實綴亦通。

螮、亦作蚯。掇瑣本作蝁。咸按：篆隸名義作蚯。集韵作蚳。掇瑣本及集韵并誤。

迡、不進。掇瑣本同。咸按：手鑑：𨑼，俗；迡，正。不進也。王偏、集韵并作迡鶩、不進也。篆隸名義作迡驚，誤鶩。

葪、補履下。掇瑣本同。咸按：同篆隸名義、今本王偏、集韵。手鑑作補履也。漏下字。

胇腹〻。掇瑣本作肤腹。咸按：廣韻：胇，肤腹皃。王篇、手鑑、集韻俱作胇肤，肤腹也。此腹〻當肤腹誤。二本注末漏皃字。

奃大〻。掇瑣本無〻。咸按：篆隸名義：奃，大。今本王篇：奃，大也。手鑑：奃，或作奆，今，大也。此〻衍。

俤儁〻。掇瑣本作儁。咸按：篆隸名義：俤，儁，亦俊字。今本王篇：俤，俤儁也。廣韻同。集韻作俤儁，困劣皃。手鑑：儁，正；儁，俗。此注當作俤儁，〻衍。

梊急持人。亦摕。掇瑣本同。咸按：王篇手部：梊，或摕字。又兩指急持人也。廣韻：梊，兩手急持人。集韵：㨶，或从折从示，两手急持人也。亦作𢪀。此注首漏两手二字。

超，趨。掇瑣本作超，趨。内府本作趨。咸按：手鑑：超，都討反。趨走皃。廣韵：趆，趨走皃。集韵：趆，趨謂之趆。此趨當趨誤。

穧，刈把數。掇瑣本同。咸按：手鑑、廣韵並作刈禾把數。此刈下漏禾字。

𪘏，亦作𨣧。掇瑣本𨣧字缺，内府本殘存酉。咸按：手鑑：𪘏，同𨣧。

齌，炊疾。咸按：校語詳擠韵。

洟，亦作䶏。掇瑣本同。咸按：玉篇：洟，古作䶏。集韻或作䶏。

迭，大骨。掇瑣本、内府本作足滑。咸按：同廣韻。篆隸名義、集韻並作滑也。大骨未詳。

笶，車簀。掇瑣本笶車節。咸按：篆隸名義、今本玉篇並作笶車簀。手鑑：簀，車籃。一名笶。笶音替。又廣韻：笶，車節也。此正文誤。

𣧾，殃。掇瑣本作𣧾殃。咸按：同廣韻。篆隸名義：𣧾，殃𣧾。殃，極。今本玉篇作𣧾殃，困極也。集韻：𣧾，嫥雉，極也。

締，結〻。掇瑣本無〻。咸按：同篆隸名義、廣韻。此〻衍。

鸊，鵧，鳥。掇瑣本作鵧鳥。咸按：同手鑑、廣韻、集韻，此鵧當鵧誤。

棣，車下。掇瑣本、內府本作車下李。咸按：廣韻作車下木。

題，次。掇瑣本、內府本作題封。咸按：集韻：題、題視，皃。廣韻：題，又徒雞切。題，視皃。玉篇：題，視也。禮部韻略同。

揥，兩指急持之。掇瑣本揥作指，是。詳前。

鶗，〻肩。又達雞反，亦作鵜。撥續本亦作鶙。咸同篆隸名義、今本玉篇。集韻：鶙、鷉、鷈，鳥名。在地計切下。

聺，聰〻。撥續本作聰。咸按：同集韻。篆隸名義作聰，同此，惟〻行。

羿，或作𢏚。撥續本或作𢏚。咸按：篆隸名義：𢏚，羿字。今本玉篇：𢏚又作羿。手鑑：𢏚、𢏚二俗，𢏚說文，從羽作羿者正。此𢏚當即𢏚之誤。

薊，草名。今為鄭。撥續本薊，草名，今用為鄭。內府本鄭，今相承用薊，非。咸按：篆隸名義：薊，居麗反，馬葪之芟。今本玉篇=薊，葪，同上，俗。手鑑、葪、草名。

廣韻、薊，草名。俗作葪。集韻=鄭、通作薊。

轚，絓=。掇瑣本無=。咸按=同篆隸名義。此=行。

繫，耑木。掇瑣本作檕。咸按=篆隸名義、今本玉篇、

廣韻、集韻俱作檕，繘耑木也，從說文。此正文誤、

二本注首漏繘字。

蠿，=英、蜜蜂。掇瑣本殘存蠿□□蜜蜂。咸按、玉

篇=作蠿蝥。集韻作蠿英，蟲名。今按爾雅釋蟲釋

文繼字，又作蠿，則當作蠿英，蜜□。

劉復=掇瑣本作毄，無=。咸按=同廣韻、篆隸名

儀作嗀，今本玉篇作㲉，集韻同。此正文誤，二衍。
蘪，縢二。咸按：同廣韻。集韻作履系。
系，緒二。内府本無二。咸按：同廣韻。此二衍。
禊，飲二。綴績本、内府本作禊飲。咸按：同手鑑、廣
韻。此注文誤倒。
瘈，小兒病。尺制反。綴績本、内府本作瘛，尺上有
又字。咸按：篆隸名義、今本玉篇並作瘛，集韻作
瘈。手鑑：瘈，小兒病也。又尺制反。此漏又字。
挈，刻已。綴績本同。咸按：廣韻、禮部韻畧、集韻俱
從說文，刻也。二本已當也誤。

𢡱，盡，掇瑣本、內府本同，後者注首有爾雅二字。（王有𢡱，口口反）咸按：釋詁：罄，盡也。王篇、廣韻、集韻俱從說文罄中盡也。又手鑑、廣韻：𢡱，怖也，劇也。集韻：𢡱，說文備也。後二本字相接，蓋誤合。

䫜，恐恐。掇瑣本無恐。咸按：同篆隸名義、今本王篇、廣韻、集韻，此恐衍。

𦨣，舟舟。掇瑣本無舟。咸按：同篆隸名義、今本王篇。手鑑、廣韻作舟名，集韻依博雅，舟也。此舟衍。

𧖣，𧖣螽蚚。掇瑣本蚚作蚸。咸按：王篇：𧖣，𧖣螽，螇蚸。蚸，螇蚸也。廣韻：𧖣，𧖣螽，螇蚸。釋蟲蚚作蚸。二本作蜥作蜥俱誤。廣韻亦誤蜥。

瘱，靜。擬續本、內府本作瘱，訓同。戚按：廣韻：瘱，靜也。集韻：瘱，說文：靜也。玉篇：瘱，靜也。此瘱當瘱誤。

医，藏弓弩器。擬續本同。內府本弩作矢。戚按：廣韻、禮部韻畧、集韻俱從說文，盛弓弩矢器也。

壇，天陰塵起。擬續本無起字。戚按：同。廣韻、禮部韻畧、集韻，從說文。手鑑：起作風。篆隸名義省作塵起。

嬖，愛〻。擬續本、內府本無〻。戚按：同。篆隸名義、手鑑、廣韻、禮部韻畧。集韻：說文，便嬖愛也。此〻

衍。
恵，作俗恵。掇瑣本通俗作恵。咸按：韵會，亦作恵。
此作俗二字誤倒。
㩓，亦作𢹫。掇瑣本亦作㩓，誤。咸按：玉篇：㩓，𢹫，同
上。手鑑：𢹫或作㩓。正集韵：㩓或从慧。篆隸名義：
㩓，𢹫同上。
昋，人姓。或作炅。亦快。掇瑣本亦作炔。咸按：廣韵：
桂、昋、炅、炔，並見上注。手鑑：炔、炅音桂，俱人姓。此
快當炔誤。
⿰由夬，⿰由𡘋〻：掇瑣本同。咸按：同篆隸名義，今本玉篇

作⿰齒失，齥⿰齒失也。廣韻作眣、眣、⿰目奚。集韻作⿰齒失，⿰齒奚也。⿰齒失，齥⿰齒失，大笑。今按：廣雅釋器：齥⿰齒失，簸也。从出。殀，〻極。掇瑣本作殀殀極。咸按：廣韻：⿰歹失，⿰歹失⿰歹失，殛殀也。又篆隸名義：⿰歹失，極。殀，⿰歹失殀。今本玉篇：⿰歹失，殀⿰歹失。殀，殀⿰歹失，困極也。手鑑：殀，⿰歹失。原誤⿺辶⿰歹失也。集韻：⿰歹失，博雅：極也。

嚖聲。掇瑣本同。咸按：玉篇：嘒，嘒嘒，小聲也。嚖，同上。廣韻：嘒，說文：小聲也。嚖，上同。禮部韻略：嘒，小聲也。集韻同廣韻。二本注首漏小字。

⿰日慧，小星。亦暳。掇瑣本暳，小星。咸按：同手鑑、廣韻、禮部韻睯、集韻。

睥睨〻。掇瑣本、内府本作睥睨。咸按：廣韻：睥，睥睨。手鑑：睥睨，視人皃。集韻：睥睥，睨視也。禮部韻睯：睨，衺視。禮，睨而視之。莊子睥睨。此注文誤倒。

鍪，竹以理苗殺草。掇瑣本、内府本竹作所。咸按：執同廣韻。此竹誤。

戾，很求。掇瑣本作㑦，很。咸按：手鑑：㑦，很㑦也。廣韻作㑦，很㑦。俗。玉篇：很，戾也。本作很。韻會作狠戾。此求字疑誤。

盭，綬色。或作綟。掇瑣本同（内府本作盭）。咸按：手鑑：盭：盭，綬色也。

廣韵：盭，綬名。或作綟。玉篇：盭，絲色綬也。欐，小舡。又力㡳反。擬續本作欐，小舡。又力㡳反。咸按：玉篇：欐，力㡳、力計二切，小船也。手鑑：欐，音礼，小舡也。集韵：欐，小舟。又玉篇、手鑑俱云：欐，欐廔，綺窗。篆隸名義亦云：欐，綺窗。此正文誤。攦，取。咸按：玉篇、手鑑、廣韵、集韵俱作挑取也。此注盲漏挑字。

泥，過澤。又飾。擬續本同。咸按：集韵作滯也。飾或滯誤。過澤，未詳。

濘，蹈〻。擬續本、内府本作陷濘。咸按：廣韵作濘陷。此蹈當陷誤。

欪，氣越皃。掇瑣本同。咸按：廣韻作氣越名。

鬣，露髮。掇瑣本同。内府本作露髻。咸按：同手鑑、廣韻、集韻。

祭韵

⿱衛心，寐言。掇瑣本同。咸按：同篆隸名義、今本玉篇、廣韻。手鑑作睡語。集韻從說文，寱言不慧也。

繐，踈布。亦作⿰糹慧、⿰糹彗。掇瑣本無⿰糹慧字。咸按：篆隸名義：繐，布細疏。⿰糹彗，上字。⿰糹慧，上字。今本玉篇：繐，細布也。⿰糹彗，同上。廣韻：⿰糹彗，布縷細也。繐，上同。集韻：繐，說文，細疏布也。繐，細踈布也。⿰糹彗，說文，蜀細布。此注首漏細字。

璏，劒鼻。王莽碎劒璏。掇瑣本作王恭辟劒璏，咸按：廣韻作王莽碎玉，劒璏。五音集韻作劒鼻玉，王莽碎玉劒璏。此鼻下、碎下並漏玉字。掇瑣本莽誤恭，碎誤辟，下亦漏玉字。禮部韻畧作劒鼻玉。

衛，牛蹄。掇瑣本同。咸按：同篆隸名義、今本玉篇、廣韻。集韻從説文，牛踶衛也。手鑑作提衛，牛展足也。

枘，圓榫。掇瑣本同。咸按：九辯，圜鑿而方枘兮。玉篇：枘，枘。楚辭曰，不量鑿而正枘兮。禮部韻畧：枘，木耑所以入鑿。釋云，柄也。
贅，假肉，外肉別生。掇瑣本贅贅肉。咸按：未詳。
㪢，卜問吉凶吉。掇瑣本㪢，卜問吉凶吉㪢。咸按：
廣韻：㪢，卜問吉凶。集韻作卜問吉凶曰㪢。此注
末吉字衍。掇瑣本次吉字當曰誤。
螼，虫。掇瑣本同。咸按：篆隸名義：螼，虫。玉篇、廣韻
並作蜸，蟲也。蟲名。集韻同。二本正文俱誤。
𣃔，亦作𠞋。掇瑣本同。咸按：同廣韻。今按：篆隸名
義：𣃔，斷。刀部：剸，斷。今本玉篇：剸，𢇍也。斤部：𣃔原
誤𣃔，𢇍也。字鑑：𣃔，正。𣃔，今斷也。集韻：剸，或从斤，

亦作負。

蜕，鋭皮。掇瑣本、內府本鋭作蜕。咸按〻同廣韻。此誤。

弊，本作敝。掇瑣本本作㡀。咸按〻玉〻篇弊，俗獘字。廣韻〻㡀，說文曰，敗衣也。敝，一曰敗衣也。集韻同。掇瑣本是。

獘，死〻。掇瑣本無〻。咸按〻同廣韻。此〻衍。

幣，帛〻。掇瑣本無〻。咸按〻同篆隸名義、今本玉篇、手鑑、集韻，俱本說文。此〻衍。

獘，獸名。掇瑣本作獘。咸按〻集韻獘"獸名，似犬有文，故从文。今按〻玉〻篇獘，俾世切，獸名也。篆隸名義〻獘（原誤獘）裨世反，如狐有翼。字俱从犬不从文，集韵訓解難信。

竁，穿地。敦煌本作竁，咸按：同集韵：竁，說文穿地也。此正文誤。禮部韵畧：竁，穿地。此正文誤。

竁，穿壙。敦煌本同。咸按：同篆隷名義。今本玉篇。廣韵作𦵑，穿壙也。

劚，剖ㄋ，斷割。敦煌本同。咸按：同廣韵。玉篇、集韵作剅。劚也。禮部韵畧作剅：劚，刀也。亦作劚，手鑑劚，剅劚，曲刀也。

袂，袖褾。敦煌本褾作摽。咸按：內府本（篆隷名義同）及玉篇、廣韵、集韵俱作袖也。又廣雅：褾，袂也。玉篇：褾，衣袂也。敦煌本摽誤。

掣，曳。或作𣰆。敦煌本𣰆作摯。咸按：集韵：掣，或作

沿误例

摯。此誤

瘌，毒病。亦作瘳。綴韻本同。咸按：手鑑：瘌、瘳，尺制反，瀨病也。廣韻：瘌，郭璞云瀨病。今按：山海經北山經可以已瘌。注：瘌，癡病也。玉篇：瘛，尺世、胡計二切，癡也。瘌同上。手部：瘳，充世切，牽也。說文曰：引縱曰瘳。摯、掣、掣並同上。集韻同。篆隸名義：瘛，胡計反，癡。瘌、瘛字，則手鑑、廣韻俱同本書誤。

製，作二。綴韻本⿱淛衣作，內府本同。咸按：手鑑：淛、製，作也。玉篇同。廣韻、集韻並有淛，水名。玉篇：淛，水也。禮部韻略：淛，水名，即今之浙江。二本誤合淛、褻而佚水名。此二亦衍。

洌，水名。𢲷瑣本、内府本無。咸按：洌無水名之訓，見篆隸名義、今本玉篇、集韻。此洌殆渊誤。

聃，亦作晣。𢲷瑣本作𦗠。咸按：玉篇：聃，字書亦作𦗠。手鑑：𦗠，俗，聃，正。集韻同。此晣誤。

淅，江別名。會揩。咸按：會上當有淅字。

掣，亦作𢷎。咸按：同篆隸名義、今本玉篇、手鑑。又集韻擊紐、誓紐並有掣，或作挈。然為後来增益之假借字。名義、玉篇、手鑑俱云：挈，提也，擊也，持也。與此訓牛角豎無涉。

噬、䜭〻。擬績本無〻。咸按：同手鑑、集韻。廣韻、玉篇作䜭噬也。篆隸名義：噬，嚙字。禮部韻畧作嚙也。此〻衍。

鏨、車當。擬績本同。咸按：篆隸名義、今本玉篇、手鑑、廣韻、集韻俱從說文，車樘結。又玉篇〻當車當管。

𧼮踰〻。擬績本無〻。咸按：玉篇、手鑑、廣韻、集韻俱作踰也。此〻衍。篆隸名義作逝踰。

𩊚、似馬，韋贈亡人。擬績本似作以。咸按：同廣韻。玉篇省馬字。此似字誤。

⿰衤⿰斤卩裂〻。襏襩本無〻。咸按：同篆隸名義、廣韻。此〻衍。

⿰衤戔，各板際。襏襩本同。咸按：篆隸名義〻⿰衤戔，合板際。⿴行斤字。人部〻⿴行斤，合板際。或⿰衤戔。今本玉篇〻⿰衤戔、合板際。人部〻⿴行斤，亦作⿰衤戔。所以合板際也。廣韻〻⿴行斤，合板⿴行斤縫。注文⿴行斤字衍。二本各當合誤。

⿰衤我長〻。襏襩本無〻。咸按：廣韻⿰衤戔長也。⿰衤戔當⿰衤我誤。禮部韻略〻⿰衤我，衣長。亦作⿰衤世。同篆隸名義。今本玉篇、集韻並作衣長皃。

哦〻樂。或作誐，多言。襏襩本作〻〻樂。或作誐，多言。亦作䳄，鳥飛。或作洩。咸按廣韻呭，呭樂。説文曰，多言也。亦作呭。注箋呭，呭呭猶沓沓也。亦作呭。詩部詍，多言也。䛗同上。篆隸名義呭，多言。禮部韻畧呭，呭呭，多言。亦作詍。集韻呭，説文，多言也。或作呭、詍、䛗。二本上並有䛗，多言，實重出。又此本上有䳄，鳥飛。又有洩，水名，在九江。掇瑣本同既重出，復誤闌入注中。

蕎，草〻。掇瑣本無〻。咸按廣韻作草名。集韻、注箋、篆隸名義俱作似蘇而赤。此〻衍。

藻，礼曰蕊〻處末蒸。掇瑣本但作蒸。咸按廣韻渫、蒸也。又葱渫也。韻會：禮記內則、葱渫處末蒸。集韻蒸、蔥也。禮部韻略同此本。

緒、急。一曰不盛。掇瑣本盛作成。咸按：同廣韻。

瘞、埋二。掇瑣本、內府本無二。咸按：篆隸名義：瘞、埋也。今本玉篇：瘞、薶也。陸、同上。廣韻同名義。

藝、技能。掇瑣本、內府本作藝。咸按：集韻：埶、或作藝、蓺。

蓺、種二。掇瑣本、內府本無二。咸按：篆隸名義、廣韻、集韻俱從說文、種也。此二衍。

樹、亦作樹。咸按：玉篇：樹、木相摩。樹、同上。集韻同。

檵，袂〻。掇瑣本無〻。咸按：同玉篇、集韻：檵，或作
袂。此〻衍。
㰟，豕〻。掇瑣本、内府本無〻。咸按：同廣韻、集韻，
俱從説文，此〻衍。
瓈，劒鼻。掇瑣本、内府本同。咸按：上文瓈注鼻下
有玉字，三本俱漏。
磯，石〻。掇瑣本無〻。
蠣，牝〻虫。掇瑣本牝作牡。咸按：廣韻作牡蠣，蚌
屬。此牝誤。
㤠，餘。亦作裂。掇瑣本作㤠，帛餘。亦作[illegible]。咸按：[illegible]

隸名義：悷，力制反，餘。今本玉篇、手鑑、廣韻俱作悷，㝵餘。帑同。集韻：悷，㝵餘也。或作褻。𡾊、巍二。掇鎖本無二。咸按：同篆隸名義、今本玉篇、廣韻。此二行。疧、止息。二。掇鎖本無二。咸按：篆隸名義：疧，止息。今本玉篇誤心息。手鑑、廣韻、集韻俱從誤文息也。此二行。勢、威二。掇鎖本無二。咸按：禮部韻畧作威勢。同此。集韻作威力。罽，氈類。掇鎖本同，並有亦作𦈢。咸按：廣韻：𦈢，氈類織毛為之。罽上同。⿰罽毛亦同。篆隸名義：⿰糸罽，毛毛布。网部：罽，毛布。今本玉篇罽亦作⿰金罽，當作⿰糸罽。糸部：⿰糸罽，毛布也。或作⿰罽毛。罽，手鑑：⿰糸罽，⿱罽毛類也。网部：罽，⿱罽毛類，毛為之。⿰罽毛，古文，同上。禮部韻略：⿰糸罽，通作罽。

蘮，斤實。叕續本、內府本作芥實。咸按：廣韻：蘮蘮蒘，似芹。集韻：爾雅，蘮蒘，似芹可食。此斤誤。

⿰罽毛，毛布。咸按：詳前。

啜，嘗。叕續本、內府本作嘗。咸按：同。篆隸名義：廣韻。今按：玉篇：嘗，直庚切，拒也。名義：嘗，徒郎反，距。則此誤。

傺，〻侘，不得志。内府本作侘傺。咸按：同手鑑、廣韵、集韵。此〻侘二字誤倒。

晳，晢〻。掇瑣本無〻。咸按：同篆隸名義、今本玉篇、廣韵。此〻衍。

劓，去鼻。掇瑣本、内府本作劓。咸按：玉篇：劓，劓，同上。廣韵：劓，去鼻也。此正文誤。

蕝，子芮反。掇瑣本、内府本下有束茅表位。又五字。咸按：篆隸名義：蕝，束茅以表位為蕝。今本玉篇作束茅以表位。廣韵同。二本此漏。

卦韵

挂，懸〻。掇瑣本、内府本無〻。咸按：同篆隸名義、今本玉篇、集韻，此同手鑑、廣韻。

薢，加買反。掇瑣本加上有又字。

解，曲。掇瑣本、内府本作曲解。咸按：未詳。

賣，出價。掇瑣本作出物。咸按：手鑑作出物交易也。禮部韻略、集韻依說文作出物貨也。廣韻從說文作賣出物也。此價當物誤。

畫，七。咸按：此存六字。掇瑣本末有孈，愚戇多態。又尤介反。

誤，言怒。掇瑣本、内府本作怒言。咸按：同廣韻。集韻：一曰怒聲。

朩，分枲反。又匹丑反。掇瑣本作朩，分枲反。又匹刃反。咸按：同廣韻。今按：説文朩，匹卦切。朩，匹刃切，象隸名義：朩，亡加反。朩，匹刃反。今本玉篇：朩，匹賣切。朩，匹刃切。此誤。又名義、玉篇並作分枲𦬆反。廣韻及二本俱漏𦬆字。又集韻：朩、朩象形，或省。此殆錄省文。

嶭，佹。掇瑣本作佹。咸按：象隸名義、今本玉篇、廣韻俱作陒。二本並誤。

庍，方卦反。到別。掇瑣本同。咸按：同玉篇、廣韻、集韻作庍，卜卦切，舍別也。音義較近。然殘本玉篇、

怪韵

篆隸名義、手鑑俱無，侯攷。

恠，作正怪。撥續本（恠）正作怪。咸按：篆隸名義：怪，恠。今本玉篇、禮部韵畧、廣韵、集韵：怪，俗作恠，非是。手鑑：怪，或作恠。正恠今此作正二字誤倒。

𣫌，亦作⿰扌褱。撥續本⿰扌褱作壞。咸按：玉篇：壞，籀文作𣫌。集韵：壞，⿰扌褱、𣫌，或从手从攴。

找，訓〻。撥續本無〻。咸按：（同）篆隸名義、廣韵。此〻衍。

𡘐，大〻。撥續本無（経）〻。咸按：篆隸名義：𡘐，大。今本玉篇：𡘐，大也。手鑑、廣韵作大皃。

蔽，草々。掇瑣本、内府本作蔽，無々。咸按：集韻引説文：蔽，蔽草也。廣韻、禮部韻畧作草名。此々衍。
噫，呑氣，天地氣。掇瑣本作天地氣，又嘆。咸按：韻會：莊子大塊噫氣。禮部韻畧同。
呃，不平聲。掇瑣本作呃。咸按：同廣韻。此誤。
家，々居。掇瑣本同。内府本作獨居。咸按：同廣韻。
济
又豦隸名義、集韻並云，獨也。從搏雅。手鑑：居也。
同二本。
砅，鞕。掇瑣本作鞕。咸按：手鑑、廣韻、集韻俱作硬也。
二本並誤。

衸、裙。又明屈反。綴殰本明作胡。咸按：手鑑作胡界反。廣韻作胡介切。篆隸名義同綴殰本。今本玉篇作户界切。此明當胡誤。

悈、急〻。綴殰本無〻。咸按：同篆隸名義、手鑑、集韻。玉篇作疾也。此〻衍。

丯、草芥。綴殰本同。咸按：同玉篇、篆隸名義作芥。廣韻作草介。

悈、飾。內府本作悈。咸按：同篆隸名義、今本玉篇、廣韻、集韻。此正文誤。

薤、菜〻。綴殰本薤菜。亦作韰。內府本無〻。咸按：

玉篇：䪥，菜似韭。亦作韰。廣韻：韰，葷菜也。葉似韭。䪥，俗。禮部韻略：韰，亦作䪥。此本二行。掇瑣本正文䪥當作韰。手鑑：韰，正䪥，今。

𨂍，陜二。掇瑣本作𨂍，無二。咸按：篆隸名義作𨂍。今本玉篇：𨂍，陜也。手鑑：𨂍，狹隘也。廣韻從玉篇。集韻：𨂍，㛹雅，陋也。二本陜當陋誤。此二亦行。

詠，補膝裙。掇瑣本作祄。內府本裙誤郡。咸按：手鑑：祄，胡界反，補膝裙也。（廣韻同。）此正文誤。

𦵅，第類。掇瑣本作茀類。咸按：廣韻：蒯，（茀類。）或作𦵅。此第當茀誤。

欬，大息。亦作匌。撥續本亦作匌。咸按：篆隸名義：
匌，口壯反，息。玉篇：匌，太息也。或作欬。撥續本誤。
賁龍〻。撥續本無〻。咸按：同篆隸名義、廣韻、集
韻，俱依博雅，龍也。此〻衍。
頦，頦〻，癡頭。撥續本同。咸按：集韻：頦，說文，癡不
聰明也。頦，說文，頭蔽頦也。謂頭癡。玉篇：頦，癡頦，
不聰明也。手鑑：頦，俗。頦，今。不聰明也。本書殆同
集韻。頦蓋蔽誤。
退，壞。亦作敗。撥續本同。咸按：篆隸名義：退，𣪠敗
字。今本玉篇：退，壞也。集韻：退，說文，𣪠也。𣪠，說文，

夬韻

敗也。

昒，物眼久視。物，掇𤨏本、内府本作昒。咸按：同𤔡鑑、廣韻。此誤。

𩓐，𩓐頭聲。掇𤨏本作𩓐。咸按：集韻：𩓐，迮怪切，𩓐頭聲。此正文誤，注首漏𩓐字。

話，語。掇𤨏本同。咸按：同𤔡鑑、廣韻。

唄，𠯈。掇𤨏本、内府本作梵聲。咸按：王、𥳑作梵音聲。廣韻作梵音。𤔡鑑作梵唄也。此注𠯈誤，下應有二字。

嘬，食盡臠。内府本作食一舉盡臠。作嘬。咸按：王篇〻嘬，禮記曰，無嘬炙。嘬謂一舉盡臠。手鑑、廣韻、禮記釋文、集韻俱作一舉盡臠。此注食下編一舉二字。醆，南郡云醬。咸接〻玉篇、廣韻並作南方呼醬。喝，嘶聲。亦嗌。掇續本作喝，喝咽，聲敗。咸接〻玉篇〻喝，嘶聲也。嗌，同上。手鑑作嘶聲也。又咽，所芥反，喝咽，嘶聲也。玉篇〻咽，音變也。集韻作喝咽，聲敗也。

咽，喝咽，聲破。咸接〻破，掇續本及集韻作敗。

譪，〻譤。亦謎。掇續本作譤譪。咸接〻篆隸名義、今本玉篇、手鑑、廣韻俱作譤譪，此〻譤誤倒。又玉、

韻　對

𦅾々講，謹，同上。手鑑同。此誣當謹誤。

霼，黕雲。掇，殨本作黕霼雲，內府本作黕霼雲勢。

咸按：王篇霼霮霼，霮霼雲皃。手鑑：霼黮霼雲

狀。黮音徒感反。霮霼雲皃。黕，都感反，雲黑

也。廣韻、禮部韻略並作霮霼。集韻作霮霼。本書

反，廣韻感韻亦並作霮霼。若作黕，則王篇、廣韻

並訓垢濁滓垢。三本黕字俱誤。

䨨々。掇，殨本、內府本無々。

濧，濡々。掇，殨本無々。咸按：王篇、廣韻、集韻俱作

濡也。此々衍。

懟，怨〻摋繢本無〻。咸按：篆隸名義、今本玉篇、手鑑、廣韻、禮部韻略、集韻俱從說文，怨也。此〻衍。

佩，薄背，帶。摋繢本、內府本背下有反字。咸按：說文、玉篇、廣韻、禮部韻略、集韻俱作大帶佩也。篆隸名義省作大帶。三本並省大字。又此背下漏反字。

珮，玉〻。摋繢本、內府本作玉珮。咸按：同玉篇、手鑑、廣韻、集韻。又玉篇：本作佩，或从玉。禮部韻略：佩亦作珮。

偝，〻向。掇繢本同。咸按：廣韻作向偝。手鑑：偝，偝偭，向偝也。偭，背當作偝，偭也。篆隸名義：偭，背，向。今本玉篇：偭，面背也。本書蓋訓偝為向。

[扌犬]，犬過。掇繢本同。內府本作拔，弗取。廣韻作拂取。說文：犻，過弗取也。段注：玉篇但云犬過。廣韻但云拂取。疑當合之曰犬過拂取。咸按：段說是也。集韻亦從（誤）玉篇，犬過也。篆隸名義：[扌犬]，薄內反，過拂取。注首（依說文）有犬字。是玉篇、廣韻實析裂許君訓解為二義，而又各錄其一。

每，數〻。掇繢本、內府本無〻。

痗，痗〻。擬續本、內府本無〻。咸按：同篆隸名義、今本玉篇、廣韻、禮部韻略。此〻衍。

晦，背肉。擬續本、內府本作脢。咸按：同篆隸名義、廣韻、集韻。此正文誤。

胐，向署色。擬續本、內府本署作曙。咸按：同廣韻。此署當曙誤。

誨，言訓。內府本同。擬續本作教訓。咸按：同廣韻。

斁，易卦。擬續本作斂，湯卦上體。咸按：廣韻、禮部韻略並作斁，湯卦上體。集韻：斁，說文，湯卦之上體也。擬續本斂誤。

淍，青黑白，大清。𢱢續本作淍，大清。咸按：篆隸名義：淍，青黑，大清。今本王篇：淐，青黑皃。又大清也。廣韻：淐，大清。說文曰：青黑皃。集韻：淍，青黑色。此正文誤，白當皃誤。

淐

轛，横笭。或作[木+對]。𢱢續本同。咸按：王篇：轛，車横軨也。韻會引增韻同。此省車字。

焠，作刀鋻水。𢱢續本同。咸按：廣韻：焠，作刀鋻也。天官書曰：火與水合為焠。王篇：焠，堅刀刃也。火入水也。此書誤省併。

睟，周年。𢱢續本晬，週年。咸按：內府本亦作晬。王繡、手鑑並作睟周年也。此正文誤。

綷，會五色。悴，會五綵繒。撥瑣本但有綷，會五綵繒。亦作䌨、䌨。内府本但有綷，咸按：玉篇悴，五綵繒。糸部：䌨，會五綵。手鑑綷，會五色。廣韵䌨，說文曰，會五綵繒也。綷，上同。悴，亦同。禮部韵略綷，五采繒色。集韵䌨，說文，會五采繒色。或从糸，从巾。

埭，肆。亦作悚、悏。咸按：玉篇、手鑑、廣韵、集韵俱云，肆也。玉篇：悚、悏、怺，並同上。集韵，悚或作悏。手鑑：怺，俗。悚，正。此或體悚當作怺。正文亦誤。

憒，心亂。逃散。撥瑣本無心亂二字。咸按：手鑑、廣韻並云：憒，心亂也。又廣韻逃散二字在潰注，此或誤綴。此本下潰缺義訓，掇瑣本潰，逃散。

幗，女人卷首飾。內府本殘存女人喪三字。咸按：廣韻、集韻並作婦人喪冠。

刉，刀使利。掇瑣本同。咸按：手鑑、廣韻並同。又掇瑣本此字下有蘱，黃色。又于鄙反，蘱筐。亦作槶，[illegible]蓬。

闠，闤闠。掇瑣本、內府本作闠闤，市門。咸按：廣韻作市門。餘同。此闤闠二字誤倒。

讃，相欺。內府本作中止。咸按：同篆隸省義，今本玉篇、廣韻、禮部韻略。又集韻：一曰讃諄，唱欺。此誤。

詛，胡市。綴續本作誼，餘同。咸按：同篆隸名義、今本玉篇、手鑑、廣韻。此正文誤。

堁，二反。綴續本、內府本無二字。

碎，亦作脺。綴續本同。咸按：玉篇碎，亦[illegible]字。

啐，駞酒聲。綴續本作送酒聲。咸按：玉篇作吮聲。

鄈，縣名。綴續本作縣。咸按：玉篇：鄈，桂陽郴陽縣也。亦作耒。廣韻：郲，郲陽縣。漢書作耒。

輩，俗作輩。咸按：輩、輩，蒲昧反，又北昧反。廣韻：輩，

代韵

俗作輩。集韵〻輩、輩，或从北。此正俗之說倒誤。

酟，甛。掇瑣本同。咸按〻集韵〻甙，博雅，甛、甙，甘也。或从西，作酟。王篇〻酟，甘也。甜部〻甛，美也。甙，甘也。

酨，作代。掇瑣本酨，酢。咸按〻廣韵〻酨，醋。又昨代切。此誤。正文亦誤。

再，兩〻。咸按〻廣韵〻作也。此衍。

𩚓，餑。咸按〻廣韵作[illegible]，集韵作[illegible]，並引說文，設飪也。

𢧵，故國。咸按〻集韵依說文，故國在陳留。𢧵縣名

㦹〻𢧵，子代反。今本王篇〻𢧵，故國在陳留外黃縣。

此注下應有地名。

⿰禾黑，朮。内府本作禾。咸按：玉篇、手鑑、廣韻俱作禾傷雨也。此木當禾誤，二本並漏傷雨二字。

⿰甲冒，冒圭四寸。亦作瑁。咸按：玉篇：⿰甲冒，亦作瑁、蝐。玉篇：瑁，珪長四寸，天子執之。集韻：瑁，瑁圭四寸。又⿰甲冒，⿰甲毒⿰甲冒也。通作瑁。手鑑：⿰甲毒⿰甲冒，上音代，下音妹。此誤合。

態，意美。内府本無美。咸按：篆隸名義作意姿。今本玉篇同此本。手鑑、廣韻並作意態，禮部韻略、集韻俱同内府本。

慨，亦忔。咸按：集韻：慨，或从人气，作仡。今按：玉篇：忔，許乞切，喜也。篆隸名義、手鑑並同，與此慷慨之訓不協，此忔誤。

鎧，甲：內府本無：字。咸按：篆隸名義、今本玉篇、廣韻俱作甲也。手鑑：鎧，甲之異名也。此：行。

闓，門下。咸按：篆隸名義、今本玉篇、手鑑、廣韻、集韻、禮部韻略俱作開也。

礙，妨。亦作儗。咸按：韻會引增韻：妨也。又玉篇、手鑑並云亦作閡。廣韻、禮部韻略、集韻俱以硋、礙異體。廣韻：儗，又音礙。

懝，惶。咸按：篆隸名義、今本玉篇、集韻俱云惶也。
懝，騃〻。咸按：手鑑：懝，懝病騃也。廣韻、集韻並從疑
文騃也。此〻行。
曖，日〻。內府本無〻。咸按：手鑑作日暗皃也。廣
韻、禮部韻略並作日不明也。
靉靆〻。咸按：篆隸名義、今本玉篇、手鑑、廣韻、禮
部韻略、集韻俱作靉靆。此注文誤倒。內府本不誤。
僾，〻然，仿佛見。咸按：篆隸名義：僾，髣髴見。
皭，白。又子耀反。咸按：篆隸名義：皭，白。手鑑：皭，白
色也。又子肖反。此云子耀反，玉篇作子笑切，皆

同。

澀、沇〻氣〻。內府本作沇澀氣。咸按：玉篇：澀，沇澀氣也。手鑑：況、通。沇、正。沇，今亦沇澀，北方之氣也。篆隸名義：澀，沇。夜中氣。廣韻同玉篇及此本。

萊、查。咸按：廣韻、集韻並云草也。

詠、誤〻。咸按：玉篇、手鑑、廣韻、集韻俱作誤也。此〻行。

廢韻

⿱竹發，針文織蘆。咸按：未詳。

⿱竹廢、篨。咸按：玉篇：籧，籧篨，竹席也。江東人呼⿱竹廢也。手鑑：⿱竹廢、⿱竹發，蘆⿱竹廢也。籧篨，原誤蘧⿺辶餘之屬。二同。廣韵同。

柿，木片。内府本作斫木札。咸按：同廣韵。手鑑作斫木片零柿也。集韵從說文，削木札樸也。

䮹，⿰馬見，⿰馬見。咸按：玉篇、手鑑、廣韵、集韵俱作䮹⿰馬見，馬怒。此注文誤倒。

茷，草皃。内府本作茷。咸按：廣韵：茷，草葉多也。集韵作草葉多皃。禮部韵畧作草葉盛也。此正文誤。

餯，飫臭。咸按：篆隸名義：餯，餀臭。玉篇：餀，食臭也。手鑑：餯，飫臭。原誤臭也。廣韵作飯臭。此飫當飯誤。

婋,虎息。咸按:同手鑑。玉篇、廣韻、集韻俱從說文,虎皃。

⿰口替,孚吠反,裁見。咸按:集韻:⿰口替,普吠切,財見也。

婘,丘畎反,〻〻⿰女彖。咸按:篆隸名義:婘,丘吠反,短。⿰女彖,短。上文。今本玉篇:婘,丘吠切,婘⿰女彖,短小皃。手鑑音義同。集韻作婘⿰女彖,短皃。

震韻

震,雷。咸按:廣韻作雷震也。

須,顏色之類順事。咸按:廣韻:說文曰,顏色⿰頁彡䫴順事也。玉篇、集韻引說文云,顏色⿰頁彡䫴慎事也。

此之類二字誤。慎事、順事義同。

訊，問〻。咸按，篆隸名義、今本玉篇、字鑑、廣韻及集韻、類篇俱作問也。此〻衍。

顖，腦會。咸按，字鑑顖，俗顖，正音信，腦會也。今呼顖門也。廣韻作頭會腦蓋也。

阠，灑。又思見反。內府本作汛灑，汛，爾雅，南陵阠。咸按，篆隸名義汛，汛灑。今本玉篇灑，汛也。字鑑汛，灑也。廣韻、禮部韻略及集韻、類篇俱從說文灑也。又玉篇阠，陳陵也。廣韻、禮部韻略並云阠，爾雅，陳陵阠。內府本南誤。又此誤合。

閃，火皃。咸按：篆隸名義、今本玉篇、廣韻及集韻、

綧韻俱依說文，閃，火皃。此正文誤。

闟，蝨〻。咸按：篆隸名義、今本玉篇、廣韻俱作蝨

也。此注文誤且衍〻。

顡，〻須。內府本作顡須。咸按：篆隸名義、今本玉

篇、手鑑、廣韻、集韻俱作須顡，此注誤。

忍，銛。刃，刀〻。內府本首刃無忍，且銛利正為刃

之訓。咸按：玉篇：銛，利也。漢書賈誼傳注晉灼曰，

世俗謂利為銛。手鑑：銛，利也。

認，識〻。肕，牢〻。掇瑣本、內府本無。

賬，胘滿悳。咸按〻廣韻作胘賰悳。集韻但作胘也。今按〻

篆隸名義〻賬，之刃反，胘滿。今本王篇〻賬，之忍切，

賬，胘滿悳也。則此本及廣韻（内府本）、集韻正文賬俱當賬

誤。此注胘亦胘誤。方言七〻賬，胘滿悳也。

牣，益。掇瑣本作牣，益。咸按〻篆隸名義〻物，如振反，

益。今本王篇作益也。手鑑作溢也。此正文誤。

釰，錫〻。掇瑣本無〻。咸按〻手鑑、篆隸名義、今本

王篇、集韻俱作錫也。本潤雅此〻衍。

演，水脈行地中。咸按〻廣韻下有演演然三字，本

說文。

赳，逖〻。掇瑣本內府本無〻。咸按〻同手鑑。此〻

衍。

覰，𧢑〻。掇瑣本作〻𧢑。咸按：篆隸名義覰暫見。

𧢑覰。今本王寫同，手鑑作暫見之皃。此注文誤

倒。又本書賓紐亦作覰𧢑。

覕，不相見。又亡見、結反。內府本注首有蔽也。咸

按：說文作蔽不相見也。本書莫結反有覕字，此

結上見字衍。篆隸名義作亡結反。

陣，軍烈。掇瑣本作列。下陳字同。咸按：王寫陣本

作陳。陳，列也。篆隸名義：陳，列。廣韻、集韻同，俱從

[illegible]攵。
前登〻。掇續本、内府本無〻。咸按〻同。篆隷名義、
今本玉篇、手鑑、廣韻、集韻俱本説攵。
賮、似刃反□□。掇續本作疾刃反、琛賮。咸按〻。篆
隷名義、今本玉篇並作才刃反、手鑑作疾刃反、
琛原誤深。賮也。廣韻、禮部韻略同。
晉亦作進。掇續本同。咸按〻。玉篇、廣韻、集韻俱云〻。
進也。從説攵。
搢〻、笏。咸按、手鑑〻。搢音進。搢紳之士搢笏而垂
紳。廣韻、禮部韻略同。

鎮，防〻。掇瑣本無〻。咸按〻未詳。
爐，燭〻。掇瑣本〻作餘。咸按〻篆隸名義〻夷，似進反，火餘。爐同上。今本玉篇同。手鑑、廣韵作燭餘，同掇瑣本。
衅，或作釁。牲血塗器。內府本器下有祭字。咸按〻玉篇〻衅，牲血塗器祭也。亦作釁。篆隸名義〻衅，釁，血祭。集韵〻釁、衅，从火非是。
僅，飢。掇瑣本作餘，內府本作纔能也。咸按〻玉篇〻僅，說文材能也。篆隸名義作財能。集韵同玉篇。廣韵同掇瑣本。又按〻飢訓未詳。

瑾，玉リ。咸按、篆隷名義作玉名。

瘽，病ゝ。掇瑣本無ゝ。咸按、篆隷名義、今本玉篇、廣韻、集韻俱作病也。此ゝ衍。

儭，ゝ裏。掇瑣本作ゝ裏。咸按、玉篇、儭，初吝切，裏也。廣韻同。此注文誤。

峻，和閏反。高。亦作埈。掇瑣本、內府本和作私。咸（同廣韻。）按、集韻、峻或从土。禮部韻略峻亦作埈。

濬，深ゝ。掇瑣本、內府本無ゝ。咸按、玉篇、廣韻並云深也。此ゝ衍。

瞖，盖。掇瑣本作瞖。咸按、同篆隷名義、今本玉篇、手鑑、廣韻、集韻俱從博雅。此正文誤。

徇。以身送物。撥續本同。內府本送作從。咸按：同手鑑、廣韻。

懵。撥續本、內府本作儚。咸按：同蒙隸名義。今本匡謬、手鑑、廣韻、集韻。此誤。

晙。早ミ。撥續本無ミ。咸按：同蒙隸名義。今本匡謬、手鑑、廣韻、集韻。此ミ衍。

寉。才ミ。撥續本無ミ。咸按：蒙隸名義寯儁字。俊才。今本匡謬寯。才寯也。

焌。火。撥續本同。咸按：蒙隸名義。今本匡謬手鑑、廣韻集韻俱從說文作然火。

夢，皮袴。綴續本作[illegible]皮袴，咸按：篆隸名義、今本玉篇、廣韻俱作[illegible]，段氏校改為[illegible]是。二本正文並誤。

諄，亦作諵。咸按：篆隸名義、今本玉篇並云：諄，譚同上。集韻：古作譚，此誤。

閏，月餘。內府本作餘月。咸按：玉篇、集韻從說文，餘分之月。韻會刪之字。

市，又紛賣反。咸按：校語見卦韻。

親，二氏為婚。綴續本婚下有相謂曰親家。咸按：

問韻

廣韻：親，親家。集韻：婚姻相謂為親。

呴，喑。掇瑣本同。咸按：同廣韻。

詢，欺〻。掇瑣本無〻。咸按：廣韻作欺言。廣雅、殘本玉篇並作欺也。今本玉篇同。此〻衍。

攈，古音居韻反，今音居運反。拾，或作捃。三。咸按：玉篇：攈，居運切，拾也。手鑑：攈，或作捃，今居運反，拾也。集韻：攈，拾也。此本及手鑑正文並誤。廣韻九峻切無攈，集韻有，而俱運切亦有。三當刪。

璺，破〻。咸按：同廣韻。

絻，亦作悗〻。掇瑣本無〻。咸按：玉篇：悗，亦作絻。

絲部、絻、或作免。集韻、絻、或省、亦从巾。
暈、日氣。內府本作日傍氣。箴按、同篆隸名義。今
本玉篇、手鑑、廣韻俱作日月傍氣也。
訓、教言。內府本言作也。箴按、同篆隸名義。
溢、含水。掇瑣本同。箴按、手鑑作含水溢、廣韻作
含水潠。二本水下應有〻字。
忿、怒〻。掇瑣本無〻。箴按、同篆隸名義、今本玉
篇、手鑑、廣韻、集韻、此〻衍。
糞、又作糞。箴按、集韻、或作糞。
儐、儐〻。掇瑣本、內府本無〻。箴按、同篆隸名義。

今本玉篇、廣韻、禮部韻畧、集韻，俱本説文。

奮揚〻。掇瑣本無〻。咸按：同廣韻、禮部韻畧，此〻衍。

殨，死〻。掇瑣本但作殨。咸按：同玉篇、手鑑、廣韻，集韻從博雅，死也。此〻衍。

緼，亦韞字。掇瑣本、内府本無異體。

捃，亦作攈。内府本作攈。咸按：此攈誤，詳前校。

斀，足豖。豖音丑格反。掇瑣本作足瘃，瘃音丑格反。内府本作足坼。咸按：瘃無丑格之音，本書坼，丑格反。廣韻、集韻並作足坼，則瘃字誤。玉篇作

焮韵

足拆裂也。

㾙瘡中䑇。掇瑣本䑇作腴，內府本作冷。咸按：同手鑑、廣韻。今按集韻：脪，創肉反出。或作脪䑇。此同廣韻、手鑑，分列。

傿，或作㤰。掇瑣本同。咸按：集韻同。

憲褱褱。掇瑣本作裏。咸按：同篆隸名義、今本玉。

𤃩，集韻作裏衣，誤。

沂，濁滓。掇瑣本、內府本作垽（作垽濁澱）濁滓。咸按：爾雅釋

㵖澱謂之垽。郭注：滓澱也。今江東呼垽。

願韵

傆點。掇瑣本同，內府本作黠。咸按：同篆隸名義、

今本汪、篇、手鑑、廣韻、集韻俱從説文。二本誤。

万，無敗反。掇瑣本、內府本作無販反。咸按：此敗當販誤。

婸，皮悅，又無遠。掇瑣本遠下有反字。咸按：汪、篇、手鑑作皮脫。廣韻同此，惟遠下漏反字。

鄠，鄠邑。掇瑣本同。咸按：汪、篇：鄠，廣漢鄉名。手鑑、廣韻：鄠，蜀有鄠鄉。集韻：説文：蜀廣漢鄉也。段注：漢有蜀郡，有廣漢郡，此不舉縣名，未審也。

𥻆，粉〻。掇瑣本無〻。咸按：同。篆隸名義、集韻，汪、篇、廣韻、手鑑俱作粉𥻆。

慁韵

𢍏，量。又居願反。〻物。咸挍：篆隸名義：𢍏，量。廣韻、集韻作𢍏。王篇：𢍏，量也。（手鑑：𢍏，今；𢍏，正。居万反，量也。）

溷，廁〻。掇瑣本無〻。咸挍：晉書左思傳門庭藩溷，皆著紙筆。

慁，〻辱。掇瑣本同。咸挍：王篇、廣韻、集韻皆云慁，或作慁，本書分出。

頓，止。亦作鼓。掇瑣本同。咸挍：王篇、鼓亦作頓。

巽，東南。內府本作風體。掇瑣本作又卦。咸挍：王篇丌部：巽，卦名。顨，說文曰巽也。此湯顨卦為長女，為風者。廣韻依之。

坋，分。咸按：未詳。

韻　恨

饐。掇瑣本作饐。内府本作饐。咸按：篆隷名義：饐，五寸反，食。今本玉篇：饐，五恨、五寸二切，饐也。手鑑：饐饐，五恨反，食飽也。

韻　翰

捍，拒。掇瑣本、内府本作抵。咸按：手鑑、廣韻並作抵捍。

扞，亦作仟。掇瑣本、内府本同。咸按：篆隷名義：仟，胡旦反，衛。手鑑：扞，胡旦反，衛。今本玉篇：仟，何旦切，衛也。手鑑：扞，阿旦切，衛也。集韻：扞，或作仟。

金。掇瑣本作釬，〻金。亦作銲。咸按：手鑑：釬、銲，釬

金銀令相著也。二同。廣韻同。集韻亦云〻釬或从
旱，一曰固金鐵藥。
閈。擬續本注作里門。內府本作里〻。咸按〻同篆
隸名義、浮盤、廣韻。
毃，射〻。擬續本同。咸按〻玉篇同浮盤、廣韻並云〻
射毃，以皮毃臂也。集韻云〻射韝謂之毃。
馬，擬續本作䮧馬。高六尺。咸按〻同浮盤、廣韻。
卓口卧。擬續本作雗雗鶾鷽別名。二曰鷄，一曰
雗。又何干反，冨作鶾。內府本鷄上有天字。何盰，
擬續本作何干。咸按〻篆隸名義雗何旦反，雉鶾。

廣韻：雗，鵲鷥別名。
研䃋二。掇瑣本無二。咸按：同篆隸名義、今本玉
篇、廣韻此二行。
瑕：掇瑣本、內府本作瑕。咸按：篆隸名義、今本玉
篇並誤瑕，集韻瑕或作婽。
瑕：石似玉。掇瑣本作瑕，石以玉。咸按：篆隸名義：
堅，都礶反，似玉者，石字。今本玉篇：堅，烏灌切，石
似玉。手鑑：堅，烏貫反，石似玉。廣韻作瑖，石之似
玉。集韻：堅，石似玉。方氏考正云：堅玉譌堅玉，據說文
類篇正。宋本作堅，亦誤。則此本及玉篇手鑑正文亦誤。掇瑣本

瑕

以當似誤。廣韻瑖則爲後出字，亦見集韻。
亂，亦作乩。㩻瀆本、内府本無。
碫，亦作㱠。㩻瀆本同。咸按：玉篇㱠，或作碫。
斷決獄。㩻瀆本、内府本同。咸按：篆隸名義、今本
玉篇、手鑑、廣韻、禮部韻略、集韻俱無獄字。
踹，足。㩻瀆本、内府本同。咸按：同篆隸名義、集韻、今本
玉篇作足跟。本書獮韻亦作脚跟。
㬇，國名，在流沙。㩻瀆本、内府本同。咸按：玉篇㬇，
山海經有璽㬇國，在崑崙墟之東南流沙中也。
手鑑㬇，國名，在流沙。廣韻、集韻同。今本山海經

㬇

海內東經：國在流沙中者埻敦、䗁暵，音喚，在昆
侖墟東南。此注首應有䗁暵二字。手鑑、廣韻、集
韻俱漏誤。
喛，黑。掇續本作喛，急。咸按：廣韻作喛，恚也。集韻
引方言：喛，恚也。此正文、注文並誤。掇續本注文
亦誤。
嚾，呼召。掇續本同。咸按：廣韻：喚，呼也；嚾，上同。集
韻：喚，或作嚾。手鑑：嚾，俗；嚾，古；喚，今。
蒜，葫〻。掇續本作蒜，辛菜。內府本作蒜。咸按：注、
蒜、蒜，葷菜也。俗作蒜。手鑑：蒜，今；蒜，正。葷菜也。廣

韻、集韻並作蒜。此正文誤。葫〻未詳。幔，惟〻。掇瑣本、内府本無〻，咸按〻手鑑作惟也。廣韻作帷幔。墁，亦作槾，掇瑣本作亦作㙢〻，杇，所以塗飾牆壁。集韻〻墁通作槾。注〻編槾，杇槾也。杇，說文曰，所以塗也。關東謂之槾。廣韻〻墁，所以塗飾牆。二本槾、杇並誤。

㪇，〻〻，掇瑣本作𢿗㪇。咸按〻注〻編㪇𢿗㪇也。𢿗無色。手鑑〻㪇，𢿗㪇，无彩也。集韻〻㪇，𢿗㪇，無文采。此注首漏𢿗字。

半中分。綴韻本、內府本同。咸按：同集韻，俱從說文。篆隸名義、今本玉篇、廣韻、禮部韻略皆作物中分。

絆，羈﹦。綴韻本無﹦。咸按：玉篇、廣韻同此本。

䮍，騂﹦，馬名。綴韻本、內府本作﹦騂，馬皃。咸按：玉篇、廣韻並作䮍騂，馬行也。集韻作馬行皃。

牉，牲羊體。綴韻本作牲半體。咸按：玉篇、手鑑、廣韻俱作牲之半體，此羊當半誤。

牉，﹦合，夫合婦。綴韻本同，內府本作牉合夫婦。咸按：同手鑑、廣韻。集韻引字林：牉合，合其半以成夫婦也。此首合字衍。

叛，背。擬續本、內府本同。咸按：同汪編。

嫯嫉〻，無宜適。擬續本、內府本作嫉嫯，無宜適。咸按：同汪編、手鑑、廣韻、集韻作嫉嫯，無儀適也。此嫉當嫉誤。

畔，儱傷比〻。擬續本無比〻。內府本作際〻。咸按：未詳。

歎，長息。擬續本同，內府本無長字。咸按：廣韻：增歎，人嘅歎則大而安，故曰長大息。

𢿧〻，戳無采色。擬續本作𢿧〻，戳無采色。咸按：

敓當敚誤，數當數誤，校語詳前。

追，亦逃𨗿，摋續本作亦作𨗿逃，字衍。咸按：篆隸名義：追、逃、𨗿、追字。今本玉篇：追，逃也，𨗿古文。手鑑：𨗿、追，或作追，正，逃也。集韻同。此逃衍。

肒，𦙶𦙶。摋續本、內府本作𦚢。咸按：手鑑作𦚢肒也。廣韻同。此注𦙶當𦚢誤。

垸，骨漆曰垸。摋續本同，內府本作漆垸。咸按：手鑑、廣韻並作漆骨垸也。

腕，亦作掔。摋續本正作掔。咸按：手鑑掔，古腕，今集韻：掔，說文：手掔也。玉篇：掔、捥、𢫬並同上。二本

目又手

或體並誤。

瓘，玉之。掇瑣本無之字。內府本作玉斗。咸按〻手鑑作玉斗。一曰玉升。廣韵作玉升。禮部韵略、集韵但作玉也。此之字衍。

灌，澆〻。咸按〻手鑑、廣韵並作澆也。此〻衍。

擢，或作灌。掇瑣本、內府本作櫂，或作灌。咸按〻篆隸名義、櫂，木族生。灌字。今本玉篇作木叢生也。今作灌。集韵〻櫂，木叢生。或作擢。通作灌。

鑽，臂環〻。掇瑣本、內府本無〻。咸按〻同手鑑、廣韵。此〻衍。

悹，疑。又云公緩反。掇瑣本無云字，反下有悺〻

瘉〻，憂無極。內府本作憂〻。咸按〻：廣韻、舊韻並

依說文，憂也。內府本〻衍。又篆隸名義悹，公緩

反，憂。今本玉篇悹，古桓切，又公玩、公緩二切，悹

悹，憂無告也。手鑑作悹悹，悹，憂無所依告也。

悺，〻〻瘉〻，憂無極。掇瑣本見悹下。

鑹，小矛，矟。或作槊。掇瑣本無矛字。內府本同。咸

按〻：本書覺韻槊亦作矟。

爨，炊〻。掇瑣本內府本無〻。咸按〻同篆隸名義、今

本玉篇、手鑑、廣韻同此。

晏晚，〻〻。擬蹟本、內府本無〻〻。咸按〻同篆隸名義、今本玉篇、集韻，此〻〻衍。

鄧，里名，當陽。擬蹟本名作在。咸按〻集韻〻鄧，里名。廣韻同。

案，般。又几。擬蹟本作驗。又几。咸按〻廣韻翰韻〻案，几屬。驗也。篆隸名義〻案，驗。般訓未詳〻。

笪，笞〻〻。擬蹟本、內府本無〻〻。咸按〻同玉篇、廣韻、集韻。此〻〻衍。

幹，強〻〻。擬蹟本無〻〻。咸按〻同廣韻，此〻〻衍。

倝，日出光。擬蹟本同。咸按〻同篆隸名義。今本玉滿、廣韻、集韻俱作日始出光倝倝也，從說文。

骭，骺。掇瑣本同。咸按：篆隸名義：：骭，肋。手鑑：：骭、骭，肋脅骨也。廣韻：骭，脅也。[illegible]本誤。

𧹞，：。掇瑣本作𧹞，赤色。咸按：同篆隸名義、今本玉篇、廣韻，此注文誤。

㟁，厝：。咸按：手鑑作厝㟁也。廣韻作厝也。

𢣋，又奴面反，着也。塗也。亦𢣋。咸按：玉篇：：𢣋，奴回、

奴昆二切，著也。塗也。

姦，或作𡚾。掇瑣本作姧。咸按：玉篇：：姦，三女為姦。

姧，同上，見說文。廣韻：：姦，又作姧，集韻同。

[illegible]

帑，俺。又曰一見反。掇瑣本作旦見反。咸按：玉篇：帑，七旦、七見二切，俺也。集韻：帑，俺也。二本又音俱有漏誤。

散，亦作𣀔。掇瑣本作𣀔。咸按：玉篇：散，或作散。集韻：散，一曰飛散也。

帴，二幅。掇瑣本同。咸按：集韻：帴，帛二幅為帴。廣韻同此。說文：帴，帗也。帗，一幅巾也。

讚，稱則。掇瑣本同。咸按：集韻：讚，偁也，明也。

酇，又作管反。掇瑣本無反字。咸按：此反字衍。

濽，濺水。掇瑣本同。咸按：廣韻作水濺。今按：集韻：

諫韵

濽，或作瀸。王篇瀸：瀸，水也。

鬢，光澤。掇瑣本同。咸按：篆隸名義作光澤皃。今本王篇、手鑑、廣韻、集韻俱作髮光澤也。

攢，訟。掇瑣本同。咸按：同廣韻、手鑑。

鴈，亦作鴈、鳲。掇瑣本作鴈、鴈，陽鳥。咸按：王篇：鴈，鴈，同上。又韻會：陸佃云鴈一名朱鳥，亦名陽鳥。

旻，俗作旻。掇瑣本正作旻。咸按：旻通作旻。王篇：旻，烏澗切，無義。手鑑：旻，於見反，安也。二本正文並誤。

鴳，鴳鴳。掇瑣本同。咸按：同王篇。手鑑亦云：鴳，鷃，鶬鴰鳥也。

謾欺，ミ。綴纈本、内府本無ミ。咸按：同篆隸名義、今本玉篇、手鑑、集韻、廣韻作欺謾。同此。

縵縵ミ。綴纈本無ミ。有又草半反。咸按：廣韻作縵縵。集韻作縵也。又手鑑縵，莫半反。綴纈本草當莫誤。篆隸名義、今本玉篇作莫旦反。

慢惰ミ。綴纈本無ミ。咸按：篆隸名義：慢惰。集韻：慢，說文惰也。此ミ行。

米別。綴纈本作粂別。咸按：集韻：采，分別也。方氏考正云：釆譌采。據說文正。二本及集韻俱誤。

患、妨。掇瑣本同。咸按：未詳。

豢，食穀養畜。掇瑣本內府本無食字。咸按：同手鑑、廣韻、禮部韻略、豢，圈養。釋云「穀養畜也」。集韻從說文，以穀圈養豕也。

繯，周環。掇瑣本同。內府本作所以懸捋，陳楚云。咸按：方言五：槌，（縣蠶薄柱也）宋、魏、陳、楚、江、淮之間謂之繯（環）；或謂之環（環）。捋，方言云：齊部謂之持（丁革反），玉篇：持，槌橫木也。捋當持誤。

慣，四習，或作串。掇瑣本習或作串。四，咸按：玉篇手鑑並云：習也。廣韻：慣，習也；串，習也。集韻：慣，亦作串。

丱，總角。見掇瑣本慣字下。

摜，習。人。掇瑣本無人。咸按：同篆隸名義。今本玉篇、集韻俱依說文訓。此人字衍。

宦，掇瑣本、內府本作宦。咸按：篆隸名義、今本玉篇、手鑑、廣韻、集韻俱作宦。此誤。又手鑑、廣韻並作主駕官。掇瑣本作主駕人。

宦，仕。胡慣反。向患字。咸按：謂讀音同患也。今按：玉篇作胡串切。手鑑宦音患。

薍，亦作乾。咸按：集韻薍、薍或作𦺥。

棧，三木道。又士限反，士免二字。綴續本訓同，限下無反字。咸按：手鑑棧，木道也。廣韻作木棧道。

轏，寢東。綴續本作寢車，亦作輚。咸按：篆隸名義、今本玉篇輚，載柩車。轏，同上。廣韻輚，士諫切，卧車，又寢車。玉篇：寢，或作寢，此東當車誤。

戩，毛戩。咸按：校語詳潸韻。

柵，二。籬，綴續本同。咸按：廣韻作籬柵。

鏟，削。綴續本同。咸按：篆隸名義、今本玉篇、手鑑鏟，作平木器。名義、集韻又作平鐵。廣韻、禮部韻略並作削木器。

㬉，溫涇。一曰赤色皃。又烏晏反，一㬉，丑晏反，赤
皇見內府本缺字下。咸按：玉篇㬉，女版切，溫溼
也，赤也。篆隸名義㬉，赤皃。手鑑㬉，赤色也。則皇
當色誤。廣韻亦作赤色。又集韻㬉㬉㬉，溫溼㬉，
同。涇當溼誤。

娨，下鴈反，嫯也。掇瑣本缺，內府本無。咸按：篆隸
名義、今本玉篇並作嫯娨也，嫯，侮慢也。集韻引
字林，娨，嫯也。

襉韻

贅，莖餘。掇瑣本作莖餘。咸按：校語詳前。

袒，或作綻、組、䘺。咸按：篆隸名義、今本玉篇並作

袒，綻衣也，縫解也。手鑑，袒，音綻，衣縫解也。綻衣（綻或作綻。）
縫解也。（新郭作綻，組音同上）廣韻，袒，又作綻。綻，上同。集韻，袒，或作綻
綻。禮部韻略，綻，衣縫解，組補縫。
鰥寡。擷瑣本作鰥，鰥視。咸按，玉篇，鰥，古頑切，老
而無妻曰鰥。手鑑，鰥，古還反，寡也。鄭玄云，六十
無妻曰鰥，五十無夫曰寡也。廣韻，鰥，鰥視。集韻，
鰥，視皃。
丱，小兒束髮，象蛾角曰丱。咸按，此即內府本古
患反之丱。禮部韻略，丱，束髮皃。
蒨，倉見反，草盛。擷瑣本倉作倉。咸按，手鑑，蒨，倉

韵叢

練反，草盛皃。集韻作倉甸切，草盛皃。此舍誤。

輤，載柩車。亦作箐。掇瑣本同。咸按：篆隸名義作載柩車。今本玉篇：輤，或作倩。咸按：集韻：輤，通作⿰衤青。

⿰衤青，⿰衤彐。掇瑣本作⿰衤青，⿰衤彐。咸按：同廣韻。集韻、玉篇作衣綿也。

⿰禾谷，望山谷青。掇瑣本同。咸按：集韻引說文：⿰禾谷，望山谷⿰禾谷青也。

絢，亦作約絃。掇瑣本無約，餘同。咸按：篆隸名義：絢，約，同上。今本玉篇同。集韻：絢，通作絃。

縣，黃練反。掇瑣本同。咸按：同廣韻。

眩，目〻。目，擬饋本、內府本作瞑，咸按：廣韻作瞑
眩。集韻作瞑眩，亂也。
⿰玄頁，腮後。擬饋本同，咸按：玉篇、廣韻、集韻俱作顋
後。手鑑作顋，下也。篆隸名義誤體後。此腮當腮
誤，字彙：腮，俗顋字。
駽，鐵驄。擬饋本作鐵驄，咸按：玉篇：駽，青驪馬，今
之鐵驄。手鑑同。
罥，絹〻。擬饋本無〻，咸按：同廣韻、集韻。此〻衍。
羂，羅〻。擬饋本作羅鳥。咸按：手鑑、廣韻並作鳥
羅，二本注文並誤。

懁，急〻。掇瑣本無〻。咸按：廣韵：懁，急性。集韵：懁，說文：急也。玉篇：懁，古縣切，心急也。此〻衍。

衛，車擔。掇瑣本擔作檐。咸按：同。玉篇、廣韵、集韵作搖。

奠，設〻。掇瑣本無〻。內府本作祭。咸按：廣韵作設奠。集韵：說文：置祭也。禮部韵略同。

澱，滓。亦作靛、黰。掇瑣本無靛。咸按：玉篇：澱，或作⿰黑殿。滓，澱也。手鑑：澱，滓也。滓，澱也。集韵：黰，或作⿰黑殿。續韵作黰。又集韵：靛，以藍染也。

淀，淺泉。掇瑣本同。咸按：同。手鑑、集韵。玉篇作淺水。

佃，一轅車中二。掇瑣本同。咸按：玉篇說文曰，中也。左氏傳曰乘中佃一轅車。集韻、禮部韻略並同。

塼，壚在博平。掇瑣本博作北。咸按：玉篇博作塼，集韻同此。

蘞，兎葵曰薟。掇瑣本作兎葵白薟鐵。咸按：玉篇：蘞，白蘞也。薟，白蘞也。蘞同上。篆隸名義：蘞，白蘞。集韻作蘞菟葵，本爾雅。蘞傳云：本草，白蘞藥也。此曰當白誤。

𣽡鐵〻。咸按〻廣韻作熱𣽡。集韻引說文辟𣽡鐵也。此〻行。

現，導謁。掇瑣本作謁導。咸按，俱未詳。

涀，水名，在安陵。掇瑣本作定陵。咸按〻玉篇作水名，出馮翊。禮部韻略作水出高陵。集韻同。●

違，無〻。掇瑣本違無違。咸按，手鑑違，无違也。集韻同。廣韻作無也。此正文誤。

趼，獸名。咸按〻篆隸名義作獸足。集韻作獸足企，依說文。此名當足誤。

讌，馬名。掇瑣本作讌，〻會驠，馬名。咸按〻廣韻驠鳥名。讌，讌會。此注文誤。
嬿，女字。掇瑣本同。咸按：同篆隷名義、今本玉篇
集韵，俱本說文。
燕，或作鷰。掇瑣本下有案燕會燕子字並單作
後加言加鳥通。內府本乙鳥作玄鳥。
曣，日出。內府本下有無雲二字。咸按：篆隷名義
今本玉篇同此本。廣韵、集韵從說文，星無雲。
廌，作見反。此解廌字。薦，此〻舉字，今作席〻字
也。內府本廌，舉也。說文宅買落反字，解廌獸似
牛，一角，為黃帝觸邪臣。薦，上進也。備一百物曰

薦。又臻也。解廌所食草名。又薦席也。箋按：篆隷名義：廌，似牛一角。薦，席，進，臻。今本玉篇：廌，解廌獸似牛而一角。古者決訟令觸不直者。見說文。薦，獸所食草也，又進獻也。佩觽云：有以獬廌（丈買切）之廌爲舉薦，其順非有如此者。

薦，篆，畜養。綴續本同。箋按：廣韻作畜食。

遍，周〻。徧，帀〻。綴續本並無〻。內府本亦作迊也。

又作徧。箋按：玉篇：徧，周帀也。篆隷名義：徧，帀序。鑑：徧，周也。廣韻：徧，周也。說文，帀也。通俗此誤析。玉篇周下漏也字。

𩕄，﹅﹅研。擬續本同。咸按：集韻有案，説文頭妍也。此誤。

麪，麥秣。擬續本作麥粖。咸按：同篆隸名義、集韻，依説文麥末。王篇作麥麩。此誤。

衊，汙血。咸按：同篆隸名義。今本王篇、集韻。

荐，或作洊。咸按：集韻：荐，通作洊。

餶，亦作肓、⿰口睘。咸按：手鑑：饌，俗餶，正饜飽也。又篆隸名義、今本王篇、廣韻、集韻俱作餶，無單作肓者。又殘本王篇字書餶或為⿰口睘字。此誤。

殿，後。咸按：廣韻：軍在前曰啟，後曰殿。

韵 線

線，亦作綫。咸按：集韵：線，或从延。手鑑：綖，又音綫。音當作誤。

膳，食之。咸按：篆隸名義、手鑑、廣韵並作食也。此之行。又內府本作具食也。今本玉篇、集韵同，從説文訓。

甗，甗之。內府本無之。咸按：同廣韵、禮部韵略。

諺，傳言。亦作這唁。內府本作傳言，或體同。咸按：手鑑、廣韵作俗言，集韵作傳言也。又這，行也。迎也。唁，弔生也。手鑑：這，迎也。玉篇：唁，喭，同上。手鑑同。此誤合。

院，垣。內府本作院。咸按：王篇作院，周垣也。集韻同。廣韻院，垣，院。此正文誤。

僻，擅同。臥見內府本釗下。咸按：集韻僻，蠻夷臥以足相向也。見禮記王制疏。

緣，幅。咸按：王篇作邊緣也。廣韻作衣緣。禮部韻略、集韻作衣純。

抗，動。咸按：手盤抗，俗抗，正。音運，動也。王篇：抗，動也。抗，同上。說文名義同。集韻作動也。老子：揣而抗之。

驤，馬上浴。內府本作馬土浴。咸按：廣韻同此，浮鑑同内府本。玉篇作馬轉臥土中。禮部韻畧作馬臥土中。

襢，亦作裂。咸按：玉篇：襄，王后衣也。襢，同上。字鑑：襄，或作襢。襢、襄二，今皇后衣也。廣韻：襄、襢，上同。集韻同。此誤。

濺，水激。咸按：集韻：湔、濺，水激也。通作湔。玉篇：湔，子賤切，水湔也。

煎，熬。咸按：篆隸名義、集韻、禮部韻畧並同。玉篇：熬煎也。

扇，扉〻。咸按：汪箋：扇，扉也。廣韻：扇，說文扉也。

偏，盛。內府本作熾盛也。詩云方〻。咸按：廣韻作熾盛。集韻：偏、煽，說文熾盛也。引詩豔妻偏方處。或从火。汪箋：煽，熾也。禮部韻略同。此注漏熾

蝻，蝠䖴。咸按同汪箋。廣韻：說文蝠䖴蝻。集韻同。此注漏蝻字。

睠，遠顧。內府本作還顧。咸按：手鑑作迴顧。

勬，又使力、居員二反。咸按：手鑑、廣韻無使力二字。

僎、具。或為撰、亦作饌。咸按：集韻：僎、具也。手鑑、廣
韻同。手鑑：饌、具食也。禮部韻略同。廣韻：篹、說文、
具食也。饌、上同。⿰月巽、上同。見儀礼。集韻：篹、饌、說文、
具食也。韻會：饌本作篹、撰通作篹。
奔、揎餘。咸按：玉篇：弄、說文：摶飯也。集韻：𢍶、弄、摶
飯也。此誤。
篹、飲。咸按：篆隸名義：篹、饌、飲食。今本玉篇作飯
食也。疑飯當作飲。此飲下漏食字。
⿰木巽、重繒。咸按：同玉篇、廣韻。

嬐，好皃。咸按：手鑑：孅，正；嬐，今。力卷反，好皃也。韵繪：增韵：婉孌，美好也。集韵：嬐，或作孌，亦書作孅。

鶨，鳥名。鷄類，俗謂之癡鳥。見內府本猭字下。咸按：玉篇：鶨，俗呼癡鳥。則癡當癡誤。

朡，更視。咸按：篆隸名義：朡，戈絹反，更視。廣韵：朡，更視見皃。此正文誤。

拚，揩。內府本作擊手。咸按：同廣韵。手鑑作擊手也，漏手字。玉篇、禮部韵略、集韵俱作拚手，從說文訓。

開門欂。內府本下有櫨字。咸按：同玉篇、手鑑、廣

[illegible]、集韻俱本說文。此漏櫨。

覍、冕也。見内府本邑下。咸按：集韻：覍，說文：冕也。周曰覍。廣韻：弁，周冠名。覍上同。玉篇：覍，鄗：覍弁也。弁同上。

㔯筥。咸按：廣韻、集韻並云筥也。從博雅。此誤。

淀四泉。咸按：玉篇、廣韻俱作回泉。此誤。

縼亦作㨘。咸按：廣韻：縼、㨘，上同。

嫙好。又以泉反。本書似宣反有嫙。咸按：篆隸名義今本玉篇、廣韻俱作好皃。

𢶒羔。咸按：同篆隸名義、集韻作羊羔。手鑑作羔。

子也。玉篇、廣韻作小羊也。

襈、緣〻。内府本作襈緣。咸按：同廣韻、集韻。此〻

行。

傳、又丁戀反。二内府本有又直負反。咸依二字則

此漏。

餞、酒食送人。又庚淺反。内府本作食演反。咸按：

手鑑作淟演、才翦二反。

棲、懸繩望之。〻〻。咸按：廣韻無末三字。集韻作才

望繩取正。

養、芶嬉脊饌、取物而選。狿、獌狿，大獸。弋戰反。又

音延。亦通見內府本傳字下。咸按：切韻一：自關而西秦、晉之間，凡取物而逆謂之篡。鄭注音饌。戴氏誤讀說文：並而奪取曰篡，集韻作奪取也。前漢書衛青傳師古注：逆取曰篡，則逆當逆誤。正文亦篡之誤。又王篇：狿，又音延，獸名。廣韻作獌狿，大獸名，長八尺。集韻作獌狿，獸名，似貍而長。

絭臂繩。咸按：箋注本名義，今本王篇、手鑑、廣韻、集韻俱作攘臂繩。此漏。

選、亦作[illegible]。咸按：手鑑、廣韻、集韻俱無。

嘯韻

潒，水潛流。咸按：潒隸名義、今本玉篇並作水脉
行地中。集韵作淺流。
膮，肉和麵。咸按：廣韵作切肉合糅
撨，廣雅云振，許也。見內府本嘯字下。咸按：集韵
撨，博雅拭也。釋訓：捽撨，振訊也。曹音嘯。
眺，視〻。內府本無〻。咸按：同廣韵。此〻衍。
趒，越〻。內府本無〻。咸按：同手鑑、廣韵、集韵。此
〻衍。
咷，叫聲。內府本作叫咷。咸按：廣韵作叫咷，楚聲。
漢書韓延壽傳：歌者先居射室，望見延壽車，噭

咷，楚歌。說文，楚謂兒泣不止曰噭咷。集韻同。篆隸名義作歌聲。

窱，深遠皃。咸按：手鑑：窱，窈窱，深遠也。又他弔反叫窱，亦深邃皃。禮部韻略、集韻並作窔窱，深遠也。

瘹，瘹瘹，狂病。內府本作瘹星狂病。咸按：同手鑑、廣韻。篆隸名義、今本玉篇、集韻俱從博雅，狂也。此注漏星字，正文亦誤。

釣，釣魚。亦作魡。內府本作釣魚。咸按：同玉篇、廣韻、集韻：釣、魡，說文，釣魚也。或作魡。方氏考正云、